메이커를 위한
라즈베리 파이

Making
Insight

메이커를 위한 라즈베리 파이 :
동작 원리와 물리 법칙으로 제대로 배우는 GPIO, 센서, 모터, 통신, 디스플레이 고급 프로그래밍

초판 1쇄 발행 2017년 7월 19일 **2쇄 발행** 2020년 5월 29일 **지은이** 이승현 **펴낸이** 한기성 **펴낸곳** 인사이트 **편집** 조은별 **본문디자인** 김종민 **제작·관리** 신승준, 박미경 **용지** 월드페이퍼 **출력·인쇄** 현문인쇄 **후가공** 이지앤비 **제본** 자현제책 **등록번호** 제2002-000049호 **등록일자** 2002년 2월 19일 **주소** 서울시 마포구 연남로5길 19-5 **전화** 02-322-5143 **팩스** 02-3143-5579 **블로그** http://blog.insightbook.co.kr **이메일** insight@insightbook.co.kr **ISBN** 978-89-6626-401-8 책값은 뒤표지에 있습니다. 잘못 만들어진 책은 바꾸어 드립니다. 이 책의 정오표는 http://blog.insightbook.co.kr에서 확인하실 수 있습니다. 이 도서의 국립중앙도서관 출판예정도서목록(CIP)은 서지정보유통지원시스템 홈페이지(http://seoji.nl.go.kr)와 국가자료종합목록 구축시스템(http://kolis-net.nl.go.kr)에서 이용하실 수 있습니다.(CIP제어번호: CIP2017014943)

메이커를 위한
라즈베리 파이

이승현 지음

인사이트

차례

2장 GPIO   35

5장 디스플레이   225

6장 센서   267

서문

오랜 시간 프로그래밍을 직업으로 가져온 필자에게 하드웨어는 사실 관심 밖의 존재였다. 20여년 전 협력 업체와 하드웨어 개발을 같이 진행하면서 살짝 접해 볼 기회는 있었지만 이후 하드웨어를 잊고 지내 왔다. 그런데 새로운 변화의 계기가 찾아왔다.

최근에 아들의 장래 진로 모색에 도움을 줄 요량으로 로봇에 대한 자료 수집에 나섰다. 이 과정에서 임베디드 개발 환경이 상당히 많이 변화한 것을 알게 되었다. 기억 속에서의 임베디드 분야 개발은 마이크로 칩과 전용 어셈블러를 이용한 프로그래밍이었다. 소프트웨어 개발 분야에서 일하면서 나는 오랜 기간 주로 C/C++을 사용해 왔는데, 호환성이 좋은 고수준 언어를 사용하던 나에게 폐쇄성이 강한 어셈블러는 큰 관심을 끌지 못했다.

그런데 최근에 임베디드 개발 분야에서 가장 각광받는 아두이노에 atmega 칩이 적용되어 C언어로 개발할 수 있다는 것을 알게 되었고, 아두이노는 인터넷에 상당히 많은 커뮤니티가 있으며 개발 관련 자료를 쉽게 얻을 수 있는 좋은 도구임을 알게 되어 관심을 갖게 되었다. 그리고 아두이노보다 출발이 늦은, 또 하나의 새로운 플랫폼을 발견했다. 바로 라즈베리 파이이다. 라즈베리 파이는 원래 임베디드 분야를 목표로 만들어진 보드는 아니다. 저개발 국가에서 저렴한 가격에 컴퓨터를 사용할 수 있도록 지원하는 것을 목표로 영국의 라즈베리 파이 재단에서 만든 소형 보드이지만 GPIO(General Purpose Input Output) 핀이 존재하기 때문에 임베디드 분야에서도 충분히 사용 가능하다. 라즈베리 파이 재단에서도 의외라고 여길 정도로 임베디드 분야에서 엄청난 호응을 받는 보드이다.

왜 라즈베리 파이인가?

필자가 아두이노 대신 라즈베리 파이를 선택한 이유는 간단하다. 필자처럼 오랜 개발자라면 범용 운영체제인 리눅스(라즈비안)를 설치한 라즈베리 파이가 친숙할 것이고, 확장성이 뛰어나서 수많은 기능을 구현할 수 있는 라즈베리 파이에 관심이 많이 갈 것이다. 하지만 아두이노 역시 나름 상당한 장점이 있다. 이 책 마지막 장에는 아두이노와 라즈베리 파이의 협업 프로젝트가 수록되어 있다. 용도에 맞는 곳에 적절한 부품을 사용하면 그만이다. 라즈베리 파이와 아두이노의 장단점을 비교하는 것은 좋지만 어느 쪽이 뛰어나다는 식의 유치한 결론은 내지 말자.

최근에는 인텔사의 에디슨 칩을 사용한 x86 계열의 소형 개발 보드도 많이 나오고 있으며 마이크로소프트 역시 라즈베리 파이용 Windows 10 IoT 버전을 무료로 공개했다. Windows 환경에 익숙한 많은 개발자라면 Windows 10 IoT에도 많은 관심을 가질 것이다. 필자의 생각으로는 당분간 Windows 10 IoT가 고전을 할 가능성이 높다고 본다. 가장 큰 이유는 제품 생태계이다. 이미 아두이노, 라즈베리 파이는 수많은 커뮤니티가 잘 만들어져 있으며 예제들도 풍부하다. 입문자는 이들 커뮤니티의 도움을 받으면 쉽게 제품에 익숙해질 수 있다. Windows 10 IoT는 아직 이러한 생태계가 부족하기 때문에 적응하려면 힘들 수 있다. 하지만 장기적으로 마이크로소프트의 Bing 검색 엔진, 코타나 음성 인식 엔진 등을 쉽게 사용할 수 있는 장점과 뛰어난 UI 및 개발 환경 등을 고려했을 때, 충분히 경쟁력을 갖추고 있다고 본다.

임베디드 시장에는 아두이노, 라즈베리 파이 뿐 아니라 수많은 싱글 보드 컴퓨터들이 존재하며 지금도 수없이 신제품이 출시되고 있다. 어떤 것으로부터 시작해도 큰 무리가 없으며, 제품의 성능에 너무 집착하지 말고 쉽게 도움을 받을 수 있는 커뮤니티가 잘 준비된 제품으로 시작하면 된다. 이런 점에서 라즈베리 파이는 무난한 선택이 될 수 있다. 중요한 것은 시작한다는 것이다. 회로 부품과 센서, 라즈베리 파이를 준비해서 일단 시작해보자.

기초부터 충실히

'아이를 사랑한다면 물고기를 주지 말고, 물고기 잡는 법을 가르쳐라'는 탈무드의 명언처럼 디바이스 한 개를 작동시키는 것보다 중요한 것은 디바이스의 작동 원리를 이해하는 것이다. 대부분의 전자 부품들은 부품의 규격 및 작동 방법을 설명한 데이터시트(datasheet)가 있다. 이 책을 쓰는 도중에도 수많은 데이터시트를 참조했다. 인터넷 커뮤니티에서 앞선 선배들이 경험한 부품 사용법을 배우는 것도 필요하지만 항상 데이터시트를 참조하는 습관도 정말 중요하다. 대부분의 데이터시트는 영어로 되어 있기 때문에 초보 수준의 영어 실력이 필요하다.

데이터시트의 영어는 결코 어려운 내용이 아니기 때문에 실력이 부족한 독자도 조금만 공부하면 어렵시 않게 읽을 수 있다. 혹시 이공계 청소년들이 이 책을 본다면 단순히 부품을 작동시키는 데 만족하지 말고 작동 원리를 이해하면서 공부하는 습관을 가져주기를 바란다. 수업 시간에 짜증이 나게 만드는 어려운 물리 법칙도 친근하게 다가올 수 있을 것이다. 이공계 청소년들에게 조금이라도 도움이 된다면 이 책은 그 소임을 충분히 한 것이라고 생각한다. 가급적 부품의 작동 원리를 이해할 수 있도록 책 곳곳에 부품과 연관된 물리 법칙, 데이터시트 내용을 설명하려고 노력했다.

이 책은 GPIO 핀에서부터 모터, 디스플레이, 통신 등 다양한 분야를 다루다 보니 폭넓은 분야의 프로그래밍 기법과 하드웨어 지식을 필요로 한다. 어렵더라도 하나씩 익히면 새로운 디바이스를 접하더라도 두려움 없이 데이터시트를 읽고 회로를 구성하고 프로그래밍을 하고 있는 자신을 발견할 수 있을 것이다.

라즈베리 파이를 이용해 디바이스를 제어하려는 입문자에게 한 가지 조언을 한다면 다른 플랫폼 자료를 활용하라는 것이다. 하드웨어 제어가 주 목적이고 라즈베리 파이에 비해 빨리 세상에 나와 수많은 경험을 쌓은 아두이노의 경우, 자료가 상대적으로 풍부하다. 따라서 라즈베리 파이 커뮤니티에서 원하는 자료를 찾기 힘들면 아두이노로 구현한 사례를 검색해서 내용을 숙지한 다음 라즈베리 파이로 포팅하는 것도 좋은 방법이다.

어떤 개발 언어를 사용할 것인가?

라즈베리 파이를 이용한 프로그래밍은 주로 C/C++ 또는 파이썬을 많이 이용한다. 필자의 경우에는 C/C++에 좀 더 익숙하지만 최근 파이썬을 많이 접하면서 파이썬의 매력에 반하고 있는 중이다. 일반적으로 컴파일을 통해 네이티브 코드(native code)를 생성하는 C언어의 성능이 파이썬과 같은 인터프리터 방식의 언어에 비해 좋다고 말하지만 그 차이는 대부분 큰 문제가 되지 않는다. 오히려 파이썬 언어의 뛰어난 유연성은 C언어보다 쉽고 빠르게 원하는 코드를 생성해주기 때문에 약간의 성능상의 불리함을 뛰어넘는 장점을 제공하는 경우가 많다. 이러한 장점 때문인지 요즘 인기를 끌고 있는 머신러닝, 인공지능 분야에서는 파이썬의 인기가 대단하다.

이미 프로그래밍에 익숙한 독자라면 어떤 언어를 사용해도 문제없지만 초보자는 파이썬을 입문 언어로 사용하길 권한다. 이 책 본문의 예제 역시 대부분 파이썬으로 작성했으며 일부 코드만 C/C++로 작성했다.

예제 코드 사용하기

이 책에서는 라즈베리 파이를 기준으로 많은 센서, 모터, 디스플레이 모듈을 제어하는 방법을 설명하고 있지만 대부분의 내용은 아두이노에도 쉽게 적용할 수 있다. 예제 작성 과정에서 아두이노 샘플 코드의 많은 부분을 참조하기도 했다. 모든 소스 코드는 필자가 직접 라즈베리 파이에서 테스트한 코드들이다. 책의 분량 때문에 본문에는 일부 코드들이 생략되어 있다. 대부분의 코드는 라즈베리 파이 2에서 테스트를 진행했으며 시리얼 통신, 블루투스, 머신 러닝을 비롯한 일부 코드는 라즈베리 파이 3에서 테스트를 진행했다. 실제 예제 코드를 테스트하려면 다음에 소개하는 사이트에서 다운 받아서 이용하길 바란다. 예제 코드를 사용하는 데 어떤 제약 사항도 없으며 코드 재사용을 위해 필자의 허락을 받을 필요가 없다. 다만 일부 코드들은 원저자가 따로 있으며 이러한 코드들은 앞부분에 제작자의 저작권 관련 코멘트를 남겨두었다. 이 코드들을 재사용할 경우에는 최초 제작자 코멘트를 남겨두길 부탁드린다.

이 책의 소스 코드(파이썬 및 C/C++)는 github(https://github.com/raspberry-pi-maker/RaspberryPi-For-Makers)에서 다운로드가 가능하다. 복잡한 회로도는 책 속의 그림만으로는 정확하게 분석하기 어렵다. fritz 파일을 이용하면 확대해서 정확한 구성을 살펴볼 수 있기 때문에 유용할 수 있을 것이다. 필자 역시 하드웨어 경험이 미천하기 때문에 미처 발견하지 못한 오류 또는 개선 사항이 이 책에 있을 수 있다. 독자와의 커뮤니케이션 과정에서 새롭게 발견한 오류 또는 개선 사항은 github를 통해 업데이트하도록 하겠다. 그리고 이 책과 관련한 질문은 raspberry.pi.maker@gmail.com으로 메일을 보내주시기 바란다.

대상 독자

이 책은 입문 내용부터 다루고 있지만 전체적으로 초급자가 이해하기에는 어려운 내용을 포함하고 있다. 특히 센서, 모터 등을 설명할 때 단순히 제어 방법 뿐 아니라 가급적 이들과 관련한 물리 기초 지식에 대해 설명하려고 노력했다. 이러한 내용으로 인해 이 책은 고등학교 수학, 물리 교육을 공부한 독자에게 적당하다. 예제 코드는 주로 파이썬으로 작성되어 있는데 코드 자체의 난이도는 높지 않지만 각종 센서의 작동 원리, 통신 프로토콜에 대한 이해가 부족하면 이해하기 어려울 수 있다.

따라서 이 책은 라즈베리 파이를 처음 접하는 분들의 입문서로는 적합하지 않을 수 있다. 입문 수준을 넘어서 라즈베리 파이를 이용해 뭔가 재미있는 프로젝트를 해보고 싶은 메이커들에게 적합한 내용이다.

감사의 글

이 책을 처음 집필할 당시에는 라즈베리 파이 2가 나온 직후였다. 하지만 원고 작성 중에 파이 Zero를 비롯해 파이 3까지 나오면서 파이에도 많은 변화가 생겼다. 결국 일부 원고는 새롭게 작성하고 시대의 흐름에 맞추어 머신러닝 관련 내용도 새롭게 추가하면서 원고 완성이 상당히 늦어졌다.

처음 이 책의 출간을 제의했을 때 흔쾌히 승낙해주시고 늦게 원고 작성이 끝났음에도 묵묵히 기다려 주신 인사이트 한기성 대표님과 오탈자 투성이 원고를 꼼꼼히 교정 해주신 조은별 편집자 및 디자이너에게 감사드린다.

지금은 고등학교 공부에 열중하는 아들과 다시 의기 투합해 로봇을 만들 날을 기다리며.

2017년 5월
이승현

## 1장

라즈베리 파이 프로젝트

백문이 불여일견(百聞而不如一見)
백견이 불여일행(百見而不如一行)
- 한서(漢書)

이 장에서는 라즈베리 파이를 활용한 프로젝트를 시작하기 전에 알아두어야 할 파이의 모델별 특징, OS 설치 방법, 프로그래밍을 위한 파이썬 사용법을 공부한다. 그리고 센서, 모터 등 다양한 디바이스를 다룰 때 필요한 하드웨어 도구 및 소프트웨어 도구에 대해서도 알아본다.

1.1 라즈베리 파이

라즈베리 파이는 영국 라즈베리 파이 재단에서 개발도상국을 대상으로 컴퓨터 보급을 위해 만든 저렴한 가격의 SBC(Single Board Computer)이다. 그런데 2012년 라즈베리 파이 1 모델 B가 출시되자 뜨거운 반응을 일으킨 곳은 컴퓨터 보급 분야가 아니라 메이커들의 임베디드 분야였다. 마침 3D 프린터, 레이저 절삭기 등 개인용 생산 도구가 널리 퍼지면서 라즈베리 파이는 아두이노와 함께 메이커들이 가장 선호하는 개발 플랫폼이 되었다. 현재 라즈베리 파이는 모델 2, 3뿐 아니라 상용 제품 개발을 염두에 둔 컴퓨팅 모델, Zero 등 다양한 모델이 나와 있다. 하지만 라즈베리 파이의 근간을 이루는 칩셋은 거의 동일하기 때문에 사용법은 크게 다르지 않다.

1.1.1 컴퓨팅 모델(Computing Model, CM)

2014년 CM1으로 처음 공개되었으며 최근 라즈베리 파이 3에 기반한 CM3, CM3 Lite가 출시되었다. 이 제품들은 라즈베리 파이 하드웨어에 기반한 대량의 상용 제품 생산을 필요로 하는 곳의 수요를 충족하기 위해 만들어진 제품이다. 다음 그림처럼 CMIO 보드에 장착해 사용하거나 IO 보드를 직접 설계해서 함께 사용한다. 상용 제품을 염두에 두었기 때문에 54개의 GPIO 핀을 지원한다. 상용 제품 설계 시에 필요하며 개발 과정에서 꼭 필요한 제품은 아니다.

그림 1-1
라즈베리 파이 컴퓨팅 모델
및 CM을 장착한 CMIO
보드[1]

1.1.2 라즈베리 파이 Zero 모델

Zero 모델은 5$라는 저렴한 가격 덕분에 출시 시점부터 폭발적인 인기를 모은
제품이다. 1GHz, Single-core CPU, 512MB RAM은 파이 2, 3에 비해 성능이 떨어
지긴 하지만 강력한 컴퓨팅 파워를 요구하지 않는 분야에 사용하기에 아주 적합
하다. 2017년 2월에 출시된 W 모델은 10$라는 가격으로 무선 랜, 블루투스까지
지원한다. 워낙 저렴한 가격에 인기가 좋기 때문에 해외 사이트에서도 구매가
어렵다.

그림 1-2
라즈베리 파이 Zero 모델[2]

1.1.3 라즈베리 파이 모델 B

라즈베리 파이 모델 B는 가장 많이 사용하는 제품이다. 라즈베리 파이 버전에는
2, 3이 있는데, 특별한 이유[3]가 없다면 가격이 동일하기 때문에 성능이 뛰어난 3
를 사용한다.

라즈베리 파이 2는 브로드컴 BCM2836(Quad Core 900MHz) SOC가 탑재되
었으며 메모리는 1GB LPDDR2(450MHz)이다. 파이 3는 BCM2837(Quad Core
ARM Coretex-A53 1.2GHz) SOC가 탑재되었으며 메모리는 파이 2와 동일한
1GB이지만 클록 속도가 900MHz로 빨라졌다. 하지만 정말 중요한 것은 CPU의
64비트 아키텍처 채택과 무선 랜, 블루투스를 내장했다는 점이다. 2017년 1월 시
점에서 파이의 전용 OS인 라즈비안은 32비트 버전이지만 조만간 64비트 버전이

---

1 컴퓨팅 모듈 IO 보드의 약자.
2 신형 모델(오른쪽)에는 카메라 연결이 가능한 CSI 모듈이 추가되었다.
3 만약 UART 고속 시리얼 통신을 주로 사용한다면 파이 2가 더 좋은 선택일 수 있다. 파이 3에서는 블루투스 지원을 위해
UART 기능이 약해졌다. 자세한 내용은 블루투스 통신 편을 참조한다.

공개될 것이다. GPIO 핀을 이용한 디바이스 제어에서 32비트, 64비트 OS 차이는 큰 의미가 없지만 향후 강력한 컴퓨팅 파워, 대용량 메모리를 사용하려면 64비트 OS가 필요하다. 그리고 반가운 기능 중 하나는 파이가 무선 랜을 내장했다는 것이다. 파이 2에서는 별도의 무선 랜 USB 어댑터를 사용해야 했지만 이제 그럴 필요가 없다. 블루투스 4.1도 지원하기 때문에 블루투스용 어댑터도 더 이상 필요 없다. 이 같은 고성능을 지원하기 위해 파이 3의 전원은 기존 파이 2의 2A에서 2.5A로 늘어났다.

표 1-1
라즈베리 파이 모델별
사양 비교

	라즈베리 파이 1 모델 B+	라즈베리 파이 2 모델 B	라즈베리 파이 3 모델 B
CPU	브로드컴 BCM2835 700MHz	브로드컴 BCM2836 900MHz Quad Core	브로드컴 BCM2837 1.2GHz Quad Core ARM 64비트 계열
Memory	512MB SDRAM(400MHz)	1 GB LPDDR2(450MHz)	1 GB LPDDR2(900MHz)
USB	2개	4개	4개
전원	5V 1.8A	5V 2A	5V 2.5A

그림 1-3
라즈베리 파이 2, 3 모델[4]

이 책에서는 라즈베리 파이 2, 3 모델 기준으로 설명하도록 하겠다.

마이크로 SD 카드는 반드시 8GB 이상의 용량을 가진 제품을 사용하기 바란다. 파이의 기본 운영체제인 라즈비안의 크기가 3GB 이상이기 때문에 4GB 용량으로는 사용자가 사용할 수 있는 공간이 부족할 수 있다. 그리고 수시로 운영체제를 업데이트하는 과정에서 디스크 사용 용량이 조금씩 늘어나는 것도 감안해야 한다. 라즈비안 Lite 버전을 사용한다면 8GB 이상, 데스크톱 버전을 사용한다면 16GB 이상을 사용길 권한다.

SD 카드를 보면 동그라미 안에 숫자가 있는데, 이는 메모리의 클래스를 나타낸다. 현재 2에서 10까지 있으며 이 값이 높을 수록 데이터 전송 속도가 빠르다. 이 값은 초당 쓰기 속도를 나타낸다. 가령 클래스 4는 4MB/S의 데이터 쓰기 속도를, 6은 6MB/S의 쓰기 속도를

---

4 라즈베리 파이 3 모델(오른쪽)에는 DSI 슬롯 우측에 무선 랜, 블루투스 모듈이 추가되었다.

나타낸다. 가능하면 클래스 10의 제품을 사용하도록 한다. 이 값이 높을수록 성능이 좋긴 하지만 일부 SD 카드는 파이와 호환성이 떨어지기 때문에 라즈베리 파이 호환성 확인 사이트(http://elinux.org/RPi_SD_cards)에서 호환성 확인이 된 제품을 사용하기 바란다.

파이는 자체로 완전한 컴퓨터이기 때문에 고해상도 비디오 출력을 위한 HDMI 단자를 제공한다. 파이에 모니터를 직접 연결해서 사용하고자 할 경우에는 HDMI 케이블을 이용해 모니터와 파이를 연결하면 된다

하지만 많은 리눅스 OS 사용자들은 HDMI 케이블을 이용해 파이와 모니터를 연결하는 방식을 선호하지 않는다. 뒤에서 다시 설명하겠지만 파이에 네트워크 설정 작업만 해두고 원격 PC 또는 노트북을 이용해 접속해서 작업하는 방식을 많이 이용한다. 이와 같이 모니터 없는 시스템을 헤드리스(headless) 컴퓨터라 한다.

1.2 라즈베리 파이 셋업

파이를 셋업하기 위해서는 SD 카드에 운영체제를 설치하는 것이 필요하다. 마이크로 SD 카드에 운영체제를 설치한 다음 전원을 넣어 주면 부팅이 된다. 리눅스 OS를 사용한 경험이 있으면 상당히 쉽게 작업이 가능하다.

아래 그림처럼 다양한 운영체제의 설치가 가능하다. 대부분 리눅스 계열이며, 마이크로소프트의 WINDOWS 10 IOT CORE도 있다. 우리는 라즈베리 파이의 공식 운영체제인 RASPBIAN(Debian)을 설치할 것이다.

그림 1-4
라즈베리 파이에 설치
가능한 다양한 운영체제

2015년 9월 라즈비안 제시(RASPBIAN JESSIE)가 새롭게 나왔다. 기존에는 라즈비안 휘지(RASPBIAN WHEEZY)를 사용했었다. 이렇게 새로운 이름의 라즈비안이 공개된 것은 라즈비안의 근간을 이루는 데비안 리눅스와 관련이 있다. 데

비안 리눅스는 픽사의 애니메이션 토이 스토리 2의 캐릭터에서 새로운 버전 이름을 가져온다. 휘지(펭귄 캐릭터), 제시(카우보이 소녀) 모두 토이 스토리의 캐릭터들이다. 데비안의 새로운 버전 제시가 나왔기 때문에 라즈비안 역시 여기에 맞추어 새롭게 제시 버전이 나온 것이다.

파이 재단 홈페이지의 설명에 의하면 제시에는 눈에 보이는 부분에서는 큰 변화가 없고 시스템·성능 및 유연성 개선, 버그 수정이 이루어졌다고 간략하게 소개하고 있다. 다만 콘솔 모드가 아닌 GUI(데스크톱) 모드에서는 메뉴, 체크 박스, 라디오 버튼 등 UI에서 많은 개선이 이루어졌으며 GTK+ 2에서 GTK+ 3으로 업그레이드되었다고 소개하고 있다.

OS 버전은 제시, 휘지 모두 사용 가능하며 새롭게 시작하는 독자라면 제시로 시작할 것을 권고한다. 그리고 최근 컴퓨터들이 GUI 모드를 사용하고 있기 때문에, 제시에서는 이런 추세에 맞추어 기본 부팅이 GUI 모드로 시작한다. 부팅 모드는 설정에서 언제든지 콘솔 모드로 변경할 수 있다.

1.2.1 라즈비안 OS 설치

운영체제 선택 화면에서 RASPBIAN을 클릭하면 라즈비안을 다운 받을 수 있다.

그림 1-5
파이 홈페이지의
다운로드 화면[5]

zip 압축 파일을 7zip과 같은 프로그램을 이용해서 압축을 풀면 1~4GB 사이즈의 img 파일이 만들어진다.

이 파일을 SD 카드에 그냥 복사하면 안 된다. SD 카드에 라즈비안이 설치되고 부팅 가능한 상태로 만들어야 하기 때문에 약간 특별한 과정을 거친다. 대부

---

[5] RASPBIAN JESSIE WITH PIXEL은 다양한 패키지를 포함한 GUI 모드이며 RASPBIAN JESSIE LITE는 꼭 필요한 기능만 포함한 콘솔 모드이다. 각자 용도에 맞게 선택한다.

분 Windows PC를 이용한다는 가정으로 Windows PC에서 작업하는 기준으로 설명하겠다. 리눅스나 애플의 OS X의 경우에도 어렵지 않으며 웹에 수많은 설치 관련 자료가 있으니 참조하면 된다.

1. http://www.raspberrypi.org/downloads/에서 라즈비안 이미지 ZIP 파일을 다운 받은 후 압축을 해제한다. 파일의 날짜는 수시로 업데이트되기 때문에 신경 쓸 필요 없다.

2. http://sourceforge.net/projects/win32diskimager/에서 Win32 Disk Manager 프로그램을 다운 받는다.

3. 다운 받은 디스크 매니저 프로그램을 관리자 모드로 실행해서 조금 전 다운 받은 라즈비안 이미지 파일(확장자 img)을 선택한 다음, 타깃 디바이스로 새롭게 받은 SD 카드를 삽입한 드라이브를 선택한다. 그리고 Write 버튼을 눌러 이미지를 SD 카드에 기록한다.

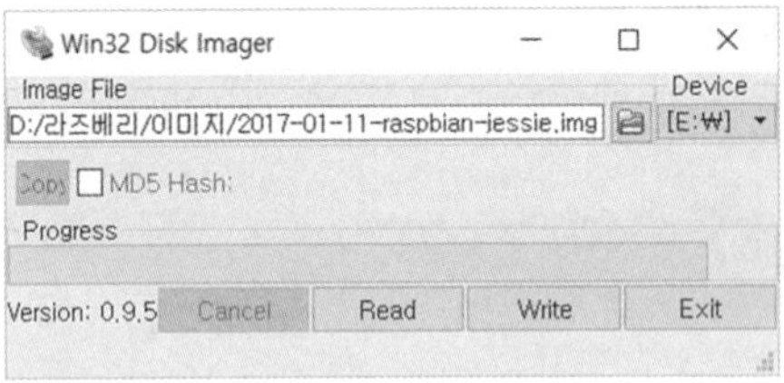

그림 1-6
이미지 쓰기[6]

4. 마지막으로 Write 버튼을 누르면 이미지 파일이 SD 카드에 설치된다. 내용이 지워진다는 영문 경고 창이 나오면 OK 버튼을 눌러 진행한다. 시간이 꽤 소요될 수 있으니 성급하게 프로세스를 강제 종료시키거나 하지 않도록 한다. 만약 기존에 사용하던 SD 카드라면 내용이 모두 지워지니 조심해야 한다.

5. 이미지 복사가 끝나면 마이크로 SD 카드를 파이에 삽입한다. USB 키보드와 마우스, HDMI 케이블을 이용해 파이를 모니터에 연결한다.[7]

6. 마이크로 USB 전원 케이블을 연결한다.

7. 만약 HDMI 케이블로 연결한 파이가 정상적으로 설치가 되었다면 그림 1-7과 비슷한 부팅 화면이 나타나야 한다.

---

6 Device에서 SD 카드가 삽입된 디렉터리를 확인해서 다른 저장 장치가 지워지지 않도록 주의한다.
7 2016년 11월 이후 라즈비안 초기 이미지에서 SSH 서비스가 비활성화되었다. 따라서 초기 세팅은 모니터, 키보드를 연결해 진행해야 한다.

그림 1-7
라즈비안 커널 부팅 화면[8]

1.2.2 라즈비안 OS 기본 설정

그림 1-7처럼 부팅 화면이 정상으로 나타나면 터미널을 열어서 다음 작업을 진행한다.

1.2.2.1 사용자 설정

파이의 root 암호를 다음과 같이 설정한다.

1. 먼저 사용자를 root로 변경한다.

```
$ sudo su -
```

2. 이제 프롬프트가 #로 바뀌었을 것이다. #는 root 사용자를 나타낸다. root 사용자는 sudo 명령을 사용할 필요가 없다. passwd 명령으로 root 계정의 암호를 새롭게 설정한다.

```
# passwd
Enter new UNIX password: ********
Retype new UNIX password: ********
passwd: password updated successfully
```

> 💡 파이의 기본 사용자 ID는 pi이며 기본 비밀번호는 raspberry이다. 그리고 root는 초기 암호가 없는데, root 암호가 없는 상태는 좋지 않다. root 암호를 만들어야 한다. 파이는 pi 사용자로 로그인을 하도록 구성되어 있으며 pi 사용자가 root 권한으로 명령을 실행해야 할 경우 sudo 명령을 사용한다. sudo 명령 사용 권한은 /etc/sudoers 파일 및 /etc/sudoers.d 디렉터리에서 관리한다.
>
> /etc/sudoers.d 디렉터리에는 010_pi nopasswd 파일이 존재하며 "pi ALL=(ALL) NOPASSWD: ALL" 한 줄만 존재한다. 이 라인은 pi 사용자는 모든 호스트(첫 번째 ALL)에서 패스워드 없이 모든 사용자로(두 번째 ALL) 바꿀 수 있으며 모든 명령(세 번째 ALL)을 실행할 수 있다는 의미이다.

---

8 파이 2, 3에서는 산딸기 개수가 4개로 보일 것이다. 산딸기 개수는 파이의 CPU 코어 개수를 나타낸다.

결국 pi 사용자는 sudo 명령으로 root와 같은 권한을 획득할 수 있기 때문에 pi 사용자 암호도 raspberry에서 다른 암호로 바꾸는 것이 좋다.

그리고 파일 내용을 "pi ALL=(ALL) PASSWD: ALL"로 변경하면 첫 번째 sudo 명령 시 pi 사용자의 암호를 묻기 때문에 더욱 안전하게 시스템을 사용할 수 있다.

1.2.2.2 raspi-config 설정

OS 설치를 마치고 파이의 커널 부팅 화면이 끝나면 sudo raspi-config를 입력해서 설정 화면으로 들어간다. 데스크톱 모드에서는 LX 터미널을 이용해서 작업을 하면 된다.

> 💡 raspi-config 명령은 라즈비안 제시 버전의 데스크톱 GUI 환경에서 새롭게 제공하는 Raspberry Pi Configuration 메뉴에서 같은 작업을 할 수 있다.

1. Expand Filesystems

SD 카드에 운영체제를 설치한 후에 SD 카드에는 빈 공간이 있다. 해당 메뉴는 이 빈 공간을 라즈비안에서 사용할 수 있도록 파티셔닝을 해주는 과정이다. 이 과정은 자동화되어 있어서 그냥 1번이 선택된 상태에서 엔터 키만 누르면 작업이 끝난다. 이렇게 변경한 내용은 재부팅 후에 반영된다. 리눅스에서 디스크 확인은 df 명령을 사용한다.

> ❗ Expand Filesystems 메뉴를 이용하면 현재 사용하는 SD 카드의 전체 용량을 사용할 수 있게 되어 효율적으로 SD 카드를 이용할 수 있는 장점이 있다. 하지만 SD 카드의 분실, 고장을 염려해 백업하려면 한 가지 고려할 사항이 있다. 파이 이미지의 백업은 설치와 마찬가지로 win32diskimager를 이용하면 문제가 없다. 하지만 백업해 두었던 이미지를 다시 마이크로 SD 카드로 복원하려면 문제가 발생할 소지가 있다. 마이크로 SD 카드는 제조사 모델에 따라서 용량에 약간씩 차이가 날 수 있다. 복원 과정에서 복원 대상 마이크로 SD 카드의 용량이 백업 이미지보다 작을 경우 복원이 되지 않는다. 만약 같은 4GB 용량의 SD 카드 이미지를 백업 후 다시 복원하더라도 SD 카드 모델이 다르면 용량이 약간 모자라 복원이 되지 않을 수 있다. 복원 대상 SD 카드 용량이 크거나 같은 모델의 SD 카드를 이용한다면 문제없다.

2. Change User Password

파이의 기본 로그인 아이디와 패스워드는 각각 pi, raspberry로 설정되어 있다. 이 항목은 해당 값을 바꾸는 과정이다. 보안이 중요한 경우에는 바꾸도록 하고, 보안상 크게 중요한 이유가 없고 네트워크에 연결하지 않고 작업한다면 그냥 유지해도 된다. 참고로 아이디가 바뀌는 것이 아니라 패스워드 값(raspberry)을 바꾸는 과정이다.

그림 1-8
라즈베리 파이 사용자
패스워드 변경[9]

3. Boot Options
라즈비안 부팅 시 GUI로 부팅할지 콘솔(텍스트)모드로 부팅할지를 선택한다.

그림 1-9
부팅 시 초기 화면 설정

> ⓘ Lite 버전은 GUI 운영에 필요한 모듈이 설치되어 있지 않기 때문에 데스크톱 모드 부팅이
> 어렵다. lightdm을 설치하라는 메시지가 나온다.

4. Internationalisation Options
이 메뉴에서는 나라별 언어 설정을 할 수 있다. 초기 설정 로케일(locale)이 영국식 영어(en_GB.UTF-8 UTF-8)로 되어 있는데, 우리나라에서는 미국식 영어를 많이 사용하기 때문에 미국식 영어(en_US.UTF-8 UTF-8)로 설정하거나 한글(ko_KR.UTF-8 UTF-8)을 설정한다.

---

9 이 과정은 시스템 운영 중에 리눅스 명령어 passwd를 이용해 변경할 수도 있다.

그림 1-10
한글 로케일로 변경

문자셋은 UTF-8을 사용하는 것이 호환성이 좋다. 파이의 문자 코드로 UTF-8을 사용한다면 SSH 클라이언트에서도 UTF-8로 맞추어야 한글이 제대로 보인다.

이어서 Time Zone을 "Seoul"로 바꾼다. 파이는 PC와 달리 보드에 배터리가 없다. 따라서 부팅 때마다 ntp 서비스를 이용해 새롭게 현재 시간을 받아 와 설정한다. Time Zone을 정확하게 지정해야 그리니치 표준시와 생기는 차이를 보정해서 현재 시간을 표시할 수 있다.

키보드 역시 "Generic 105-key (Intl) PC", "Keyboard layout:Other", "Korean - Korean (101/104 key compatible)"로 바꾼다. 이 작업을 하지 않으면 키보드가 이상하게 작동할 수 있다.

5. Enable Camera

카메라 모듈을 사용할 수 있게 한다. CSI 카메라를 사용하려면 당연히 이 옵션을 켜두어야 한다. 기본은 Disable 상태이다.

그림 1-11
카메라 설정

6. Overclock

2017년 1월 현재 시점을 기준으로 파이3에서는 overclock을 지원하지 않는다.

7. Advanced Options

- A3 Memory Split는 파이 메모리 중 GPU에 분배할 크기를 지정한다. 기본값은 64MB이며 파이는 GPU용 메모리가 별도로 없고 파이 메모리를 공유한다. 원격 셸을 이용한 콘솔 작업을 주로 한다면 이 값을 줄여 파이가 사용할 수 있는 메모리를 늘리는 것도 고려할 수 있다.
- A4 SSH를 활성화시킨다. A6 SPI, A7 I2C 역시 활성화시켜 향후 이용할 수 있게 설정해 둔다.
- A8 Serial은 시리얼 포트를 이용한 부팅 가능 여부를 설정한다. 만약 시리얼 부팅을 사용하지 않는다면 이 기능은 비활성화시킨다.
- A9 Audio에서는 오디오 출력을 HDMI 또는 3.5mm 잭 중 선택한다.

> 💡 SSH 클라이언트에서 파이에 접속할 때 pi 사용자 계정보다 root 계정으로 직접 접속하는 것이 편리한 경우가 많다. 보안상의 이유로 root 사용자의 직접적인 로그인은 막혀 있지만 root 접속을 허용할 수 있다. /etc/ssh/sshd_config을 다음과 같이 수정하자.
> PermitRootLogin without-password를 PermitRootLogin yes로 변경한 후 /etc/init.d/ssh restart 명령으로 ssh를 재시작한다.

1.2.3 네트워크 설정

이제 파이의 네트워크를 설정해보자. 현재 기본 설정인 DHCP 서버를 이용한 동적 IP 할당을 그대로 이용한다면 아래 설정은 생략해도 된다. 파이에서 네트워크 설정은 /etc/network/interfaces 파일을 수정하는 것을 가리킨다.

1.2.3.1 유선 네트워크 설정

다음은 고정 IP를 사용하는 interfaces 파일의 예시다. 마지막 5줄에 모든 내용이 들어 있다.

```
# interfaces(5) file used by ifup(8) and ifdown(8)
# Please note that this file is written to be used with dhcpcd
# For static IP, consult /etc/dhcpcd.conf and 'man dhcpcd.conf'

# Include files from /etc/network/interfaces.d:
source-directory /etc/network/interfaces.d
auto lo
iface lo inet loopback
```

```
auto eth0
iface eth0 inet static
address 192.168.11.81
netmask 255.255.255.0
gateway 192.168.11.1
```

1.2.3.2 무선 네트워크 설정

파이 3부터는 기본적으로 무선 랜을 지원하기 때문에 USB 랜 어댑터 없이 WiFi 를 이용할 수 있다. 다음은 무선 랜 설정 예이다. wpa-ssid, wpa-psk는 공유기의 설정 값을 이용한다.

```
# interfaces(5) file used by ifup(8) and ifdown(8)
# Please note that this file is written to be used with dhcpcd
# For static IP, consult /etc/dhcpcd.conf and 'man dhcpcd.conf'
# Include files from /etc/network/interfaces.d:
source-directory /etc/network/interfaces.d

auto lo
iface lo inet loopback

auto eth0
iface eth0 inet static
address 192.168.11.81
netmask 255.255.255.0

auto wlan0
allow-hotplug wlan0
iface wlan0 inet static
address 192.168.10.82
netmask 255.255.255.0
gateway 192.168.10.1
wpa-ssid "*****"
wpa-psk "************"
```

1.2.3.3 Jessie 풀버전 네트워크 설정

Jessie 풀버전에서는 위의 방식으로 설정이 잘 되지 않는다. /etc/network/ interfaces 파일을 잘 살펴보면 윗부분에 dhcpcd.conf를 함께 사용하라는 주석이 있다. 이 주석처럼 dhcpcd.conf 파일을 이용하도록 한다.

참고로 아래 /etc/network/interfaces 파일은 초기 상태 그대로 둔다.

```
# interfaces(5) file used by ifup(8) and ifdown(8)
# Please note that this file is written to be used with dhcpcd
# For static IP, consult /etc/dhcpcd.conf and 'man dhcpcd.conf'
# Include files from /etc/network/interfaces.d:
source-directory /etc/network/interfaces.d

auto lo
iface lo inet loopback
iface eth0 inet manual
auto wlan0
allow-hotplug wlan0
iface wlan0 inet manual
```

```
wpa-roam /etc/wpa_supplicant/wpa_supplicant.conf
```

그리고 /etc/dhcpcd.conf 파일의 앞부분에 다음과 같이 사용할 IP 주소 정보를 넣어서 추가한다. 만약 dhcp를 이용하려면 static ip_address 라인을 주석 처리한다.

```
interface eth0
static ip_address=192.168.10.82
static routers=192.168.10.1
static domain_name_servers=8.8.8.8
```

만약 무선 랜을 사용하려면 위에서 eth0를 wlan0로 바꿔준다. 그리고 /etc/wpa-supplicant/wpa_supplicant.conf 파일에 다음 라인을 추가한다.

```
network={
ssid="공유기 SSID 값"
    psk="패스워드"
}
```

💡 데스크톱 모드에서 네트워크 설정 작업을 여러 번 수정하다 보면 오류가 발생하는 경우가 있다. 이 원인 중 하나는 위에서 우리가 수정한 파일들의 내용이 제대로 수정되지 않는 것이다. 이 경우에는 수작업으로 직접 위 파일들을 확인하고 수정해야 한다. 따라서 데스크톱의 네트워크 설정에서 작업하는 것보다는 위와 같이 직접 설정 파일을 수정하는 것이 좋다. 그리고 위의 dhcpcd.conf를 이용한 설정 방법은 Jessie lite 버전에서도 사용 가능하기 때문에 최신 버전 라즈비안을 사용한다면 이 방법을 사용할 것을 권장한다.

💡 유, 무선 랜을 동시에 설정해서 사용하는 것이 가능하며 gateway는 하나를 이용하는 것이 좋다. 최초 파이를 유선 랜을 연결한 상태에서 부팅하면 DHCP 서버로부터 IP 정보와 함께 네임 서버 정보도 함께 받아 온다. 이 정보는 /etc/resolv.conf 파일에 저장되기 때문에 이후 고정 IP를 사용하더라도 인터넷을 사용하는 데 이상이 없다. 만약 네임 서버 오류로 인터넷 접속이 안 된다면 이 파일을 다시 한번 확인한다.

1.2.4 최신 버전 업데이트

이제 마지막으로 시스템을 업데이트한다. 아래 2개의 명령은 새로운 패키지 설치 전에 습관적으로 해주는 것이 좋다.

다음은 패키지 목록을 최신 버전으로 업데이트하는 명령어다.

```
apt-get update
```

아래는 패키지 목록과 현재 설치된 패키지를 비교한 후, 패키지를 최신 버전으로 설치한다.

```
apt-get dist-upgrade
```

여기까지 중요한 설정이 끝났다. 설정이 끝나고 리부팅을 하면 로그인 프롬프트가 나타난다. 이제 모니터 없이 파이를 headless 컴퓨터로 사용할 수 있다.

1.2.5 이미지 백업

작업 중인 파이의 SD 카드 이미지를 복사해 둠으로써 SD 카드 분실 또는 고장 시에 유용하게 사용할 수 있다. 또한 이 작업은 백업의 의미도 있어 작업 도중 문제가 생겨 이전 상태로 복원해야 할 경우에도 유용하다. 여분의 SD 카드에 이미지를 복사해도 좋지만 현재 사용하는 SD 카드의 내용을 이미지 파일로 저장해 두기만 해도 유사시에 언제든지 이미지 파일로부터 SD 카드를 만들 수 있다. 따라서 이미지 백업은 중요하다.

그럼 언제 백업하는 것이 좋은가? 이미지 백업은 특정 작업이 성공적으로 끝났을 때 해 두는 것이 가장 좋다. 가령 처음 라즈비안을 설치하고 네트워크 설정, 필요한 패키지 설치 등이 성공적으로 끝났을 때 또는 NAS, 미디어 서버 등 특정 용도로 사용하기 위한 설치가 성공적으로 끝났을 때 새로운 작업을 시작하기 전에 백업을 해 두는 습관을 가지는 것이 좋다.

1.2.5.1 Win32 Disk Imager 준비

처음 파이에 라즈비안 OS를 설치할 때와 마찬가지로 Win32 Disk Imager를 준비한다. 만약 Windows가 아닌 다른 OS를 사용한다면 구글 검색을 통해 적절한 방법을 찾기 바란다.

1.2.5.2 SD 카드 백업

마이크로 SD 카드를 PC에 연결한다. SD 카드 또는 마이크로 SD 카드 단자가 없다면 USB 어댑터를 사용한다. Win32 Disk Imager를 실행한다. 먼저 현재 사용 중인 SD 카드의 내용을 새롭게 이미지로 만들어야 한다. 처음 이미지를 설치할 때는 이미지 파일(img 확장자)을 선택했지만 사용 중인 이미지를 복사할 때는 새롭게 저장할 이미지 파일 이름을 입력한다. 그림 1-12에서 우측의 디바이스('Device')는 이미지 파일로 만들 타깃 SD 카드(현재 사용 중인 SD 카드)의 경로(그림에서는 D: 디렉터리)를 선택한다. 드라이브 명을 입력하면 하단의 Read,

Write 버튼이 활성화된다. Read 버튼을 누르면 SD 카드 이미지를 읽어서 Image File에 입력한 파일명으로 새롭게 백업한다.

그림 1-12
Win32 Disk Imager에서
Read 버튼을 이용해 SD
카드의 현재 이미지를 백업

1.2.5.3 SD 카드 복구

이 작업은 처음 라즈비안 이미지 파일을 설치하는 것과 같다. 그림 1-12에서 Device만 새로운 SD 카드 드라이브로 바꾼 다음 Write 버튼을 누르면 된다. 앞의 과정을 백업(Backup)이라 한다면 이 작업은 복구(Restore)라 한다.

1.3 라즈베리 파이 프로그래밍

리눅스 컴퓨터에서 C/C++, 자바, 루비, 파이썬, 셸 스크립트 등 다양한 언어를 이용할 수 있듯이 파이 역시 마찬가지이다. 만약 파이를 이용해 웹 서버, 파일 서버와 같은 범용 컴퓨팅 솔루션을 구축하고자 한다면 이미 오픈 소스로 제공되는 Apache, nginX 웹 서버 솔루션, SAMBA 파일 서버 솔루션, MySQL과 같은 데이터베이스 솔루션을 이용할 수 있다. 또한 자신의 취향에 맞는 개발 언어를 선택해 부가 기능 개발도 가능하다. 라즈비안에서는 파이썬과 스크래치를 지원하고 있고, 많은 응용 프로그램들이 이 언어로 만들어지고 있다. 스크래치는 어린 학생들에게 프로그래밍의 개념과 기초를 가르치기 위해 만들어진 언어이며, 파이썬은 오랜 시간 동안 리눅스 사용자들에게 사랑 받아 온 객체지향 스크립트 언어이다. 앞에서 언급한 일반적인 서버 애플리케이션은 사실 어떤 언어를 사용하더라도 큰 상관이 없다.

파이의 또 하나의 가능성은 GPIO 핀을 이용한 임베디드 영역의 개발이다. 파이에 앞서 이 분야에서 각광 받고 있는 아두이노와 마찬가지로 파이 역시 이 영역에서의 가능성이 무궁무진하다. 만약 GPIO를 이용한 개발을 고려한다면 C/C++ 또는 파이썬을 사용한 프로그래밍을 권하고 싶다. 특히 파이썬의 경우에는 C/C++에 비해 사용법이 쉽고 빨리 배울 수 있다. 또한 이미 수많은 예제들이 파이썬으로 제공되고 있기 때문에 초보자들이 시작하기에는 가장 적합한 언어이다. C/C++은 거의 모든 운영체제에서 지원하는 범용 개발 도구이며 다른 언어들에 비해 최적화된 바이너리 코드의 생성이 가능해서 속도나 메모리 사용 측면에서 장점이 있다.

1.3.1 범용 컴퓨팅용 플랫폼, 라즈베리 파이

프로그래밍 언어를 소개하기 전에 먼저 파이의 한계에 대해 언급해야 할 것 같다. 반드시 알고 넘어가야 할 부분이다.

임베디드에서의 GPIO 제어는 보통 짧게는 마이크로(백만 분의 일)초 단위의 펄스를 다룬다. 하지만 라즈비안을 비롯한 리눅스 계열 운영체제들은 마이크로초 단위의 제어에는 적합하지 않다. 이것은 개발 언어의 문제가 아니라 리눅스 운영체제의 태생적인 문제이다.

마이크로소프트 Windows, Unix 운영체제도 마찬가지이다. 이들은 다양한 역할을 동시에 수행하는 범용 멀티태스킹 컴퓨팅 운영체제들로, 데이터베이스나 웹 서버의 응답이 1마이크로초 늦는다고 큰 문제가 발생하지는 않는다. 거시적인 시각에서 초당 처리 능력, 분당 처리 능력, 시간당 처리 능력이 중요할 뿐이다. 이들 운영체제는 원래 디바이스나 센서를 연결해서 처리하는 임베디드용으로 개발된 운영체제가 아니기 때문에 이런 약점을 가지고 있다.

이런 약점은 반대로 범용 컴퓨팅 플랫폼에서는 장점이 된다. 아두이노에서 동시에 웹 서버와 데이터베이스를 구동시키면서 GPIO 제어까지 하는 것은 현재로선 상상도 할 수 없는 일이다.

리눅스 C 함수 중에 usleep이라는 함수가 있다. 매뉴얼을 찾아보면 마이크로초 단위로 스레드를 쉬게 하는 함수인데, 이 함수가 정확하게 작동한다고 믿으면 안 된다. 가장 큰 이유는 범용 운영체제의 멀티태스킹 구현에 있다. 멀티태스킹 운영체제는 시스템에서 작동 중인 모든 프로세스(정확하게 표현하면 스레드)에게 돌아가면서 CPU 사용 시간을 분배한다. 특히 우선권이 높은 프로세스에게 CPU 시간을 우선 부여한다. 운영체제는 가급적 모든 프로세스가 원하는 시간에 CPU를 사용할 수 있도록 정교하게 설계되어 있지만 이런 멀티태스킹 환경에서는 100% 보장하지는 않는다.

다시 usleep으로 돌아가보자. 내가 만든 프로그램이 1마이크로초를 쉬고 다시 코드를 실행시키려 했는데 운영체제는 쉬는 동안 다른 프로세스에게 이미 CPU 시간을 부여해 버릴 수 있다. 그러면 1마이크로초 이후에 내가 만든 프로그램이 CPU를 사용한다는 보장이 없다. 정확하게 1마이크로초는 아니겠지만 가능한 빠른 시간에 다시 CPU 사용권을 다시 받을 수는 있을 것이다. 이런 멀티태스킹이 오히려 임베디드 영역에서 정확한 제어에는 걸림돌이 될 수도 있다.

파이를 비롯한 리눅스 운영체제에서는 밀리세컨드(ms) 단위의 작동은 상당히 정확하다(물론 이것도 100% 장담할 수 없다). 하지만 마이크로초 단위의 제어에서는 상당한 오차가 발생할 수 있다는 점을 알아야 한다. 그렇다고 너무 낙담할 필요는 없다. 정밀한 제어를 필요로 하는 곳엔 기능을 대신 해주는 전용 부품의 도움을 받을 수 있다.

> 라즈베리 파이를 사용할 때 아두이노와 같은 MCU를 적절히 같이 이용하는 것이 좋다. 아두이노는 가격도 저렴하며 특정한 임무 하나를 수행하는 데 아주 뛰어난 성능을 발휘한다.

1.3.2 파이썬

최신 라즈비안에는 파이썬에서 GPIO를 제어할 수 있는 패키지 RPi.GPIO가 기본적으로 설치되어 있다. 이 책에서는 파이썬 2.X 버전을 기준으로 예제를 작성하였다.

파이썬 프로그래밍이 익숙하지 않다면 인터넷이나 책을 구해서 공부할 수 있겠지만 파이에서 GPIO 핀을 제어하는 구조는 의외로 간단하다. 파이썬에 대한 간단한 이해만 있으면 시작하기 어렵지 않다. 예제에서 사용하는 파이썬의 중요한 구조만 간단하게 살펴본다.

1.3.2.1 파이썬 프로그램 들여쓰기

파이썬에서 들여쓰기는 상당히 중요하다. C언어에서는 { }를 이용해 블록을 지정하지만 파이썬에서는 들여쓰기를 이용해 블록을 지정한다.

들여쓰기는 탭이나 스페이스 모두 사용 가능하지만 하나로 통일해서 사용하는 것이 좋다.

```
if (a > b):
  …
  …
  print "a is greater than b"
  if (c > d):
    …
    …
    print "c is greater than d"
else:
  …
  print "a <= b"
```

1.3.2.2 import

import는 특정한 기능을 가진 파이썬 모듈을 가져오는 명령이다. 파이썬에서

GPIO를 이용하려면 GPIO 기능을 가지고 있는 RPi.GPIO 모듈을 가져와야 한다. 만약 시간 함수를 사용하려면 시간 기능이 구현되어 있는 time을 import한다. 설치되지 않은 모듈은 별도로 설치해야 한다. 모듈의 설치 방법은 해당 모듈의 매뉴얼을 참조한다. import A as B는 A를 B 이름으로 사용하겠다는 의미이다. 주로 코드의 시작 부분에 사용한다.

```
import RPi.GPIO as GPIO
import time
GPIO.setup(18, GPIO.OUT)  #setup 함수는 RPi.GPIO 모듈에 있는 함수
time.sleep(0.1)           #sleep 함수는 time 모듈에 있는 함수
```

1.3.2.3 루프(반복)문

파이썬 프로그램에서 루프는 while, for를 이용한다. 반복 도중 빠져 나오려면 break를 사용할 수 있다. 루프 블록은 들여쓰기로 결정된다.

```
while ( a > b) :
  b += 1
  a -= 1
```

다음은 for loop의 예이다. 항상 들여쓰기에 주의하자 .

```
sum = 0
for i in range(2,10):
  subtototal = 0
  for j in range(1, 10):
    subtotal += j
    print 'subtotal', subtotal
  sum += subtotal
print "loop end Total:", sum
```

1.3.2.4 사용자 키보드 입력

파이썬 프로그램에서 사용자의 입력을 받아서 다음 흐름을 결정할 경우 사용할 수 있다. 무한 루프문에서 사용자 입력을 받아서 루프를 빠져나오게 할 수도 있다. raw_input과 input 함수를 많이 이용한다. 파이썬 2, 3 버전에 따라 이 함수들의 기능이 조금 다른데 2 버전에서 raw_input은 문자열을, input은 숫자를 입력 받을 때 주로 사용한다.

```
val = raw_input("Forward:F, Backword:B")
if(direction == "F"):
  …
  …
if(direction == "B"):
  …
  …
```

다음은 input을 이용한 사용자 입력을 받는 부분이다.

```
while True:
  val = input("angle: or  -1 to quit:")
  if(0 < val and val < 360):
    …
  if(-1 == val):
    break
```

1.3.2.5 사용자 키보드 인터럽트(Ctrl+C)를 이용한 애플리케이션 종료

무한 루프를 돌고 있는 파이썬 프로그램을 깔끔하게 종료하려면 다음과 같이 인
터럽트 처리를 한다. 마지막 finally에는 try, except, finally 구조에서 항상 실행
이 보장되기 때문에 마무리 작업을 위한 코드를 넣는다. 경우에 따라서 except에
마무리 코드를 넣어도 된다.

```
try:
  while True:
    time.sleep(0.01)

except KeyboardInterrupt:
  print "Ctrl C Input -->Exit"

finally:
  print "This code is always called !"
```

1.3.3 C/C++

C언어(또는 C++)를 이용한 GPIO 제어는 가장 효율적이며 실시간에 가까운 제
어가 가능하기 때문에 권하고 싶은 방법이다.

　C언어를 이용해서 GPIO를 제어할 때 가장 많이 사용하는 라이브러리는
wiringPi이다. 그리고 pigpio 라이브러리도 많이 사용한다. pigpio 라이브러리는
뒤에서 비동기 센서를 다룰 때 설치 및 사용법을 설명하겠다.

1.3.3.1 wiringPi

wiringPi는 브로드컴 2835 칩셋(파이 2는 2836 칩셋)용으로 개발되었으며 GNU
LGPLv3 라이선스하에 공개된 오픈 소스다. wiringPi의 가장 큰 미덕은 아두이노
에서 사용하는 wiring 라이브러리와 같은 API를 이용하기 때문에 아두이노용으
로 포팅이 쉽다는 것이다. 아두이노 입문 시 무임승차를 할 수 있다. wiringPi를
이용해서 polling 방식 및 비동기 인터럽트 방식을 이용해 효율적으로 이벤트를
관리하는 고급 기능까지 구현할 수 있다.

　현재 사용하는 wiringPi 버전은 gpio -v 명령으로 확인할 수 있다. 만약
wiringPi를 설치한 적이 없다면 이 명령을 사용할 수 없다. gpio 명령은 wiringPi

설치 시 함께 설치되는 명령이다.

```
root@raspberrypi:/usr/local/src/study/GPIO-Programming-Language-Choice#
gpio -v
gpio version: 2.26
Copyright (c) 2012-2015 Gordon Henderson
This is free software with ABSOLUTELY NO WARRANTY.
For details type: gpio -warranty
```

git에서 최신 소스 코드를 다운 받아서 컴파일, 설치한다. 만약 git이 설치되어 있지 않다면 git을 먼저 설치한 후 wiringPi 소스를 다운 받는다. 마지막의 build 스크립트는 컴파일, 설치(install)까지 한 번에 해준다.

```
$ sudo apt-get install git-core
pi@raspberrypi ~/code $ sudo git clone git://git.drogon.net/wiringPi
pi@raspberrypi ~/code $ cd wiringPi
pi@raspberrypi ~/code/wiringPi $ git pull origin
pi@raspberrypi ~/code/wiringPi/wiringPi $ ./build
```

wiringPi는 몇 가지 툴을 함께 제공한다. 위에서 소스 코드를 빌드하면 자동으로 사용 가능한 실행 파일 gpio가 생기는데, 이 gpio는 아주 유용한 툴이다. wiringPi와 함께 설치되는 gpio는 다음과 같이 쉽게 사용이 가능하다. 아래의 명령들은 gpio 17번 핀을 출력용으로 사용하며 ON, OFF 시키는 명령들이다. echo 명령을 사용할 때보다 훨씬 간단함을 알 수 있다.

-g 옵션은 브로드컴 칩셋 GPIO 번호를 사용하는 옵션이다. 만약 이 옵션을 사용하지 않으면 wiringPi 고유 넘버링을 사용하기 때문에 혼란스러울 수 있다.

표 1-2
GPIO 핀 넘버링 비교

WiringPi Pin	BCM GPIO	Name	Header		Name	BCM GPIO	WiringPi Pin
		3.3v	1	2	5v		
8	Rv1:0-Rv2.2	SDA	3	4	5v		
9	Rv1:1-Rv2.3	SCL	5	6	0v		
7	4	GPIO7	7	8	T×D	14	15
		0v	9	10	R×D	15	16
0	17	GPIO0	11	12	GPIO1	18	1
2	Rv1:21-Rv2:27	GPIO2	13	14	0v		
3	22	GPIO3	15	16	GPIO4	23	4

P1: The Main GPIO connector

WiringPi Pin	BCM GPIO	Name	Header		Name	BCM GPIO	WiringPi Pin
		3.3v	17	18	GPIO5	24	5
12	10	MOSI	19	20	0v		
13	9	MISO	21	22	GPIO6	25	6
14	11	SCLK	23	24	CE0	8	10
		0v	25	26	CE1	7	11

다음은 gpio 명령을 이용해 GPIO 핀을 제어하는 예이다. 우리는 핀 넘버링에서 BCM(브로드컴 칩셋 넘버링)을 이용할 것이기 때문에 gpio 명령에서도 반드시 -g 옵션을 이용한다.

아래는 17번 GPIO 핀을 출력 모드로 설정하는 코드이다.

```
root@raspberrypi:/usr/local/src/wiringPi# gpio -g mode 17 output
```

다음은 17번 GPIO 핀에 1(ON)을 기록하고, 17번 핀에 3.3V 전압을 거는 코드이다.

```
root@raspberrypi:/usr/local/src/wiringPi# gpio -g write 17 1
```

이 예는 17번 GPIO 핀에 0(OFF)을 기록하고, 17번 핀에 0V(GND) 전압을 거는 코드이다.

```
root@raspberrypi:/usr/local/src/wiringPi# gpio -g write 17 0
```

1.3.3.2 pigpio

그 외 권하고 싶은 라이브러리는 pigpio이다. wiringPi보다 유명세는 덜 하지만 상당히 잘 만들어진 라이브러리이며, PWM 제어, 비동기 처리 등이 깔끔하게 구현되어 있다.

pigpio 라이브러리는 다음과 같은 특징을 가진다.

- GPIO 핀들에 대해 초당 100,000~1,000,000번의 샘플링이 가능하다.
- 동시에 여러 개의 서보(survo) 펄스 및 PWM 제어가 가능하다.
- 비동기 콜백 방식을 제공하며 오차 범위 1~10us의 이벤트 발생 시간을 제공한다.
- GPIO 핀 상태 변경을 파이프를 통해 알려 준다.
- 타이머 콜백을 제공한다.

- GPIO 값 변화를 오차 범위 1~10us 이내의 파형으로 제공한다.
- 파이썬에서도 유용하게 사용할 수 있다.
- 브로드컴 GPIO 핀 배열을 사용한다.
- 그리고 이 패키지는 환상적인 GUI 프로그램 piscop를 제공한다. 실시간으로 GPIO 핀의 풀업, 풀다운 상태를 오실로스코프 파형으로 볼 수 있게 해준다.

다음과 같은 방법으로 컴파일 후 설치하면 된다.

```
wget abyz.co.uk/rpi/pigpio/pigpio.zip
unzip pigpio.zip
cd PIGPIO
make
make install
```

C언어용 라이브러리 중에 가장 많이 사용하는 것은 wiringPi이다. 이 라이브러리를 많이 사용하는 이유는 API가 아두이노에서 사용하는 라이브러리와 거의 동일해서 소스 코드 포팅이 쉽기 때문이다. 그리고 아두이노는 파이보다 몇 년 앞서 임베디드 시장에서 큰 인기를 모으고 있는 제품이기 때문에 개발과 관련한 생태계가 상당히 잘 만들어져 있다. 따라서 아두이노용 예제를 참조할 때 쉽게 이해할 수 있고 포팅 또한 쉬운 장점이 있다.

pigpio 라이브러리는 wiringPi보다 대중적이지는 못하지만 필자가 테스트해 본 결과로는 상당히 잘 만들어진 라이브러리이다. 소스 코드 또한 깔끔하게 잘 만들어져 있으며 API도 간결하게 잘 정리되어 있다.

1.4 원격 작업 환경 설정

SSH 서비스를 활성화하면 원격 SSH 클라이언트를 이용한 파이 접속이 가능하다. 접속 SSH 클라이언트는 putty, Tera Term 등 자신이 익숙한 툴을 사용하면 된다.

데스크톱 모드의 파이에 접근이 필요한 경우가 있다. raspi-config에서 "7 Advanced Options, A5 VNC Enable/Disable graphical remote access to your Pi using RealVNC"를 선택해 원격 VNC 서비스를 활성화한다. 그리고 PC에 접속 가능한 VNC 클라이언트를 설치한다.

1.4.1 VNC 클라이언트 설치

https://www.realvnc.com/download/viewer/에서 자신의 환경에 맞는 vncviewer를 다운 받는다

그림 1-13
VNC 클라이언트
다운로드 [10]

1.4.2 VNC 접속

VNC Viewer에서 파이의 IP를 입력한 후 엔터 키를 누르면 VNC Server(파이) 인증 여부를 묻는다. Continue를 누르고 진행한다.

그림 1-14
VNC Viewer 접속

OK 버튼을 누르면 다음과 같이 원격 파이에 접속이 가능하다.

그림 1-15
VNC Viewer 접속 화면

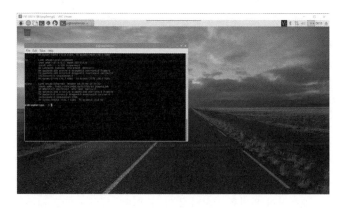

---

10 VNC는 다양한 OS를 지원한다. 원격 접속할 컴퓨터의 운영체제에 맞게 다운 받는다.

위의 접속 화면은 원격 파이를 HDMI 케이블에 연결해서 고해상도의 디스플레이 상태에서 접속한 것이다. 모니터 없이 부팅한 다음 VNC Viewer를 이용해 접속하면 해상도가 낮아질 수 있다.

이럴 땐 강제로 해상도를 설정해주면 된다. https://support.realvnc.com/know ledgebase/article/View/523을 참조한다. /boot/config.txt 파일에 다음을 추가하거나 주석 해제 후 수정한다. 뒷부분의 69는 해상도를 지정하는 값이며 https://www.raspberrypi.org/documentation/configuration/config-txt.md에서 숫자에 해당하는 해상도를 확인할 수 있다. 아래에서 69은 1920X1200의 해상도를 지정하는 값이다.

```
# uncomment if hdmi display is not detected and composite is being output
hdmi_force_hotplug=1
# uncomment to force a specific HDMI mode (this will force VGA)
hdmi_group=2
hdmi_mode=69
```

GPU 메모리가 부족할 경우에는 raspi-config에서 늘려주도록 한다.

1.5 준비해 두면 도움이 되는 것들

파이를 다양한 센서 및 디바이스와 연결해서 뭔가를 만들기 전에 준비 작업이 필요하다. 막상 디바이스를 파이와 연결해서 작동시키면 예상을 벗어나는 경우를 자주 접하게 된다. 이때 원인을 분석하고 잘못 설계한 부분을 찾아내 고치는 과정이 필요하다. 우리는 흔히 이 과정을 디버깅이라고 한다. 디버깅에서 가장 중요한 것은 현재 발생한 현상을 정확하게 파악하는 일이다. 즉, 시스템의 각종 수치들을 정확하게 찾을 수 있어야만 한다. 소프트웨어 개발에서 디버깅은 의문이 가는 변수 값들을 파일 또는 콘솔에 출력해서 확인하거나 디버깅 소프트웨어를 이용해서 특정 지점에서 각종 변수 값을 확인하는 과정을 거친다. 이 과정을 통해서 예상치 못한 변수 값을 발견한 경우, 이 값의 발생 원인을 추적해 논리적인 오류를 찾아낸다.

하지만 하드웨어 제어에서는 이러한 디버깅이 쉽지 않다. 만약 서보 모터를 연결해 -90도~90도를 움직이게 했는데 결과가 45~90도 사이만 움직인다고 가정해 보자. 파이에서 서보 모터를 제어하는 방식은 대부분 PWM(Pulse Width Modulation)을 이용한다. 따라서 펄스 폭의 길이(시간), 펄스 발생 주기(Hz)를 확인해야만 오동작의 원인을 정확하게 알 수 있다. 이런 용도로 사용하는 대표적인 기기가 오실로스코프(Oscilloscope)이다. 개인이 구매하기에 부담스러운 가격이지만 파이나 아두이노 정도의 디바이스라면 고성능의 오실로스코프 대신 상대적으로 저렴한 휴대용 제품이나 USB 방식의 오실로스코프를 이용하는 것도 괜찮다. 10만원 대의 제품으로도 어느 정도 필요한 수준으로 사용할 수 있다.

그리고 디바이스의 출력값을 모니터링하기 위해 출력 데이터를 파일에 기록하기도 한다. 이 기록한 파일을 분석하기 위한 그래프 툴도 미리 사용법을 알아두면 유용하게 활용할 수 있다. 대표적인 툴로는 gnuplot, rrdtool 등이 있다.

1.5.1 코드 편집기

우리가 많이 이용하는 윈도우나 맥에는 수많은 무료 또는 상용 편집기가 있다. 파이를 비롯한 리눅스에서는 보통 원격 작업을 선호한다. 즉, 파이 앞에 앉아 HDMI 케이블로 연결한 파이 모니터를 보면서 작업하는 것이 아니라 자신에게 익숙한 PC에서 원격 셸(SSH)로 연결해 작업을 한다. 이 환경에서 사용자는 보통 GUI가 아닌 콘솔 모드 텍스트 편집기인 vi(vim)를 가장 많이 사용한다. 이 편집기는 일단 익숙해지면 아주 강력한 기능을 발휘한다. 이 편집기에 익숙해지면 다른 편집기는 쳐다보지 않는 사용자도 아주 많다. 하지만 사용 방법이 독특하기 때문에 초보자는 처음에 꽤 고생을 해야 한다.

리눅스에서는 또 하나의 텍스트 모드 편집기인 nano를 많이 사용한다. nano는 사용법이 직관적이라서 vi보다 사용이 훨씬 쉽다. vi 사용이 부담스러운 초보자들은 nano를 사용하고 PC의 GUI 환경에 익숙한 사용자라면 sftp 기능을 내장하고 있는 파일 편집기를 이용해 원격지 서버의 파일 편집을 쉽게 할 수 있다.

> 💡 vi 대신 vim을 설치해서 사용한다. 파이에서 vim을 설치하면 vi 명령이 vim을 호출하도록 링크가 만들어진다. 따라서 vi, vim은 같다.

1.5.1.1 Visual Studio Code

필자가 권하고 싶은 편집기는 Notepad++ 또는 마이크로소프트 Visual Studio Code(이하 VSCode)이다. 특히 마이크로소프트가 무료로 공개한 VSCode는 개발 언어 확장 기능이 있어 문법 하이라이팅, 코드 자동 완성, 함수 설명 기능 등 코드 작업을 아주 쉽게 도와준다. 원격 작업을 도와주는 sftp 기능도 추가할 수 있다.

그림 1-16
VSCode 다운로드
페이지(https://
code.visualstudio.com/
download)[11]

VSCode를 설치 후 좌측 확장 버튼을 누른 후 python, C/C++, ftp로 검색 후 자신에게 필요한 확장 기능을 설치한다. 파이썬 확장을 설치 후 파이썬 코드를 열면 아래 그림처럼 문법 하이라이팅, 함수 자동 완성 및 도움 기능 등을 이용할 수 있다.[12]

그림 1-17
VSCode 실행 화면[13]

다음은 원격 파이에 접속해서 작업하기 위한 sftp 설정을 해보겠다.

　VSCode에서 Ctrl+Shift+P 키를 누르면 화면 상단에 "〉" 표시가 나타난다. 여기에서 ftp를 입력하면 ftp와 관련한 명령들이 나타난다. "ftp-simple:Config-FTP connection setting"을 선택한다.

그림 1-18
원격 작업을 위한
VSCode의 simple-ftp
설정

ftp-simple 확장 모듈을 설정하는 json 파일이 열리면 다음과 같이 자신의 작업

---

11 윈도우뿐 아니라 맥, 리눅스도 지원한다. VSCode는 오픈 소스로 공개되어 있기 때문에 데스크톱 모드 파이에서도 컴파일, 설치가 가능하다. 위의 데비안 버전으로는 현재 설치가 불가능하며 별도의 빌드를 통해 사용 가능하다.

12 GPIO 모듈과 같이 파이썬에 기본 포함되지 않은 모듈은 자동 완성 기능을 이용할 수 없다.

13 확장 기능으로 C/C++, 파이썬 그리고 sftp를 위한 ftp-simple을 설치해 두었다. 마우스 위치의 함수에 대한 도움 기능을 받을 수 있다.

환경에 맞게 수정한 다음 저장한다.

그림 1-19
원격 작업을 위한
VSCode의 simple-ftp
json 파일 설정

이제 다시 Ctrl+Shift+P 키를 누른 후 ftp를 입력하면 원하는 작업을 할 수 있다. json 파일에 등록한 목록에서 자신이 원하는 원격 서버를 열면 아래 그림처럼 좌측 탐색기에 원격 파이의 파일 목록이 열린다.

그림 1-20
sftp를 이용한 원격 파이
디렉터리 열기

VSCode는 무료이면서 다양한 플랫폼, 언어를 지원하는 강력한 편집기이다. 기존 편집기에 부족함을 느낀 독자라면 한번 사용 해보길 권한다.

1.5.2 오실로스코프(Oscilloscope)

해상도가 뛰어난 고가의 오실로스코프를 사용하면 좋겠지만 여의치 않을 경우 파이에 최적화된 저렴한 오실로스코프로 BitScope Micro를 추천한다. 파이 재단에서도 관심을 가지고 개발 과정을 지켜 본 제품인데, element14, adafruit를 비롯한 사이트에서 구매가 가능하다. element 14 아시아 사이트(싱가포르)에서 16만원대(관세, 부가세 포함 19만원대)에 구매가 가능하다. 여기에서는 이 제품을 이용해서 GPIO 핀의 파형을 확인하는 법을 알아보겠다.

그림 1-21
element14에서 구매한
BitScope Micro

비트스코프는 소형의 오실로스코프이며 화면이 없다. 따라서 장비에서 측정한 데이터 값을 GUI 파이 화면, PC, Mac 등에서 봐야 한다. 대부분의 사용자들이 PC를 가지고 있기 때문에 (만약 없다면 파이에서) 응용 프로그램을 실행해 측정값을 그래프로 볼 수 있다. 출력 결과값을 파이에서 직접 볼 수 있지만 별로 권하지 않는다. 출력값을 보여 주는 프로그램에서 사용하는 CPU, 메모리 등이 다시 장비의 작동에 미세한 영향을 줄 수 있기 때문이다. 출력값은 가능하면 다른 장비(다른 여분의 파이라도 괜찮다)에서 오실로스코프 화면을 실행시키는 것을 추천한다.

비트스코프의 한쪽 끝에는 마이크로USB 단자, 반대쪽에는 파이와 연결 가능한 10핀 단자(IDC-10)가 있다.

이 핀의 구성은 다음과 같다.

표 1-3
비트스코프 핀 구성

7	L6, CHB	아날로그 채널 B 그리고 논리 채널 6. 1MΩ/10pF 입력 임피던스, 3단계 시그널 감지의 쌍극(bi-polar) 입력 (오실로스코프 채널)
8	GND	아날로그 채널 B , 오른쪽 블록용 접지
9	L1, D1	논리 채널 1 또는 제어 시그널 1
10	L0, D0	논리 채널 0 또는 제어 시그널 0

로직 채널은 최대 12V, 아날로그 채널은 1M/10μF 50V를 넘는 전원을 입력하면 안 된다. 파이에서는 외부 전원을 사용하지 않는다면 전혀 문제없다.

비트스코프는 화면 개발을 위한 API를 제공하고, 리눅스, PC, 맥에서 사용 가능하다. 하지만 반드시 화면을 개발해야 오실로스코프를 사용할 수 있는 것은 아니다. 기본 제공하는 화면만으로도 대부분의 작업이 가능하다. 만약 특수한 용도로 나만의 오실로스코프 화면이 필요하면 비트스코프에서 제공하는 BitLib

라이브러리를 이용해 응용 애플리케이션을 개발하면 된다.

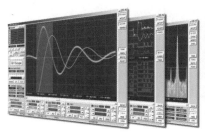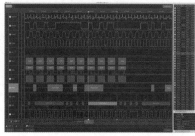

1.5.2.1 비트스코프를 이용한 PWM 파형 모니터링

다음은 GPIO 24번 핀을 1ms 단위로 ON, OFF 시키는 간단한 예제이다. 이 예제를 실행하고 24번 핀을 비트스코프에 연결해 파형을 분석한다. 아날로그 채널과 로직 채널 모두 연결 가능하다. 정확한 파형 모양을 확인하려면 아날로그 채널에 연결하도록 한다.

```python
#!/usr/bin/env python

import RPi.GPIO as GPIO
import time
pin = 24
GPIO.setmode(GPIO.BCM)
GPIO.setup(pin, GPIO.OUT)

try:
  while 1:
    GPIO.output(pin, 1) #24번 핀을 ON 상태로 만든다.
    time.sleep(0.001)    #1ms를 쉰다.
    GPIO.output(pin, 0) #다시 24번 핀을 OFF 상태로 만든다.
    time.sleep(0.001)    #1ms를 쉰다.
except KeyboardInterrupt:
  print "Now Exit"
  GPIO.cleanup()
```

위의 예제를 실행하는 동안 비트스코프와 USB 케이블로 연결한 PC에서 DSO 프로그램을 실행한다. 파형을 잘 살펴보면 5펄스/10ms가 되지 않는다. 약간 모자라는 것을 알 수 있다. 동기 방식으로 프로그래밍을 할 경우에는 정확한 주기를 맞추기 어렵다.

오실로스코프는 특히 PWM 제어에서 펄스 폭과 주기를 정확하게 확인하는 데 유용하게 사용할 수 있다. 다시 한번 강조하지만 하드웨어 제어를 많이 구현하는 독자라면 반드시 저렴한 제품이라도 오실로스코프를 하나 장만하길 권한다. 나중에 PWM 제어에서 다시 한번 오실로스코프를 이용해서 파형 분석을 해보겠다.

그림 1-23
비트스코프 캡쳐 화면

비트스코프 제품 이외에도 저렴하게 사용할 수 있는 오실로스코프는 많이 있다. DSO Nano, DSO 터치 같은 제품은 LCD가 부착되어 있고 가볍고 저렴하기 때문에 사용하기 좋다.

1.5.3 멀티미터

가끔은 멀티미터를 이용해 모터, 센서 사이에 흐르는 전기의 전압, 전류를 측정해야 할 경우가 있다. 또한 트랜지스터, 저항과 같은 부품이 정상으로 작동하는지 체크하는 용도로도 사용할 수 있다. 플루케(Fluke), 텍트로닉스(Tektronics) 제품은 가격이 비싼 편이지만 정확도도 뛰어나다. 저렴한 디지털 멀티미터의 경우에도 별문제는 없다. 만약 멀티미터를 가지고 있지 않다면 저렴한 제품을 우선 구매해서 사용하면서 더 정밀한 제품이 필요하다고 판단될 때 고급형 제품을 구매하면 된다. 중요한 것은 저가형이든 고급형이든 반드시 멀티미터를 준비해야 한다는 것이다.

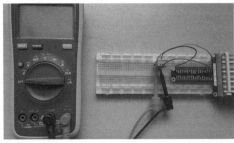

그림 1-24
플루케 멀티미터[14]

1.5.4 gnuplot를 이용한 데이터 모니터링

센서를 다루다 보면 초당 몇 번에서 많게는 수백 번 데이터를 읽어야 할 때가 있

---

14 우측의 후크 모양의 그래버 프로브를 같이 준비하면 계측 시 두 손이 자유로워진다.

다. 사람의 눈으로는 이렇게 수많은 데이터를 숫자로 분석할 수 없다. 이 경우 조금 멀리 떨어져서 거시적으로 데이터를 바라보는 것이 필요한 경우가 많다. 즉, 숫자 하나하나에 너무 집착하지 말고 그래프를 통해 전체적인 데이터의 흐름을 파악하는 것이 중요하다. 흐름을 파악하려면 센서에서 출력되는 데이터를 그래프로 출력해야 한다. 센서 출력값을 파일에 저장한 후 그래프를 출력할 수 있는 gnuplot를 이용해 실시간 데이터를 거시적 그래프로 출력해보자.

gnuplot는 다음 명령으로 설치한다.

```
sudo apt-get install gnuplot-x11
```

파이썬이나 C/C++로 만든 실행 파일에서 출력 값을 파일로 남긴 후 gnuplot에서 이 파일을 열어서 그래프로 분석할 수 있다. 파일은 'index col1 col2 col …' 같은 형식이다.

텍스트 파일을 만들어 테스트해 보자. 텍스트 파일을 만드는 파이썬 파일은 아래 명령으로 다운 받을 수 있다.

```
wget https://bitbucket.org/MattHawkinsUK/rpispy-misc/raw/master/gnuplot/
gnuplot_generate_data.py
```

다운 받은 후 명령창에서 실행해보면,

```
# python gnuplot_generate_data.py
```

다음과 같은 텍스트 파일이 만들어진다.

```
0 0.0 0.5 -0.6
1 0.0174524064373 0.499923847578 0.6
2 0.0348994967025 0.49969541351 0.6
3 0.0523359562429 0.493314767377 0.6
…
717 -0.0523359562429 0.499314767377 -0.6
718 -0.0348994967025 0.49969541351 -0.6
719 -0.0174524064373 0.499923847578 -0.6
```

gnuplot는 GUI 프로그램이기 때문에 반드시 데스크톱 모드의 LX 터미널에서 실행한다. VNC를 사용하거나 파이와 HDMI 케이블에 연결된 모니터가 필요하다. LX 터미널에서 gnuplot 관련 함수를 호출하면 그래프는 자동으로 화면에 생성된다.

이제 이 파일을 gnuplot에 출력해보자. LX 터미널에서 다음을 입력하면 인덱스+두 번째 자료, 인덱스+세 번째 자료가 그래프로 출력된다. gnuplot에서 빠져나오려면 'quit'를 입력한다.

```
# gnuplot
gnuplot> plot "data.dat" using 1:2 t "Col1", "data.dat" using 1:3 t "col2";
```

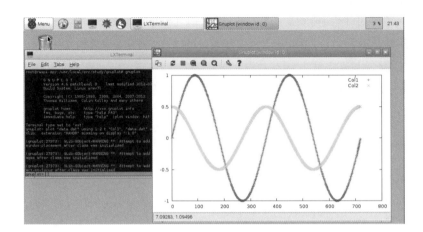

그림 1-25
gnuplot 테스트

위의 예제에서 사용한 data.dat 파일은 /usr/local/src/gnuplot/data.dat를 이용하거나 같은 디렉터리의 gen_data.py 파이썬 프로그램을 실행하면 만들 수 있다.

참고로 gnuplot를 이용해서 쉽게 그래프 출력을 할 수 있도록 예제 파일에서는 대부분 plot.gplt라는 스크립트 파일을 제공하고 있다. 스크립트 파일은 다음과 같은 형식이다.

```
#그래프를 그릴 윈도우의 크기를 정한다.
set terminal wxt size 1500, 500
#Y축 라벨의 이름을 정한다.
set ylabel "Voltage"
#X축 라벨의 이름을 정한다.
set xlabel "Time"
#그래프를 출력한다.
plot "mcp3008.dat" using 1:2 lc rgb '#ff0000' lt  1 lw 2  t "Digital"
#사용자의 입력을 받으면 프로그램을 중단한다.
pause -1 "Hit return to continue"
```

스크립트 실행 방법은 다음과 같이 gnuplt 뒤에 스크립트 파일 이름만 쓰면 된다.

```
gnuplot plot.gplt
```

gnuplot에 대한 자세한 사용법은 홈페이지(http://www.gnuplot.info/)를 참조하기 바란다. 그리고 http://coffeenix.net/doc/gnuplot/gnuplot.html에 한글로 폭넓은 사용법이 잘 소개되어 있다.

1.5.5 엑셀을 이용한 데이터 모니터링
만약 리눅스 환경에 익숙치 않다면 PC에서 많이 사용하는 마이크로소프트 엑셀 제품을 이용할 수도 있다. 앞에서 출력한 데이터는 엑셀에서도 작업이 가능하다.

먼저 파이에 저장된 출력 파일을 PC에 복사한 후 다음 순서로 작업을 진행한다. 파일을 열 때 파일 종류를 모든 파일로 지정하면 확장자에 관계없이 모든 파일이 보인다.

그림 1-26
엑셀에서 파일 열기

그림 1-27
구분 기호 선택

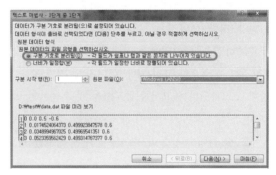

예제에서 사용한 data.dat 파일은 공백을 사용해 데이터를 분리했다. 만약 쉼표로 구분하는 csv 포맷으로 저장했다면 쉼표를 선택한다.

그림 1-28
구분자 선택

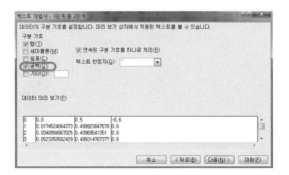

파일이 열리고 나면 출력을 원하는 칼럼을 선택한 다음 삽입 메뉴에서 원하는 그래프를 선택하면 된다. 그래프 모양 및 설정 방법에 관한 자세한 내용은 엑셀 매뉴얼을 참조한다.

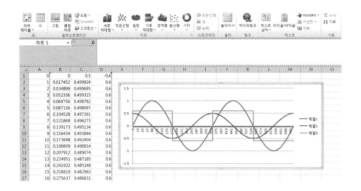

그림 1-29
엑셀을 이용한 그래프 출력

1.5.6 물리 기초 지식

센서를 통해 이루어지는 입출력 자료는 속도, 가속도, 각속도, 토크, 온도, 습도, 질량, 전류, 전압, 저항, 에너지 등 물리 단위로 되어 있다. 따라서 물리에 대한 기초 지식이 부족하면 이 데이터들을 이해하는 데 어려움이 있다. 물리의 기초 지식이 부족한 독자는 최소한 고전 역학, 에너지 및 전기 쪽을 꼭 다시 공부하기를 바란다. 중학교 교과서나 참고서를 공부하는 것도 좋은 방법이라고 생각한다. 시험을 대비한 공부는 재미없지만 내가 좋아하는 분야를 위한 공부는 재미도 있고 머릿속에도 잘 들어오니 물리 용어들에 대한 정확한 개념이 부족한 독자는 이 참에 다시 공부하도록 하자.

참고 자료
- http://wiringpi.com/
- http://abyz.co.uk/rpi/pigpio/index.html
- http://sparkfun.com/
- http://lazydroid.com/2013/05/raspberry-pi-monitoring-cpu-temperature-with-rrdtool/
- http://www.raspberrypi-spy.co.uk/2014/04/how-to-use-gnuplot-to-graph-data-on-the-raspberry-pi/
- http://www.bitscope.com/
- http://www.gnuplot.info/

## 2장

GPIO

누군가가 촛불을 켜서 주위를 밝히는 것이 나의 밝음을 가져가지 않듯이,
내가 남에게 아이디어를 준다 하더라도 내 머리 속의 아이디어가 줄지 않는다.
He who receives an idea from me receives it without lessening me,
as he who lights his candle at mine receives light without darkening me.
- 토마스 제퍼슨(Thomas Jefferson)

파이와 일반 PC의 가장 큰 차이는 GPIO 핀의 존재이다. 이 핀은 보통 임베디드 시스템에서 외부 디바이스와의 통신을 위해 제공하는 핀으로, General Purpose Input Output이라는 이름이 의미하는 것처럼 다양한 목적으로 사용이 가능한 범용(general) 핀이다. GPIO 핀은 입력용 또는 출력용으로 설정이 가능하며 입력용으로 설정하면 핀에 걸린 전압을 체크해서 ON(1 또는 High), OFF(0 또는 LOW) 상태로 파악한다. 출력용일 경우 반대로 해당 핀에 전압을 걸어 ON 상태를 만들 수 있고, 0V 전압으로 OFF 상태를 만들 수 있다. ON 상태를 결정하는 전압은 파이에서는 3.3V 전압을 이용한다. ON 상태인 경우 핀을 통해 3.3V 전압이 제공되며 이 핀을 통해 연결된 전기 회로는 공급 전원을 이용해 LED 점등과 같은 작업을 할 수 있다. 그리고 파이의 GPIO 핀은 특정 핀을 I2C, SPC, UART, PWM 통신을 위한 핀으로 사용할 수 있는 기능을 제공한다. 이 통신들은 임베디드 시스템에서 많이 사용하는 통신으로 다양한 센서, 모터 등의 디바이스와 통신할 수 있게 해준다.

그림 2-1
GPIO 핀의 서킷(circuit) 구성

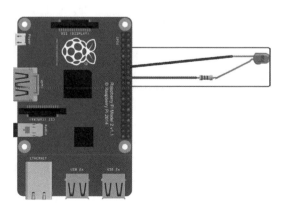

그림 2-1은 GPIO 24번 핀을 출력 핀으로 설정해서 저항과 LED를 연결한 후 접지로 연결한 구성이다. 이처럼 GPIO 핀은 일반 전기회로를 구성하듯이 서킷 회로를 구성한다. 이제 GPIO 24번 핀에 3.3V 전원을 공급하면 LED에 불이 들어올 것이다. GPIO 핀은 프로그래밍을 통해 전원 공급을 자유롭게 조절할 수 있다.

2.1 GPIO의 특징

범용 컴퓨팅 용도의 라즈베리 파이가 메이커들에게 환영 받는 가장 큰 이유는 저렴한 가격과 함께 GPIO 핀의 존재일 것이다. GPIO 핀은 아래 그림처럼 보드 가장자리에 일렬로 배치되어 있다.

그림 2-2
라즈베리 파이 2 모델의
GPIO 핀

라즈베리 파이의 모델 변경과 함께 GPIO 핀에도 약간의 변화가 생겼다. 많이 사용하는 파이 2에서는 핀의 개수가 늘어났는데, 사용법에는 차이가 없다.

GPIO 핀은 파이와 외부의 다른 디바이스(센스, 모터, LED 등)를 연결하는 기능을 한다. 이 핀들은 ON, OFF 값을 가지며 이 상태를 이용해 외부 디바이스들과 통신을 하거나 전원을 공급한다.

구형 모델의 경우 총 26개 핀 중 17개가 GPIO 핀이며 9개가 전원과 관련된 핀이다. A+, B+, 파이 2 모델 B의 경우에는 핀의 총 개수가 40핀으로 늘어났다.

그림 2-3, 2-4, 2-5에서 흰색 핀은 앞으로 변경될 가능성이 있기 때문에 새로운 모델이 출시되면 핀 용도 변경 여부를 다시 한번 확인해야 한다. 또한 GPIO 핀의 전원은 파이의 전원을 이용한다. 파이는 마이크로 USB 케이블을 이용해 파이 2는 5V, 2A, 파이 3는 5V, 2.5A의 전원을 공급받는데, GPIO 핀에는 3.3V, 30mA만 공급이 가능하다. GPIO 핀의 원래 목적은 전원 공급용이 아니다. 상시 전원 공급용으로는 별도의 3.3V, 5V 전원 핀이 존재하며 많은 전기를 사용하는 디바이스를 연결하는 경우에는 별도의 외부 전원을 사용해야 한다.

GPIO 핀들은 input 타입 또는 output 타입으로 설정이 가능하다. input 타입에서는 연결된 외부 디바이스로부터 신호를 받는 경우이고 output 타입은 파이에서 ON, OFF 상태를 조절함으로써 외부 디바이스에 명령을 전달하거나 전원을 공급하는 경우이다.

그림 2-3
Model B (Revision 1.0)
(출처: http://
www.raspberrypi-
spy.co.uk/2012/06/
simple-guide-to-the-rpi-
gpio-header-and-pins/)

그림 2-4
Model A, B (Revision 2.0)

그림 2-5
Model A+, B+, 파이 2,
파이 3

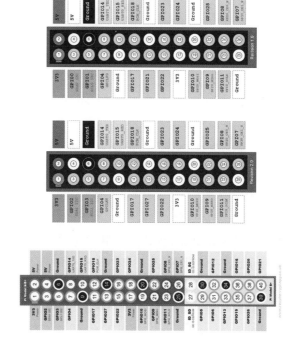

2.1.1 GPIO 핀 넘버

GPIO 핀에 번호를 부여하는 방법은 GPIO 넘버링과 물리적 넘버링 두 가지다.

GPIO 넘버링은 물리적인 배열과는 관계없이 핀에 부여된 값이다. 그림 2-5에서 7번 핀은 GPIO4이다. 그림의 가운데 일련 번호를 물리적 번호라 부르고, GPIO+X처럼 표기된 번호를 BCM 넘버링이라고 한다. 이 값들은 기억하기 힘들기 때문에 프린팅해서 참조할 수 있도록 한다.

물리적 넘버링은 기판의 핀 순서대로 일련 번호를 붙여서 사용하는 것이다. 번호를 확인하는 방법은 기판 뒷부분을 보면 알 수 있다. 항상 1번 핀은 네모난 납땜으로 되어 있다. 보드 넘버링이라고도 한다.

2.1.2 어떤 넘버링을 사용할 것인가?

초보자들은 물리적 넘버링이 익숙하겠지만 라즈베리 파이 재단에서는 GPIO 넘버링을 사용할 것을 권한다. 가장 큰 이유는 핀의 배열이 바뀔 경우 물리적 넘버링을 사용하면 프로그램을 모두 고쳐야 하지만 GPIO 넘버링을 사용하면 핀 배열이 변경되어도 걱정할 필요가 없기 때문이다. 그리고 해당 핀 배열의 장점은 다른 파이 보드 사이에서도 문제 없이 사용할 수 있다는 것이다. 이러한 권고 사항은 가급적 지키는 것이 좋다. 참고로 이 책의 예제도 GPIO 넘버링(BCM)을 사용하고 있다.

넘버링은 파이썬의 GPIO.setmode(GPIO.BCM)에서 지정한다. 만약 물리적 넘버링을 사용하고자 한다면 GPIO.setmode(GPIO.BOARD)를 사용하면 된다.

> 💡 C/C++의 경우 wiringPi 초기화 함수 wiringPiSetupGpio()는 GPIO 넘버링을 사용하며 wiringPiSetupPhys() 함수는 물리적 넘버링을 사용한다. 참고로 wiringPi에는 wiringPiSetup() 함수가 있는데 이 함수는 wiringPi 자체 넘버링을 사용한다.

2.1.3 GPIO 핀의 확장

라즈베리 파이는 초기의 26개 핀에서 40개 핀으로 늘어났다. GPIO 핀 역시 많이 늘어났지만 여러 디바이스를 연결해야 할 경우에는 부족할 수 있다. 만약 GPIO 핀이 부족하면 파이를 추가로 사용하지 말고, MICROCHIP의 MCP23008 칩과 MCP23017 칩을 이용해 GPIO 핀을 확장해 사용할 수 있다. 이들 칩은 여러 개의 GPIO 통신을 I2C 또는 SPI 통신으로 변환해 파이와 통신한다. 따라서 파이 입장에서는 I2C, SPI 통신만으로 여러 개의 GPIO 핀을 제어할 수 있다.

또 다른 GPIO 핀을 확장하는 간편한 방법으로는 시프트 레지스터를 사용하는 것이다. 이 책에서는 텍사스 인스트루먼트사의 74HC595 시프트 레지스터를 이용해서 여러 개의 LED를 제어하는 방법을 소개한다.

2.1.4 GPIO 핀의 작동 방법

초보자의 경우에는 파이를 보호하기 위해 별도의 보호 장치가 있는 Pibrella 보드 같은 브레이크아웃 보드(breakout board)를 사용하는 것이 안전하다. 그리고 전기에 대한 기초 지식이 필요하다.

다음 그림 회로를 보자. 스위치를 통해 3.3V 직류 전원을 직렬 연결된 LED와 저항에 공급한다. 여기서 저항은 LED를 보호하기 위한 장치이다. 저항은 LED에 비해 상대적으로 저항값이 크기 때문에 LED에는 낮은 전압이 걸리게 된다. 저항을 바꿔 가며 테스트해 보면 저항의 저항값이 클수록 LED 불이 약해진다.

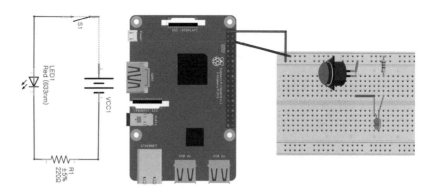

그림 2-6
LED에 불을 켜는 간단한
회로

위의 구성을 파이의 GPIO 핀을 이용해 간단하게 구현할 수 있다. 다음과 같은
순서로 연결해 보자.

1. 파이의 3.3V 전원 핀(물리 번호 1)을 LED의 + 단자에 연결한다. (LED는 극성
   이 있으며 다리가 긴 쪽이 +이다.)
2. LED의 - 단자에 저항을 연결한다. 뒤에서 설명할 브레드보드(breadboard)를
   이용하면 쉽게 작업이 가능하다.
3. 저항의 한쪽 끝을 파이의 접지(ground) 핀에 연결한다. 접지 핀에 연결하는
   것은 건전지 -극에 연결하는 것과 같은 원리이다.

위의 3단계 작업을 마치면 그림 2-6 회로도와 같은 구성이 만들어진다. 이제 파
이에 전원을 공급하면 LED의 불이 켜질 것이다.

2.1.5 GPIO 프로그래밍

이제 본격적으로 파이의 GPIO를 이용해 전기 소자를 제어해보도록 하겠다.

2.1.5.1 OUTPUT 실습

GPIO 핀을 제어하는 프로그램을 파이썬이나 C/C++과 같은 언어로 만들어 작동
시키면 된다. 여기서는 파이썬으로 만든 예제를 준비했다.

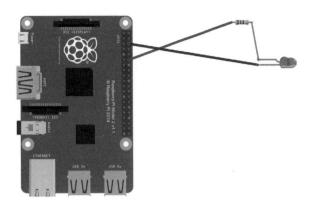

그림 2-7
파이의 18번 GPIO 핀에
연결한 구성

아래는 파이썬을 이용해 위의 LED를 1초간 켠 후 2초간 끈 상태를 3회 반복하는
예제이다. 18번 핀을 GPIO.OUT으로 설정하는 부분만 유의하면 어렵지 않은 내
용이다. 파이썬을 이용한 GPIO 핀 제어는 뒤에서 다시 설명하겠다.

```python
#!/usr/bin/python

import RPi.GPIO as GPIO
import time
#핀 넘버링은 BCM 방식을 사용한다.
GPIO.setmode(GPIO.BCM)
print "Use GPIO 18 to on/off LED "
#18번 핀을 출력용으로 설정한다.
GPIO.setup(18, GPIO.OUT)
#18번 핀을 OFF 상태(0V)로 바꾼다.
GPIO.output(18, False)
count = 0
#루프문을 3번 반복한다.
while count < 3:
  #18번 핀을 ON 상태(3.3V)로 바꾼다. LED가 켜진다.
  GPIO.output(18, True)
  #1초를 쉰다.
  time.sleep(1)
  #18번 핀을 OFF 상태(0V)로 바꾼다. LED가 꺼진다.
  GPIO.output(18, False)
  #2초를 쉰다.
  time.sleep(2)
  count += 1
print "LED Test End"
#GPIO 라이브러리를 종료한다.
GPIO.cleanup()
```

2.1.5.2 INPUT 실습

OUTPUT 예제는 간단했다. 하지만 INPUT은 조금 더 복잡하다. 이번에는 외부
디바이스에서 보내는 신호(전압이 3.3V인지 0V인지 확인)를 포착해야 한다. 그
림 2-8은 23번 GPIO 핀의 상태를 1초 간격으로 모니터링하면서 결과값을 화면
에 출력한다. GPIO.input 함수는 함수 호출 시점에서의 GPIO 핀 상태를 가져온
다. 예제는 1초를 쉬었다가 GPIO 상태를 체크해서 화면에 출력한다. 하지만 이

시간 동안에 발생한 INPUT 신호는 놓치게 된다. 신호를 체크하는 시간 간격을 일반적으로 폴링(polling) 타임이라고 한다. 신호를 놓치지 않으려면 폴링 타임을 0으로 가져가면 된다. 즉, 쉴 새 없이 루프문을 반복하면서 신호를 감지하면 된다. 하지만 이런 방식의 폴링은 다른 문제를 유발한다. 뒤에서도 다시 설명하겠지만 극단적으로 짧은 폴링 타임은 시스템의 CPU에 큰 부담을 준다.

아두이노는 하나의 태스크(task)만 수행한다. 따라서 CPU를 많이 사용하더라도 영향을 미칠 다른 태스크가 없기 때문에 문제가 되지 않지만, 파이는 동시에 다양한 프로세스가 작동하는 멀티태스킹 운영체제이다. 멀티태스킹 OS에서는 다른 태스크(프로세스)를 배려하기 위해 CPU 및 메모리 자원을 독점하지 않는 프로그래밍이 필요하다. 이러한 문제를 해결하기 위해 인터럽트를 이용한 비동기 방식을 사용할 수 있다. 비동기 방식의 구현은 뒤에서 설명하겠다.

그림 2-8
입력 테스트 GPIO 구성

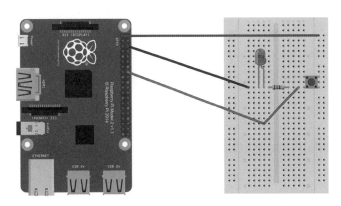

1. 3.3V 전원을 브레드보드에 연결한다.
2. On/Off 스위치를 한쪽을 3.3V 전원에 연결한다. (On/Off 스위치는 뒤에서 다시 자세히 설명한다.)
3. On/Off 스위치의 다른 한쪽(출력)을 병렬로 분기한다.
4. 분기한 한쪽은 눈으로 확인할 수 있도록 저항과 LED를 연결한다.
5. 다른 한쪽은 파이에서 input 테스트를 위해 23번 GPIO 핀에 연결한다.
6. On/Off 스위치를 눌러가면서 상태를 변화시키면서 LED 램프의 점등과 다음에 나오는 파이썬 프로그램의 결과 화면을 비교한다.

```
#!/usr/bin/python

import RPi.GPIO as GPIO
import time
#핀 넘버링을 BCM 방식을 사용한다.
GPIO.setmode(GPIO.BCM)
print "Input signal detection"
```

```
#23번 핀을 입력용으로 설정한다.
GPIO.setup(23, GPIO.IN)
try:
  while True:
    #23번 핀을 입력값(전압)을 체크한다.
    if GPIO.input(23) == False:
      print "0V [off] state"
    else:
      print " 3.3V[on] state detected "
    #1초를 쉰다.
    time.sleep(1)
except KeyboardInterrupt:
  #GPIO 라이브러리를 종료한다.
  GPIO.cleanup()
print "LED Input Test End"
```

! 파이는 외부로부터의 입력 전압, 전류에 대한 보호 회로가 없다. 즉, 3.3V GPIO 핀에 높은
   전압이 가해질 경우 파이 회로 및 CPU에 손상을 줄 수 있다. 이 경우 파이가 고장 날 위험
   이 있으니 핀을 연결할 때는 항상 주의를 기울여야 한다.

   파이의 전원 공급 역시 마이크로 USB 케이블을 이용한 방법만 설명했지만 GPIO 핀의 5V
   핀과 GND 핀을 이용해서 공급할 수 있다. 하지만 이 경우에는 위에서 설명한 것과 마찬가
   지로 보호 회로 없이 5V 전원이 공급되기 때문에 공급 전원이 불량할 경우 파이 회로에 손
   상을 줄 수 있다.

2.1.6 PWM(Pulse Width Modulation)

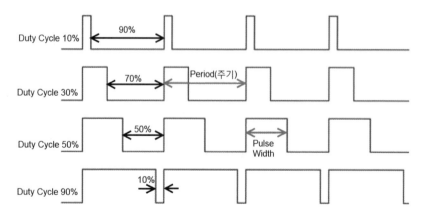

그림 2-9
PWM에서 듀티비 정의

다음은 PWM에 대해 알아보겠다. 모터, LED와 같은 디바이스들은 정밀한 밝기
또는 제어 방식으로 PWM을 제공한다. PWM은 단순히 ON, OFF의 값을 전달
하는 것이 아니라 특정 주기(예를 들면 초당 100회의 펄스를 가지는 100Hz)에
서 ON, OFF의 비율(듀티 싸이클)로 원하는 데이터를 전달한다. 로봇 제작을 비
롯한 실전에서 상당히 중요한 제어이기 때문에 PWM의 원리에 대해 알아 두도

록 하자. 참고로 듀티 싸이클은 아래의 식으로 구한다. 듀티 싸이클 값이 100% 이면 펄스 주기 전체를 High 값으로 보낸다. 듀티 싸이클 값이 10%이면 주기의 1/10을 High 값으로 보낸다. 흔히 Duty Cycle을 듀티비라고 부른다. 듀티 싸이클이 50%보다 크면 High에 있는 시간이 상대적으로 많으며 값이 50%보다 작으면 Low에 있는 시간이 많다.

Duty Cycle = Pulse Width × 100 / Period

2.1.6.1 PWM을 위한 GPIO 핀

PWM 파형을 GPIO 핀을 이용해 구현하는 방법은 두 가지다. 일반 GPIO 핀의 출력을 조절해서 구현할 수도 있는데 이 방법을 소프트(soft) PWM이라 한다. 그리고 파이 보드에서 PWM 기능을 지원하는 GPIO 18번 핀을 1개 제공한다. 소프트 PWM과 하드웨어 PWM의 차이, 그리고 PWM 기능 확장을 위한 방법 등은 GPIO 프로그래밍 부분에서 다루기로 하겠다.

그림 2-10
PWM 출력 회로 구성

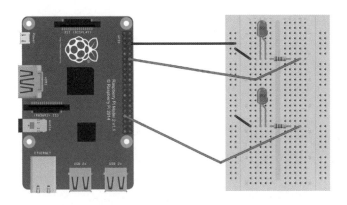

다음은 GPIO 18, 13번 2개의 PWM 핀을 동시에 사용하는 예제이다. 13, 18번 GPIO 핀의 듀티비를 0.1씩 증가시켜 100이 되면 종료한다. 13, 18번 GPIO를 이용하지만 소프트 PWM을 이용하고 있다.

```python
#!/usr/bin/env python

import RPi.GPIO as GPIO
import time

gpwmPin = 18
gpioPin = 13

#핀 넘버링은 BCM 방식을 사용한다.
GPIO.setmode(GPIO.BCM)
#13, 18번 핀을 PWM 용으로 설정한다. 시작 시점의 클록 속도를 384로 지정한다.
GPIO.setup(gpwmPin, GPIO.OUT)
GPIO.setup(gpioPin, GPIO.OUT)
```

```
p1 = GPIO.PWM(gpwmPin, 384)
p2 = GPIO.PWM(gpioPin, 384)

#PWM을 시작한다. 시작 시점의 듀티비는 0에서 시작한다.
p1.start(0)
p2.start(0)

angle = 0.0
while True:
  angle += 0.1
  #듀티비가 100%가 되면 종료한다.
  if(angle > 100.0):
    break
  #PWM의 듀티비를 조금씩 올린다.
  p1.ChangeDutyCycle(angle)
  p2.ChangeDutyCycle(angle)
  print "PWM Duty:", angle
  #0.1초를 쉰다.
  time.sleep(0.1)

#PWM을 종료한다.
p1.stop()
p2.stop()
print "PWM Test End"
#GPIO 라이브러리를 종료한다.
GPIO.cleanup()
```

다음 그림은 위의 예제를 실행하면서 오실로스코프를 이용해 캡처한 그림이다.
2채널(GPIO 13, 18번)의 듀티비가 동시에 증가하면서 100%가 되면 종료한다.
아래 그림에서 두 개의 PWM 파형이 거의 같이 변하고 있는 것을 알 수 있으며,
오실로스코프에서 이 파형의 듀비티가 계속 증가하는 것을 확인할 수 있다.

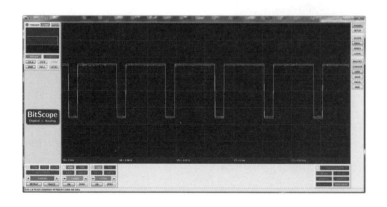

그림 2-11
GPIO 13, 18번을 동시에
이용한 하드웨어 PWM
출력

2.1.6.1 PWM이 왜 중요한가?

위의 설명으로 대충 PWM의 구조를 이해했다면 이번에는 왜 PWM이 중요한지,
어떻게 사용하는지에 대해 설명하겠다. 먼저 PWM은 아날로그 출력량 조절에 이
용한다. 예를 들어 디바이스에 공급하는 전원을 조절하여 모터 속도나 LED 밝
기를 조절할 수 있다. 가령 LED가 연결된 GPIO 핀에 Duty Cycle 0~100까지 값

을 서서히 올려주면 LED 램프의 밝기가 서서히 밝아진다. 반대로 100에서 0으로 내려주면 밝기가 서서히 감소한다. 모터에 연결했을 경우에는 모터의 속도 또한 이처럼 부드럽게 조절할 수 있다. 실제 LED는 아주 짧은 시간 간격으로 ON, OFF를 반복하게 되는데 켜져 있는 시간과 꺼져 있는 시간의 비례에 의해 밝기의 차이를 느끼게 되는 것이다. 사람의 눈은 일정 속도 이상의 반복은 감지할 수 없다. 영화 역시 초당 24~30 프레임의 정지 화면이 연결되어 있지만 우리는 자연스럽게 느끼는 것과 같은 원리다.

여기까지 간단하게 GPIO 핀에 대한 간단한 설명을 했다. 앞으로 GPIO 핀과 다양한 센서, 모터들을 연결해서 다양한 실험을 해보도록 하겠다.

2.2 GPIO 제어에 필요한 기초

2.2.1 회로 설계 소프트웨어

2.2.1.1 Fritzing 소프트웨어

Fritzing은 전자 회로 설계를 도와주는 오픈 소스 툴로, 사용이 쉽다. 설계한 회로를 직관적인 그림으로뿐 아니라 전자 회로도, PCB 제작까지 할 수 있다. 우리가 보는 아두이노 또는 라즈베리 파이 관련 책의 회로 그림 중 많은 것들이 Fritzing을 이용해서 그려졌다.

그림 2-12
http://fritzing.org

아두이노, 라즈베리 파이의 GPIO 핀을 이용해 디바이스 또는 저항, LED 등의 전자 부품을 연결할 때 이 프로그램을 이용하도록 하겠다. 여러분들도 반드시 머릿속의 아이디어를 구현할 때 회로를 구성하기 전에 Fritzing과 같은 디자인 툴을 이용해서 그림을 그려 보고 문제가 없는지, 개선할 여지는 없는지 생각해보는 과정을 가지길 바란다.

http://fritzing.org/ 사이트를 방문하면 초보자 키트를 팔고 있으며 커뮤니티도 제공하고 있어 프로그램 사용과 관련한 많은 정보를 교환할 수 있다. 참고로 Fritzing Creator Kit는 아두이노 UNO R3를 기본으로 각종 저항, 스위치, LED, DC 모터, 케이블, 배터리, 브레드보드 등을 제공한다. 입문용으로 좋은 초보자를 위한 키트이니 참고하자.

2.2.1.2 Audodesk 123D Circuits

캐드 소프트웨어로 유명한 오토데스크사에서 무료로 제공하는 회로 설계 툴이다. 오토데스크사는 123D Circuits 이외에도 123D 시리즈 이름의 다양한 설계, 모델링 소프트웨어를 무료로 제공하고 있는데 3D 프린팅, 모델링에 관심 있는 독자는 http://www.123dapp.com/ 사이트에서 무료로 제공되는 프로그램을 다운 받을 수 있다.

디자인이 깔끔하며 아두이노 코드를 직접 작성할 수 있으며 Fritzing과 마찬가지로 PCB, 스케메틱 보기도 가능하다. 오토데스크사의 123D 시리즈 무료 제품은 상당한 인기를 모으고 있으며 앞으로 사용자들이 더욱 늘어날 것이다. 홈페이지에서 자신이 만든 회로를 공유할 수 있으며 남들이 올린 설계 회로를 다운 받아 이용할 수도 있다.

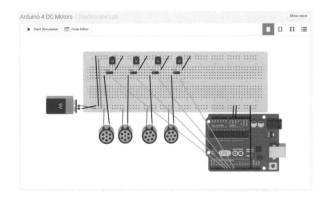

그림 2-13
123D Circuits를 이용한 DC모터 구동 설계
(출처: https://123d.circuits.io/circuits/505932-arduino-4-dc-motors#breadboard)

2.2.2 회로 구성에 필요한 기본 소자

본격적인 제작 활동을 하기 전에 기초를 익히기 위해서 fritzing Creator Kit, 또는 라즈베리 파이 입출력 키트와 같은 것을 이용할 것이다. 기본 회로 구성 학습에 필요한 부품들을 간단하게 살펴보겠다. 전자 부품에 대한 전문가가 되는 것이 목표는 아니기 때문에 깊게 설명하지는 않겠다.

2.2.2.1 브레드보드

회로 구성은 항상 브레드보드(일명 빵판)를 이용하는데 브레드보드는 여러 가지
크기가 있지만 기본 구성은 모두 동일하다.

그림 2-14
full 사이즈의 브레드보드
및 내부 전선 연결

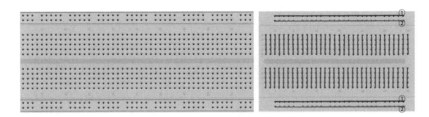

브레드보드는 겉면에는 구멍이 숭숭 뚫려 있는데 구멍 안쪽으로는 그림 2-14 오
른쪽처럼 전선으로 연결되어 있다. 상단 및 하단의 2줄은 전원을 연결하며 가운
데 부분의 핀들은 세로로 5개씩 연결되어 있다. 그림에서 ①번(붉은) 선은 + 전
원, ②번(푸른) 선은 - 전원(그라운드 접지)을 연결한다. 그리고 가운데 구멍들은
세로로 5개씩 연결되어 있다.

　브레드보드의 방향에 따라서 색이 반대로 될 수 있다. 브레드보드 전원 연결
부는 위치보다는 가급적 색깔에 맞추어 붉은 선에 + 전원을, 푸른 선에 – 전원을
연결한다.

2.2.2.2 저항(Resistor)

저항은 회로에 과다한 전류가 흐르는 것을 방지하면서 전압을 낮춰 주는 소자이
다. 옴의 법칙은 다음과 같다.

V = IR (전압 = 전류 × 저항)

만약 3.3V 전원에 220Ω 저항을 연결한다면 다음과 같은 식이 성립한다.

$3.3V = I \times 220\Omega$

따라서 회로에 흐르는 전류는 0.015A 정도이다. 참고로 전압의 단위는 V(볼트),
전류의 단위는 A(암페어), 저항의 단위는 Ω(옴)이다. 과다한 전류로 인한 회로
의 손상을 방지하기 위해 저항의 사용은 꼭 필요하다.

　위 회로에서 저항을 생략하면 다음의 수식처럼 I 값이 무한대로 올라간다.

$$3.3V = I \times 0\,\Omega$$

이렇게 되면 과전류로 인해 회로가 급격하게 뜨거워지며 회로가 고장 난다. 전기 합선이 이와 같은 원리로 발생한다.

2.2.2.2.1 저항값 읽기

저항 소자는 세로줄이 4개 또는 5개씩 있는데 이 줄의 색을 이용해 소자의 저항값을 알 수 있다.

색	첫 번째 띠	두 번째 띠	세 번째 띠(단위)	네 번째 띠(오차)	열계수
검정	0	0	x100		
갈색	1	1	x101	±1% (F)	100 ppm
빨강	2	2	x102	±2% (G)	50 ppm
주황	3	3	x103		15 ppm
노랑	4	4	x104		25 ppm
초록	5	5	x105	±0.5% (D)	
파랑	6	6	x106	±0.25% (C)	
보라	7	7	x107	±0.1% (B)	
회색	8	8	x108	±0.05% (A)	
흰색	9	9	x109		
금색			x0.1	±5% (J)	
은색			x0.01	±10% (K)	
없음				±20% (M)	

그림 2-15
4줄 저항(위) 및 5줄 저항값(아래) 테이블 (출처: http://ko.wikipedia.org/wiki/)

색	첫 번째 띠	두 번째 띠	세 번째 띠	네 번째 띠(단위)	다섯 번째 띠(오차)
검정	0	0	0	x100	
갈색	1	1	1	x101	±1% (F)
빨강	2	2	2	x102	±2% (G)
주황	3	3	3	x103	
노랑	4	4	4	x104	
초록	5	5	5	x105	±0.5% (D)
파랑	6	6	6	x106	±0.25% (C)
보라	7	7	7	x107	±0.1% (B)
회색	8	8	8	x108	±0.05% (A)

흰색	9	9	9	x109	
금색				x0.1	±5% (J)
은색				x0.01	±10% (K)
없음					±20% (M)

저항값을 읽는 방법은 줄 간격이 조밀한 쪽에서 시작한다.

그림 2-16
4줄 저항 및 5줄 저항

다음의 저항값을 계산해보자. 먼저 4줄 저항부터 계산한다. 빨강색 2(①), 빨강색 2(②), 갈색 1(③), 마지막 오차는 금색(④)으로 5% 오차 범위이다.

$$R = 22 \times 10^1 = 220\,\Omega$$

다음은 5줄 저항이다. 주황색 3(①), 주황색 3(②), 검정색 0(③), 주황색 3(④), 마지막 오차는 금색(⑤)으로 5% 오차 범위이다.

$$R = 330 \times 10^3 = 330\,k\Omega$$

2.2.2.2.2 저항 심볼

저항 소자는 세로줄이 4개 또는 5개씩 있는데 이 줄의 색을 이용해 소자의 저항값을 알 수 있다.

전기 저항은 회로도에서 다음과 같이 표시한다. 그림에서 R1는 첫 번째 저항이라는 의미이며 저항값이 330kΩ임을 나타내고 있다.

그림 2-17
저항 심볼

R1
330kΩ

💡 저항은 LED와 달리 극성이 없다. 따라서 방향에 관계없이 연결해도 된다.

2.2.2.3 LED(Light Emitting Diode)

우리말로 발광 다이오드라고 한다. 우리가 흔히 알고 있는 LED 조명이다. 전자제품 등에서 많이 사용하는 소자이며 푸른색 LED의 경우에는 파장이 짧아 눈에 부담을 준다. 열이 많이 발생하지 않아 백열등이나 형광등에 비해 효율이 뛰어나다.

2.2.2.3.1 단색 LED

회로 구성에서는 보통 ON, OFF 등의 신호를 파악하기 위해 많이 사용한다. LED 소자는 극성이 있기 때문에 반드시 극성을 맞춰서 연결한다. 아래 그림에서 다리가 긴 쪽이 + 극이다. + 극을 애노드(Anode), - 극을 캐소드(Cathod)라고 한다. 아래 그림을 잘 살펴보면 LED 머리 부분 속의 물체(금속판)가 연결되어 있지 않다는 것을 알 수 있다.

그림 2-18
단색 LED 소자

2.2.2.3.2 RGB LED

RGB 3색 LED를 하나로 구성한 RGB LED도 있다. 이 LED는 RGB에 해당하는 애노드 핀 3개와 1개의 캐소드 핀을 가지고 있는 공통 캐소드(common cathod) 타입과 애노드 핀 1개와 캐소드 핀 3개를 가진 공통 애노드(common anode) 타입이 있다. 가장 긴 핀이 공통 핀이며 나머지 핀들의 값은 그림과 같다. RGB LED를 제어하려면 3개의 GPIO 핀이 필요하며 RGB 값을 조절해 다양한 색을 만들 수 있다.

그림 2-19
공통 캐소드 RGB LED

회로도에서는 삼각형으로 나타내며 삼각형의 변 쪽이 +극성이고, 꼭지점이 -극성이 된다.

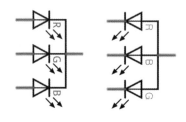

그림 2-20
RGB LED 심볼.
좌측이 공통 캐소드,
우측이 공통 애노드 타입을
나타낸다.

2.2.2.4 푸시 버튼(Push Button)

푸시 버튼은 회로의 연결 여부를 조절하는 부품이다. 보통 입력값을 조절(ON, OFF 상태 조절)할 때 이용하며 아래 그림처럼 생겼다. 수많은 종류의 푸시 버튼 스위치가 있지만 기본 원리는 전선 연결을 조절하는 것으로 동일하다. 브레드보드에서는 4개의 구멍에 연결한다. 아래 그림에서 푸시 버튼은 A열 전선과 B열 전선의 연결 여부를 결정한다. 푸시 버튼을 누르면 A와 B가 연결되고 다시 한 번 누르면 연결이 끊어진다.

그림 2-21
푸시 버튼 스위치와 심볼

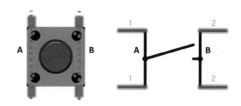

2.2.2.5 가변저항(Potentiometer)

일명 포텐쇼미터라고도 하며, 일정한 저항값을 가지는 것이 아니라 저항값이 조건에 따라 변한다. 로터리 방식은 손으로 스위치를 돌려 저항값을 조절한다. 음향기기의 볼륨 조절 등에 많이 사용한다. 가변저항에는 INPUT, VOUT, GND 총 3개의 핀이 있는데, 양 끝에 있는 INPUT, GND 핀으로 측정하면 가변저항의 최대 저항값을 알 수 있다. 그리고 INPUT, VOUT 핀으로 측정하면 현재 가변저항 값을 알 수 있다. 가운데 핀이 가변저항으로 사용할 경우 이용하는 핀이다. 브레드보드 회로 구성 시 가운데 핀을 사용한다는 점을 잊지 말자.

그림 2-22
가변저항 측정

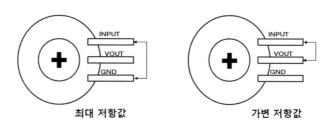

최대 저항값   가변 저항값

가변저항의 값은 윗면 또는 옆면에 저항값을 알 수 있는 숫자가 표기되어 있다.

그림 2-23
가변저항의 저항값을 알려
주는 숫자

가변저항의 최대 저항값은 저항에 표시된 숫자로 알 수 있으며 아래와 같이 계산하면 된다.

$103 = 10^3 = 1\text{k}\Omega, \ 104 = 10^4 = 10\text{k}\Omega, \ 503 = 5 \times 10^3 = 5\text{k}\Omega$

2.2.2.6 축전지(Capacitor)

커패시터, 콘덴서라고도 한다. 축전기는 전기를 저장하는 장치이다. 얇은 2장의 금속판으로 이루어지며 두 금속판에 전압을 걸면 두 금속판에 극성이 생기며 +극에는 양전하, -극에는 음전하가 모인다. 이 상태를 전기가 저장된 상태로 볼 수 있지만 금속판에 모인 전하량이 많을 수 없기 때문에 우리가 흔히 사용하는 배터리와는 비교할 수 없다. 실제 용도는 전기를 저장하는 용도가 아니라 RLC(저항, 코일, 축전기) 회로를 구성하는 데 사용하거나 전원부의 피크 전압을 제거해 안정적인 전압을 제공하는 용도로 많이 사용한다.

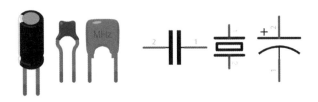

그림 2-24
다양한 축전지 및 심볼

💡 축전지에 필요한 물리 지식

축전지의 용량을 나타내는 단위는 패러데이(Faraday)의 이름에서 따 온 F(Farad)를 사용한다. F는 1V의 전위차에서 1C(쿨롱)의 전하를 저장할 수 있는 용량이다.

$1\text{ C} = 1\text{A} \times 1\text{ sec}$

즉, 1A의 전류가 1초 동안 흐를 때의 전하량을 의미한다. 실제 축전지의 전하량은 Q = CV(전하량 = 축전지 용량 × 전압) 공식에 따라 전압을 곱해야 한다. 만약 0.5V 전압이 걸린다면 실제 전하량은 용량의 절반이 될 것이다.

우리에게 익숙한 단위는 스마트 기기의 배터리 용량을 나타내는 mAh이다. 이것과 한번 비교해보자. 만약 1F의 축전지에 1V의 전압을 걸면 축전기가 저장하는 전하량은 1C = 1A × 1sec = 1000mA × (1/3600)h = 0.278mAh가 될 것이다. 스마트폰 배터리의 용량이 대부분 2000mAh 이상인 것을 감안하면 상당히 작은 값이다.

2.2.2.7 트랜지스터(Transistor)

트랜지스터를 설명하기 가장 좋은 제품은 라디오이다. 한때 라디오를 트랜지스터 라디오라고도 불렀다. 라디오의 원리는 공기 중의 약한 라디오 전파를 수신해 내부 트랜지스터를 이용해 신호를 증폭시키는 것이다. 충분히 증폭된 신호를 스피커에 보내면 스피커가 진동을 발생시키고 소리가 난다.

디지털 트랜지스터는 스위칭 역할을 담당한다. 스위칭이란, 회로를 연결하거나 끊는 역할을 말한다. 라즈베리 파이 GPIO 핀의 3.3V 전원 신호(ON, OFF)를 이용해 높은 전압의 전기를 ON, OFF 시키는 용도로 많이 사용한다.

저렴하면서 많이 사용하는 BJT(Bipolar Junction Transistor)에는 3개의 핀이 존재한다. BJT는 접합 방식에 따라 PNP, NPN 형으로 나뉜다. 여기서 P는 Positive의 약자로 P형 반도체를 의미한다. N은 Negative의 약자로 N형 반도체를 의미한다. NPN형과 PNP형은 반대의 성질을 가지고 있기 때문에 회로를 구성할 때 주의가 필요하다.

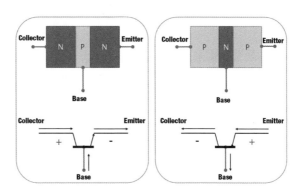

트랜지스터를 직접 사용하는 경우도 있지만 보통은 트랜지스터가 집적된 칩을 많이 사용한다. 뒤에서 설명할 모터 구동, LED 매트릭스를 이용한 디스플레이 등에는 큰 전압과 전류를 사용한다. GPIO 핀의 ON, OFF 신호를 전달하면서 큰 전압, 전류를 제어하는 모터 드라이버, 디스플레이 드라이버는 많은 트랜지스터를 필요로 한다. 따라서 이 같은 드라이버에는 여러 트랜지스터를 집적한 트랜지스터 어레이 칩을 사용한다. 대표적인 트랜지스터 어레이 칩은 달링턴

(Darlington) 트랜지스터를 집적한 도시바의 TD 시리즈와 ULN 시리즈이다. 달링턴은 2개의 출력 효율을 높인 트랜지스터 구조를 말한다.

여기서는 LED 디스플레이에서 많이 사용하는 ULN2803에 대해 알아보고 넘어가겠다. 이 칩은 나중에 LED 매트릭스를 만들 때 나오며 많이 사용하는 트랜지스터 어레이기 때문에 배워 둘 필요가 있다. ULN 시리즈 칩들은 작동 방식이 같기 때문에 하나만 배워 두면 나머지 제품은 응용하기 어렵지 않다.

2.2.2.7.1 ULN2803A 달링턴 트랜지스터 어레이

ULN2803은 텍사스 인스트루먼트사의 제품이며 위의 용도로 많이 사용하는 제품으로 8개의 입력 로직 신호를 이용해 증폭 출력할 수 있다. 이 칩은 구조가 상당히 간단하다. 1~8번 핀으로 입력 신호가 들어가고 증폭된 신호는 11~18번 핀으로 출력한다. GND는 접지에 연결하며 COM은 모터 또는 LED 디스플레이에 공급하는 전원을 연결한다.

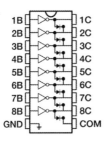

그림 2-26
ULN2803A 칩의 구조

동시에 8개의 채널을 증폭할 수 있는 ULN2803은 -0.5~30V의 전원을 COM(10번 핀)으로 공급받을 수 있으며 출력 전원은 채널당 최대 500mA까지 가능하다.

Characteristic		Symbol	Rating	Unit
Output sustaining voltage		$V_{CE(SUS)}$	-0.5 to 50	V
Output current		I_{OUT}	500	mA/ch
Input Voltage		V_{IN}	-0.5 to 30	V
Clamp diode reverse voltage		V_R	50	V
Clamp diode forward current		I_F	500	mA
Power dissipation	APG	P_D	1.47	W
	AFWG		0.92/1.31(Note)	
Operating temperature		T_{opr}	-40 to 85	°C
System temperature		T_{stg}	-55 to 150	°C

표 2-1
ULN2803의 최댓값
(출처 : ULN2803
데이터시트)

2.2.2.7.2 ULN2803A 회로 구성 방법

이제 이 칩을 이용해 회로를 구성하는 방법을 알아보겠다. 칩의 핀 배열이 직관적이기 때문에 사용하기 쉽다.

다음은 파이의 3.3V 전원을 ULN2803의 1~8번 핀으로 연결해 4.8V 출력 전압을 구현한 것이다.

그림 2-27
ULN2803 회로 구성

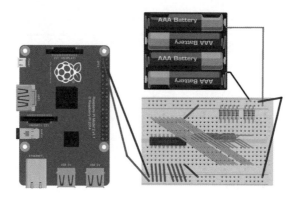

연결 순서는 다음과 같이 진행한다.

1. 외부 4.8V 전원과 접지를 브레드보드에 연결한다.
2. 파이의 3.3V 전원과 접지를 브레드보드에 연결한다(당연히 외부 전원과 구분해야 한다).
3. 외부 전원과 파이 전원의 접지를 서로 연결해 그라운드를 통일한다.
4. ULN2803의 9번을 접지에, 10번 핀을 외부 전원(4.8V)에 연결한다.
5. 저항 8개를 준비해 4.8V 전원과 연결한 후 다시 LED 8개에 연결한다.
6. LED 캐소드(음극)을 ULN2803의 11~18번 핀에 연결한다.
7. 파이 3.3V 전원을 ULN2803의 1~8번 핀에 연결한다.

만약 이상 없이 연결되었다면 8개의 LED는 5V 전압과 최대 500mA의 전기를 공급받을 수 있기 때문에 8개의 LED에 모두 불이 켜질 것이다. 이 상태에서 파이에서 연결한 8개의 전원 케이블 중 하나를 차단하면 LED 한 개가 꺼지는 것을 알 수 있다. 이와 같은 방식으로 파이의 3.3V 전원을 이용해서 5V 출력을 ON, OFF 시킬 수 있다. 파이의 3.3V 전원을 GPIO 핀으로 바꾸면 소프트웨어를 이용해 5V 전원 제어가 가능해진다.

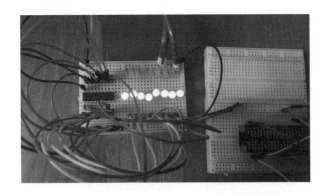

그림 2-28
ULN2803 테스트 결과

❗ ULN2803의 출력 핀(11~18번)은 + 전원이 나가는 곳이 아니라 외부 4.8V 전원이 들어오는 곳(sink)임을 유의하기 바란다. 정확한 의미에서 ULN2803은 외부 전원에서 공급되는 전류를 접지로 보낼지 말지를 결정하는 스위치 역할을 한다고 볼 수 있다.

2.3 GPIO 프로그래밍

파이의 용도는 크게 웹 서버, 미디어 서버, 파일 서버와 같은 일반 리눅스 서버의 역할과 GPIO 핀을 이용한 디바이스 제어로 나눌 수 있다. 특히 후자는 아두이노와 같은 MCU에서 많이 사용하는 기능으로, 임베디드 영역에 가깝다.

일반적인 서버 역할을 하는 경우에는 아주 정밀한 시간 제어가 중요하지 않은 경우가 많다. 가령 웹 서버에 접속량이 늘어서 클라이언트의 요청에 대한 응답 속도가 평소 0.1ms에서 0.2ms로 두 배 늦어진다고 해도 큰 문제가 발생하지 않는다. 파일 서버의 경우도 마찬가지다. 파일 전송 속도가 조금 늦어져도 큰 문제가 발생하지는 않는다. 그리고 이런 서버들의 경우에는 서버 자체의 응답 속도도 중요하지만 이더넷 네트워크의 특성상 정확한 응답 시간을 보장할 수 없다.

하지만 GPIO를 이용한 임베디드 영역에서는 문제가 약간 달라진다. 가령 3D 프린터나 2D 레이저 커팅기를 만든다고 가정해보자. X, Y, Z축 또는 X, Y축으로 움직이는 헤더를 정확하게 제어해야 한다. 조금이라도 움직임이 늦어지면 출력물을 망치기 십상이다.

이처럼 실시간 제어가 필요한 영역에서는 실시간 운영체제(Realtime OS)를 이용하는 경우가 많다. 파이의 운영체제는 주로 리눅스 계열을 사용하는데 리눅스는 엄밀한 의미에서 실시간 제어가 가능한 운영체제가 아니다. 따라서 100% 실시간 제어가 보장되어야 하는 영역에서는 사용할 수 없다. 이 경우에는 파이에 아두이노를 연결해 실시간 제어를 아두이노에게 맡기는 방식처럼, MCU의 도움을 받는 것도 고려할 수 있다. 그렇다고 라즈비안과 같은 파이의 운영체제 또는 응용 애플리케이션을 실시간 제어가 필요한 상황에 전혀 쓸 수 없는 것은 아니다. 현실 세계에는 이 둘의 중간쯤에 존재하는 영역이 많다. 가령 RC 카, 배, 멀티콥터와 같은 경우 100% 실시간 운영체제를 사용하지 않더라도 실시간에 가까운 제어만으로도 문제없이 제어가 가능하다.

다음과 같이 결론을 내리고 싶다. 완전한 실시간 제어가 필요한 경우에는 아두이노 또는 전용 IC 칩을 이용하거나 라즈베리 파이와 아두이노의 조합을 고려한다. 미세한 시간 오차를 견딜 수 있는 시스템은 파이에서 직접 제어할 수 있다.

GPIO 제어는 어떤 개발 언어를 사용하든 구현할 수 있지만 C/C++ 또는 파이썬을 이용하는 것이 가장 무난하다.

2.3.1 동기식 프로그래밍

동기식이란 함수 호출이 끝날 때까지 해당 함수에서 프로세스가 대기하는 방식이다. 프로그램이 직관적이고 논리적이라 버그 발생 위험이 비동기 방식에 비해 낮다. 이런 장점 때문에 대부분의 프로그래밍은 동기식으로 진행한다. 하지만 함수 호출 결과가 리턴되기 전에는 다른 작업을 할 수 없는 단점이 있어서 고성능 시스템 구현에는 어려움이 있다. 이 책을 비롯한 대부분의 예제들은 동기식 프로그래밍 방식으로 만들어졌다.

2.3.2 인터럽트를 이용한 비동기 입출력

비동기 방식은 함수 호출 후 즉시 리턴되고 결과 값은 콜백이라 불리는 함수를 통해 제공받는 방식이다. 비동기 방식은 동기식에 비해 효율이 뛰어난 장점이 있지만 프로그래밍이 직관적이지 않기 때문에 구현이 상당히 까다롭고 실수할 가능성이 높다. 하지만 고성능 입출력을 구현하려면 반드시 필요한 기능이기 때문에 알고 넘어가야 한다.

2.3.2.1 C/C++의 wiringPi 인터럽트 처리 함수

2012년 6월 이후의 커널에서는 GPIO를 인터럽트 방식으로 처리하는 것이 가능하다. GPIO의 상대 변화(ON, OFF)에 따라 인터럽트 호출이 가능하다.

인터럽트 처리와 관련한 함수들은 다음과 같다. 첫 번째는 인터럽트 발생 시 호출할 콜백 함수를 등록하는 wiringPiISR 함수이다. 두 번째는 edgeType 파라미터로, 중요한 역할을 한다. 이 파라미터는 INT_EDGE_FALLING, INT_EDGE_RISING, INT_EDGE_BOTH, INT_EDGE_SETUP 값 중 하나를 지정한다.

```
INT_EDGE_FALLING  // ON -> OFF 인터럽트를 받음
INT_EDGE_RISING   // OFF ->ON 인터럽트를 받음
INT_EDGE_BOTH     // 위의 2개 모두 받음
INT_EDGE_SETUP :
int wiringPiISR (int pin, int edgeType,  void (*function)(void)) ;
```

💡 wiringPiISR 함수의 두 번째 파라미터 edgeType은 상태가 바뀔 경우에만 이벤트가 발생한다. 이 점이 지속적인 폴링을 하지 않고도 상태 변화를 체크할 수 있는 핵심이다. 이러한 이벤트를 에지 트리거(Edge Trigger) 방식이라고 한다. 이 방식은 GPIO 인터럽트 처리뿐 아니라 TCP/IP 통신의 epoll과 같은 비동기 소켓 처리 등에서도 사용하는 방식이다.

다음의 예제 코드는 wiringPi를 만든 고든 헨더슨(Gordon Henderson)이 올린 코드이다. 한번 분석해 보도록 하겠다.

```
#include <stdio.h>
#include <string.h>
#include <errno.h>
#include <stdlib.h>
#include <wiringPi.h>

#define BUTTON_PIN 4
static volatile int globalCounter = 0 ;

//인터럽트 함수가 호출되면 글로벌 변수 globalCounter 값을 1 증가시킨다.
void myInterrupt (void)
{
  ++globalCounter ;
}

int main (void)
{
  int myCounter = 0 ;
  //핀 넘버링을 BCM 방식을 사용한다.
  if (wiringPiSetupGpio () < 0)
  {
    fprintf (stderr, "Unable to setup wiringPi: %s\n", strerror (errno)) ;
    return 1 ;
  }
  //4번 핀이 OFF될 때 myInterrupt 함수를 통해 인터럽트를 받겠다는 요청
  //INT_EDGE_FALLING는 ON 상태에서 OFF로 변경될 때 시그널을 받겠다는 의미
  if (wiringPiISR (BUTTON_PIN, INT_EDGE_FALLING, &myInterrupt) < 0)
  {
    fprintf (stderr, "Unable to setup ISR: %s\n", strerror (errno)) ;
    return 1 ;
  }

  // 프로그램 종료를 방지하기 위해 무한 루프를 실행. 인터럽트 수신 시 받은 인터럽트 개수 출력
  // 인터럽트 처리 함수 호출은 for 루프와 무관하게 다른 스레드에서 호출됨
  for (;;)
  {
    printf ("Waiting ... ") ;
    fflush (stdout) ;
    // 인터럽트가 발생하지 않았을 경우 100ms 쉬면서 인터럽트 발생을 기다린다.
    while (myCounter == globalCounter)
      delay (100) ;
      // 인터럽트가 발생했음
```

```
        printf (" Done. counter: %5d\n", globalCounter) ;
        myCounter = globalCounter ;
    }
    return 0 ;
}
```

위의 소스 코드를 interrupt.c로 저장한 다음, 다음과 같이 빌드하면 sample 이름
의 실행 파일이 만들어진다.

```
gcc -o sample_test interrupt.c -lwiringPi
```

위의 함수를 테스트하려면 외부에서 별도의 프로그램이나 수작업으로 GPIO 4
번 핀의 상태를 임의로 조작해야 한다. 가장 쉬운 방법은 wiringPi 빌드 시 만들
어지는 gpio 툴을 이용해 다음과 같이 변경하는 것이다. 임의로 변경하면서 위
의 프로그램의 출력 상태를 확인해 본다.

```
gpio  -g mode 4 output
gpio  -g write  1 (또는 0)
```

아래 그림처럼 gpio 명령으로 핀의 상태를 바꾸면 sample 프로그램에서 핀 상태
변화를 이벤트로 받아 처리하는 것을 볼 수 있다.

그림 2-29
인터럽트 테스트 화면

2.3.2.2 파이썬 인터럽트

최신 파이썬 RPi.GPIO에서도 인터럽트를 이용한 비동기 처리가 가능하다. 인터
럽트 처리 원리는 앞에서 설명한 wiringPi와 동일하기 때문에 예제로 설명하겠다.

> RPi.GPIO 버전 0.5.2a 이후에서 비동기 처리가 가능하다. 파이 2 이상에서 최신 라즈비
> 안을 사용한다면 문제 없겠지만 이전 버전의 파이를 이용한다면 RPi.GPIO 버전을 확인
> 해 보도록 한다. 현재 사용하는 RPi.GPIO 버전 확인 방법은 다음 라인을 추가하면 된다.
>
> print GPIO.VERSION

```
GPIO. FALLING    # ON -> OFF 인터럽트를 받음
GPIO. RISING     # OFF -> ON 인터럽트를 받음
GPIO. BOTH       # 위의 2개 모두 받음

GPIO.add_event_detect(Pin, edgeType, callback, bouncetime = 300)
```

GPIO.add_event_detect 함수는 앞에서 설명한 wiringPi의 wiringPiISR와 거의 동일하다고 볼 수 있다.

첫 번째 파라미터 Pin은 GPIO 핀 번호이며 두 번째 파라미터는 인터럽트 종류고 세 번째 파라미터는 인터럽트 발생 시 호출한 함수이다. 그리고 마지막 bouncetime은 해당 시간 내에 재발생하는 인터럽트는 무시하라는 의미이다.

파라미터가 없으면 기본값 300이 적용된다. 즉, 300ms 안에 두 번 이상의 인터럽트가 발생하면 첫 번째만 인터럽트 처리하고 나머지는 무시한다는 의미이다. 노이즈 또는 조작 미숙으로 이벤트가 여러 번 발생할 경우에 대한 대비책이다.

다음은 이벤트 처리 함수를 해제하는 함수이다.

```
GPIO.remove_event_detect(pin_number)
```

GPIO.remove_event_detect(pin_number)는 add_event로 추가한 인터럽트 콜백 처리 요청을 해제하는 명령이다. 아래 예제에서는 사실 이 함수를 호출할 필요가 없지만 상황에 따라서는 프로그램 동작 중에 인터럽트 콜백 함수를 바꿔야 하는 경우에 유용하다.

콜백 함수는 별도의 스레드에서 작동한다는 것에 유의해야 한다. 즉, 동시에 메인 코드와 콜백 함수의 코드가 실행될 수 있다는 것에 유의해야 한다. 필요하다면 뮤텍스(Mutex) 등을 이용해서 코드를 보호하는 추가 작업을 해야 한다. wiringPi를 이용한 C 프로그래밍에서도 이 원칙은 같이 적용된다.

다음의 예제 코드는 wiringPi 예제를 파이썬으로 포팅한 것이다. 내용과 문법이 거의 유사하기 때문에 이해하는 데 어려움이 없을 것이다.

```
#!/usr/bin/python

import RPi.GPIO as GPIO
#GPIO 라이브러리 버전을 출력한다
print GPIO.VERSION
#핀 넘버링은 BCM 방식을 사용한다.
GPIO.setmode(GPIO.BCM)

#4번 핀을 입력 모드로 설정
GPIO.setup(4, GPIO.IN)
globalCounter = 0
 #인터럽트 함수가 호출되면 글로벌 변수 globalCounter 값을 1 증가시킨다.
def myInterrupt(channel):
  global globalCounter
  globalCounter += 1
  print " Done. counter:" , globalCounter

#4번 핀이 OFF될 때 myInterrupt 함수를 통해 인터럽트를 받겠다는 요청
```

```
#GPIO.FALLING은 ON 상태에서 OFF로 변경될 때 시그널을 받겠다는 의미
GPIO.add_event_detect(4, GPIO.FALLING, callback=myInterrupt)

try:
  raw_input("Press Enter to Exit\n>")
except KeyboardInterrupt:
  GPIO.cleanup() # clean up GPIO on CTRL+C exit
  GPIO.remove_event_detect(4)

GPIO.remove_event_detect(4)
GPIO.cleanup() # clean up GPIO on normal exit
```

앞의 wiringPi 예제처럼 gpio 명령을 이용해 테스트한다. 하나의 핀을 2개의 프로그램에서 오픈하기 때문에 에러가 발생할 수 있다. 이 경우에 gpio 명령(gpio -g mode 4 output)을 이용해 초기화한 다음 다시 gpio -g write o(or 1)을 한다. 만약 브레드보드를 정상 구성한 상태라면 1을 write하면 LED의 불이 켜져야 한다.

그림 2-30
파이썬 인터럽트 처리

2.3.3 PWM 출력 프로그래밍

앞에서 PWM은 펄스의 HIGH 값의 비율을 나타내는 듀티비를 이용해 제어하는 방법이라고 말했다. 따라서 중요한 요소는 초당 몇 개의 펄스를 발생시킬 것인가, 펄스의 폭(지속 시간)을 얼마로 할 것인가를 정해야 한다. 만약 초당 100개의 펄스를 만들고 듀티비를 50으로 하겠다면 다음과 같은 펄스를 만들면 될 것이다.

그림 2-31
듀티비 50의 PWM 파형

위의 파형을 만드는 방법은 두 가지가 가능하다. 먼저 임의의 GPIO 핀을 선택한다. 그리고 출력 모드로 핀을 설정한 다음, ON 상태로 바꾼 후 5ms를 쉬고 다시 OFF 상태로 바꾸고 5ms를 쉬는 동작을 빈복하는 것이다. 이 방법이 소프트 PWM이다. PWM 파형을 프로그램에서 구현하는 것이다. 다른 방법은 위의 동작을 하도록 PWM 전용 핀(GPIO 18번)에 명령을 내리고 잊어버리는 것이다. 전용 핀은 새로운 명령이 올 때까지 위의 파형을 계속 만들어 낼 것이다. 이 방법이 하드웨어 PWM이다.

2.3.3.1 소프트 PWM

소프트 PWM은 소스 코드에서 PWM을 만들어 내기 때문에 정밀한 파형을 만들기 어렵다. 특히 10us 이하인 경우에는 오차가 커서 사용이 거의 불가능하다. 그리고 CPU 사용량이 하드웨어 방식에 비해 상대적으로 높다. 하지만 ms 단위의 제어는 거의 원형에 가깝게 만들어 낼 수 있으며 CPU 사용량도 큰 부담이 되지는 않는다. 그리고 이 방법은 어떤 GPIO 핀도 사용이 가능하며 동시에 여러 개의 PWM을 제어할 수 있는 장점이 있다.

wiringPi에서는 사용자가 직접 위의 파형을 만드는 수고를 덜 수 있도록 소프트 PWM 제어 API를 제공해준다. 사실 이 API들은 특별한 것들이 아니다. 직접 만들 수도 있다. wiringPi에서 소프트 PWM을 이용하려면 아래의 2개 헤더 파일을 포함시킨 다음, 컴파일 명령에서 pthread 라이브러리를 추가해야 한다. 소프트 PWM의 소스 코드를 보면 별도의 thread를 만들어 PWM을 구현한다. 따라서 pthread 라이브러리를 추가해야 한다.

2.3.3.1.1 wiringPi에서 제공하는 소프트 PWM 함수

```
int softPwmCreate (int pin, int initialValue, int pwmRange);
```

소프트 PWM을 시작한다. pin은 임의의 GPIO 핀을 사용할 수 있다. initialValue는 PWM의 초기 상태(1 또는 0), pwmRange는 PWM 펄스의 주기를 설정한다. 기본 단위는 100us이다. 따라서 이 값이 100이 되면 10,000us(10ms)가 되며 주기는 자동으로 100Hz(초당 100개의 펄스 발생)가 된다. 이 함수를 호출하면 소프트 PWM 라이브러리에서 스레드를 생성해 루프를 반복하면서 softPwmWrite에서 지정한 펄스를 만들 준비를 한다.

```
void softPwmWrite (int pin, int value);
```

다음은 PWM 펄스를 발생시키는 함수이다. value는 기본 단위가 100us이다. 따라서 이 값이 100이면 10ms의 펄스를 발생시켜 듀티비가 100%가 된다. 이 함수의 정의에서 알 수 있듯이 최솟값이 1이기 때문에 100us 미만의 펄스폭은 만들 수 없다. (아마도 구현이 불가능해서가 아니라 정확도가 떨어지고 CPU 점유율이 올라가 100us 미만으로는 부적합하다고 판단해서 최소 단위를 100us로 한 것이 아닌가 추측한다.)

소프트 PWM을 사용해 100us 이하의 제어를 하는 경우, cpu 점유율이 높고 오차가 많이 발생하므로 적합하지 않다는 점을 염두에 두어야 한다. 100Hz 정도의 주기에 펄스 폭이 1~10ms 정도일 때 사용하는 것이 적합하다.

그리고 pwmRange가 10, 100, 1,000과 같이 10의 배수가 아니라 450(45Hz)처럼 애매한 값이 되면 듀티비 1~100%에 해당하는 파라미터 정수값을 만들 수 없다. 따라서 이 경우에는 정확한 듀티비에 따른 제어가 어렵다.

또한 PWM 채널 숫자에 비례해서 CPU 점유율이 올라간다. 이러한 단점을 이해하고 사용하기 바란다.

> 💡 소프트 PWM을 사용하려면 pthread 라이브러리를 다음과 같이 링크 옵션에 추가한다.
> (gcc 옵션(…) -lpthread)

2.3.3.1.2 wiringPi 라이브러리를 이용한 소프트 PWM 예제

소프트 PWM을 이용하여 100Hz 주기에서 듀티비를 1%에서 100%로 올리는 PWM을 발생시켜 보겠다. 컴파일은 다음 명령을 이용한다.

```
gcc -o softpwm_demo softpwm_demo.c  -lwiringPi  -lpthread
```

```c
#include <stdio.h>
#include <string.h>
#include <errno.h>
#include <stdlib.h>
#include <wiringPi.h>
#include <softPwm.h>

#define GPIOPIN 23
int main (void)
{
  int width = 10 , count = 0;
  // BCM 넘버링 사용
  if (wiringPiSetupGpio () < 0)
  {
    fprintf (stderr, "Unable to setup wiringPi: %s\n", strerror (errno));
    return 1;
  }

  //23번 핀을 PWM 핀으로 사용, 100Hz, 주기는 10ms
  softPwmCreate (GPIOPIN, 0, 100);

  for (count = 1;count <= 100; count++)
  {
    softPwmWrite  (GPIOPIN, count);
    printf (" Current Duty cycle:%d\n", count);
    //delay 시간 동안에도 별도의 thread에서 PWM을 생성 중임. 따라서 loop에서 반복 호출하면 안 됨
    delay (1000);
  }
  return 0;
}
```

2.3.3.1.3 파이썬 라이브러리에서 제공하는 소프트 PWM 함수

PWM을 만든다. 임의의 GPIO 채널과 주기를 파라미터로 전달한다.

```
p = GPIO.PWM(channel, frequency)
```

PWM을 시작한다. 입력값은 듀티비(0~100)를 전달한다.

```
p.start(dc)
```

PWM의 주기를 변경한다.

```
p.ChangeFrequency(freq)
```

PWM의 듀티비를 변경한다.

```
p.ChangeDutyCycle(dc)
```

PWM을 종료한다.

```
p.stop()
```

2.3.3.1.4 파이썬 소프트 PWM 예제

파이썬 GPIO 라이브러리의 소프트 PWM을 이용한 파이썬 예제이다. 내용은 앞의 예제들과 같다.

```
#!/usr/bin/env python

import RPi.GPIO as GPIO
import time

#23번 핀을 사용
pwmPin = 23
#핀 넘버링을 BCM 방식을 사용한다.
GPIO.setmode(GPIO.BCM)
#23번 핀을 출력용으로 설정한다.
GPIO.setup(pwmPin, GPIO.OUT)

#23번 핀을 PWM 용도로 100Hz 주기로 설정한다.
pwm = GPIO.PWM(pwmPin, 100)
#23번 핀의 PWM을 듀티비 0으로 시작한다.
pwm.start(0)

for count in range(1, 101):
  #듀티비 1~100까지 1초 간격으로 증가시킨다.
  pwm.ChangeDutyCycle(count)
  print "Current Duty cycle:", count
  time.sleep(1)
pwm.stop() #stop PWM
GPIO.cleanup()
```

2.3.3.2 하드웨어 PWM

하드웨어 방식은 전용 핀에 명령만 내리면 보드에서 정교하게 작동하기 때문에 정확도가 높고 CPU 사용량도 매우 적다. 하지만 이 방식의 가장 큰 단점은 GPIO 18번 1개의 포트만 사용해야만 하는 점이다. 그리고 이 방식은 주기 설정 및 듀티비 설정 해상도(1024 단계)에 제약이 있다.

2.3.3.2.1 wiringPi에서 제공하는 하드웨어 PWM 함수

PWM의 2가지 모드(밸런스, 마크/스페이스) 중 선택할 수 있다. 이 함수를 호출하지 않으면 기본값은 밸런스 모드이다. 입력값은 PWM_MODE_BAL(1) 또는 PWM_MODE_MS(0)를 사용한다.

```
pwmSetMode (int mode);
```

이 함수를 호출하지 않으면 기본값 1024가 적용된다.

```
pwmSetRange (unsigned int range);
```

PWM 클록의 분할값(devisor)을 지정한다.

```
pwmSetClock (int divisor);
```

PWM 펄스를 발생시킨다. 이 값은 반드시 pwmSetRange에서 지정한 범위 또는 1024 내에서 사용해야 한다. .

```
void pwmWrite (int pin, int value);
```

하드웨어 PWM 함수는 소프트 방식에 비해 정확하고 CPU를 거의 사용하지 않기 때문에 사용하기를 권장한다. 만약 여러 개의 PWM을 제어해야 한다면 소프트 방식보다는 에이다프루트(Ada-Fruit)사의 PCA9685 같은 PWM 드라이버 제품을 사용하길 권한다.

2.3.3.3.2 wiringPi 라이브러리를 이용한 하드웨어 PWM 예제

앞의 소프트 방식과 같은 예제를 만들어 보겠다. 컴파일 옵션에서 pthread를 제외해도 된다.

```
#include <stdio.h>
#include <errno.h>
#include <stdlib.h>
#include <wiringPi.h>
```

```
#define GPIOPIN 18
int main (void)
{
  int width = 10, count = 0;
  if (wiringPiSetupGpio () < 0)
  {
    fprintf(stderr, "Unable to setup wiringPi: %s\n", strerror (errno));
    return 1;
  }
  pinMode(GPIOPIN, PWM_OUTPUT);
  //18 핀을 PWM 핀으로 사용, 100Hz, 주기는 10ms
  pwmSetRange (100);

  for (count = 1;count <= 100; count++)
  {
    pwmWrite  (GPIOPIN, count);
    printf ("Current Duty cycle:%d\n", count);
    //delay 시간 동안에도 파이 보드에서 PWM을 생성중임.
    delay (1000);
  }
  return 0;
}
```

아래와 같이 회로를 구성하고 위의 예제를 테스트한다. 18번 GPIO 핀에 저항과
LED를 다음 그림과 같이 연결한다.

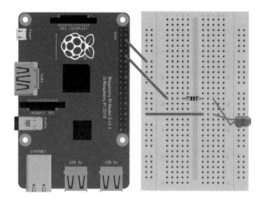

그림 2-32
PWM 테스트 회로 구성

2.3.3.3 PWM 드라이버

앞서 말했듯 소프트 방식의 PWM 제어는 100us 이하에서 사용하면 오차가 많이
발생한다. 그리고 CPU 부하도 높다. 반면 하드웨어 방식은 이런 문제점은 없으
나 사용할 수 있는 GPIO 핀에 제약이 있다. 만약 여러 개의 PWM을 정밀하게 제
어해야 한다면 별도의 PWM 드라이브를 사용하자. PWM/서보 드라이버는 하나
의 I2C 디바이스를 통해 여러 개의 PWM과 파이를 통신할 수 있게 한다. 대표적
인 PWM, 서보 드라이브는 에이다프루트사의 PCA9685 모듈이다. 모터 제어 편
에서 PWM 드라이버에 대해 자세히 다루도록 하겠다.

2.3.4 10마이크로초의 펄스 만들기

앞에서 GPIO 핀을 다루는 다양한 방법을 살펴보면서 100us 이하의 GPIO 제어는 쉽지 않다는 이야기를 계속했다. 그러면 파이썬과 C 코드를 이용해 10us의 GPIO 펄스를 만들어 오실로스코프와 CPU 부하 등의 측정을 통해 어떤 어려움이 있는지 살펴보겠다.

2.3.5.1 파이썬을 이용한 10us 펄스 만들기

아래의 파이썬 코드의 일부분은 GPIO 23번에 10us 펄스를 100,000Hz 주기로 발생시킨다.

```
while(True):
  GPIO.output(23, 1)
  sleep(0.00001)  #10us
  GPIO.output(23, 0)
  sleep(0.00001)  #10us
```

위의 코드를 실행시키면서 오실로스코프 출력 파형을 잡아 보면 그림 2-33처럼 펄스폭 자체가 원하는 값과 거리가 멀다. 파이썬에서 1ms 이하의 sleep은 오차가 크다는 것을 항상 염두에 둬야 한다.

이러한 오차 발생의 가장 큰 원인은 파이썬의 루프문이다. 파이썬은 인터프리터 언어이기 때문에 라인 단위로 해석을 한 다음 적절한 기계어 코드(대부분 C로 작성 후 컴파일)를 호출하는 과정을 거치기 때문에 실행 속도가 약간 떨어진다. 특히 루프문에서는 이런 약점이 반복 누적되기 때문에 약점이 있다. 만약 정밀한 루프문을 제어해야 한다면 파이썬 코드만으로는 어려울 수 있다. 이 경우에는 C 언어로 루프문 모듈을 만든 다음 파이썬에서 호출해 사용하는 방법을 고려하는 것도 나쁘지 않다.[1]

그림 2-33
부정확한 10us 펄스의
파형

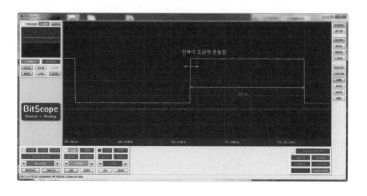

---

1 사실 우리가 import해서 사용하는 파이썬 모듈 역시 많은 것들이 이런 방식으로 만들어졌다.

2.3.4.2 wiringPi를 이용한 10us 펄스 만들기

다음은 C/C++의 wiringPI를 이용해 앞의 파이썬 코드와 같은 실험을 한 것이다.

```
while (1){
  digitalWrite(gpioPin, HIGH);
  delayMicroseconds(10); // 대기 10us
  digitalWrite(gpioPin, LOW);
  delayMicroseconds(10); // 대기 10us
```

wiringPi에서는 그림 2-34처럼 양호한 결과를 나타내는데 그 이유는 delayMicro seconds 함수에 있다. 이 함수의 소스 코드를 살펴보면 100us 이하의 시간인 경우 하드웨어 타이머를 이용해 조금 더 정확한 시간 처리를 하고 있기 때문이다. 그렇지만 여기에는 약간의 손실이 따른다. 정확한 시간을 제어하기 위해 이 함수에서는 아주 짧은 시간이지만 쉴 틈 없이 루프문을 반복한다. 이유는 가급적 다른 프로세스에 프로세싱 타임을 양보하지 않아야 정확한 시간 제어가 가능하기 때문이다. 즉, 파이썬으로는 100us 이하의 시간 제어는 가급적 하지 않는 게 좋다.

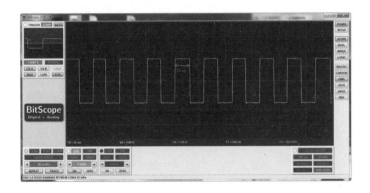

그림 2-34
양호한 10us 펄스의 파형

라즈베리 파이 하드웨어 수준에서 지원하는 GPIO 18번 핀은 제어가 정확하지만 소프트 방식은 정교한 제어에는 사용할 수 없다. 여러 개의 PWM을 정교하게 제어해야 할 경우에는 ServoBlaster, Pi-Blaster 등의 개선된 소프트 라이브러리를 사용할 수 있겠지만 가급적 앞에서 설명한 별도의 하드웨어를 같이 사용하길 권한다. 실망할 필요는 없다. PWM 제어를 위한 수많은 하드웨어들이 존재한다. 많은 하드웨어 드라이버들이 PWM 제어를 담당하면서 파이 또는 MCU와의 시리얼 통신(UART, SPI, I2C)을 제공한다. PWM 드라이버는 제품의 데이터시트를 참조해 자신이 원하는 영역의 제어(Hz, 듀티비)를 제공하는지 확인 후 구매하기 바란다.

옛날 고종 임금이 서양인들이 정구(테니스)를 소개하는 자리에 참석한 일이 있었다. 서양인들이 재미있게 정구를 치고 나서 고종 임금에게 "폐하 재미있지 않습니까?"라고 말하자 고종이 이렇게 말했다. "재미있긴 한데, 그 힘든 걸 왜 직접 하시오? 땀 흘리는 일은 하인배들 시킬 것이지…."

단순 작업은 전용 하드웨어에게 시키고 파이는 수준 높은 사고와 전체적인 제어를 하는 것이 올바른 방향이라고 본다.

2.4 GPIO 회로 실습

여기서는 GPIO를 이용해 간단한 회로 구성 실습을 다양하게 함으로써 향후 각종 센서 및 모터 등의 디바이스를 연결할 수 있는 기초를 익힌다. 항상 GPIO 핀 구성도를 컬러 출력한 그림을 옆에 두고 작업하자! 파이를 보호하는 데 도움이 된다.

파이의 GPIO 핀은 3.3V 전압을 이용한다. 즉, 3.3V가 공급될 때 ON(1), 0V이면 OFF(0)의 값을 가진다. 파이는 GPIO 핀으로부터 들어오는 과전압에 대한 보호 회로가 없다. 따라서 GPIO 핀을 통해 5V 등의 고전압이 들어올 경우 파이가 심각한 손상을 입을 수 있다. 항상 회로도를 먼저 그려보고, 오류를 점검하는 습관과 함께 핀 연결 시에도 세심한 주의가 필요하다. 특히 모터 제어와 같이 전력 소모량이 많아서 외부 전원을 사용하는 경우에는 더욱 주의해야 한다.

조금이라도 의심이 가는 부분은 멀티미터를 이용해 전압, 전류 및 저항을 측정하면서 회로를 구성하자.

Girtboard는 파이의 GPIO 확장 보드인데, 과전압 방지 회로를 포함하고 있어 직접 파이와 브레드보드를 연결하는 것보다는 안전하게 테스트할 수 있다. 하지만 국내에서는 구하기 쉽지 않고 element14, sparkfun 등에서 직접 구매해야 하는 불편함이 있다.

참고로 필자는 GPIO 40핀 T자형 확장 모듈을 이용한다. 파이의 GPIO 핀에 직접 연결하는 대신 브레드보드만 이용한다는 차이점을 제외하면 구성에서 차이는 전혀 없다. T 자형 확장 모듈을 사용하더라도 앞에서 설명한 과전압은 항상 주의해야 한다. T자 확장 모듈에는 핀 이름과 번호가 있기 때문에 핀 번호 확인을 위해 매번 대조 작업을 해야 하는 불편함이 없으며 브레드보드에 직접 꽂아서 사용 가능하기 때문에 아주 유용하다.

그림 2-35
T자형 확장 모듈을 연결한
파이

앞에서 배운 내용으로 간단한 회로 구성 실습을 해보겠다.

💡 만약 회로 구성을 많이 경험한 독자라면 이 부분은 건너뛰어도 무방하다.

2.4.1 실습 – LED 램프 켜기

☑️ 파이의 3.3V 전원을 이용해서 LED 램프를 켠다.

3.3V 전원 공급 방법은 GPIO 핀을 ON 상태로 공급하는 방법과 물리적 핀 번호
1번을 이용하는 것이 가능하다. 물리적 핀 번호 1번은 상시 3.3V 전원 공급이 가
능하기 때문에 물리적 1번 핀을 이용하고 과전류 예방을 위해 저항과 LED 램프
를 연결하도록 하겠다. 그리고 - 전원은 물리적 6번 핀 그라운드로 연결시킨다.

2.4.1.1 회로 설계

실제 회로를 구성한 후 파이의 전원을 공급하면 다음처럼 LED 조명이 켜진다.
이 작업은 어떠한 프로그래밍도 필요 없으며 3.3V 전원을 직접 사용하기 때문에
에러가 발생할 이유도 없다. 만약 불이 켜지지 않는다면 선을 잘못 연결했거나
불량 소자를 사용했는지 여부를 다시 한번 확인한다.

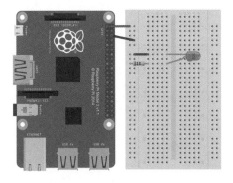

그림 2-36
회로 설계도

그림 2-37
LED가 켜진 회로

2.4.2 실습 – 푸시 버튼을 이용한 LED 램프 켜기

☑️ 파이의 3.3V 전원을 이용해서 LED 램프를 켠다. 단, 이번에는 푸시 버튼 스위치를 연결해
연결을 제어할 수 있게 한다.

앞서 한 실습과 유사하다. 저항과 LED 사이에 푸시 버튼을 연결한다. 푸시 버튼
을 누르면 LED의 +극으로 전선이 연결된다. 나머지 구성은 앞 실습과 동일하다.
참고로 푸시 버튼 4개의 다리는 그림 2-37처럼 정사각형이 아닌 직사각형이다. 2
칸 간격이기 때문에 어렵지 않게 연결할 수 있다.

2.4.2.1 회로 설계

그림 2-38
회로 설계도

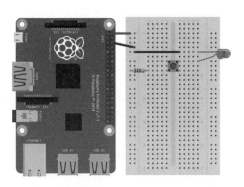

그림 2-39
푸시 버튼을 누르는 동안
켜져있는 회로

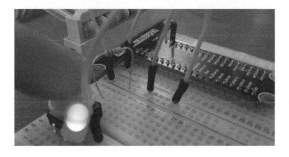

2.4.3 실습 – LED 램프 교대로 깜박이기

☑️ 이제부터는 파이썬을 이용해 GPIO 핀으로부터 값을 읽거나 ON, OFF시키는 예제를 해보 겠다. 2개의 LED를 연결해 2초 간격으로 교대로 10번 켜지도록 한다.

2개의 GPIO 핀을 사용한다. 파이썬 프로그램에서 2개의 GPIO 핀의 상태를 2초 간격으로 ON, OFF시킨다. 앞의 두 예제에서는 3.3V 고정 전원을 사용했는데 여 기에서는 ON, OFF를 제어해야 하기 때문에 GPIO 핀을 사용한다. GPIO 4, 17번 을 이용하겠다.

이제부터는 정교한 제어가 필요하기 때문에 앞에서 소개한 GPIO 프로그래밍 을 이용해야 한다. 프로그래밍 언어는 C 또는 파이썬 중 어떤 것이든 상관없다.

2.4.3.1 회로 설계

회로는 어렵지 않다. GPIO 4번 핀을 저항에 연결 후 다시 LED에 연결한다. 그리 고 LED에서 접지로 연결하면 된다. GPIO 17번도 같은 방식으로 연결하면 된다. 이제 GPIO 핀을 ON으로 하면 연결된 LED에 불이 들어올 것이다.

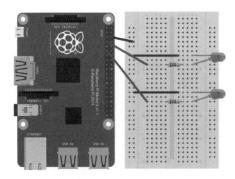

그림 2-40
회로 설계도

프로그래밍을 시작하기 전에 wiringPi 개발 라이브러리를 설치하면서 같이 설치 한 gpio 툴을 이용해 테스트를 해보자. 여기에서는 BCM 넘버링을 사용하기 때 문에 반드시 -g 옵션을 사용한다.

```
# gpio -g mode 4 out
# gpio -g mode 17 out
# gpio -g write 4 1
# gpio -g write 4 0
# gpio -g write 17 1
# gpio -g write 17 0
```

만약 회로 구성이 제대로 되었다면 4, 17번 GPIO 핀에 연결된 LED가 ON/OFF 될 것이다.

2.4.3.2 회로 프로그래밍

간단하게 프로그램을 만들어 보자. GPIO 4, 17번 핀을 출력용으로 설정한 다음 2초 간격으로 서로 다른 상태를 갖도록 프로그래밍한다.

```python
#!/usr/bin/env python

import RPi.GPIO as GPIO
import time

#핀 넘버링을 BCM 방식을 사용한다.
GPIO.setmode(GPIO.BCM)
print "Use GPIO 4, 17 to on/off LED"

#4, 17번 핀을 출력용으로 설정한다.
GPIO.setup(4, GPIO.OUT)
GPIO.setup(17, GPIO.OUT)

#4번 핀은 OFF, 17번 핀은 ON으로 변경한다.
GPIO.output(4, False)
GPIO.output(17, True)
count = 0
try:
  while count < 20:
    #홀수 번째에는 4번 핀을 켜고 17번 핀을 끈다.
    if(count%2):
      GPIO.output(4, True)
      GPIO.output(17, False)
    #짝수 번째에는 4번 핀을 끄고 17번 핀을 켠다.
    else:
      GPIO.output(4, False)
      GPIO.output(17, True)
    time.sleep(2)
    count += 1
except KeyboardInterrupt:
  print "LED Test End"
  GPIO.cleanup()
print "LED Test End"
GPIO.cleanup()
```

2.4.4 실습 – 컬러 LED 램프 켜기

✅ RGB LED를 이용해 색을 조절하는 예제이다. 가변저항(퍼텐쇼미터)를 이용하면 좀 더 그럴 듯한 모양이 되겠지만 아직 AD 컨버터에 대한 내용을 배우지 않았기 때문에 푸시 버튼을 이용해서 구성해 보겠다. 참고로 파이에는 가변저항 회로를 거친 (값이 변하는) 전압을 측정하는 아날로그 입력 핀이 없다. 따라서 입력 전압을 디지털 신호로 바꾸는 AD 컨버터가 필요한데 이 내용은 '2.7 AD 컨버터 MCP3004, MCP3008'에서 자세히 다룬다.

RGB LED는 3개의 LED(Red, Green, Blue)가 하나로 패키징되어 있다고 보면 된다. 3개의 입력 전원과 1개의 공통 접지선을 가지고 있다. RGB LED를 이용해 색을 만들려면 3원색을 이용한 가법혼합에 대한 기초 지식이 필요하다.

💡 색에 대한 기초 지식

보통 컴퓨터에서 색을 표현할 때 RGB 값을 각각 0~255까지 단계로 나누어 표현한다. 따라서 일반적인 색은 32비트의 값으로 표현이 가능하며 다음과 같이 표기한다.

RGB(r, g, b), #rgb(여기서 rgb는 16진수)

#FFFFFF = RGB(255,255,255) = White

#FF0000 = RGB(255,0, 0) = Red

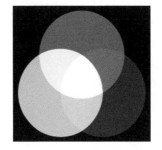

그림 2-41
RGB 컬러 모델

가끔씩 40비트로 색을 표현하는 경우가 있다. 이 경우 나머지 8비트는 보통 색이 아니라 투명도(알파 블렌딩)를 나타낸다. 이 경우에도 색을 나타내는 고유한 값은 32비트이다.

RGB와 함께 많이 볼 수 있는 색을 표현하는 방법은 CMYK(Cyan, Magenta, Yellow, Black)이다. CMYK는 보통 출판에서 많이 사용하는데 물감은 빛과 달리 색을 혼합하면 어두워진다. 물감은 빛을 내는 광원이 아니라 물감의 색을 제외한 나머지 빛을 흡수하기 때문에 물감을 혼합하면 반사하는 빛의 색이 줄어 들기 때문이다. 모든 빛을 흡수하고 반사하지 않으면 검은색이 된다. 다만 우리가 사용하는 물감이 이론에 맞는 이상적인 물감이 아니기 때문에 CMY 물감을 혼합해도 검은색이 깨끗하게 나오지 않는다. 이 때문에 출판에서는 별도의 검은색 물감을 사용한다. 이런 이유로 CMY가 아닌 CMYK 컬러라고 한다.

여기에서는 RGB 컬러만 다루어도 충분하다. 중요한 컬러의 RGB 값은 다음과 같다. 인터넷에서 RGB를 이용한 색상표를 많이 찾을 수 있으니 참고하면 된다.

색	RGB	비고
하양	255,255,255	
빨강	255,0,0	
초록	0,255,0	
파랑	0,0,255	
시안	0,255,255	
마젠타	255,0,255	
노랑	255,0,255	
검정	0,0,0	
회색	128,128,128	짙은 회색 (64,64,64), 밝은 회색 (192,192,192)

2.4.4.2 회로 설계

푸시 버튼을 누르면 3.3V의 전원을 RGB LED의 3개의 anode(입력)에 전원을 공급한다. 만약 3개를 모두 누르면 RGB LED는 흰색이 될 것이고 3개 모두 누르지 않으면 검은색이 아니라 불이 꺼진 상태가 될 것이다.

그림 2-42
푸시 버튼을 이용한 RGB
LED 테스트

2.4.5 실습 – 컬러 LED 램프 색 제어하기

☑️ 앞 예세 숭 푸시 버튼을 세거하고 소프트웨어로 RGB LED 색을 조절히는 예제이다.

2.4.5.1 회로 설계

앞의 예제는 3.3V 고정 전원을 사용했는데 이번에는 GPIO 핀의 3.3V 전원을 사용할 것이다.

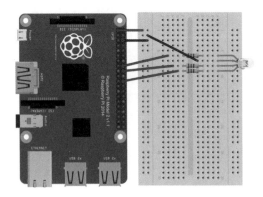

그림 2-43
소프트웨어를 이용한 RGB
LED 색 조절

2.4.5.2 회로 프로그래밍

GPIO 출력을 이용하면 간단하게 만들 수 있으며 이번에는 GPIO 23, 24, 25번을 이용하겠다. RGB LED의 색은 콘솔을 통해 사용자의 입력을 받아 결정할 수 있으며 푸시 버튼처럼 계속 누르고 있을 필요가 없다.

1. 사용자로부터 3자리 숫자를 입력 받는다.
2. 첫 번째 자리는 RED LED 제어용, 두 번째 자리는 GREEN LED 제어용-, 세 번째 자리는 BLUE LED 제어용으로 사용한다.
3. 각 자릿수의 값이 0이 아니면 해당 LED를 켠다. 만약 사용자가 111을 입력하면 3개의 LED가 모두 켜지기 때문에 흰색이 된다. 100이면 RED LED만 켜진다.

```python
#!/usr/bin/env python

import RPi.GPIO as GPIO
import time

#핀 넘버링을 BCM 방식을 사용한다.
GPIO.setmode(GPIO.BCM)
print "Use RGB LED"

#18, 23번, 24번 핀을 RGB LED 제어 출력용으로 설정한다.
GPIO.setup(18, GPIO.OUT) #Red
GPIO.setup(23, GPIO.OUT) #Green
GPIO.setup(24, GPIO.OUT) #Blue

#18, 23번, 24번 핀을 OFF로 변경한다.
GPIO.output(18, False)
GPIO.output(23, False)
GPIO.output(24, False)
try:
  while True:
    print "RGB On Off : 111 means (255,255,255), 100 means (255,0,0)"
    #사용자로부터 3자리 숫자 입력을 받는다.
    color = raw_input("3 digit(1 or 0):")
    #입력 오류
    if len(color)!= 3:
      print "Invalid input"
```

```
      break
    #첫 번째 숫자가 0이 아니면 RED LED를 켠다.
    if color[0] == '0':
      GPIO.output(18, False)
    else:
      GPIO.output(18, True)

    #두 번째 숫자가 0이 아니면 GREEN LED를 켠다.
    if color[1] == '0':
      GPIO.output(23, False)
    else:
      GPIO.output(23, True)

    #세 번째 숫자가 0이 아니면 BLUE LED를 켠다.
    if color[2] == '0':
      GPIO.output(24, False)
    else:
      GPIO.output(24, True)
except KeyboardInterrupt:
  print "LED Test End"
  GPIO.cleanup()

print "RGB LED Test End"
```

LED 소자를 이용해서 간단하게 몇 가지 테스트를 해보았다. 여기에서 진행한 실습은 가벼운 워밍업이다. 이제 본격적으로 다양한 칩들을 다루어 보도록 하겠다. 아마 지금까지 진행한 실습보다는 상당히 어려운 내용이 될 것이다.

2.5 시프트 레지스터를 이용한 GPIO 핀의 확장

파이에는 많은 GPIO 핀이 있지만 실제 프로젝트를 하다 보면 GPIO 핀이 턱없이 부족한 경험을 하게 될 것이다. 가장 쉬운 예로 RGB LED 한 개를 제어하려면 3개의 GPIO를 필요로 한다. 우리가 주위에서 쉽게 볼 수 있는 LED 전광판들에는 수백 개에서 수천, 수만 개의 LED가 들어 있다. 이런 LED 전광판을 제어해야 하는 경우를 생각해보자. 파이만으로는 답이 나오지 않는다. 이 경우에 사용할 수 있는 제품이 시프트 레지스터이다.

시프트 레지스터의 장점은 레지스터를 서로 연결해 처리 용량을 계속 늘릴 수 있다는 것이다. 시프트(shift)는 프로그래밍에서 변수의 비트 값을 좌(left), 우(right)로 이동시키는 연산을 의미한다. 따라서 시프트 레지스터를 이해하려면 비트 연산 및 비트 시프트를 알아야 한다. 먼저 변수에 따른 크기를 확인하자. 다음은 32비트 라즈비안 운영체제에서 유효하다. 변수의 크기는 운영체제 특히 32비트 또는 64비트 운영체제에 따라서 달라진다.

변수	비트	비고
(unsigned) char	8	비트 연산에서 가장 기본이 되는 단위
(unsigned) short	16비트	2바이트의 변수이며 비트 연산에서 자주 사용
(unsigned) int	32비트	
(unsigned) long	32비트	64비트 운영체제에서는 64비트 값을 가질 수 있음

2.5.1 비트 제어

16진수 0X01은 8비트 크기의 변수이며 0x0001은 short형 변수이다. 파이썬에서는 변수형이 자동으로 결정되며 C/C++에서는 정확하게 변수형을 지정해야 한다.

파이썬에서는 다음과 같이 변수 값을 지정하면 자동으로 변수형이 정해진다.

```
a = 0x01      #자동으로 8비트 변수로 인식
b = 0x0001    #자동으로 16비트 변수로 인식
```

C/C++에서는 정확하게 변수형을 선언해야 한다.

```
unsigned char a = 0x01;
unsigned short b = 0x0001;
```

2.5.1.1 비트 시프트(<<, >>)

0x01(십진수 1)을 이진수로 표현하면 다음과 같으며, 이 그림으로 1 비트가 시프트(이동)되는 과정을 확인할 수 있다. 만약 2비트 시프트를 하려면 2자리씩 옮기면 된다.

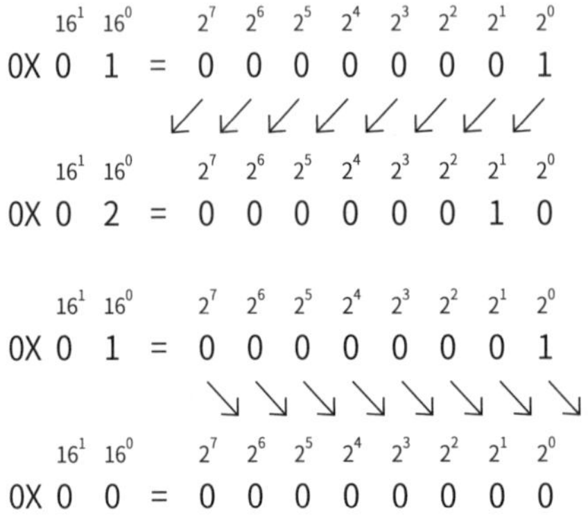

그림 2-44
비트 시프트

2.5.1.2 비트 연산(OR, AND, XOR, NOT)

비트 연산은 논리 연산자 OR(│), AND(&)를 이용한다. 일반적으로 특정 비트의 값을 ON(1), OFF(0)시키기 위해 사용한다. 보통 OR 연산은 비트값을 ON시키는 용도로, AND 연산은 비트값을 OFF시키는 용도이다.

AND 연산은 연산에 사용하는 2개의 비트가 모두 1인 경우 1이며 나머지 경우는 모두 0이 된다. OR 연산은 연산에 사용하는 2개의 비트 중 한 개라도 1이 있으면 1이 된다. XOR 연산자는 2개의 비트가 서로 다른 값을 가지면 1이 되고 같은 값이면 0이 된다. NOT 연산자는 비트끼리의 연산에는 사용하지 않는다. 이 연산자는 변수의 비트 값이 1이면 0, 0이면 1로 바꿔 준다.

주로 많이 사용하는 연산자는 OR, AND 연산자이며 파이썬의 비트 연산은 C의 비트 연산자와 같은 문법을 사용하기 때문에 이해하기 쉽다.

그림 2-45
OR(위), AND(아래) 비트 연산

	16^1	16^0		2^7	2^6	2^5	2^4	2^3	2^2	2^1	2^0
0X	A	A	=	1	0	1	0	1	0	1	0
0X	0	4	=		0	0	0	0	1	0	0
0X	A	E		1	0	1	0	1	1	1	0

	16^1	16^0		2^7	2^6	2^5	2^4	2^3	2^2	2^1	2^0
0X	A	A	=	1	0	1	0	1	0	1	0
0X	F	3	=	1	1	1	1	0	0	1	1
0X	A	2		1	0	1	0	0	0	1	0

이제 파이썬으로 비트 연산을 연습해 보겠다.

먼저 비트 연산을 함수로 정리해서 별도의 파이썬 파일 bit_func.py로 만든다. 비트 연산이 필요한 경우 이 파일을 import해서 사용한다.

```python
#!/usr/bin/env python
#-*- coding: utf-8 -*-
#If this code works, it was written by Seunghyun Lee(www.bluebaynetworks.co.kr).
#If not, I don't know who wrote it
# 바이트 변수를 입력 받아 이진수 형식의 문자열을 리턴한다.
def byte_dec2bin(n):
  bStr = ""
  Str = ""

  if n < 0 :
```

```
      raise ValueError, "must be a positive integer"

  if n == 0 :
    return '00000000'

  while n > 0 :
    bStr = str( n % 2 ) + bStr
    n = n >> 1

  length = len(bStr)
  for x in range(0, 8 - length):
    Str += "0"

  return Str + bStr

# 2 바이트 변수를 입력 받아 이진수 형식의 문자열을 리턴한다.
def short_dec2bin(n):
  bStr = ""
  Str = ""

  if n < 0 :
    raise ValueError, "must be a positive integer"

  if n == 0 :
    return '00000000-00000000'

  while n > 0 :
    bStr = str( n % 2 ) + bStr
    n = n >> 1

  length = len(bStr)
  for x in range(0, 16 - length):
    Str += "0"

  Str += bStr
  return  Str[:8] + "-" + Str[8:]

# 바이트 변수의 해당 위치(pos)의 비트 값을 1로 바꿈
def bit_on(pos, val):
  x = 0x01;
  x = x << pos
  val |= x
  return val

# 바이트 변수의 해당 위치(pos)의 비트 값을 0으로 바꿈
def bit_off(pos, val):
  x = bit_on(pos, 0x00)
  x = ~x
  val &= x
  return val
```

이제 이 파이썬 코드를 이용해 비트 연산을 하는 간단한 예제를 만들어 보자. 시작 부분에 앞에서 만든 bit_func.py 파일을 import한 다음 사용한다.

```
#!/usr/bin/env python

import bit_func

# 0의 값(모든 비트가 0)을 가진 1 바이트 변수의 8개 비트 위치 값을 1로 바꾼 다음 이진수로 출력해봄
for x in range(0, 8):
  a = bit_func.bit_on(x, 0x00)
```

```python
    print "00000000 ", x, " ON",  bit_func.byte_dec2bin(a)

# 255의 값(모든 비트가 1)을 가진 1 바이트 변수의 8개 비트 위치 값을 0로 바꾼 다음 이진수로 출력해봄
for x in range(0, 8):
  a = bit_func.bit_off(x, 0xFF)
  print "11111111 ", x, " OFF", bit_func.byte_dec2bin(a)

# 0의 값(모든 비트가 0)을 가진 2 바이트 변수를 비트값을 1로 바꾼 다음 출력
for x in range(0, 16):
  a = bit_func.bit_on(x, 0x0000)
  print "00000000-00000000 ", x, " ON",  bit_func.short_dec2bin(a)

# 255의 값(모든 비트가 1)을 가진 1 바이트 변수를 우측 시프트 시키면서 출력
a = 0XFF
for x in range(0, 8):
  a = a >> 1
  print "0XFF Shift >> ", x + 1, " :",  bit_func.byte_dec2bin(a)

# 255의 값(모든 비트가 1)을 가진 1 바이트 변수를 좌측 시프트 시키면서 출력
a = 0XFF
for x in range(0, 8):
  a = a << 1
  a &= 0XFF
  print "0XFF Shift << ", x + 1, " :",  bit_func.byte_dec2bin(a)

# 65535의 값(모든 비트가 1)을 가진 2 바이트 변수를 우측 시프트 시키면서 출력
a = 0XFFFF
for x in range(0,16):
  a = a >> 1
  print "0XFFFF Shift >> ", x + 1, " :",  bit_func.short_dec2bin(a)

# 65535의 값(모든 비트가 1)을 가진 2 바이트 변수를 좌측 시프트 시키면서 출력
a = 0XFFFF
for x in range(0, 16):
  a = a << 1
  a &= 0XFFFF
  print "0XFFFF Shift << ", x + 1, " :",  bit_func.short_dec2bin(a)
```

다음 화면은 위 코드를 실행한 결과이다. 비트 조작을 통해 8비트 또는 16비트
변수들의 값 변화를 확인할 수 있다.

그림 2-46
비트 연산
예제 결과

⚠️ 파이썬 예제에서 유의할 부분이 하나 있다. 파이썬은 자동으로 형 변환이 일어난다. 우측
시프트는 문제가 없지만 좌측 시프트를 하면 범위를 벗어난 비트를 버리는 것이 아니라 변

수 타입을 확장(가령 8비트 변수 ->16비트 변수)해 값을 유지한다. 이와 같이 변수 타입이 상황에 맞게 변하는 것을 자동 형 변환이라 한다. 따라서 연산이 끝난 후 늘어난 부분을 잘라버리기 위해 0XFF(8비트), 0XFFFF(16비트) 값과 AND 연산(&)을 한 번 더 해준다. C에서는 자동 형 변환이 없기 때문에 이 문제가 생기지 않는다. 그리고 파이썬 2.X와 3에서의 형 변환 방법도 조금 다르다. 파이썬 버전에 따른 형 변환 차이는 별도의 파이썬 매뉴얼을 참조하도록 한다.

2.5.2 74HC595 시프트 레지스터

시프트 레지스터를 이용한 GPIO 핀의 확장을 테스트하기 위해 많이 이용하는 74HC595 칩을 이용해보겠다. 시프트 레지스터의 원리는 동일하기 때문에 다른 칩을 이용하더라도 거의 차이가 없다. 칩 제조사의 데이터시트를 읽은 후 각 핀의 용도 및 전기 특성만 확인하면 다른 칩도 무난히 사용할 수 있다.

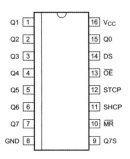

Symbol	Pin	Description
Q1	1	parallel data output 1
Q2	2	parallel data output 2
Q3	3	parallel data output 3
Q4	4	parallel data output 4
Q5	5	parallel data output 5
Q6	6	parallel data output 6
Q7	7	parallel data output 7
GND	8	ground (0 V)
Q7S	9	serial data output
$\overline{MR}$	10	master reset (active LOW)
SHCP	11	shift register clock input
STCP	12	storage register clock input
$\overline{OE}$	13	output enable input (active LOW)
DS	14	serial data input
Q0	15	parallel data output 0
V_{CC}	16	supply voltage (-0.5 ~ 7V)

GPIO 확장 기능 핀 (Q1~Q7)

그림 2-47
74HC595 시프트
레지스터의 핀 및 기능

우선 칩 좌측에는 7개의 GPIO 기능을 대신할 출력 핀이 있다. 맨 아래 1개의 핀은 접지 핀이다. 오른쪽 핀들에 대해서 살펴보자. 오른쪽의 15번 핀은 왼쪽 핀들과 마찬가지로 출력 핀이다. 모두 8개의 출력 핀이 사용 가능하다. 16번은 전원핀으로 3.3V~5V 전원 모두 가능하다. 13번 핀은 출력 제어용 핀이다. 이 핀이 0V(접지에 연결)이면 출력 가능 상태이고, 이 핀에 전원을 공급하면 출력이 제한된다. 평상시에는 접지에 연결해 두면 된다. 12번 핀은 Storage Register Clock Input(보통 Latch라고 한다)으로, PWM을 공급한다. 11번 핀은 Shift Register Clock Input(시프트 클록)으로, Q0~Q7의 출력 핀을 선택하는 용도로 사용한다. 10번 마스터 리셋 핀은 OFF 상태가 되면 칩이 리셋된다. 따라서 평소에는 전원핀과 연결해 전원을 공급해준다. 14번 핀은 시리얼 입력 핀이며 마지막 9번 핀은 시리얼 데이터 출력 핀으로 시프트 레지스터 확장 시에 사용한다.

2.5.2.1 74HC595 시프트 레지스터의 작동 원리

74HC595 칩의 데이터시트에는 SHCP, STCP가 규칙적인 PWM 파형을 가지고 있지만 여러분이 GPIO 핀을 이용해 74HC595 칩에 파형을 공급할 때는 반드시 PWM일 필요는 없다.

그림 2-48
74HC595 칩의 타이밍
다이어그램

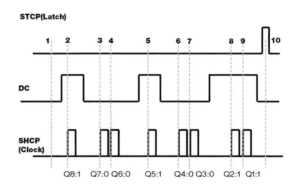

시프트 레지스트를 작동시키는 순서는 다음과 같다.

1. STCP(Latch)를 0으로 세팅한다.
2. Q0에 적용할 DC 값을 세팅한다. 위의 그림에서는 1로 세팅했다.
3. SHCP에 펄스를 적용시킨다. 이 순간 DC 값이 Q7에 배정된다(실제 적용은 되지 않은 상태이다). SHCP에 클록을 발생시키면 다음 출력값(Q6)을 읽을 준비가 된다.
4. 2, 3번 과정을 반복해서 Q0까지 값을 배정한다. 실제 레지스터에서는 펄스 발생 시 읽은 DC 값(비트)를 시프트시키면서 8개의 값을 채우는 과정이다. 그림 2-48에서 Q1, Q2, Q3… 순서로 뒤에서부터 채워지는 이유가 비트 시프트를 하면서 뒤로 밀려나기 때문이다. 항상 8번의 시프트를 하는 것이 중요하다. 그렇지 않으면 이전 값과 뒤섞여서 제어를 할 수 없다.
5. 8개 출력값에 값 지정(시프트)이 끝나면 마지막으로 STCP(Latch)에 펄스를 발생시킨다. 이 순간 시프트를 통해 저장해 둔 레지스터의 8비트 값이 Q0~Q7 출력 단자로 보내진다.

만약 시프트 횟수 관리에 문제가 생겨 레지스터를 초기화해야 한다면 칩의 10번 핀(MR)에 펄스(OFF, ON)를 주면 된다. 10번 핀은 전원 단자에 보통 연결하지만 이와 같이 레지스터 초기화가 필요하다면 GPIO 핀에 연결해 이용할 수 있다.

2.5.2.2 74HC595 시프트 레지스터 회로 구성

74HC595 칩의 회로 구성이다. 8개의 GPIO 기능을 위해 8개의 LED, 저항이 추가로 필요하다. 데이터시트를 참조하면 어렵지 않다.

1. Vcc에는 3.3V 전원을 연결한다(5V 전원도 연결 가능).
2. Q0~Q7 핀은 저항을 통해 LED에 연결한다.
3. MR(10번) 핀은 전원에 연결시켜 항상 ON 상태를 유지한다. MR에 전원이 공급되면 마스터 리셋은 비활성화된다.
4. GND(8번), OE(13번) 핀은 접지에 연결한다.
5. DS(14번)는 GPIO 25번, STCP(12번)는 GPIO 18번, SHCP(11번)는 GPIO 23번에 연결한다.

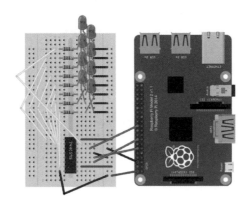

그림 2-49
74HC595 시프트 레지스터
회로 구성

> ⚠ 반드시 저항을 연결해야 한다. LED는 저항값이 아주 낮기 때문에 저항이 없으면 과전류로 인해 LED가 깨지거나 전선이 과열되어 탈 수 있다.

2.5.2.3 74HC595 시프트 레지스터의 확장

이제 74HC595 칩을 여러 개 연결해 수많은 GPIO를 대신할 수 있게 해보자. 유튜브 동영상에서 LED 큐브 또는 2차원 Matrix를 이용한 재미있는 작품들을 볼 수 있는데 이 LED 큐브, 매트릭스를 만드는 데 필수적인 내용이 시프트 레지스터의 확장이다. (일부 LED 매트릭스들은 I2C, SPI 통신으로 매트릭스를 제어할 수 있게 패키징되어 있다. 이들 패키지 역시 대부분 내부에서는 시프트 레지스터의 기능을 사용할 것이다.) 다음의 8×8 LED 매트릭스를 제어하려면 2개의 시프트 레지스터가 필요하다.

그림 2-50
8X8 LED 매트릭스

앞에서 설명하지 않은 핀은 9번 Q7S 핀이다. 시프트 레지스터를 확장하려면 이 핀을 추가로 사용해야 한다. Q7S 핀은 데이터 출력 핀으로, 14번 DS 핀과 쌍을 이룬다. 두 개 이상의 시프트 레지스터를 연결할 때 Q7S 핀의 출력을 다음 시프트 레지스터의 DS 핀에 연결한다. STCP, SHCP와 같은 클록은 시프트 레지스터끼리 공유하기 때문에 파이의 GPIO에서 병렬로 연결해주면 된다.

· 1번 레지스터의 9번 핀(Q7S)을 2번 레지스터의 14번 핀(DC)에 연결한다. 1번 레지스터로 입력되는 파이의 입력값을 2번 레지스터에 전달한다(가장 중요).
· 2번 레지스터의 전원 및 접지는 1번 레지스터와 같은 방법으로 연결한다.
· 2번 레지스터의 10~13번 핀은 1번 레지스터의 10~13번 핀과 병렬 연결한다 (파이의 신호를 공유한다).

5장 디스플레이 편에서 LED 매트릭스와 시프트 레지스터를 다시 한번 다루어 보겠다.

> ⚠ 2개 이상의 시프트 레지스터를 확장시켜서 구성하면 뒤쪽의 레지스터부터 Q0, Q1, ⋯ 순서로 넘버링을 한다.

2.5.3 74HC595 시프트 레지스터 프로그래밍

최소 GPIO 핀 3개, MR, OE 제어까지 하려면 5개의 GPIO 핀에 대한 제어가 필요하다. 위에서 시프트 레지스터 제어 방법만 이해한다면 프로그래밍은 상당히 쉽다.

2.5.3.1 시프트 레지스터 1개를 이용한 파이썬 프로그래밍
8개의 LED를 74HC595의 출력 핀에 연결해 LED를 순차로 ON, OFF시키는 예제이다.

```python
#!/usr/bin/env python
#-*- coding: utf-8 -*-
#If this code works, it was written by Seunghyun Lee(www.bluebaynetworks.co.kr).
#If not, I don't know who wrote it

import RPi.GPIO as GPIO
import time

#시프트 레지스터의 출력값(0 또는 1) 8개를 저장할 변수
pinstate = [0,0,0,0,0,0,0,0]

#74HC595 시프트 레지스터와 파이의 GPIO 연결
#GPIO 12번에 레지스터의 Latch clock(STCP)을 연결한다.
LATCH = 12
#GPIO 24번에 레지스터의 시프트 클록을 연결한다.
CLK = 24
#GPIO 25번에 MR 핀을 연결한다.
MR = 25
#GPIO 23번에 데이터 핀(DS)을 연결한다.
dataBit = 23
#GPIO 16번에 OE를 연결한다.
OE = 16

#시프트 클록(ON -> OFF)을 발생시킨다.
def pulseCLK():
  GPIO.output(CLK, 1)
  time.sleep(.0001)
  GPIO.output(CLK, 0)
  return

#LATCH 클록(ON -> OFF)을 발생시킨다.
def serLatch():
  GPIO.output(LATCH, 1)
  time.sleep(.0001)
  GPIO.output(LATCH, 0)

#시프트 레지스터를 이용해 pinstate에 저장된 8개의 값을 업데이트한다. 순서는 다음과 같다.
#LATCH 핀을 LOW로 유지한다.
#pinstate 값을 하나씩 DS 핀에 전달한 다음 시프트 클록을 발생시켜 데이터를 시프트시킨다.
#LATCH 핀에 펄스를 발생시킨다.
def LED_state():
  GPIO.output(LATCH, 0)
  for j in range(0, 8 ):
    GPIO.output(dataBit, pinstate[j])
    pulseCLK()
    GPIO.output(dataBit, 0)
  serLatch()
#LED 테스트 함수
#모든 LED를 켠 다음 1초 후 다시 모든 LED를 끈다.
def LED_Test():
  for j in range(0, 8 ):
    pinstate[j] = 1
    LED_state()
    time.sleep(0.1)
  time.sleep(1)
  for j in range(0, 8 ):
    pinstate[j] = 0
    LED_state()
    time.sleep(0.1)

#핀 넘버링을 BCM 방식을 사용한다.
GPIO.setmode(GPIO.BCM)
GPIO.cleanup()
#시프트 레지스터 제어에 필요한 GPIO 핀들을 출력용으로 설정한다.
GPIO.setup(LATCH, GPIO.OUT)
```

```
GPIO.setup(CLK, GPIO.OUT)
GPIO.setup(dataBit, GPIO.OUT)
GPIO.setup(MR, GPIO.OUT)
GPIO.setup(OE, GPIO.OUT)

#MR은 항상 1로 유지한다.
GPIO.output(MR , 1)
GPIO.output(LATCH , 0)
GPIO.output(CLK, 0)
GPIO.output(OE, 0)
try:
  while 1:
    LED_Test()
    break
except (KeyboardInterrupt, SystemExit):
  print("Exit...")

finally:
  time.sleep(.01)
  GPIO.cleanup()
print "Good by!"
```

2.5.3.2 시프트 레지스터 2개를 이용한 파이썬 프로그래밍

시프트 레지스터를 2개 연결해 16개의 LED를 제어하는 방법은 위 예제와 거의 동일하다. 다만 시프트를 16번 한다는 점과 시프트 레지스터 간의 연결에 유의한다. 연결 방법은 아래 그림과 데이터시트를 참조한다.

그림 2-51
74HC595 시프트 레지스터
2개 이상 연결

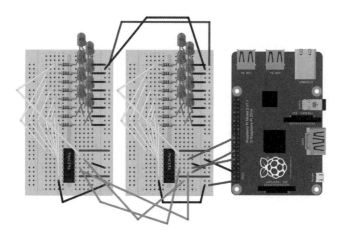

16개 시프트 레지스터의 값을 관리하기 위해 변수를 16으로 늘린다.

pinstate = [0,0,0,0,0,0,0,0,0,0,0,0,0,0,0,0]

소스 코드는 앞의 코드와 거의 유사하기 때문에 생략한다. 다운로드 파일에서 확인할 수 있다.

2개 이상의 시프트 레지스터를 이용해 확장 구성을 한 상태에서 단일 칩 구성의 예제 (shift_led.py)를 실행하면 예상과 다르게 작동한다. 1번 레지스터에 대해 먼저 작동을 하고, 8~15번째 시프트 시점에 다시 반복하는 것이 아니라 2번째 레지스터에 대해서 작동을 하기 때문이다. 따라서 시프트 레지스터의 구성과 프로그램에서의 시프트 횟수는 반드시 맞춰야 한다.

시프트 레지스터는 원리가 간단하고 가격도 저렴하다. 파이의 출력용 GPIO 핀이 부족할 경우 쉽게 할 수 있기 때문에 사용법을 익혀 두면 유용하다. 5장 디스플레이에서 다시 한번 시프트 레지스터를 활용한 LED 매트릭스 제어를 설명하겠다.

2.6 GPIO 핀 확장을 위한 MCP23008, MCP23017

앞에서 시프트 레지스터를 이용해 GPIO 핀을 확장하는 방법에 대해 알아보았다. 74HC595 시프트 레지스터는 14번 DS 핀을 이용해 데이터를 입력하고 시프트시키는 방식이었다. 이번에는 조금 다른 방식으로 GPIO 핀을 확장할 수 있는 MCP23008, 23017 칩에 대해 알아보겠다. 이 칩들은 I2C 통신을 이용해 파이와 통신한다. I2C 통신은 서로 다른 주소를 가진 많은 디바이스와 통신할 수 있는 장점이 있다. I2C 통신은 3장 통신에서 자세히 설명하고 있으니 잘 모르는 독자는 미리 읽어봐도 좋다.

참고로 MCP23008은 8비트, MCP 23017은 16비트를 지원한다.

SPI 통신은 I2C 통신보다 고속으로 시리얼 통신이 가능하다. MCP23008과 같은 기능을 가지면서 10MHz의 고속 SPI 통신으로 파이와 통신이 가능한 MCP23S08도 있다. 고속으로 핀 제어가 필요하거나 SPI 통신을 사용해야 하는 경우에는 이 제품을 사용할 수 있다.

2.6.1 MCP23008, MCP23017 개요

이 칩들의 특징은 다음과 같다.

- 10Khz~1.7MHz까지 속도로 I2C 통신을 지원한다.
- I2C 주소 설정을 위한 3개 핀을 제공한다. 따라서 8개의 주소 설정이 가능하며 동시에 8개의 칩을 연결해 사용할 수 있다. 만약 MCP23008을 사용하면 최대 64개의 확장 핀을, MCP23017을 사용하면 최대 128개의 확장 핀을 추가로

확보할 수 있다.

- 대기 상태에서 최대 1μA 전류를 사용하는 저전력 칩이다.
- 영하 40℃부터 영상 85℃ 온도에서 작동한다.
- 허용 전류는 핀당 25mA 이내이며 전체 8개 핀 전류 합이 출력은 125mA, 입력은 150mA를 넘어서면 안 된다. 외부 전원을 사용할 경우에는 주의해야 한다.

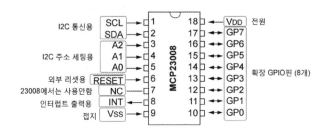

그림 2-52
MCP23008 칩의 구조

2.6.1.1 MCP23008 주소 확인

I2C 통신에서는 상대방 디바이스의 주소와 레지스터 주소 정보가 필요하다. 상대방 디바이스의 주소는 i2cdetect 명령을 이용해 확인이 가능하다.[2]

2.6.1.1.1 MCP23008과 파이의 연결

먼저 MCP23008과 파이를 다음과 같이 연결한다.

1. 1번 SCL 핀을 파이 GPIO 3번 SCL 핀에 연결한다.
2. 2번 SDA 핀을 파이 GPIO 2번 SDA 핀에 연결한다.
3. 9번 핀을 파이 접지에 연결한다.
4. 주소 세팅용 3~5번 핀을 접지에 연결한다. (0X20으로 사용할 경우) 핀의 들뜬 상태를 방지하기 위해 안전하게 0V를 만드는 것이 안전하다.
5. 6번 핀을 파이 전원에 연결한다.
6. 18번 VDD 핀에 전원을 연결한다. 이 전원은 파이의 3.3V, 5V 전원 또는 외부 전원 연결도 가능하며 최대 5.5V까지 연결 가능하다. 단, 외부 전원을 사용할 경우에는 접지를 파이 접지와 연결한다. 만약 GPIO 8개 핀을 통해 많은 전류를 사용하는 경우에는 외부 전원을 사용하면 된다.

나머지 핀들 역시 실제 칩을 작동시키려면 연결이 필요하지만 앞의 핀들만 연결하면 MCP3008 칩이 작동 가능한 상태가 되며 I2C 주소 역시 확인할 수 있다.

---

[2] i2cdetect 명령 사용법은 I2C 편을 참조한다.

2.6.1.1.2 MCP23008 I2C 주소 확인

I2C 주소는 i2cdetect -y 1 명령으로 확인 가능하다. 앞에서 설명한 4개의 핀을 정확하게 연결했다면 아래 그림처럼 I2C 주소가 나타나야 한다.

그림 2-53
MCP23008 칩의 I2C 주소

MCP2008의 기본 I2C 주소는 0X20이다. 위 그림에서 I2C 주소 0X20을 확인할 수 있다. MCP2008의 주소가 0X20인 이유는 MCP2008 내부 I2C 주소가 다음과 같이 7비트로 구성되기 때문이다.

0	1	0	0	A2	A1	A0

표 2-2
MCP2008의 7비트 주소

A0~A2는 MCP2008 핀 3~5번이며 이 핀들에 전원 공급 여부에 따라 값이 정해진다. 이 값을 이용해 주소를 변경하는 방법은 다음에 설명한다.

💡 만약 제대로 연결했음에도 주소가 나타나지 않으면 3장 통신에서 I2C 환경 설정하는 방법을 다시 한번 확인하자.

2.6.1.1.2 MCP23008 I2C 주소 변경

I2C 디바이스는 하나의 통신 라인에서 같은 주소를 사용할 수 없다. 따라서 MCP3008을 2개 이상 사용하고자 할 경우에는 디바이스의 I2C 주소를 변경해야 한다. 주소 변경은 3~5번 핀을 이용한다. 3개의 핀을 조합하면 0X20~0X27까지 8개의 주소를 만들 수 있다.

MCP3008 핀	주소 변경 값	설명
A0(3번)	2^0	이 핀을 ON시키면 주소가 +1된다.
A1(4번)	2^1	이 핀을 ON시키면 주소가 +2된다.
A2(5번)	2^2	이 핀을 ON시키면 주소가 +4된다.

2.6.1.1.2 MCP23008 2개 이상 연결

시프트 레지스터를 2개 이상 연결할 경우에는 레지스터의 DC(데이터 입력) 핀과 Q7S(데이터 출력) 핀을 서로 연결시켰지만 MCP23008은 그럴 필요 없다. I2C 네트워크에서 알아서 처리하기 때문에 2개 이상의 MCP23008 칩을 독립적으로 구성하고 I2C 버스만 공유하면 된다.

그림 2-54
2개 이상의 MCP23008
연결

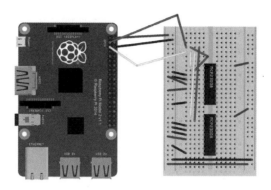

> MCP23008을 2개 이상 연결할 경우 반드시 I2C 주소를 다르게 가져가야 한다. 그림의 첫 번째 MCP23008 칩의 5번 A0 핀을 전원에 연결한 것에 유의한다. 이제 이 칩의 주소는 0x21이 될 것이다.

2.6.1.2 MCP23008 중요 레지스터 어드레스

I2C 통신에서는 상대방 디바이스의 주소와 레지스터 주소 정보가 필요하다. 이번엔 MCP23008의 중요한 레지스터 어드레스에 대해 알아보겠다. 총 11개의 중요 레지스터가 존재한다. 11개의 레지스터는 다음과 같다.

이름	주소(address)	설명
IODIR	0x00	I/O Direction의 약자. IODIR의 8개 비트는 확장 GPIO 핀의 입출력 모드를 정한다. 가령 IODIR의 이진수 값 1111 1111은 8개 GPIO 모두를 입력 모드로 설정한다. 반대로 0000 0000은 모든 GPIO 핀을 출력 모드로 설정한다. 최상위 비트 값이 GPIO 7번 핀이며 최하위 비트가 GPIO 0번 핀에 해당한다.
IPOL	0x01	Input Polarity의 약자. 8개 비트가 가리키는 GPIO 핀의 극성을 설정한다. 만약 비트 값이 1이면 GPIO 레지스터는 핀과 반대 값을 저장한다.

Register	Addr	Description
GPINTEN	0x02	Interrupt-on-change Control Register를 의미. 확장 GPIO 핀의 interrupt-on- change 특성을 제어한다. 비트가 1이면 해당 핀의 interrupt-on- change 특성을 활성화한다. 만약 이 값을 활성화시키면 다음의 DEFVAL, INTCON 역시 같이 설정해줘야 한다.
DEFVAL	0x03	Default Comparison Value의 약자. 만약 GPINTEN, INTCON을 이용해 비트가 1로 설정되면 DEFVAL 레지스터의 값과 비교한다. 만약 비교한 값이 반대인 경우 인터럽트를 발생시킨다. 만약 GPINTEN의 6번 비트(GPINT6), INTCON의 6번 비트(IOC6), DEFVAL의 6번 비트(DEF6)가 모두 1이면 GPIO 6번 핀이 low 상태로 바뀌면서 인터럽트가 발생한다(이 경우 GPIO 6번 핀은 입력 모드로 설정되어야 한다).
INTCON	0x04	Interrupt Control의 약자. 만약 비트가 1이면 확장 GPIO 핀의 DEFVAL 레지스터 값과 핀의 값을 비교한다. 만약 비트가 0이면 확장 GPIO 핀의 이전 값과 비교한다.
IOCON	0x05	Control Register를 의미. 1, 2, 4, 5 총 4개 비트가 중요하다. 나머지 0, 3, 6, 7번 비트는 사용하지 않는다.
GPPU	0x06	Pull-Up Resister Configuration를 의미. 확장 GPIO 핀의 풀업 저항을 제어한다.
INTF	0x07	Interrupt Flag(INTF) Register를 의미. 인터럽트가 발생할 수 있는 핀들의 인터럽트 조건을 나타낸다. 읽기 전용이다.
INTCAP	0x08	Interrupt Capture(INTCAP) Register를 의미. 인터럽트 발생 시점의 GPIO 값을 저장한다. 이 레지스터는 읽기 전용이다. 이 레지스터의 값을 읽고 나면 값이 지워진다.
GPIO	0x09	Port(GPIO) Register를 의미. GPIO의 값을 나타낸다. 이 레지스터의 값을 읽으면 GPIO의 값을 읽는 것이 된다. 하지만 이 레지스터에 값을 기록하는 것은 OLAT 레지스터의 값을 바꾼다.
OLAT	0x0A	Output Latch(OLAT) Register를 의미. OLAT 레지스터에 값을 기록하면 GPIO 핀의 값을 변경한다. 시프트 레지스터의 래치와 비슷하다고 보면 된다.

아직은 위의 내용이 정확하게 이해되지 않을 수 있다. 실제 예제를 통해 하나씩 점검해 보도록 하겠다.

2.6.1.3 MCP23008 레지스터의 초깃값

처음 전원이 공급되어 MCP23008이 초기화되면 IODIR 레지스터는 모든 값이 1로 세팅된다. 따라서 모든 핀이 입력 모드이다. 나머지 레지스터는 모든 값이 0으로 세팅된다.

2.6.2 MCP23008 프로그래밍

MCP23008 칩을 프로그래밍하는 방법에는 쉬운 방법과 어려운 방법 두 가지가 있다. 쉬운 방법은 이미 만들어져 있는 라이브러리를 이용하는 것이다. 앞에서 설명한 C언어용 wiringPi는 MCP23008, MCP23017을 제어할 수 있는 함수들을 제공하고 있다. 파이썬 사용자들 역시 이 칩들을 제어할 수 있는 다양한 라이브러리를 이용할 수 있다. 대표적으로는 에이다프루트사의 라이브러리를 https://github.com/adafruit/Adafruit-Raspberry-Pi-Python-Code에서 다운 받아 사용할 수 있다. 두 개의 라이브러리 모두 사용하기 쉽게 만들어져 있다.

그리고 다른 한 가지 방법은 데이터시트에 기초해서 직접 함수를 만들어 보는 것이다. 이 방법은 어렵고 시행착오를 많이 거치겠지만 실력을 키우기에는 아주 좋은 방법이다. 만약 여러분이 MCP23008 칩을 처음 접하거나 이미 사용 중이더라도 데이터시트를 제대로 본 적이 없다면 어려운 방법으로 접근하길 권한다.

2.6.2.1 회로 구성

프로그래밍을 하기 전에 먼저 MCP2300을 테스트할 수 있는 회로를 다음과 같이 구성한다. GPIO 기능 테스트에는 LED를 사용하는 것이 가장 쉽고 직관적이다. LED 4개와 저항 4개, MCP23008을 이용해 회로를 구성해보겠다.

그림 2-55
MCP23008 테스트 회로 구성

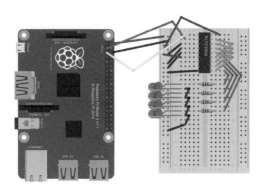

1. 5V 또는 3.3V 파이 전원을 브레드보드 전원 라인에 연결한다.
2. 파이의 접지를 브레드보드 접지 라인에 연결한다.
3. MCP23008의 1번 핀(SCL)을 파이 SCL 핀에 연결한다.
4. MCP23008의 2번 핀(SDA)을 파이 SDA 핀에 연결한다.
5. MCP23008의 9번 핀(접지)을 브레드보드 접지 라인에 연결한다.
6. MCP23008의 18번 핀(전원)을 브레드보드 전원 라인에 연결한다.
7. MCP23008의 10~1번 핀(GPIO)을 저항을 거쳐 LED를 연결한 후 다시 접지로

연결시킨다. LED는 극성이 있다는 점을 조심한다.

8. MCP23008의 10~14번 핀(GPIO)을 MCP23008의 15~18번 핀(GPIO)에 연결
한다.

MCP23008의 10~14번 핀은 출력용으로 LED 램프를 점등하는 데 사용할 것이다.
그리고 15~18번 핀은 10~14번 핀과 연결해 출력용 핀의 출력 값을 다시 입력 받
아 확인하는 용도로 사용할 것이다.

　　다음은 위의 회로도를 실제 브레드보드에 구성한 그림이다.

그림 2-56
MCP23008 실제 테스트
회로

2.6.2.2 간단한 MCP23008 제어 프로그래밍

먼저 이미 만들어져 있는 라이브러리를 이용해서 MCP23008을 제어해보자. 에
이다프루트사의 파이썬용 MCP23008 라이브러리를 사용해 보겠다. 먼저 파이의
임시 디렉터리에서 소스 파일을 다운 받는다. 여기에서는 zip 파일을 다운 받아
mcp23008.py 파일만 따로 사용하도록 하겠다.

```
wget https://github.com/adafruit/Adafruit-Raspberry-Pi-Python-Code/archive
/2bb6dc18897c52f3cc7c373f53a2596dfc4ff4d0.zip
unzip 2bb6dc18897c52f3cc7c373f53a2596dfc4ff4d0.zip
```

압축을 푼 후 Adafruit_MCP230xx 디렉터리에 있는 Adafruit_I2C.py, Adafruit_
MCP230XX.py 파이썬 파일을 작업 디렉터리로 복사한다.

```
root@raspi-spy:/usr/local/src/study/MCP23008# ls -l
total 28
-rwxr-xr-x 1 root staff 4586 Jul 28 12:21 Adafruit_I2C.py
-rwxr-xr-x 1 root staff 7822 Jul 28 12:21 Adafruit_MCP230xx.py
-rwxr-xr-x 1 root staff 6968 Jul 28 11:48 mcp23008
-rw-r--r-- 1 root staff 1145 Jul 28 11:56 mcp23008.c
```

이제 위의 파일을 파이썬 코드에서 import시켜서 사용하면 된다.

ℹ️ Adafruit_I2C.py 파일의 클래스를 초기화하는 init 함수에서 약간의 버그가 있다. 파이 Revision 버전을 체크하기 위해 /proc/cpuinfo 가상 파일을 조회해서 revision 정보를 읽어 오는데, if line.startswith('Revision'):으로 되어 있다. 이 라인을 if line.startswith('CPU revision') or line.startswith('Revision'):으로 바꾼다.

```
#!/usr/bin/env python
#-*- coding: utf-8 -*-
#If this code works, it was written by Seunghyun Lee(www.bluebaynetworks.co.kr).
#If not, I don't know who wrote it

#다운로드 받은 Adafruit_MCP230xx.py 파일에서 Adafruit_MCP230XX를 임포트한다.
from Adafruit_MCP230xx import Adafruit_MCP230XX
from time import sleep

#MCP23008을 초기화한다.
mcp23008 = Adafruit_MCP230XX(0x20, 8)

for j in range(0, 4):
  mcp23008.config(j, mcp23008.OUTPUT)
for j in range(4, 8):
  mcp23008.config(j, mcp23008.INPUT)

i = 0
try:
  while (True):
    i += 1
    for j in range(0, 4):
      mcp23008.output(j, (i % 2))
      print"GPIO:", j, " WRITE:", (i % 2);

    sleep(0.005)
    for j in range(4, 8):
      ret = mcp23008.input(j)
      ret = ret >> j
      print"GPIO:", j, " READ:", ret ;

except KeyboardInterrupt:
        print "MCP23008 Test End"
        GPIO.cleanup()

sleep(3)
```

그림 2-57
MCP23008 테스트 결과[3]

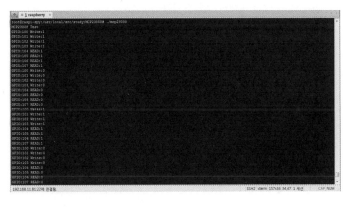

3 화면은 C로 컴파일한 소스를 실행한 결과이며 파이썬 코드도 결과는 동일하다.

2.6.2.3 저수준의 MCP23008 칩 제어

앞의 예제들로 중요한 함수 1~2개의 사용법을 익히면 실제 MCP23008 칩의 작동 원리를 모르더라도 GPIO 핀을 확장해서 사용하는 데 전혀 어려움이 없을 정도로 쉽게 사용할 수 있다. 이번엔 MCP23008의 데이터시트에 기반해서 직접 MCP23008 라이브러리가 제공하는 기능을 구현해 보겠다. 쉬운 라이브러리가 있음에도 직접 구현하는 이유는 문제 해결 능력의 향상에 있다. 이런 연습을 반복하면 웬만한 새로운 칩을 접하더라도 데이터시트만 제공하면 프로그래밍이 가능한 수준까지 오를 수 있을 것이다.

MCP23008 칩이 I2C 통신을 이용한다는 것은 앞에서 이미 확인했다. MCP23008 칩의 작동 원리를 파악함과 동시에 I2C 통신을 익혀야 한다. 만약 I2C 통신이 생소하다면 3장 통신 중 I2C 부분을 같이 공부하면서 계속 진행하도록 한다.

2.6.2.3.1 8개의 GPIO 확장핀에 입출력 모드 지정

G0~G3 4개의 핀은 출력용, G4~G7 4개의 핀은 입력용으로 설정한다. 핀의 입출력 지정 방법은 IODIR(0x00) 레지스터를 이용한다. 아래의 표를 보면 IODIR 레지스터의 각 비트 값은 8개 확장 핀의 입출력 모드를 결정한다. 만약 비트 값이 1이면 입력 모드, 0이면 출력 모드가 된다.

RW	RW	RW	RW	RW	RW	RW	RW
IO7	IO6	IO5	IO4	IO3	IO2	IO1	IO0
bit 7	bit 6	bit 5	bit 4	bit 3	bit 2	bit 1	bit 0

표 2-3
IODIR(direction)
레지스터(0X00) 값의 구성

우리는 G0~G3를 출력 모드로 구성하고, G4~G7을 입력 모드로 구성할 것이기 때문에 이진수로는 1111 0000이 될 것이다. 따라서 0x00 레지스터에 0XF0를 기록하면 된다.

2.6.2.3.2 GPIO 핀의 입출력

이제 출력용을 설정한 핀의 값을 바꾸는 과정을 알아보자.

RW	RW	RW	RW	RW	RW	RW	RW
GPIO7	GPIO6	GPIO5	GPIO4	GPIO3	GPIO2	GPIO1	GPIO0
bit 7	bit 6	bit 5	bit 4	bit 3	bit 2	bit 1	bit 0

표 2-4
GPIO 레지스터(0X09) 값의
구성

GPIO 레지스터의 해당 비트 값을 변경하면 되는데 주의할 점은 나머지 비트 값은 유지해야 한다는 것이다. 따라서 값을 기록하기 선에 반드시 GPIO 레지스터 값을 읽은 다음 원하는 비트만 바꾼 다음 다시 기록하도록 한다.

입력용을 설정한 핀의 값을 읽는 과정은 GPIO 레지스터 값을 읽은 다음 해당 GPIO 핀의 비트를 찾으면 된다.

2.6.2.4 저수준 MCP23008 제어 프로그래밍

앞에서 살펴본 레지스터 제어를 기초로 실제 프로그래밍을 해보도록 하겠다. 앞의 내용을 이해했다면 의외로 소스 코드가 어렵지 않다는 것을 알 수 있을 것이다. 코드의 실제 내용과 화면 출력은 그림 2-57과 거의 동일하다.

```python
#!/usr/bin/env python

#에이다프루트사의 라이브러리가 아닌 I2C 통신을 위한 smbus를 임포트한다.
import smbus
import RPi.GPIO as GPIO
import time

MCP23017_IODIRA = 0x00
MCP23017_IODIRB = 0x01
MCP23017_GPIOA  = 0x12
MCP23017_GPIOB  = 0x13
MCP23017_GPPUA  = 0x0C
MCP23017_GPPUB  = 0x0D
MCP23017_OLATA  = 0x14
MCP23017_OLATB  = 0x15
MCP23008_GPIOA  = 0x09
MCP23008_GPPUA  = 0x06
MCP23008_OLATA  = 0x0A
MCP23008_GPINTEN = 0x02
MCP23008_DEFVAL = 0x03
MCP23008_INTCON = 0x04
MCP23008_IOCON = 0x05
MCP23008_INTF = 0x07
MCP23008_INTCAP = 0x08
# MCP23008의 I2C 주소.
dID = 0x20

#바이트 변수를 입력 받아 이진수 형식의 문자열을 리턴한다.
def byte_dec2bin(n):
  bStr = ""
  Str = ""

  if n < 0 :
    raise ValueError, "must be a positive integer"

  if n == 0 :
    return '00000000'

  while n > 0 :
    bStr = str( n % 2 ) + bStr
    n = n >> 1

  length = len(bStr)
  for x in range(0, 8 - length):
```

```
      Str += "0"

   return Str + bStr


#현재 MCP23008 칩의 설정 상태를 프린트한다.
def print_mcp23008():
  #GPIO IN/OUT 설정을 출력
  print "high bit <---> low bit"
  print "MCP23008 I/O Mode",
  val = bus.read_byte_data(dID, MCP23017_IODIRA)
  print byte_dec2bin(val)

  print "MCP23008 Input Polarity Mode",
  val = bus.read_byte_data(dID, MCP23017_IODIRB)
  print byte_dec2bin(val)

  print "MCP23008 Interrupt-on-change Control Register",
  val = bus.read_byte_data(dID, MCP23008_GPINTEN)
  print byte_dec2bin(val)

  print "MCP23008 DEFVAL",
  val = bus.read_byte_data(dID, MCP23008_DEFVAL)
  print byte_dec2bin(val)

  print "MCP23008 INTCON",
  val = bus.read_byte_data(dID, MCP23008_INTCON)
  print byte_dec2bin(val)

  print "MCP23008 IOCON",
  val = bus.read_byte_data(dID, MCP23008_IOCON)
  print byte_dec2bin(val)

  print "MCP23008 Pull up Register",
  val = bus.read_byte_data(dID, MCP23008_GPPUA)
  print byte_dec2bin(val)

  print "MCP23008 INTF",
  val = bus.read_byte_data(dID, MCP23008_INTF)
  print byte_dec2bin(val)

  print "MCP23008 INTCAP",
  val = bus.read_byte_data(dID, MCP23008_INTCAP)
  print byte_dec2bin(val)

  print "MCP23008 GPIO Status",
  val = bus.read_byte_data(dID, MCP23008_GPIOA)
  print byte_dec2bin(val)

  print "MCP23008 OLAT",
  val = bus.read_byte_data(dID, MCP23008_OLATA)
  print byte_dec2bin(val)
  print "------------"

def update_gpio(pin, val):
  if(pin > 8 or pin < 0):
    print "Invalid PIN number :", pin
    return 0
  #먼저 GPIO 핀 8개의 상태를 모두 읽는다.
  old = bus.read_byte_data(dID, MCP23008_GPIOA)
  #해당 비트의 값만 변경한다.
  if (val == 0):
    new_val = (old & ~(1 << pin)) & 0XFF
  else:
    new_val = (old | (1 << pin)) & 0XFF
```

```
    #변경한 비트 값을 기록한다.
    bus.write_byte_data(dID, MCP23008_GPIOA, new_val)
    return new_val

def read_gpio(pin):
  if(pin > 8 or pin < 0):
    print "Invalid PIN number:", pin
    return 0
  #먼저 GPIO 핀 8개의 상태를 모두 읽는다.
  old = bus.read_byte_data(dID, MCP23008_GPIOA)
  #핀에 해당하는 비트 값이 1이면 1을 아니면 0을 리턴한다.
  if(old & (1 << pin)): return 1
  return 0


#smbus 초기화 함수
bus = smbus.SMBus(1)

#GPIO 확장핀의 IO 모드를 초깃값 입력 모드로 지정한다.
bus.write_byte_data(dID, MCP23017_IODIRA, 0xFF)

#GPIO 확장핀의 IO 모드를 지정한다.
#G0~G3 : 출력 모드(0), G4~G7:입력 모드(1)를 지정함. 따라서 변수는 0XF0가 된다.
bus.write_byte_data(dID, MCP23017_IODIRA, 0xF0)

print_mcp23008()

i = 0
try:
  while (True):
    i += 1
    for j in range(0, 4):
      update_gpio(j, (i % 2))
      print"GPIO:", j, " WRITE:", (i % 2);

    time.sleep(0.005)
    for j in range(4, 8):
      ret = read_gpio(j)
      print"GPIO:", j, " READ:", ret;
    time.sleep(3)
except KeyboardInterrupt:
  for j in range(0, 4):
    update_gpio(j, 0)
print "MCP23008 Test End"
```

2.6.2.4 인터럽트 처리를 위한 MCP23008 레지스터 제어

확장 GPIO 핀의 입력 모드를 비동기 방식으로 처리하는 방법을 알아보겠다. 입력 모드에서 값을 체크하기 위해서는 폴링(polling) 기법을 사용해야 하고 폴링 주기가 짧아지면 측정은 정확해지겠지만 CPU에 부하가 커진다고 설명한 적이 있다. 에지 트리거(Edge Trigger) 방식은 상태가 ON에서 OFF 또는 OFF에서 ON 상태로 변할 경우에만 인터럽트를 발생시켜 콜백 함수를 통해 처리가 가능하도록 하는 고급 처리 기법이다.

　　MCP23008 칩을 이용해 인터럽트 처리를 하려면 데이터시트에서 몇 가지를 더 공부해야 한다.

2.6.2.4.1 인터럽트 활성화

인터럽트는 입력 모드 핀에 대해 필요한 기능이다. GPINTEN 레지스터의 비트 중에서 인터럽트를 받기 원하는 핀의 비트를 1로 바꾼다. 반드시 값을 읽은 다음 해당 비트만 바꾸어야 다른 핀에 영향을 미치지 않는다.

RW	RW	RW	RW	RW	RW	RW	RW
GPINT 7	GPINT 6	GPINT 5	GPINT 4	GPINT 3	GPINT 2	GPINT 1	GPINT 0
bit 7	bit 6	bit 5	bit 4	bit 3	bit 2	bit 1	bit 0

2.6.2.4.2 DEFVAL

이 레지스터는 GPIO 핀에서 입력 받는 값과 비교할 값을 저장하는 레지스터이다. 만약 이 값과 핀의 값이 다르면 인터럽트가 발생한다.

RW	RW	RW	RW	RW	RW	RW	RW
DEF 7	DEF 6	DEF 5	DEF 4	DEF 3	DEF 2	DEF 1	DEF 0
bit 7	bit 6	bit 5	bit 4	bit 3	bit 2	bit 1	bit 0

특별한 경우가 아니면 DEFVAL을 사용할 필요는 없다. INTCON 비트를 0으로 세팅해서 이전 값과 비교하는 것이 일반적이다.

2.6.2.4.3 INTCON

인터럽트 발생 조건을 핀의 현재 값과 앞에서 설명한 DEFVAL과 비교할 것인지 핀의 이전 값과 비교할 것인지를 결정한다. 0이면 이전 값과 비교하며 1이면 DEFVAL 값과 비교한다. 보통 0을 사용한다.

RW	RW	RW	RW	RW	RW	RW	RW
IOC 7	IOC 6	IOC 5	IOC 4	IOC 3	IOC 2	IOC 1	IOC 0
bit 7	bit 6	bit 5	bit 4	bit 3	bit 2	bit 1	bit 0

2.6.2.4.4 IOCON

인터럽트 핀의 push-pull, open-drain 그리고 active-level 설정을 담당한다.

		RW	RW	R	RW	RW	
		SEQOP	DISSLW		ODR	INTPOL	
bit 7	bit 6	bit 5	bit 4	bit 3	bit 2	bit 1	bit 0

- SEQOP(5번 비트): 순차 조작(sequential operation) 활성화 여부를 지정한다. 값이 0이면 순차 조작이 활성화되며 데이터를 읽거나 쓸 때 자동으로 어드레스 포인터(address pointer)를 다음으로 이동시킨다.
- DISSLW(4번 비트): SDA 통신 핀의 slew rate[4] 기능을 제어한다. 만약 1이면 slew rate 제어를 비활성화, 0이면 활성화시킨다. 0으로 설정해 slew rate 제어를 활성화시켜두면 별문제 없을 것이다.
- ODR(2번 비트): 오픈 드레인 제어 비트(open-drain control bit)이다. 오픈 드레인 제어를 위한 INT 핀의 활성화 여부를 결정한다. 1이면 오픈 드레인 출력이며 0이면 Active driver 출력이다. (INTPOL 레지스터에서 극성을 지정한다.)
- INTPOL(1번 비트): 인터럽트 극성 제어 비트(interrupt polarity control bit)이다. INT 핀의 극성을 정한다. ODR 비트가 1이면 이 비트는 의미가 없다. 이 값이 1이면 Active-High 극성이고, 0인 경우에는 Active-Low 극성이다.

2.6.2.4.5 새로운 회로도

인터럽트 기능을 이용하려면 이제까지 회로 구성에서 사용하지 않았던 8번 인터럽트 핀을 사용해야 한다. 회로도 그림 2-58에서 MCP23008의 8번 핀을 파이의 GPIO 27번 핀에 연결한다.

---

4 slew rate는 주로 오디오 앰프에서 많이 사용하는 전자 용어이다. 목표 전압까지 변화에 걸리는 시간을 의미하며 slew rate 값이 낮으면 빨리 목표치 값으로 이동한다는 의미이다. 자동차 가속 능력을 나타내는 슈퍼카의 제로백 개념과 비슷하다. 일반적인 통신 속도에서는 이 옵션이 거의 영향을 미치지 않는다. 하지만 고속 통신에서는 ON에서 OFF 또는 OFF에서 ON으로 빨리 변해야 Hz에 맞게 통신이 가능하다. 만약 slew rate가 너무 낮은 상태에서 고속 통신을 시도하면 데이터 파형이 Hz 시간 안에 만들지 못하는 불상사가 발생하며 데이터를 제대로 읽지 못하는 경우가 발생할 수 있다. 이런 현상이 발생할 경우에 이 옵션을 사용하면 된다.

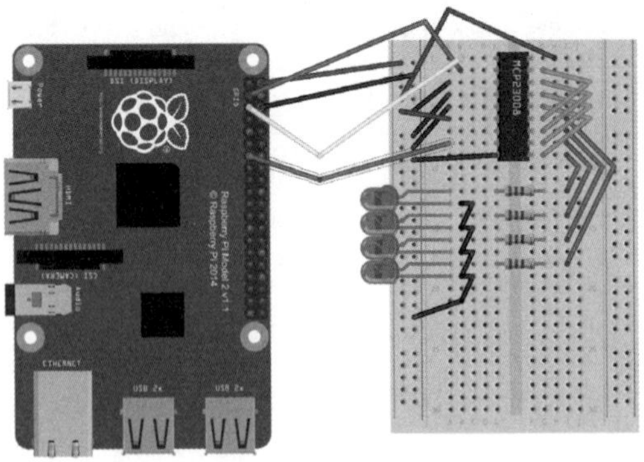

그림 2-58
인터럽트 테스트를 위한
회로도

⚠️ 파이의 GPIO는 3.3V의 입력만 받을 수 있다. MCP23008 칩의 8번 인터럽트 핀을 이용하려면 반드시 전원을 3.3V 전원으로 공급해야 한다. 5V 전원을 공급하면 파이가 손상을 입게 된다.

2.6.2.5 인터럽트를 이용한 MCP23008 비동기 제어 프로그래밍

앞에서 설명한 내용이 쉽게 이해가 되지 않을 수 있다. 예제를 통해 확인하면서 이해해 나가도록 하자.

그리고 여기에서는 인터럽트 핀의 상태 변화를 파이의 GPIO 27번 핀을 통해 입력 받게 구성했다. 그런데 만약 GPIO 27번 핀의 상태를 동기식 폴링을 통해 읽는다면 비동기 방식을 이용하는 의미가 없어진다. 따라서 GPIO 27번 핀의 값을 비동기 방식의 인터럽트를 사용해서 읽게 프로그래밍하는 것이 중요하다. GPIO 핀을 인터럽트 방식으로 프로그래밍하는 방법은 앞의 2.3.2절에서 설명하고 있다. 이 장을 반드시 이해한 다음에 다음 예제를 살펴보도록 한다.

다음과 같은 순서로 프로그래밍을 한다.

1. GPIO 27번 핀을 사용해야 하기 때문에 넘버링을 BCM 방식으로 초기화한다.
2. GPIO 27번 핀을 입력 모드로 설정한다.
3. 앞의 예제와 마찬가지로 MCP23008의 G0~G7 핀의 입출력 모드를 설정한다.
4. 입력 모드 핀에 대해 인터럽트를 설정한다.
5. 인터럽트 제어(INTCON) 레지스터를 0으로 설정해 GPIO 핀의 이전 값과 비교해 값이 바뀐 경우에 인터럽트가 발생하도록 한다.
6. 파이썬 또는 C 코드에서 인터럽트 콜백 함수를 지정하고 함수를 구현한다.

인터럽트 발생 시 콜백 함수에서 먼저 인터럽트를 발생시킨 핀을 확인한다.

INTF 값을 읽으면 어떤 GPIO 핀의 상태 변화가 인터럽트를 발생시켰는지 알 수 있다. 테스트 결과 인터럽트가 2개씩 발생하는데, 한 개는 인터럽트를 발생시킨 정확한 확장 GPIO 핀을 알려주고 나머지 하나는 이진수 00000000의 값으로 읽어진다. 예제에서는 00000000으로 읽어지는 인터럽트는 무시하도록 코드를 작성했다. 인터럽트 발생 시점의 GPIO 상태 값은 GPIO 레지스터가 아닌 INTCAP 레지스터에서 읽도록 한다. 이 레지스터 값은 한번 읽으면 지워진다는 점에 유의한다.

```python
… 중략((byte_dec2bin, print_mcp23008, update_gpio, read_gpio)는 앞의 예제와 동일)
GPIO_INTERRUPT = 17
#인터럽트 함수가 호출되면 GPIO 값을 읽는다.

def myInterrupt(channel):
  val = bus.read_byte_data(dID, MCP23008_INTF)
  print "Channel:", channel, "Interrrupt Occured ->By  GPIO:", byte_
dec2bin(val)
  if(0 == val):
    return
  val = bus.read_byte_data(dID, MCP23008_INTCAP)
  print "Channel:", channel, "Interrrupt Occured ->Read GPIO:", byte_
dec2bin(val)

#핀 넘버링은 BCM 방식을 사용한다.
GPIO.setmode(GPIO.BCM)

#17번 핀을 입력 모드로 설정->인터럽트를 받을 핀. MCP23008의 8번 핀과 연결
#반드시 MCP23008의 전원은 3.3V를 사용한다.
GPIO.setup(GPIO_INTERRUPT, GPIO.IN)

#smbus 초기화 함수
bus = smbus.SMBus(1)

#GPIO 확장핀의 IO 모드를 초깃값 입력 모드로 지정한다.
bus.write_byte_data(dID, MCP23017_IODIRA, 0xFF)

#GPIO 확장핀의 IO 모드를 지정한다.
#G0~G3 : 출력 모드(0), G4~G7:입력 모드(1)를 지정함. 따라서 변수는 0XF0가 된다.
bus.write_byte_data(dID, MCP23017_IODIRA, 0xF0)

bus.write_byte_data(dID, MCP23017_IODIRB, 0x00)        #0x01 address
#입력 모드 핀에 인터럽트를 설정한다.
bus.write_byte_data(dID, MCP23008_GPINTEN, 0xF0)
bus.write_byte_data(dID, MCP23008_INTCON, 0x00)
bus.write_byte_data(dID, MCP23008_GPPUA, 0xF0)
#IOCON(binary 00101000)
bus.write_byte_data(dID, MCP23008_IOCON, 0x28)

print_mcp23008()
#ON->오프, 오프->ON 모두 이벤트 발생
GPIO.add_event_detect(GPIO_INTERRUPT, GPIO.BOTH, callback=myInterrupt)

i = 0
try:
  while (True):
    i += 1
    for j in range(0, 4):
      raw_input("Next\n")
      update_gpio(j, (i % 2))
```

```
except KeyboardInterrupt:
  for j in range(0, 4):
    update_gpio(j, 0)
print "MCP23008 Interrupt Test End"
```

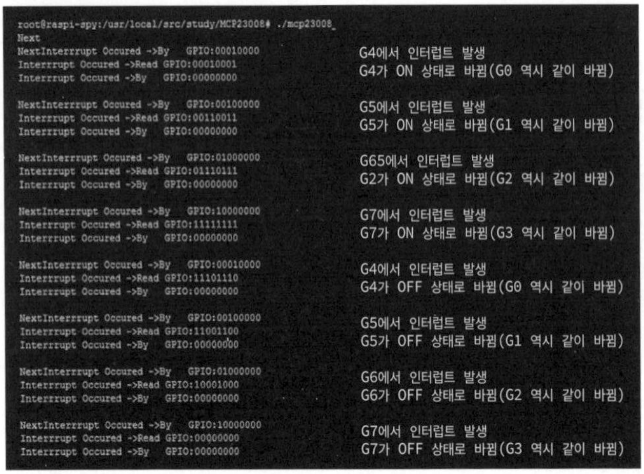

그림 2-59
인터럽트 방식 MCP23008
결과

❗ 인터럽트는 버퍼링이 되지 않는다. 인터럽트는 실시간에 가까운 처리를 위한 방법인데, 만약 초당 인터럽트가 1,000개 발생한다고 가정해보자. 인터럽트 하나를 처리하는 데 1ms 이상이 걸린다면 인터럽트가 쌓이는 문제가 발생한다. 인터럽트는 실시간 처리에 의미가 있기 때문에 쌓이는 인터럽트는 버려진다. 따라서 인터럽트 주기가 상당히 짧은 경우에는 인터럽트를 놓치는 경우가 발생할 수 있다. 특히 위의 예제에서는 인터럽트 처리 함수에서 I2C 통신을 이용해 값을 읽어 온다. 이 과정은 꽤 시간을 필요로 하기 때문에 앞의 동기식 예제처럼 빨리 LED 상태를 바꾸면 인터럽트를 놓치는 것을 확인할 수 있다. 이 현상은 실시간 처리를 위한 인터럽트의 설계에 의한 것이기 때문에 정상이다.

MCP23008은 앞에서 설명한 시프트 레지스터보다 직관적으로 GPIO 핀을 확장할 수 있는 장점이 있다. GPIO 핀을 입력용으로 사용하기에도 부족함이 없으며 비동기 인터럽트 방식까지 지원하기 때문에 범용으로 GPIO 핀을 확장해서 사용하기에 좋은 칩이다. 만약 많은 채널을 확장해야 할 경우에는 MCP23017을 사용하면 된다. 그리고 I2C보다 고속인 SPI 통신이 필요하면 MCP23S08 칩을 사용한다. 칩의 사용법은 거의 같기 때문에 소스 코드를 조금만 수정하면 쉽게 사용할 수 있다.

2.7 AD 컨버터 MCP3004, MCP3008

아두이노에는 아날로그 입력을 받을 수 있는 단자가 있다. 하지만 파이는 GPIO 를 통한 디지털 입출력(0 또는 3.3V)만 가능하다. 즉, GPIO 핀을 통해 0~3.3V 구간의 가변 전압을 입력 받을 수 없다는 뜻이다. 그렇다고 해서 외부 디바이스에서 GPIO 핀을 통해 0 ~ 3.3V 구간의 전압을 공급한다고 파이가 손상을 받는 건 아니다. 다만 파이는 이 사이의 전압을 특정 경계값(대략 0.8V~2V 사이, 1.8V 근처에서 결정되는 경우가 많음)을 기준으로 0V(OFF) 또는 3.3V(ON)로 처리한다. 따라서 가변 전압과 같은 아날로그 입력을 처리하기 위해서는 ADC(Analog Digital Converter)를 이용해서 디지털 입력값으로 변환해야만 한다. 보통 파이에서는 MCP3004/MCP3008을 많이 사용한다. 두 칩의 기능은 동일하고 MCP3004는 4채널, MCP3008은 8채널의 A/D 컨버팅이 가능하다.

아날로그 입력값 처리가 필요한 이유에 대해서 먼저 살펴보자. 많은 센서들이 측정 데이터를 아날로그 출력으로 제공한다. 이러한 센서를 아날로그 센서라 부르는데, 파이에서 이 센서들을 사용하려면 반드시 ADC를 이용해야 한다. 아날로그 센서는 구조가 간단하고 I2C, SPI와 같은 통신 모듈이 없기 때문에 가격도 저렴하고 사용 방법도 간단하다. 대부분의 아날로그 센서는 전원, 접지, 가변 전압 출력 3개만으로 통신이 가능하다.

2.7.1 MCP3004/MCP3008 개요

이 칩들의 특징은 다음과 같다. 입력 전압에 따라 샘플링 범위가 달라짐에 유의한다.

- 10비트 해상도: 아날로그 입력을 1024단계까지 구분해서 전달 가능
- DNL, INL에서 ±1 LSB의 민감도
- 4채널(MCP3004), 8채널(MCP3008) 아날로그 입력 처리
- SPI 인터페이스 제공: 파이에서는 SPI 통신으로 A/D 컨버팅된 값을 받음
- 2.7V~5.5V 전원 사용: 파이에서는 3.3V, 5V 모두 사용 가능하나 5V 전원에서 샘플링 비율이 높기 때문에 최적의 데이디를 출력함
- 5V 전압에서는 최대 200ksps(kilo samples per second)의 샘플링 지원, 2.7V 에서는 최대 75ksps 샘플링 지원
- 대기 상태에서 500nA, 작동 중일 경우 2μA 전류 사용
- 5V에서 최대 사용 전류는 500μA임

• 영하 40℃부터 영상 85℃까지의 온도에서 작동

2.7.1.1 DAC(Digital Analog Converter에서 INL, DNL

DNL(Differential nonlinearity)은 아날로그 입력값이 비선형일 경우 아날로그 값
사이의 편차를 나타낸다. 이상적인 아날로그/디지털 변환은 선형으로, 이 경우
DNL 값은 0이 된다. 다음의 그래프를 보자.

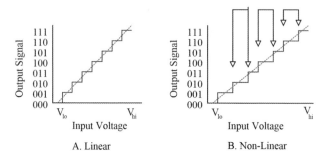

그림 2-60
DNL 개념

오른쪽 그래프는 아날로그 입력과 디지털 출력 사이에 선형의 비례 관계가 성립
한다. 이 경우에 디지털 값에 대응하는 아날로그 값들의 범위는 모두 일정하기
때문에 DNL 값이 0이다. 하지만 오른쪽 그래프는 비선형으로 디지털 값에 대응
하는 아날로그 값의 범위가 일정하지 않고 편차가 있다. 이 편차(DNL)가 클수록
DAC의 성능이 떨어진다.

INL도 비슷한 개념으로, 자세한 내용은 위키피디아(http://en.wikipedia.org/
wiki/Integral_nonlinearity)를 참조한다.

2.7.1.2 MCP3004/MCP3008 칩의 구조

CH는 아날로그 채널을 연결하는 핀이다. (책을 더 읽어 보면 알겠지만, SPI 통
신을 위해 배정한 핀의 이름이 이 책의 '3.3 SPI 통신'에서 설명한 것과 다르다.)
CLK는 SCLK, Din은 MOSI, Dout은 MISO, CS/SHDN은 SS에 연결한다. AGND는
아날로그 접지, DGND는 디지털 접지에 연결한다. VDD는 칩이 사용하는 전원
이며 VREF는 아날로그 입력 채널의 전압 범위를 지정한다. 이 값이 작아질수록
LSB 민감도 크기(위의 그림에서 계단 높이)가 작아진다. VDD와 같은 값을 사용
하는 것이 일반적이다.

$$LSB\ size = \frac{Vref}{1024}$$

또한 디지털 출력값은 다음과 같은 식으로 표현할 수 있다.

$$\text{디지털 출력값} = \frac{1024 \times \text{Vin}}{\text{Vref}}$$

그림 2-61
칩의 구조

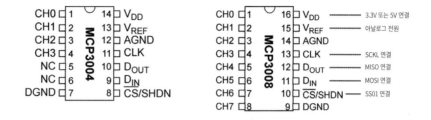

LSB는 Least Significant Bit의 약자로, 직역하면 최소 유효 단위라는 의미다.

LSB는 측정 가능한 최소 단위(해상도라는 단어와 뜻이 유사)로 해석하면 된다. 가령 MCP3008 칩에 입력 전압 5V를 사용한다면 디지털 출력은 1024 단계로 나온다. 다시 입력 전압으로 환산하면 0.0048828125V가 디지털 출력 1(LSB)에 해당한다. 이 0.0048828125가 LSB 사이즈라고 보면 된다. 이 값 내에서의 전압 변동은 디지털 출력 값이 바뀌지 않는다.

2.7.2 MCP3004/MCP3008 SPI 시리얼 통신

이 칩들을 사용해서 SPI 통신을 하려면 다음의 절차와 규칙을 지켜야 한다. wiringPi를 비롯한 라이브러리들이 일부 ADC 칩을 위한 API를 제공하고 있지만 항상 새로운 칩들에 대한 지원을 한다는 보장은 없다. 이 경우 데이터시트의 내용을 참조해서 SPI 통신 프로토콜에 따라 직접 구현해야 한다. 여러 번 강조하지만 디바이스나 칩의 데이터시트를 항상 참조하는 습관을 가지길 부탁한다.

2.7.2.1 SPI 통신 방법

MCP3004/MCP3008은 아날로그 4/8 채널을 동시에 입력 받을 수 있다. 따라서 어떤 채널의 데이터를 읽을 것인지 지정해야 한다. 다음 테이블은 MCP3004/MCP3008의 채널을 지정하는 방법이다. MCP3004의 D2에 X 표시는 이 값은 사용하지 않는다는 의미이다. 0 또는 1 어떤 값이는 상관없다.

그림 2-62
MCP3004, MCP3008의
설정 비트

Control Bit Selections				Input Configuration	Channel Selection
Single/Diff	D2*	D1	D0		
1	X	0	0	single-ended	CH0
1	X	0	1	single-ended	CH1
1	X	1	0	single-ended	CH2
1	X	1	1	single-ended	CH3
0	X	0	0	differential	CH0 = IN+ CH1 = IN-
0	X	0	1	differential	CH0 = IN- CH1 = IN+
0	X	1	0	differential	CH2 = IN+ CH3 = IN-
0	X	1	1	differential	CH2 = IN- CH3 = IN+

* D2 is "don't care" for MCP3004

Control Bit Selections				Input Configuration	Channel Selection
Single/Diff	D2	D1	D0		
1	0	0	0	single-ended	CH0
1	0	0	1	single-ended	CH1
1	0	1	0	single-ended	CH2
1	0	1	1	single-ended	CH3
1	1	0	0	single-ended	CH4
1	1	0	1	single-ended	CH5
1	1	1	0	single-ended	CH6
1	1	1	1	single-ended	CH7
0	0	0	0	differential	CH0 = IN+ CH1 = IN-
0	0	0	1	differential	CH0 = IN- CH1 = IN+
0	0	1	0	differential	CH2 = IN+ CH3 = IN-
0	0	1	1	differential	CH2 = IN- CH3 = IN+
0	1	0	0	differential	CH4 = IN+ CH5 = IN-
0	1	0	1	differential	CH4 = IN- CH5 = IN+
0	1	1	0	differential	CH6 = IN+ CH7 = IN-
0	1	1	1	differential	CH6 = IN- CH7 = IN+

그림 2-63은 실제 데이터 플로우를 나타낸 것이다. 모드에 따라 CS, SCLK, Din,
Dout 그래프 위치가 조금씩 바뀔 수 있지만 이 부분은 신경 쓸 필요 없다. SPI 프
로토콜에서 알아서 모드에 맞게 펄스의 에지(Edge) 위치에 맞추어 데이터를 송수
신한다. 우리는 그림에서 박스로 감싼 실제 데이터 송수신에만 신경 쓰도록 한다.
MCU(여기에서는 파이) 입장에서는 3 바이트를 보내고 3 바이트를 받는다.

표 2-5
수신 데이터

바이트 순서	이진수	비고
1	00000001	통신 시작을 알림
2		앞의 4비트가 중요한데 위의 테이블 참조한다. 만약 채널 0이라면 10000000, 채널 7이라면 11110000
3	임의의 값	의미 없음

표 2-6
송신 데이터

바이트 순서	이진수	비고
1	임의의 값	의미 없음
2		뒤의 2 비트를 사용
3		8비트 전부 사용. 앞의 2비트와 합해서 10비트(0~1023)의 값을 만든다.

그림 2-63
모드 0,0(SCLK low에서
idle)에서의 통신 플로우

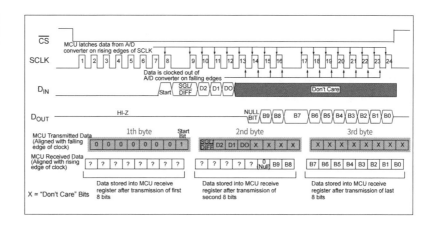

그림이 조금 어려운데, 아래 부분 MCU Transmitted Data, MCU Received Data
의 3 바이트를 주고 받는 것에만 주의하면 된다.

2.7.3 MCP3008을 이용한 아날로그 입력 프로그래밍

'3.3 SPI 통신'에서 SPI 통신에 필요한 선 연결 방법과 소프트웨어 설치 방법을 자세
하게 설명하고 있다. SPI 통신에 대한 자세한 내용은 이 부분을 참조하기 바란다.

2.7.3.1 가변 저항을 연결한 전압 측정

MCP3008을 테스트하기 위해 가변 저항을 이용해 변화하는 전압 값을 측정하는
회로를 구성하겠다. 오옴의 법칙에 의해 저항값이 변하면 전압도 바뀌게 된다.
준비물로는 가변저항(최대 1KΩ)과 MCP3008 1개를 준비한다.

2.7.3.1.1 회로 구성

그림 2-64
회로도

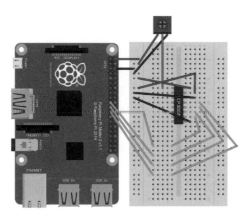

다음의 순서로 회로를 구성한다. MCP3008 10~13번은 SPI 통신을 위한 핀이다. 파이의 SPI 통신 핀에 연결하면 된다.

1. 파이 5V 전원에 가변 저항을 연결한다.
2. 가변 저항의 가변 저항 핀(가운데 핀)을 MCP3008 1번 핀(채널 0)에 연결한다.
3. MCP3008 15번 핀(VDD), 16번 핀(VRef)에 5V 전원을 연결한다.
4. MCP3008 9번, 14번 핀은 파이 접지에 연결한다.
5. MCP3008 13번(CLK)는 파이 GPIO 11번(SCLK)에 연결한다.
6. MCP3008 12(DOUT)는 파이 GPIO 9번(MISO)에 연결한다.
7. MCP3008 11번(DIN)는 파이 GPIO 10번(MOSI)에 연결한다.
8. MCP3008 10번(CS)는 파이 GPIO 8번(SS01)에 연결한다.

테스트할 때는 파이썬 프로그램을 실행한 다음 가변 저항을 돌려가면서 저항값을 조절한다. 그리고 파이썬 프로그램의 화면에 출력되는 MCP3008의 출력값을 살펴본다. 결과값은 mcp3008_gpio.dat라는 이름의 파일로 저장한다. 이 파일을 이용해 프로그램 종료 후 결과값을 살펴볼 수 있다.

2.7.3.1.2 파이썬으로 구현한 MCP3008 제어 프로그래밍

아래 파이썬 코드를 실행하고 그림 2-64 회로의 가변 저항을 돌리면, 전압을 측정해 mcp3008.dat 파일에 저장한다. 파일로 저장하는 이유는 지속적으로 변하는 값을 짧은 시간 단위로 모니터링하기 어렵기 때문에 파일로 기록한 다음 나중에 분석하기 위함이다. 이와 같은 파일을 로그 파일이라 한다.

```python
#!/usr/bin/env python
import spidev
import time
import os

# SPI 버스를 초기화한다.
spi = spidev.SpiDev()
# SPI 디바이스(/dev/spidev0.0)을 개방한다.
spi.open(0,0)

# MCP3008 칩에서 값을 읽는 함수 채널은 0-7이 가능하다.
def ReadChannel(channel):
  #  adc = spi.xfer2([1,(8+channel)<<4,0])
  adc = spi.xfer([1,(8+channel)<<4,0])
  data = ((adc[1]&3) << 8) + adc[2]
  return data

# 0번 채널을 사용한다
mcp3008_channel = 0

delay = 0.1
index = 0
```

```
# 칩에서 읽은 값을 로그 파일에 남기기 위해 로그 파일 개방
f = open('mcp3008.dat', 'w')

try:
  while True:
    # MCP3008 칩에서 값을 읽음
    analog_level = ReadChannel(mcp3008_channel)
    # 읽은 값을 화면에 출력하고 파일에 기록함
    print "Digital:", analog_level, " Voltage:", analog_level * 5.0 / 1024.0
    data = "{} {} {}\n".format(index, analog_level, analog_level * 5.0 / 1024.0)
    f.write(data)
    time.sleep(delay)
    index += 1

except KeyboardInterrupt:
  print "Now Exit"
finally:
  f.close()
  spi.close()
```

출력값을 mcp3008_gpio.dat 파일에 기록한 후 gluplot를 이용해 그래프 출력을
하면 다음과 같은 결과를 얻을 수 있다. gnuplt를 쉽게 사용할 수 있도록 미리 스
크립트 파일을 준비해두면 편리하다. 다음은 plot3.gplt로 저장한 gnuplot용 스
크립트 파일이다.

```
set terminal wxt size 1500, 500
set ylabel "Voltage"
set xlabel "Time"
plot \
"mcp3008_gpio.dat" using 1:2  lc rgb '#ff0000' lt  1 lw 2  t "Analog Voltage"
pause -1 "Hit return to continue"
```

스크립트 실행은 다음과 같이 GUI 환경의 LX 터미널에서 실행한다.

```
gnuplot plot3.gplt
```

다음 그림은 가변 저항을 돌려가면서 출력 전압 값을 기록한 것이다. 파이의 5V
전원을 사용했기 때문에 가변 저항의 값에 따라 출력 전압이 0~5V 사이에서 변
하는 것을 확인할 수 있다.

그림 2-65
GPIO 전압 출력값

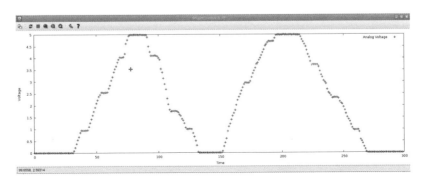

파이는 아두이노와 달리 아날로그 값을 읽을 수 있는 단자가 없다. 따라서 아날로그 출력값을 읽기 위해서는 반드시 ADC를 사용해야 한다. 특히 수많은 센서들이 아날로그 전압을 이용해 센서 측정값을 출력한다. 이 아날로그 센서들을 사용하기 위해서는 파이에서 ADC 칩이 반드시 필요하다. MCP3008은 동시에 8개의 아날로그 출력값을 읽을 수 있는 확장성을 제공하며 가격도 저렴하기 때문에 권할 만한 ADC 칩이다.

이 칩은 아날로그 측정값을 디지털로 변환해 SPI 통신으로 파이 또는 아두이노로 전달하기 때문에 SPI 통신에 대한 기초가 필요하다. SPI 통신 편을 같이 보면서 MCP3008을 사용법을 익히기 바란다. 아날로그 센서 편에서 이 칩을 이용한 예제들을 많이 소개하겠다.

참고 자료
- https://learn.adafruit.com/mcp230xx-gpio-expander-on-the-raspberry-pi
- https://learn.adafruit.com/mcp230xx-gpio-expander-on-the-raspberry-pi/overview
- http://wiringpi.com/
- http://sparkfun.com/
- https://www.sparkfun.com/datasheets/IC/SN74HC595.pdf
- http://en.wikipedia.org/wiki/Differential_nonlinearity
- http://ww1.microchip.com/downloads/en/DeviceDoc/21295C.pdf
- http://embedded-lab.com/blog/?p=2834
- MCP23008 데이터시트
- 『익스플로링 아두이노』(제레미 블럼 지음, 김찬웅 옮김, 한빛 아카데미, 2014년)

## 3장

통신

> 어제를 통해 배우고, 오늘을 통해 살아가고, 내일을 통해 희망을 갖는다.
> 중요한 것은 호기심에 대한 열정을 멈추지 않는 것이다.
> "Learn from yesterday, live for today, hope for tomorrow.
> The important thing is not to stop questioning."
> - 아인슈타인(Albert Einstein)

라즈비안은 리눅스 기반의 네트워크 운영체제이기 때문에 임베디드 시스템에서 많이 사용하는 UART, I2C, SPI 등의 유선 시리얼 통신뿐 아니라 TCP/IP, 블루투스 등 다양한 통신 프로토콜을 지원한다. 특히 TCP/IP 통신을 지원한다는 것은 스마트폰, PC, 태블릿 등 다양한 디바이스와의 통신을 가능하게 해주는 큰 장점 중 하나이다. 아두이노에서도 시리얼 통신을 TCP/IP로 변환해 주는 모듈을 비롯해 어느 정도 TCP/IP 통신을 지원하지만 운영체제에서 지원하는 기능이 아니기 때문에 기능이 제한적이며 라즈베리 파이의 다양한 TCP/IP 기능과 비교할 수 없다. 파이는 단순한 TCP/IP 패킷 전송뿐 아니라 TCP/IP 기반의 다양한 응용 프로토콜을 외부 도움 없이 지원한다. 가령 SSH, SFTP, HTTP, HTTPS, FTP와 같은 범용 컴퓨팅 운영체제에서 지원하는 기능은 아두이노에서는 쉽지 않은 기능들이다.

여기에서는 파이의 GPIO 핀과 디바이스를 연결해 통신하는 유선 통신의 일종인 UART, I2C, SPI와 블루투스, XBee(Zigbee) 등의 무선 프로토콜, 유선과 무선을 모두 지원하는 TCP/IP 통신 등 다양한 통신에 대해 알아보겠다. 많은 통신 프로토콜 중 UART, I2C, SPI, TCP/IP는 반드시 정복하고 넘어가야 하는 것들이다. 블루투스, XBee 등의 통신은 대부분 별도의 칩에서 기능을 제공하고 파이 또는 MCU와의 통신은 UART, I2C, SPI 등의 시리얼 통신을 이용한다. 따라서 사용자 입장에서는 RF, XBee 프로토콜에 대한 이해가 부족하더라도 사용하는 데 문제가 없다. 각 통신 프로토콜별 특징을 정리하면 다음과 같다.

프로토콜	특징
TCP/IP (WLAN)	• AP(Access Point)가 반드시 필요[1] • 좁은 공간에서 전용 AP 사용으로 안정적인 동작 가능 • 사무실, 집안에서 디바이스 간 통신 또는 인터넷 접속 시 유용
UART	• 전통적인 시리얼 유선 통신 구현 • RS232 통신을 지원하는 디바이스와 통신 • 여러 대의 디바이스와 동시 통신 불가능하며 1:1 디바이스 간 통신만 가능
SPI	• 시리얼 통신 중 최고 속도 지원 • 동시에 여러 개의 디바이스와 통신 가능
I2C	• 시리얼 통신 빠른 속도 지원 • 동시에 여러 개의 디바이스와 통신 가능
블루투스	• AP 필요 없음 • 디바이스 간 무선 통신 지원 • WLAN 대비 전력 소비량이 낮음 • 실내외에서 다양하게 사용 가능
XBee(ZigBee)	• AP 필요 없음 • 디바이스 간 무선 통신 지원 • P2P, 메시(Mesh) 네트워크 등 다양한 네트워크 설계 가능. IoT(Internet Of Things)에 적합 • 다양한 제품군이 있으며 용도에 따라 상당히 먼 거리까지 지원 가능 • 실내외에서 다양하게 사용 가능하지만 실외에 적합

유선 네크워크

유선 네트워크는 패킷 방식의 이더넷 통신과 서킷 방식의 시리얼 통신으로 나눌 수 있다. TCP/IP 통신의 인기 때문에 이더넷이 큰 인기를 끌고 있지만 아직도 전통적인 산업 현장에서는 시리얼 통신을 선호하는 곳이 많다. 시리얼 통신의 가장 큰 장점은 디바이스 간 일대일 서킷 망을 구성함으로써 가장 안정적인 데이터 송수신이 보장된다는 것이다. 하지만 인터넷을 이용해 원격지에 데이터를 전송해야 하는 상황이라면 이더넷을 이용하는 것을 검토해야 한다.

무선 네크워크

무선 네트워크는 WLAN, ZigBee, 블루투스 등의 통신을 많이 이용한다. 무선 통신의 장점은 선이 없기 때문에 설치가 편하고 비용이 저렴하다는 것이다. 하지만 무선 통신에도 약점이 있다. 가장 큰 약점은 데이터 송수신 과정에서 에러가 발생할 가능성이 높다는 것이다. 이러한 에러의 원인은 무선 송수신기 사이에 장애물이 존재한다거나 다른 무선 장치들과의

---

[1] AP 없이 작동 가능한 WiFi Direct 기술이 소개되었지만 아직 사용이 제한적이기 때문에 여기에서는 고려하지 않는다.

주파수 간섭 현상 때문이다. 전자는 설치 과정에서 장애물을 고려해서 피하는 방안을 찾을 수 있지만 후자 주파수 간섭 현상은 눈에 보이지 않는 경우가 많기 때문에 놓치기 쉽다. 가령 WLAN(802.11 b,g,n), ZigBee(802.15.4), 블루투스도 2.4GHz 근방의 대역을 사용한다. 많은 AP가 설치된 지역에서 오히려 무선 인터넷이 잘 안 되는 현상이 있는데, 바로 AP 간의 간섭 현상 때문이다.

무선 통신을 이용할 경우에는 이러한 장단점을 충분히 인지하고 유무선을 적절히 사용하도록 한다.

네크워크 컨버터

만약 서로 다른 통신 프로토콜을 사용하는 디바이스(센서) 간의 통신이 필요하다면 통신 프로토콜을 변환해주는 다양한 제품을 사용할 수 있다.

원격지의 디바이스에서 전송하는 RS232 시리얼 데이터를 받아서 처리해야 하는 상황을 생각해보자. 가장 먼저 할 수 있는 방법은 원격지 디바이스와 파이를 유선 RS232 케이블로 연결하는 방법이다. 하지만 이 방법은 거리가 멀어질 수록 많은 비용이 필요하며 거리에 따라 안정적인 신호 전달을 위해 신호 증폭기가 필요할 수도 있다. 다음으로 생각할 수 있는 방법은 원격지 디바이스에 RS232 데이터를 무선 데이터로 변환해주는 장비를 설치하는 방법이다. 이 경우 파이에는 무선 데이터 전송에 사용할 프로토콜을 처리할 수 있는 장비를 설치해야 한다.

어떤 무선 네트워크 프로토콜을 선택할 것인가는 전송 데이터 양, 데이터의 속성, 전원과 같은 원격지 디바이스의 환경 등에 따라 달라질 수 있다. 다음은 적당한 통신 프로토콜을 선택하는 데 도움을 줄 수 있는 흐름도이다.

그림 3-1
통신 프로토콜 선택

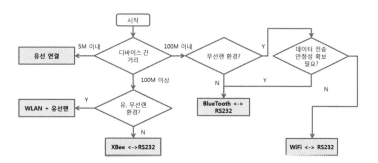

환경에 맞는 적절한 통신 방법을 선택했다면 이제 컨버터를 구해 연결하면 된다. 다음 그림은 RS232 통신을 다양한 유무선 통신 프로토콜로 변환해주는 컨버터들이다. 전통적으로 산업 현장에서는 시리얼 기반의 통신 장비들이 많이 사용되며, 많은 센서들 역시 시리얼 통신에 기반하는 경우가 많다.

그림 3-2
(왼쪽부터)
RS232-WLAN 어댑터,
RS232-LAN 어댑터,
RS232-블루투스 컨버터

최근 아두이노, 라즈베리 파이, 사물 인터넷의 인기에 힘입어 다양한 네트워크 어댑터들이 나오고 있다. RS232 컨버터뿐 아니라 I2C, SPI 통신과 같은 유선 시리얼 통신을 무선으로 변환해주는 다양한 컨버터들도 쉽게 구할 수 있다. 원격지 간 데이터 전송이 필요한 경우 유무선 통신을 적절히 이용하면 비용을 줄이면서 효율적인 시스템 구축이 가능하다.

3.1 UART 통신

위키코리아(http://ko.wikipedia.org/wiki/UART)에는 UART를 다음과 같이 설명하고 있다.

"UART(범용 비동기화 송수신, Universal asynchronous receiver/transmitter)는 병렬 및 직렬 방식으로 데이터를 전송하는 컴퓨터 하드웨어의 일종이다. UART는 일반적으로 EIA RS-232, RS-422, RS-485와 같은 통신 표준과 함께 사용한다. UART의 U는 범용을 가리키는데, 이는 자료 형태나 전송 속도를 직접 구성할 수 있고 전기 신호 수준과 방식(이를테면 차분 신호)이 일반적으로 UART 바깥의 특정한 드라이버 회로를 통해 관리를 받는다는 뜻이다.

  UART는 일반적으로 컴퓨터나 주변 기기 직렬 포트의 직렬 통신을 위해 사용되는 개별 집적 회로이다. UART는 보통 마이크로컨트롤러에도 포함되어 있다. 듀얼 UART, 즉 DUART는 두 개의 UART를 하나의 칩에 합친 것이다. 수많은 집적 회로(IC)는 동기화 통신도 지원하는 UART와 함께 한다. 이러한 장치들은 USARTs(범용 동기화 송수신기, Universal synchronous/asynchronous receiver/transmitter)라고 부른다."

UART 통신이 중요한 이유는 아직도 상당히 많은 디바이스들이 RS-232, RS-422 과 같은 시리얼 통신을 이용하고 있기 때문이다. 이들 디바이스들과 파이가 통신하려면 UART를 알아 둘 필요가 있다. 이전에는 PC나 노트북에도 시리얼 통신을 위한 RS232 포트가 있었지만 지금은 일부 산업용 컴퓨터를 제외하고는 RS232 포트는 찾기 힘들다. 대신 USB 시리얼 포트가 자리 잡았다. USB 포트 역시 시리얼 통신을 사용하기 때문에 변환을 통해 UART 통신이 가능하다. 시리얼 통신이란 데이터 전송 라인이 1차선 도로와 같아서 전송 데이터들이 줄을 서서 차례대로 전송되는 것이라고 이해하면 되겠다. 시리얼 통신은 병렬 통신(Parallel Communication)보다 전송 속도는 느리지만 방식이 간단하고 호환성이 좋아 아직도 산업 현장에서 많이 사용한다.

UART 시리얼 통신에서는 반드시 양 끝 단의 통신 주체 간에 통신 속도를 비롯한 통신 규약을 동일하게 세팅해야 한다. 참고로 통신 속도가 높다고 무조건 좋은 건 아니다. 속도가 높으면 시그널 검출 과정에서 노이즈에 취약해지기 때문에 오류 발생 확률이 높아진다. 용도를 고려해서 적절한 속도를 선택하면 된다. 고속의 데이터 전송이 필요하지 않은 경우에는 아직도 9,600bps를 많이 사용한다.

라즈베리 파이 보드의 GPIO 핀 14(TxD), 15(RxD)번이 UART 용도로 쓰인다. 이 핀들은 3.3V의 전압(ON, OFF)만 가능하다. 따라서 다른 장비에서 사용하는 전압을 확인한 후, 서로 다를 경우 변압 과정을 거치는 장치를 중간에 연결해야 한다. 이미 시중에는 UART용 변환 장비(UART 2 USB, UART 2 RS232)들이 많이 나와 있으므로 이들 장비를 이용하면 된다.

⚠️ 파이 3가 나오면서 UART가 많이 바뀌었다. 파이 3가 블루투스를 지원함에 따라 기존 UART는 블루투스 지원용으로 사용된다. 파이 2에서는 GPIO 14, 15번 핀을 사용한 UART를 /dev/ttyAMA0 가상 파일을 이용해 작업하면 되었지만 파이 3에서는 조금 바뀌었다.

원래 파이에는 2개의 UART가 있다. UART0(Full UART)는 /dev/ttyAMA0 가상 파일에 매핑된다. 이 UART는 안정적이며 성능도 뛰어나다. 그리고 두 번째 UART1(Mini UART)은 /dev/ttyS0 가상 파일에 매핑된다. 이 UART의 성능은 UART0에 비해 불안정하며 특히 고속에서 문제가 심각하다.

파이 3에서는 UART0을 블루투스 지원을 위해 사용하기 때문에 UART를 이용하려면 UART1을 사용할 수 밖에 없다. 따라서 UART만 놓고 보면 파이 3를 사용하면 더 불리하다. 안정적인 고속의 UART 지원이 필요하다면 오히려 구형 파이 2를 사용하기 바란다.

파이 3에서는 UART1을 사용하려면 /boot/config.txt 파일을 수정해야 한다. 아래 라인을 찾아 1로 수정한 다음 재부팅한다.

```
enable_uart=1
```

raspi-config의 5 Interfacing Options Configure connections to peripherals P6에서 serial을 활성화시켜도 같은 결과가 나온다. 재부팅이 끝나면 /dev/ 디렉터리에 ttyS0 파일이 보일 것이다. 이제 이 파일을 UART 통신용으로 사용하면 된다.

3.1.1 UART 루프백(Loop-Back) 구성

대부분의 통신과 마찬가지로 시리얼 통신 역시 루프백을 이용해 별도의 디바이스 없이 기능 테스트가 가능하다. 루프백이란 자신이 TxD를 통해 보낸 데이터를 RxD를 통해 그대로 다시 받는 회로 구성이다. 아래와 같이 파이 GPIO 핀을 연결해 간단한 기능 테스트를 해보도록 하자

그림 3-3
파이 UART 포트 루프백
구성

루프백 테스트를 하려면 주의할 점이 하나 있다. 전통적으로 리눅스 운영체제는 시리얼 포트를 이용한 콘솔 로그인이 가능하다. 요즘은 TCP/IP 네트워크를 많이 이용하다 보니 TCP/IP 기반의 SSH를 주로 사용하지만 Putty를 비롯한 SSH 프로그램의 설정을 보면 시리얼 접속을 세팅하는 부분이 있다. 만약 파이를 시리얼 접속을 이용해서 로그인한다면 UART 포트에 연결해야 할 것이다. 즉, UART 포트는 시리얼 통신용으로도 사용하지만 콘솔 로그인을 위한 용도로도 이용할 수 있다. 이 때문에 루프백 테스트를 하면 내가 보낸 문자열이 아닌 로그인과 관련한 문자열이 갑자기 나타날 수 있다. 따라서 시리얼 통신을 하려면 시리얼 콘솔 로그인을 막아야 한다.

3.1.1.1 시리얼 포트를 이용한 사용자 로그인 제한

파이 2에서는 /etc/inittab 파일을 수정한다. 이 파일은 리눅스 시스템이 부팅 시에 자동 실행하는 초기화 파일이다. 이 파일에서 아래의 내용을 주석 처리한다. 주석 처리 이후에는 시리얼 포트를 이용한 로그인은 불가능하다.

```
#T0:23:respawn:/sbin/getty -L ttyAMA0 115200 vt100
```

다음은 /boot/cmdline.txt 파일을 수정한다.

라즈베리 파이 2에서는 다음 console=ttyAMA0 부분을 삭제하고,

```
dwc_otg.lpm_enable=0 console=ttyAMA0,115200 console=tty1 root=/dev/
mmcblk0p2 rootfstype=ext4 elevator=deadline rootwait
```

라즈베리 파이 3에서는 console=serial0,115200 부분을 삭제하면 된다.

```
dwc_otg.lpm_enable=0 console=tty1 console=serial0,115200 root=/dev/
mmcblk0p2 rootfstype=ext4 elevator=deadline fsck.repair=yes rootwait
```

위의 작업을 거치지 않으면 UART 포트를 통해 시스템 메시지가 출력되기 때문에 UART 응용 애플리케이션에서 원치 않는 문장들을 수신할 수 있다.

> 라즈베리 파이 3에서 /dev/serial0 파일을 찾아보면 다음과 같다.
>
> ```
> root@Jessie-bluetooth2:~#ls -l /dev/serial0
> lrwxrwxrwx 1 root root 5  1월  1 23:16 /dev/serial0 -> ttyS0
> ```
>
> 따라서 파이 3에서는 serial0가 /dev/ttyS0와 같다.

3.1.1.2 파이썬용 pyserial 설치

이제 파이썬으로 UART를 테스트할 수 있는 코드를 만들어 보자. 파이썬에서 UART 시리얼 통신을 하려면 먼저 pyserial 모듈을 설치한다. 물론 저수준의 파일 I/O를 이용해 /dev/ttyAMA0 또는 /dev/ttyS0 가상 파일을 제어함으로써 구현할 수도 있지만 pyserial 모듈을 이용하면 쉽게 UART를 구현할 수 있다. 최신 라즈비안에서는 pyserial 모듈이 설치되어서 나온다. 따라서 자신의 라즈비안 버전에 따라 설치 여부를 확인한 다음 아래 설명에 따라 설치한다.

  pyserial 모듈은 apt-get 명령이 아닌 pip 명령을 이용해 설치하거나 https://pypi.python.org/pypi/pyserial 사이트에서 소스 코드를 받아서 컴파일 후 설치하는 게 가능하다. pip은 파이썬으로 만든 패키지 관리자이다. 먼저 pip를 설치하자. 그리고 pyserial을 설치한다.

```
sudo apt-get install python-pip
sudo pip install pyserial
```

3.1.1.3 UART 루프백 파이썬 예제

다음 예제는 ttyAMA0(또는 ttyS0) 디바이스(GPIO UART)를 9,600bps의 통신 속도로 연결해 정상적으로 열릴 경우 "Hello World!" 문자열을 보낸 후 루프백을 통해 읽기 버퍼에 들어온 바이트를 읽는 예제이다. 루프백으로 연결했기 때문에 보낸 문자열("Hello World!")의 크기 12바이트 크기만큼 읽어질 것이다. 만약 쓰기, 읽기 등이 실패할 경우에는 타임아웃 값 2초 후 프로그램이 종료된다.

파이 2와 파이 3에서 모두 작동하기 위해서는 파이 버전 체크를 통해 적절한 가상 파일을 개방해야 하는 것에 유의한다.

```python
#!/usr/bin/env python

import serial, time
import RPi.GPIO as GPIO

#루프백 테스트에 사용할 UART용 가상 파일 ttyAMA0(ttyS0)를 연다.
if(GPIO.RPI_REVISION < 3):
  ser = serial.Serial(port = "/dev/ttyAMA0", baudrate=9600, timeout=2)
else:
  ser = serial.Serial(port = "/dev/ttyS0", baudrate=9600, timeout=2)
if (ser.isOpen() == False):
  ser.open()
#만약 ttyAMA0에 데이터가 남아 있으면 비우고 새로 시작한다.
ser.flushInput()
ser.flushOutput()

packet = "Hello World!"
try:
  while(True):
    ser.flushInput()
    ser.flushOutput()
    print "Send:", packet
    #패킷을 보낸다.
    ser.write(packet)
    time.sleep(0.05)
    #루프백을 통해 다시 들어온 패킷을 읽는다.
    data = ser.read(ser.inWaiting())
    print "Receive:", data

except (KeyboardInterrupt, SystemExit):
  print("Exit...")

finally:
  ser.close()
print "Good by!"
```

만약 GPIO 14, 15번을 제대로 연결했다면 write 함수를 통해 내보낸 패킷이 read 함수를 통해 다시 읽어지는 것을 확인할 수 있다.

3.1.2 RS232 9핀 시리얼 통신
MAX232는 파이의 범용 시리얼 통신을 위한 UART 핀과 연결 가능한 RS232 9핀 케이블 모듈이다. 이 모듈을 사용하면 RS232 단자를 사용하는 외부 디바이스와 파이간의 시리얼 통신이 가능하다.

3.1.2.1 RS232 9핀 시리얼 케이블의 구조
요즈음 PC에서는 시리얼 통신에 USB 단자를 이용하지만 이전 PC들을 비롯한 시리얼 통신을 수행하는 수많은 디바이스들은 아래 그림과 같은 9핀 단자를 이용한다. 이 9핀 단자와 파이의 UART 단자를 연결하는데, 상대방 디바이스에 따라 전압 변환 장치를 경유하도록 해야 한다. 그렇지 않으면 파이가 과전압으로 인해 손상을 입을 수 있다. 아래 그림은 이전 컴퓨터에서 볼 수 있던 9핀 RS232 단자이다. 보통 COM1, 2라는 이름으로 불렸다. PC 쪽이 수놈, 연결하는 주변 장치가 암놈 케이블을 사용한다.

그림 3-4
9핀 RS232 케이블의 핀
배열

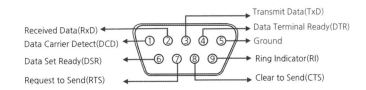

파이에서 사용하기 위해서는 그림 3-5 같은 인터페이스 장치를 이용한다. 아래 장치는 MAX232 칩을 이용한 장치인데 UART 핀 쪽으로 3.3V~5V의 전압을 자동으로 맞춰 준다. 따라서 파이의 UART 포트에 연결했을 때 문제없다. 아래쪽 시리얼 9핀 단자는 통신을 원하는 디바이스에 연결하면 된다. 만약 PC에 연결하려면 다시 Serial 2 USB 케이블을 준비해 연결하면 된다. 하지만 요즈음은 PC와의 통신에서 시리얼 통신을 이용해야 할 필요성은 많이 줄어들었다. 시리얼 통신은 안정적인 품질의 데이터 송수신이 반드시 보장되어야 하는 경우에 사용하는데, 이런 경우가 아니라면 유무선 랜을 이용한 TCP/IP 네트워킹을 이용하는 것이 비용, 호환성 측면 등 여러 가지 면에서 좋다. 연결하면 아래와 같은 그림이 된다. 전원은 3.3V 전원에 연결한다.

그림 3-5
MAX232와 파이 연결

3.1.2.2 MAX232 모듈 연결

MAX232 모듈은 파이에 연결할 4개의 핀과 RS232 9핀 그리고 MAX232 칩이 하나로 합쳐진 모듈이다. 4개의 핀은 입력 전원, 접지, 그리고 UART용 RXd, Txd 핀이다. MAX232의 입력 전원은 3.3V~5V가 모두 가능하기 때문에 파이에서 사용하기 편리하다. MAX232의 Rxd는 파이의 Tx(14번), Txd는 파이의 Rx(15번)에 연결한다.

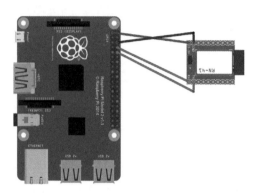

그림 3-6
MAX232와 파이의 연결

파이 2대를 이용해서 테스트할 계획이므로, 그림과 같은 구성을 2개 준비한 다음 MAX 232 모듈을 RS232 케이블로 연결한다.

3.1.2.3 RS232 케이블을 이용한 파이 간 시리얼 통신

앞의 예제는 데이터를 보내고 0.05초 후인 시점에서 Rx 버퍼에 들어와 있는 데이터를 읽어서 보여줬지만 디바이스 간 통신에서는 스트림처럼 연속적으로 데이터가 들어오는 경우가 많다. 이 경우 시리얼 통신에서는 대부분 패킷의 시작과 끝을 특수 문자를 이용해 표시한다. 받는 입장에서도 1바이트씩 읽어서 특수 문자로 패킷의 시작과 끝을 판단한다.

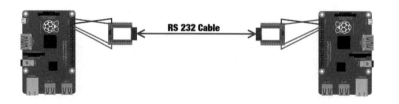

그림 3-7
파이 2대 간 MAX232를
이용한 RS232 케이블 연결

3.1.2.4 시리얼 통신 규약

시리얼 통신은 디바이스마다 통신 순서가 다를 수 있다. 디바이스의 데이터시트를 참조해 정확한 프로토콜을 구현해야 한다.

그림 3-8
시리얼 데이터 송수신 예

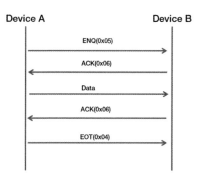

1. 디바이스 A는 ENQ를 보낸 다음 ACK 응답을 기다린다.[2]
2. ACK를 받으면 원하는 데이터를 송신한다. 만약 NAK를 받을 경우에는 정해진 규칙에 따라 에러 처리한다.
3. 송신 데이터에 대해 ACK를 받으면 EOT를 보내 하나의 트랜잭션을 종료한다. 만약 NAK를 받을 경우에는 정해진 규칙에 따라 데이터를 재전송하거나 접속을 재설정한다.

시리얼 데이터는 일반적으로 데이터의 앞부분에 STX(0x02), 끝부분에 ETX(0x03)을 붙이고 ETX 뒤에 CRC 또는 LRC 값을 붙여서 데이터의 완결성을 테스트할 수 있게 한다. 만약 CRC 계산 값이 틀리면 패킷 데이터의 일부가 손실되었다고 판단하고 NAK(0x15)를 송신 측에 보내며, CRC 체크가 성공하면 잘 받았다는 의미로 ACK(0x06)을 송신 측에 보낸다. 송신 측은 송신 패킷에 대해 ACK를 못 받으면 일정 횟수만큼 ACK를 받을 때까지 재송신한다. NAK를 받을 경우에는 재송신한다. 디바이스에 따라서 통신 규약이 다르기 때문에 디바이스에서 제공하는 통신 규약 문서를 반드시 참조한다. 참고로 CRC, LRC와 관련해서는 위키피디아 (http://en.wikipedia.org/wiki/Cyclic_redundancy_check, http://en.wikipedia.org/wiki/Longitudinal_redundancy_check)를 참조하도록 한다. 시리얼 통신 프로토콜은 이 책의 범위를 벗어나기 때문에 자세한 내용은 시리얼 통신과 관련한 다양한 자료를 참조하기 바란다.

3.1.2.5 파이 간 MAX232를 이용한 UART 파이썬 채팅 예제
UART 실습을 위해 간단한 채팅 앱을 만들어 보겠다. 채팅은 나의 작업(키보드 입력)과 관계없이 상대방이 보낸 문장을 화면에 출력할 수 있어야 한다. 그리고

---

[2] 멀티태스킹이 불가능한 일부 디바이스 B의 경우 패킷을 받은 준비가 안 된 상태일 수 있기 때문에 디바이스 A가 패킷 전송 가능 여부를 물어본다. 디바이스 B의 종류에 따라 생략 가능하다.

내가 입력한 문장도 상대방이 보내는 것과 무관하게 전달되어야 한다. 이러한 통신을 Full Duplex(완전 이중화)라고 한다. 문장의 시작과 끝을 판단해야 하기 때문에 STX, ETX, LRC를 사용해서 문장(패킷)을 구분할 수 있도록 한다. 이번 예제는 다음과 같은 특징이 있다.

- 완전 이중화 방식의 채팅이기 때문에 ENQ 및 EOT는 사용하지 않는다.
- 바이트 단위로 수신해서 문자열을 조합하는 방식이다. ETX를 수신하면 1바이트를 더 수신(LRC)해 문자열을 완성한다.
- LRC 체크를 통해 패킷이 완전하면 ACK를 보내며 불완전하면 NAK를 보낸다.
- 내가 보낸 문장에 대해서도 상대방이 응답으로 보낸 ACK, NAK를 받아서 처리한다.
- 보낸 문장과 받은 문장을 구별하기 위해 텍스트 출력이지만 색을 줘서 구분이 쉽게 했다.
- LRC 계산은 ISO1155에서 정의한 규칙을 따른다.(이 규칙은 디바이스마다 다를 수 있다.)
- 스레드를 적용해 입력과 출력을 별도로 전담하게 했다. 이 부분은 초보자에게는 조금 어려운 내용이 될 수도 있다.

앞에서 설명했지만 다시 한번 /etc/inittab 파일의 주석 처리를 확인한다.

```
import serial
import sys, time
#파이썬에서 스레드 기능 구현을 위해 필요
import threading, commands, binascii
import RPi.GPIO as GPIO

… 중략 …

#ISO 1155 표준 LRC 계산식
def make_LRC(packet):
  LRC = 0x00
  for ch in packet:
    LRC = ((LRC + ord(ch[0])) & 0xFF)
  LRC = (~LRC + 1) & 0xFF
  return LRC

#UART 패킷을 송신
def send(packet):
  global Last_Packet
  bytes = [STX]
  LRC = 0x10
  Last_Packet = "".join(map(chr, bytes))
  Last_Packet += packet
  bytes = [ETX]
  Last_Packet += "".join(map(chr, bytes))
  LRC = make_LRC(Last_Packet[1:len(Last_Packet)])
  bytes = [LRC]
  Last_Packet += "".join(map(chr, bytes))
```

```
    ser.write(Last_Packet)
    print "S:", binascii.hexlify(bytearray(Last_Packet))
    print "\033[34mSend:", packet, DEFAULT
    return

#LRC 체크가 성공 여부 체크
def check_packet(val):
    lrc = make_LRC(val[1:len(val) - 1])
    if(lrc == ord(val[len(val) -1])):
        if(Debug == True):
            print BLUE, "LRC Check Success :", lrc, DEFAULT
            print "CHECK:", binascii.hexlify(bytearray(val))
        ret = val[1: len(val) -2]
    else:
        if(Debug == True):
            print RED, "LRC Check Fail", lrc, "!= ",ord(val[len(val) -1]),
DEFAULT
            print "CHECK:", binascii.hexlify(bytearray(val))
        ret = ""
    return ret

#UART 채널은 완전 이중화(Full Duplex)이기 때문에 별도 스레드에서 수신 처리 가능
def rs232_receive_thread():
    global  Last_Packet
    data = ""
    while 1:
        val = ser.read(1)
        if(0 == len(val)):
            time.sleep(0.002)
            continue
        ival = ord(val[0])

        if(Debug == True):
            print "R:", binascii.hexlify(bytearray(val))
        if(ival ==  ACK):
            if(Debug == True):
                print "\033[37mSend:OK ACK rcv \033[0m"
            continue
        if(ival ==  NCK):      #packet currupted ->resend 3 times
            print "\033[31m", "Packet Currupted ->NAK received", "\033[0m"
            if(++NAK_CNT < 4):
                ser.write(Last_Packet)
            else:        #drop packet
                NAK_CNT = 0
            continue;

        if(ival ==  ETX):
            data += val
            while True:
                val = ser.read(1) #receive Last LRC
                if(len(val) == 1):
                    Rcv_End = True
                    data += val
                    break
        else:
            Rcv_End = False
            data += val

        if(True == Rcv_End):
            rcv_data = check_packet(data)
            if(0 == len(rcv_data)):
                print RED,  "Invalid Packet Received ->NAK  DATA:", data,  DEFAULT
                bytes = [NCK]
                ser.write("".join(map(chr, bytes)))
            else:
```

```
            print GREEN, "RCV:",  rcv_data, DEFAULT
            bytes = [ACK]
            ser.write("".join(map(chr, bytes)))
         data = ""
      time.sleep(0.002)
#수신 전용 스레드를 만들어 실행시킴
def rs232_receive_svc():
  print 'rs232 receive svc'
  th = threading.Thread(target=rs232_receive_thread)
  th.start()

#여기에서부터 프로그램 시작!
print "RS232 Chatting Application"

#UART 통신 포트 개방
if(GPIO.RPI_REVISION < 3):
  ser = serial.Serial(port = "/dev/ttyAMA0", baudrate=9600, timeout=2)
else:
  ser = serial.Serial(port = "/dev/ttyS0", baudrate=9600, timeout=2)
if (ser.isOpen() == False):
  ser.open()

#만약 ttyAMA0에 데이터가 남아 있으면 비우고 새로 시작한다.
ser.flushInput()
ser.flushOutput()

#수신 스레드 생성
rs232_receive_svc()

try:
  while True:
    #송신할 채팅 문장을 입력 받아서 송신
    packet = raw_input("")
    send(packet)
except KeyboardInterrupt:
        print "RS232 Chatting Application End"
finally:
  ser.close()
print "Good by!"
```

그림 3-9
2대의 파이에서 UART를
이용한 채팅 화면

앞의 예제는 MAX232 모듈이 반드시 필요한 것은 아니다. MAX232 모듈은 9핀 디바이스와의 RS232 통신을 위한 모듈이다. 만약 MAX232 모듈이 없다면 2개 파이의 UART GPIO 핀들을 찾아서 Rx, Tx 핀을 크로스로 연결한다. 그리고 그라운드 핀을 서로 연결한 다음 테스트해도 같은 결과를 얻을 수 있다.

3.2 I2C 통신

I2C는 Inter-Intergrated Circuit serial protocol의 약자로, IIC, I2C라고 표기한다. 보통 읽을 때에는 I Square C(즉, I×I C) 또는 그냥 I to C, IIC라고도 읽는다. I2C 통신에는 두 가닥의 통신선만 이용하기 때문에 TWI(Two Wire Interface, 2선 통신)라고도 한다. I2C의 가장 큰 장점은 이론상 128개의 I2C 디바이스를 한번에 연결할 수 있다는 것이다. 그림 3-10에서 4개의 선이 보이는데, 2개는 전원 공급과 접지를 위한 것이고 2개의 선에 여러 개의 I2C 디바이스를 직렬로 연결해 통신한다. 그림처럼 하나의 Master에 복수 개의 Slave가 연결되며 모든 디바이스는 고유 어드레스(주소)를 가져야 한다. Master와 Slave는 고정된 것이 아니고 시점에 따라 바뀔 수 있다. I2C는 최대 400kHz의 속도로 통신이 가능하다. SDA와 SCL 선은 전원에 연결하는데, 가운데에는 저항(1.53kΩ~100kΩ)을 연결한다. SPI 통신과 비교해서 유연성이 좋고 확장성이 뛰어나지만 속도는 SPI보다 느리다.

그림 3-10
I2C 통신 구성도
(출처 : http://quick2wire.com/wp-content/uploads/2012/05/image00.png)

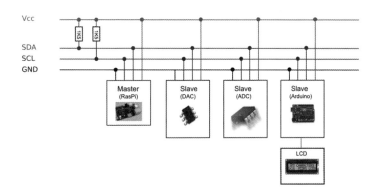

I2C 통신에 참여하는 모든 디바이스들은 7비트의 주소를 갖는다.[3] 따라서 이론상으로는 128개의 디바이스가 참여 가능하다. 하지만 다른 요인들로 인해 이보다 작은 수의 디바이스만 참여 가능한 경우가 많다. 우선 문제점이 같은 디바이스를 연결할 경우, 제품 출시 시점에 동일한 값으로 정해진 디바이스의 주소를 바꿔야 하는데 대부분의 디바이스들이 변경 가능한 주소가 8개 정도이다. 따라서 같은 디바이스들이 여러 개 I2C 통신에 참여할 경우 제한을 받게 된다. 또한 일부 디바이스들은 주소 변경이 불가능하다. 이 경우에는 해당 디바이스는 1개밖에 연결할 수 없다.

---

[3] 나중에 통신을 구현할 때 이 주소를 이용해서 디바이스를 구별한다.

3.2.1 I2C 모듈의 활성화

라즈베리 커널 3.18에서는 SPI, I2C 기능을 활성화시키는 방법이 바뀌었다. 이 것과 관련해서 라즈베리 파이 재단의 글(http://www.raspberrypi.org/forums/viewtopic.php?f=28&t=97314)을 참조하기 바란다. 이전 버전에서는 /etc/modprob.d/raspi-blacklist.conf, /etc/modules 파일을 이용해 SPI와 I2C 기능 활성화 여부를 결정했다.

하지만 커널 3.18 이후에는 이 기능이 raspi-config로 옮겨 갔다. raspi-config - 8. Advanced Options로 이동하면 다음과 같이 SPI와 I2C 사용 여부를 결정하는 메뉴를 볼 수 있다.

raspi-config에서 5 Interfacing Options Configure connections to peripherals 를 선택하면 카메라, 원격 제어, I2C, SPI 통신 등을 설정하는 메뉴가 나타난다.

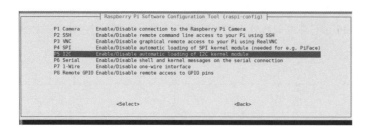

그림 3-11
SPI, I2C 사용 여부 확인

3.2.1.1 I2C 작동 여부 확인

lsmod 명령을 이용해 현재 작동 중에 있는 모듈을 확인한다. 만약 이전에 I2C를 사용하기 위한 별도의 작업을 한 적이 없다면 I2C 이름이 포함된 모듈이 없음을 알 수 있다.

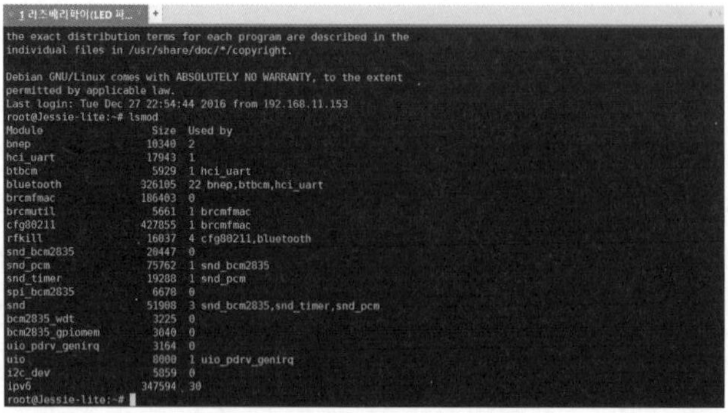

그림 3-12
lsmod 명령으로 현재 작동
중인 모듈 확인

위 그림에서 i2c_dev 모듈은 작동 중이지만 필요한 i2c_bcm2708 모듈을 찾을 수 없다. i2c_dev 모듈의 작동은 /etc/modules 파일을 이용한다. 만약 i2c_dev 모듈을 찾을 수 없다면 이 파일에 다음 라인을 추가해 수정한다.

```
#/etc/modules: kernel modules to load at boot time.
#This file contains the names of kernel modules that should be loaded
#at boot time, one per line. Lines beginning with "#" are ignored.
i2c-dev
```

이제 raspi-config를 이용해 I2C 기능을 활성화시킨다.

그림 3-13
raspi-config에서의 I2C
활성화

이제 다시 lsmod 명령으로 현재 작동 중인 모듈을 확인한다. i2c_bcm2708 모듈이 작동 중임을 알 수 있다. 이 모듈이 I2C 통신을 담당한다.

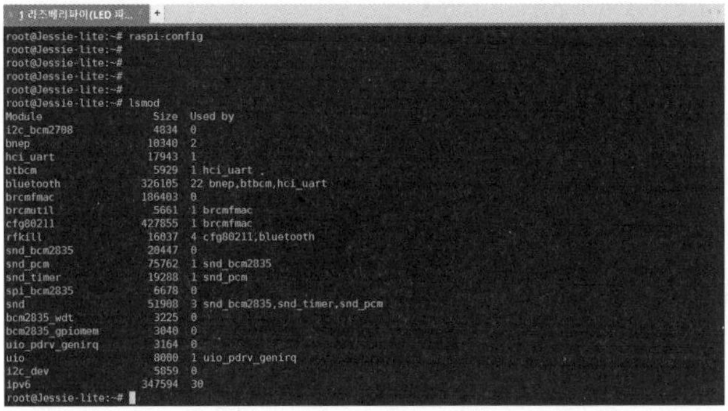

그림 3-14
lsmod 명령으로 I2C 기능
작동 확인

3.2.2 I2C 툴 설치

I2C 개발에 필요한 I2C 툴을 설치한다. I2C 툴에는 i2cdump, i2cget, i2cset 명령이 포함되어 있다.

```
sudo apt-get install i2c-tools
```

i2cdetect는 현재 연결된 I2C 디바이스를 확인하는 명령이다. 다음은 현재 I2C 디바이스 리스트를 출력한다. i2cdetect 명령은 앞으로 자주 사용하는 명령이기 때

문에 사용법을 알아 두는 것이 좋다.

```
root@raspberrypi:~#i2cdetect -l
i2c-1 i2c        3f804000.i2c                    I2C adapter
```

특정 버스의 디바이스를 조회하려면 i2cdetect와 버스 번호를 사용한다. 참고로 라즈베리 파이 Rev1은 i2c용으로 0번 버스를 이용하며 Rev2에서는 1번 버스를 이용한다.

```
#i2cdetect -y 0    --->Rev 1 파이
#i2cdetect -y 1    --->Rev 2 파이. 우리는 파이 2 또는 3를 사용하므로 이 명령을 이용한다.
```

Model A, B Rev 2 또는 B+ 파이에서는 i2c-1을 이용하며 Model B Rev 1 모델에서는 i2c-0를 이용한다. 이렇게 바뀐 이유는 I2C 기능이 Rev 1에서 Rev 2로 바뀌면서 GPIO 핀 3, 5로 이동했기 때문이다.

3.2.3 SMBUS 개발용 패키지 설치

파이썬에서 I2C 개발을 할 때는 대부분 I2C의 하위 모듈인 smbus를 이용한다. smbus api로만 개발하면 I2C, smbus 모두 만족시킬 수 있다. smbus를 이용하려면 python-smbus 패키지를 설치한다.

```
sudo apt-get install python-smbus
```

만약 C언어를 사용하는 독자가 wiringPi에서 I2C를 이용하려면 추가로 libi2c-dev 패키지를 설치해야 한다. 먼저 다음 패키지 설치 여부를 확인하고 설치가 안되어 있다면 추가로 설치해야 한다. 그리고 wiringPi를 새롭게 빌드한다.

```
pi@raspberrypi~$ sudo apt-get install libi2c-dev
root@raspberrypi:/usr/local/src/wiringPi#./build clean
root@raspberrypi:/usr/local/src/wiringPi#./build
```

3.2.4 I2C 디바이스 연결

I2C 디바이스는 앞에서 설명한 것처럼 전원선 2개, 통신선 2개만 연결하면 된다. 반드시 디바이스에 적힌 핀을 확인한 후 파이의 핀과 연결한다. 디바이스의 VCC는 파이의 3.3V 전원, GND는 파이의 접지핀, SDA는 파이의 GPIO 2번, SCL은 파이의 GPIO 3번과 연결한다. 뒤에서 여러 개의 I2C 디바이스를 연결하는 것도 해보겠다.

I2C 디바이스와 파이가 정상적으로 연결되었는지 확인하려면 i2cdetect 명령을 이용한다. 이 명령은 앞에서 설치한 i2c-tools에 포함되어 있다

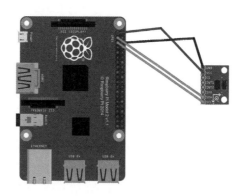

그림 3-15
I2C 디바이스와 파이의
핀 연결 방법

3.2.5 파이썬을 이용한 I2C 제어

파이썬용 smbus에서 중요한 내용은 다음과 같다.

우선 smbus 모듈을 사용하기 위해 python-smbus 모듈을 import시켜야 한다. 다음 내용을 소스 코드 시작 부분에 포함시킨다.

```
import smbus
```

index : Rev. 1에서는 0번을, Rev.2에서는 1번을 파라미터로 사용한다. 파이 2는 Rev.2에 속하기 때문에 1을 파라미터로 사용한다. 만약 혼란스럽다면 i2cdetct –y 0 또는 i2cdetct –y 1 명령으로 i2c 디바이스를 검색해보면 된다. i2cdetct 명령의 마지막 파라미터가 SMBus 함수의 파라미터가 된다.

다음은 I2C 통신에 사용할 smbus 오브젝트를 만든다. 리턴값은 smbus 오브젝트이며 이후 데이터 송수신에 사용한다.

```
SMbus object = SMBus(index)
```

address는 I2C 통신 대상 디바이스의 I2C 주소이며, cmd는 I2C 통신 대상 디바이스에서 읽고자 하는 값이 저장되어 있는 레지스터 주소다. 리턴값은 디바이스의 레지스터에 저장되어 있는 바이트 값이다.

```
value = SMbus. read_byte_data(address, cmd)
```

- address : I2C 통신 대상 디바이스의 I2C 주소
- cmd : 값을 쓰고자 하는 I2C 통신 대상 디바이스의 레지스터 주소
- value : 레지스터에 기록할 바이트 값

> ⚠ 반드시 데이터시트에서 해당 레지스터 값이 R/W 속성인지 확인한 후 사용해야 한다. 일부
> 레지스터는 읽기 전용인 경우도 있다.

```
SMbus. write_byte_data(address, cmd, value)
```

이 함수는 write_byte_data와 거의 동일하다. 다만 1바이트부터가 아니라 cmd가
가리키는 주소에서부터 블록 단위의 데이터를 한 번에 기록할 때 사용한다. 많
은 데이터를 한 번에 기록할 경우, write_byte_data 함수를 여러 번 호출해서 하
는 것도 가능하지만 이 함수를 이용하면 편리하다. I2C 통신을 이용하는 디스플
레이 장에서 이 함수를 사용하는 예제를 확인할 수 있다.

```
SMbus. write_i2c_block_data (address, cmd, value)
```

이 함수는 read_byte_data와 거의 동일하다. 다만 1바이트부터가 아니라 cmd가
가리키는 주소에서부터 size 크기의 블록 단위 데이터를 한번에 읽을 때 사용한
다. 많은 데이터를 한번에 읽을 경우 편리하다.

```
value[] = SMbus. read_i2c_block_data (address, cmd, size)
```

3.2.6 GY521(MCU6050) 제어 프로그래밍

MPU6050 센서의 자세한 특성 및 제어 방법은 센서 장에서 다루도록 하겠다. 여
기에서는 i2cdetect 명령으로 확인한 I2C 디바이스의 주소를 이용해 데이터를 읽
는 법만 간단히 확인하겠다. GY521 모듈은 MPU6050 자이로스코프 센서를 I2C
통신으로 연결시키는 모듈이다. 여기에서는 이 모듈을 이용해 I2C 통신을 구현
해 보도록 한다.

3.2.6.1 I2C 모듈 확인

제일 먼저 라즈비안 커널에서 I2C 버스를 로드 여부를 다시 한번 확인한다. 앞
의 설명을 따라 했다면 I2C 모듈이 정상으로 올라왔는지 확인해보자. 아래의 2
개 모듈이 보이면 성공이다. 만약 이 모듈들이 보이지 않는다면 앞으로 돌아가
서 다시 설정하기 바란다.

```
root@raspberrypi:~#lsmod
Module              Size  Used by
i2c_dev             6027  0
i2c_bcm2708         4990  0
```

3.2.6.2 GY521 I2C 디바이스 확인

I2C 버스 모듈들이 제대로 로드된 것을 확인했다면 이제 GY521 I2C 디바이스를 찾아야 한다. 참고로 아래 그림은 GY521을 연결한 후 확인한 것이다. 디바이스를 연결하지 않은 상태에서는 아무것도 보이지 않는다.

그림 3-16
GY521 I2C 디바이스 주소
확인

위에서 GY521은 0x68(헥사 값. 0x로 표기를 시작하는 숫자는 16진수이다. 십진수로는 104이다) 주소를 사용하고 있다. 앞으로 GY521 센서와는 이 주소를 이용해서 통신한다. 모든 I2C 디바이스의 원리는 같다. 따라서 다른 디바이스를 사용하더라도 같은 과정을 거쳐 해당 디바이스의 주소를 먼저 확인한 후 디바이스를 제어하면 된다.

3.2.6.3 파이썬 프로그래밍

파이썬 언어를 이용해서 I2C를 제어해 보겠다. 앞에서 설치한 smbus 라이브러리를 이용해 MPU6050 센서의 값을 읽는 예제이다.

```python
#!/usr/bin/env python
#-*- coding: utf-8 -*-
#If this code works, it was written by Seunghyun Lee(www.bluebaynetworks.co.kr).
#If not, I don't know who wrote it

import smbus
import math

#MCP6050 파워 관리를 위한 주소. 자세한 설명은 센서 편 참조
power_mgmt_1 = 0x6b
power_mgmt_2 = 0x6c

#I2C 디바이스의 주소에서 1바이트를 읽는 함수
def read_byte(addr, adr):
  return bus.read_byte_data(addr, adr)

#I2C 디바이스의 수소에서 unsigned 2바이트(word)를 읽는 함수
def read_word(addr, adr):
  high = bus.read_byte_data(addr, adr)
  low = bus.read_byte_data(addr, adr+1)
  val = (high << 8) + low
  return val

#I2C 디바이스의 주소에서 2바이트를 읽는 함수
def read_signed_16_2c(addr, adr):
```

```
 val = read_word(addr, adr)
  if (val >= 0x8000):
    return -((65535 - val) + 1)
  else:
    return val

bus = smbus.SMBus(1) #smbus 초기화 함수
address = 0x68          #i2cdetect 명령으로 확인한 GY521 모듈의 I2C 통신 주소

#MCP6050 칩을 슬립 모드에서 깨어나게 함
bus.write_byte_data(address, power_mgmt_1, 0)

print "gyro data"
print "---------"
#GY521 모듈에서 자이로 센서값을 읽음. 주소값의 의미는 센서 편 참조
gyro_xout = read_signed_16_2c(address, 0x43)
gyro_yout = read_signed_16_2c(address, 0x45)
gyro_zout = read_signed_16_2c(address, 0x47)

print "gyro_xout: ", gyro_xout
print "gyro_yout: ", gyro_yout
print "gyro_zout: ", gyro_zout
print "accelerometer data"
print "------------------"

#GY521 모듈에서 가속 센서값을 읽음. 주소값의 의미는 센서 편 참조
accel_xout = read_signed_16_2c(address, 0x3b)
accel_yout = read_signed_16_2c(address, 0x3d)
accel_zout = read_signed_16_2c(address, 0x3f)

print "accel_xout: ", accel_xout
print "accel_yout: ", accel_yout
print "accel_zout: ", accel_zout
```

다음은 MPU6050 센서를 연결한 다음 위의 소스 코드를 이용해 센서의 출력값을 읽은 결과이다. 이 값들에 대한 자세한 설명은 MPU6050 센서에서 다시 설명하겠다. 여기에서는 I2C 통신을 이용해 디바이스에서 값을 읽어 오는 부분을 유심히 살피면 된다.

그림 3-17
파이썬 코드 실행화면

3.2.6.4 I2C 통신을 위한 레지스터 값 찾기

여기에서는 값을 읽는 함수의 사용법에 대해서만 살펴보겠다. 먼저 x, y, z 세 축에 대한 자이로스코프 값과 가속 센서값을 읽는 함수를 보면 파라미터로 0x43, 0x45, 0x47, 0x0b, 0x3d, 0x3f를 사용한다.

```
gyro_xout = read_word_2c(0x43)
gyro_yout = read_word_2c(0x45)
gyro_zout = read_word_2c(0x47)
accel_xout = read_word_2c(0x3b)
accel_yout = read_word_2c(0x3d)
accel_zout = read_word_2c(0x3f)
```

이 값들은 MPU6050 칩의 레지스터 주소이다. 센서에서 측정한 값들이 저장되는 장소라고 이해하면 무방하다. 따라서 이 주소에 저장된 값을 읽으면 해당 데이터 값을 읽어 올 수 있다. 이 값은 센서의 위치, 움직임에 따라 계속 변하기 때문에 용도에 맞게 시간 간격을 설정해 지속적으로 읽은 후 활용하면 된다. 이 주소 값은 칩 제조사의 공식 문서인 데이터시트를 참조해서 찾아야 한다.

이처럼 사용하는 칩에 대한 register map을 설명한 제조사의 문서를 참조하면 어떠한 디바이스라도 값을 읽고 쓰는 데 문제가 없다. MPU6050처럼 많이 사용하는 칩의 경우에는 데이터시트가 아니더라도 인터넷에서 사용 예를 참조하면서 충분히 처리가 가능하지만 처음 접하는 센서 또는 남들이 해보지 않은 새로운 장치, 실험을 하고자 한다면 도움 없이 처리해야만 하는 경우가 생긴다. 반드시 제조사의 데이터시트를 참조하는 습관을 가지길 바란다.

3.2.6.5 2개의 동일 디바이스(GY521) 연결

앞에서 설명한 것처럼 I2C 통신은 여러 개의 디바이스를 연결할 수 있다. 여러 개의 디바이스를 연결해 통신하는 방법을 살펴보자.

동일한 디바이스는 출시 시점에 같은 주소(address)를 가지고 나온다. 따라서 1개 이상을 I2C 통신에 참여시킬 수 없다. 이 경우에는 두 번째 이후의 디바이스의 주소를 변경한 후 통신에 참여시켜야 한다. 디바이스의 주소 변경은 제조사에서 허락하는 경우에만 가능하다. 어떤 디바이스의 경우에는 주소 변경이 불가능하다. 이러한 디바이스는 1개만 통신에 참여시킬 수 있다. 앞에서 테스트한 GY521 자이로스코프 센서 모듈은 다행히 주소 변경이 가능하다. 센서의 주소를 바꿔 2개 이상의 디바이스를 통신에 참여시켜 보자.

GY521의 경우에는 AD0 핀에 3.3V 전원을 공급해주면 주소가 0x68에서 0x69로 바뀐다. 이 방법을 이용해서 2개 이상의 디바이스 연결이 가능하다.

GY521 모듈의 AD0 핀에 전원을 연결해 I2C 주소를 변경하는 방법은 데이터시트에 기술된 방법이다. I2C 디바이스에 따라 점퍼 핀 위치를 이용해서 주소를 변경하는 것들도 있다. 디바이스에 따라 주소 변경 방법이 다르다는 점에 유의하자.

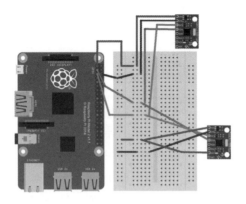

그림 3-18
2개의 GY521 센서 연결

두 번째 센서의 AD0에 전원이 공급되고 있는 것을 유심히 관찰하기 바란다. 이
제 i2cdetect로 연결 주소를 확인한다.

그림 3-19
i2cdetect로 확인한 2개의
센서 주소

이제 2개의 센서가 서로 다른 주소(0X68, 0X69)를 사용하기 때문에 2개의
GY521과 동시에 문제 없이 통신이 가능하다.

3.2.6.6 여러 개의 I2C 디바이스 통신을 위한 파이썬 프로그래밍

파이썬 언어를 이용해서 칩 2개를 제어해 보겠다. 앞의 예제를 조금만 수정하면
가능하다. 수정한 내용의 핵심은 서로 다른 2개의 주소를 가진 I2C 디바이스를
따로 관리하는 것이다. 아래의 코드는 i2c_dual_test.py의 일부분이다. smbus 오
브젝트를 만든 후 센서를 초기화하는 명령(0x6b)을 0x68, 0x69 어드레스에 기록
한다. 즉, 2개의 디바이스 어드레스를 이용해 디바이스를 구분해 처리가 가능해
지는 것이다.

  아래 예제에서 2개의 디바이스 주소를 address, address+1로 구분하고 있는 것
을 알 수 있다. 나머지 부분은 앞의 예제와 거의 동일하다.

```
#!/usr/bin/env python

… 중략(앞의 예제와 동일) …

bus = smbus.SMBus(1) #smbus 초기화 함수
address = 0x68          #i2cdetect 명령으로 확인한 GY521 모듈의 I2C 통신 주소
```

```
#첫 번째 MCP6050칩을 슬립 모드에서 깨어나게 함
bus.write_byte_data(address, power_mgmt_1, 0)
#두 번째 MCP6050칩을 슬립 모드에서 깨어나게 함
bus.write_byte_data(address + 1, power_mgmt_1, 0)


print "gyro data"
print "---------"

#첫 번째 GY521 모듈에서 자이로 센서값을 읽음. 주소값의 의미는 센서편 참조
gyro1_xout = read_signed_16_2c(address, 0x43)
gyro1_yout = read_signed_16_2c(address, 0x45)
gyro1_zout = read_signed_16_2c(address, 0x47)

print "first chip gyro_xout: ", gyro1_xout
print "first chip gyro_yout: ", gyro1_yout
print "first chip gyro_zout: ", gyro1_zout

#두 번째 GY521 모듈에서 자이로 센서값을 읽음. 주소값의 의미는 센서편 참조
gyro2_xout = read_signed_16_2c(address + 1, 0x43)
gyro2_yout = read_signed_16_2c(address + 1, 0x45)
gyro2_zout = read_signed_16_2c(address + 1, 0x47)

print "second chip gyro_xout: ", gyro2_xout
print "second chip gyro_yout: ", gyro2_yout
print "second chip gyro_zout: ", gyro2_zout

print
print "accelerometer data"
print "------------------"

#첫 번째 GY521 모듈에서 가속 센서값을 읽음. 주소값의 의미는 센서 편 참조
accel1_xout = read_signed_16_2c(address, 0x3b)
accel1_yout = read_signed_16_2c(address, 0x3d)
accel1_zout = read_signed_16_2c(address, 0x3f)

print "first chip accel_xout: ", accel1_xout
print "first chip accel_yout: ", accel1_yout
print "first chi paccel_zout: ", accel1_zout

#두 번째 GY521 모듈에서 가속 센서값을 읽음. 주소값의 의미는 센서 편 참조
accel2_xout = read_signed_16_2c(address + 1, 0x3b)
accel2_yout = read_signed_16_2c(address + 1, 0x3d)
accel2_zout = read_signed_16_2c(address + 1, 0x3f)

print "second chip accel_xout: ", accel2_xout
print "second chip accel_yout: ", accel2_yout
print "second chi paccel_zout: ", accel2_zout
```

그림 3-20
2개의 GY521 모듈로부터
값을 읽은 결과

I2C 통신은 전원을 제외하고 2개의 통신 선만 사용하며 동시에 수많은 디바이스
를 연결할 수 있기 때문에 SPI 통신과 함께 많은 디바이스를 한꺼번에 다루어야

할 경우 유용한 통신 방법이다. SPI 통신이 비표준 요소들 때문에 사용하는 용어들이 조금씩 다른 점에 비하면 I2C 통신은 깔끔한 편이다.

만약 i2cdetect 명령으로 디바이스들의 주소를 확인해서 서로 다른 주소를 가지고 있다면 앞에서 설명한 방법으로 디바이스에 접근해 특정 레지스터에서 값을 읽거나 쓸 수 있다. 이 경우에는 앞의 예에서 사용한 AD0에 전원을 공급해서 임의로 디바이스 주소 값을 바꿀 필요가 없다. AD0에 전원을 넣어서 주소를 바꾸는 방법은 GY521에만 해당한다. 디바이스를 다룰 때에는 반드시 해당 디바이스의 데이터시트를 읽고 난 후 사용법을 숙지한 상태에서 연결해야 한다.

3.3 SPI(Serial Peripheral Interface) 통신

모토로라(Motorola)에서 만든 SPI는 임베디드 시스템에서 근거리의 디바이스 간 고속 동기식 시리얼 통신을 제공한다. SPI는 공식적인 표준으로 정해지지는 않았지만 시리얼 통신 분야에서 광범위하게 사용하기 때문에 사실상의 표준(de facto protocol)으로 인정된다. 공식적인 표준이 없기 때문에 구현이나 용어에 있어서 업체마다 약간의 차이가 있을 수 있다. 마스터와 슬레이브 간에 4개의 선으로 연결하기 때문에 4선 시리얼 통신(four wire serial communication)이고도 한다.

SPI 통신은 하나의 마스터와 복수의 슬레이브가 완전 이중화(Full Duplex) 방식으로 통신이 가능한 구조이다.

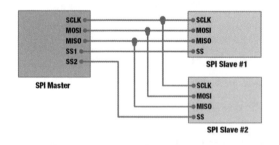

그림 3-21
SPI 통신 구조

참고로 파이에는 SPI 통신을 위한 GPIO 핀들이 있는데, 슬레이브를 연결하는 SS 핀이 2개 존재한다. 따라서 2개의 디바이스와 SPI 통신을 할 수 있다. SPI 통신은 I2C 통신과 많이 비교된다. SPI 통신의 특징은 다음과 같다.

- Full Duplex 통신이 가능하다.
- I2C에 비해 속도가 빠르다.
- 비트 단위의 통신이 가능하다(I2C는 바이트 단위의 통신).

- I2C에 비해 전력 소모가 적고 I2C 통신에 필요한 어드레스가 필요 없다(어드레스 대신 SS 버스를 한 개 더 사용하기 때문에 꼭 장점이라고 할 수도 없다).

🛈 SPI 통신 속도가 I2C보다 상당히 빠른 것은 사실이지만 I2C도 대부분의 경우 충분히 빠른 속도를 제공한다. 비트 단위의 전송 역시 전송 데이터를 효율적으로 관리해서 통신 속도를 높인다고 보면 된다. 비트 단위의 데이터 통신 역시 장점이긴 하지만 요즈음은 대부분의 통신 프로토콜이 바이트 단위의 제어를 선호하기 때문에 큰 장점은 되지 못한다. 파이에서 SPI 통신의 가장 큰 제약은 슬레이브를 연결할 수 있는 SS핀을 2개 밖에 제공하지 않는다는 것이다. 이것은 I2C 통신에 비해 큰 약점일 수 밖에 없다. I2C 통신은 2개의 핀만 사용해서 통신 디바이스를 늘려갈 수 있지만 SPI 통신에서는 이런 식으로 디바이스를 늘려가는 것이 불가능하다.

3.3.1 SPI 디바이스 연결

3.3.1.1 SPI 버스 용어
SPI 통신에는 4개의 선을 이용하기 때문에 4개 선의 이름과 용도를 알아야 한다.

- SCLK : Serial Clock(마스터에서 보냄)
- MOSI : Master Output, Slave Input(마스터에서 보냄)
- MISO : Master Input, Slave Output(슬레이브에서 보냄)
- SS : Slave Select(마스터에서 한 개의 슬레이브만 선택해야 함. 시리얼 통신은 2개의 슬레이브로부터 동시에 데이터를 받을 수 없음. low 값을 보내면 해당 슬레이브와 통신하겠다는 의미)

앞에서 말한 것처럼 SPI 통신은 정확한 표준이 아니기 때문에 사용하는 용어도 조금씩 다를 수 있다.

표 3-2
SPI 통신에서 사용하는
다양한 용어들

시그널 이름	다른 이름
SCLK	SCK, CLK
MOSI	SIMO, SDO, SDI, DO, DOUT, SI, MTSR
MISO	SOMI, SDO, SDI, DI, DIN, SO, MRST
SS	nCS, CS, CSB, CSN, nSS, STE, SYNC

3.3.1.2 SPI 통신 순서

파이에서 SPI 통신을 할 때 아래 내용을 몰라도 지장은 없다. 하지만 프로토콜에 대한 기본적인 이해가 뒷받침된다면 오동작이나 장애 발생 시 빠르고 정확한 대처가 가능하다. SPI 통신 순서는 다음과 같다.

1. SCLK의 클록 속도(통신 주기)를 설정한다.
2. 통신하고자 하는 슬레이브의 SS를 로우(Low) 상태로 바꾼다.
3. 클록 주기마다 MOSI에 임의의 1바이트를 전송한다(Keep alive용이며 데이터 내용은 의미 없다).
4. 슬레이브는 1바이트를 MISO를 통해 마스터에 전송한다.
5. 다음에 설명하는 모드에 따라 데이터를 송수신한다.

아래 그림은 위의 순서를 그림으로 표현한 것이다. 이 그림이 이해된다면 SPI 통신 구조에 대해서 절반 이상은 아는 것이나 다름없다.

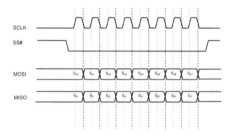

그림 3-22
SPI 통신 시그널
(출처: http://
www.byteparadigm.com/
applications/
introduction-to-i2c-and-
spi-protocols/)

데이터를 송수신하는 시점을 정하는 방법은 다음과 같은 4가지 모드에 따라서 달라진다. CPOL은 clock polarity(클록의 극성)의 약자이며, CPHA는 clock phase(클록 위상)의 약자이다.

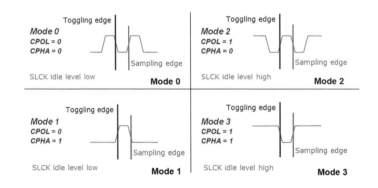

그림 3-23
SPI 4가지 통신 모드
(출처: http://
www.byteparadigm.com/
applications/
introduction-to-i2c-and-
spi-protocols/)

위의 모드를 정리하면 다음과 같다.

	Clock	데이터 전송 시점
Mode 0	idle level Low	Clock 시작 시점(Rising Edge)
Mode 0	idle level Low	Clock 종료 시점(Falling Edge)
Mode 0	idle level High	Clock 시작 시점(Rising Edge)
Mode 0	idle level High	Clock 종료 시점(Falling Edge)

3.3.2 SPI 모듈의 활성화

SPI 모듈의 활성화는 I2C와 거의 같은 과정이 필요하다

1. raspi-config에서 5 Interfacing Options Configure connections to peripherals 를 선택하면 카메라, 원격 제어, I2C, SPI 통신 등을 설정하는 메뉴가 나타난다.
2. SPI를 enable시킨다.
3. 재시작 후 lsmod 명령으로 SPI 모듈이 올라왔는지 확인한다. spi-bcmXXXX이 보이면 정상이다.

그림 3-24
lsmod 명령으로 확인한
SPI 모듈

SPI 모듈이 정상으로 활성화되면 /dev 디렉터리에 다음과 같은 spi 가상 파일이 2개(spidev0.0, spidev0.1) 생긴다.

```
#ls -l /dev/spi*
crw-rw---T 1 root spi 153, 0 Jan  1  1970 /dev/spidev0.0
crw-rw---T 1 root spi 153, 1 Jan  1  1970 /dev/spidev0.1
```

3.3.3 SPI 개발용 라이브러리 설치

SPI 통신을 위한 파이썬용 라이브러리로는 SpiDev가 있다. 사용법이 간단하고 성능도 뛰어나다. 다음과 같이 github에서 소스 코드를 다운 받아서 빌드한다.

```
git clone https://github.com/doceme/py-spidev.git
cd py-spidev
```

```
sudo python setup.py install
```

3.3.3.1 spidev SPI 함수

만약 앞의 설치 과정에서 에러가 발생하지 않았다면 파이썬에서 spidev를 사용할 수 있다. 파이썬용 spidev에서 사용하는 중요한 함수는 다음과 같다.

```
import spidev
```

spidev 모듈을 사용하기 위해 python-spidev 모듈을 import시킨다. 소스 코드 시작 부분에 포함시킨다.

```
SpiDev object = SpiDev()
```

SPI 통신에 사용할 spidev 오브젝트를 만든다. 리턴값은 spidev 오브젝트이며 이후 데이터 송수신에 사용한다.

```
spidev. open(bus, device)
```

- bus : SPI 버스. 현재는 0을 사용한다.
- device : 디바이스 번호. 0 또는 1이 가능하다.

SPI 디바이스를 오픈한다. 만약 open(X,Y)라면 디바이스는 /dev/spidev-X.Y가 된다. 이 디바이스는 ls 명령으로 확인할 수 있어야 한다. 파이는 두 개의 SPI 통신을 제공하는데, 이 함수의 두 번째 파라미터는 0 또는 1을 사용하며 GPIO 핀의 SS0 또는 SS1 중 연결할 핀 값을 사용한다.

```
spidev. close()
```

SPI 디바이스와의 연결을 끊는다. 이 함수를 호출하지 않더라도 프로그램 종료 시 자동으로 끊긴다.

```
data = spidev. xfer([values])
```

SPI 트랜잭션(보내고 받음)을 수행한다. CS(SS)는 블록(주기) 사이에 유휴 상태가 되었다가 다시 액티브 상태가 된다. 여러 SPI 슬레이브와 통신할 경우 이 함수를 사용한다.

- values : 송신 데이터

리턴값은 SPI 통신 상대방이 values를 받고 보낸 데이터이다.

```
data = spidev.xfer2([values])
```

SPI 트랜잭션(보내고 받음)을 수행한다. CS(SS)는 블록(주기) 사이에 액티브 상태가 된다. 하나의 슬레이브와 통신할 경우 이 함수를 사용한다.

리턴값은 SPI 통신 상대방이 values를 받고 보낸 데이터이다.

• values: 송신 데이터

```
data = spidev. readbytes(len)
```

• len: 수신할 데이터의 바이트 수
• SPI 디바이스에서 len만큼 읽는다.

```
data = spidev. writebytes(values)
```

SPI 디바이스에게 values를 송신한다.

• values: 송신할 데이터

```
mode
```

mode는 함수가 아니고 속성값(property)이다. 모드는 앞에서 설명한 네 가지 모드 중 하나를 지정할 수 있다. 모드 값은 [Clock Polarity][Clock Phase]로 표현된다(0b00 = 0, 0b01 = 1, 0b10 = 2, 0b11 = 3).

```
max_speed_hz
```

현재의 통신 속도를 가져오거나 설정하는 속성값으로, 단위는 Hz이다. C용 wiringPi 라이브러리에서는 wiringPiSPISetup 함수에서 지정 가능하다

3.3.4 SPI 디바이스 연결

이번에는 MPC3008 ADC 칩을 이용해서 SPI 디바이스를 테스트해 보겠다. MCP3008은 8채널의 AD 변환 칩으로 아날로그 입력값을 1024 단계로 변환해 SPI 통신으로 파이에 전달한다. 참고로 파이는 아날로그 입력을 받을 수 있는 장치가 없다. A/D 변환과 MCP3008 칩과 관련한 내용은 GPIO의 AD 컨버터 부분을 참조하기 바란다. 다음 그림은 MCP3008의 0번 채널에 3.3V 전원을, 7번 채널에 5V 전원을 넣어서 SPI 통신으로 해당 채널의 전압을 체크하는 예제이다.

테스트 도중에 0, 7번 채널로 들어가는 전원을 차단시키면 전압 값이 1V 아래로 떨어지는 것을 알 수 있다. 가변 저항을 이용해서 테스트하면 ADC의 기능을 좀 더 확실히 알 수 있다. (2장 GPIO 중 MCP3008에 가변저항으로 테스트하는 예제가 있다.)

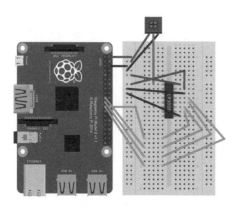

그림 3-25
MCP3008 칩과 파이의 SPI 통신 연결

3.3.5 파이썬을 이용한 SPI 디바이스 제어

예제 코드는 GPIO 편의 MCP3008 칩에서 제공하는 예제를 참조한다. API 사용법은 앞서 다룬 내용에서 벗어나지 않는다. xfer2 함수만 이해하면 될 것이다. 이 부분은 파이썬 비트 연산과 MCP3008 칩의 통신 방법에 대한 이해가 필요하다.

```
adc = spi.xfer([1,(8+channel)<<4,0])
```

첫 번째 라인은 파이썬의 범위 연산자를 사용한다. xfer 함수의 파라미터는 결국 [1, 0X80, 0]이다. xfer 함수는 범위 연산자의 3개의 값 (1, 0X80, 0)을 전송하고 리턴값을 받는다. 0X80이 나오는 과정을 알아보자. channel 값은 0이기 때문에 결국은 8 ≪ 4의 연산 결과인데 8은 이진수로 00001000이다. 이 값을 좌측으로 4만큼 시프트(이동)시키면 이진수 10000000이 된다. (시프트 후 빈 공간은 0으로 채워진다.) 이진수 10000000은 십진수 128, 16진수 0x80이 된다. 그러면 왜이 값을 전송하는지 알아보자. 이 부분에서는 MCP3008의 SPI 통신 규격을 살펴봐야 한다. GPIO 편의 MCP3008 칩 부분을 참조하면 알 수 있다. SPI 마스터(파이)는 3바이트를 보내고 3바이트를 수신하게끔 되어 있다. 첫 번째 바이트는 통신 시작을 알리는 0X01, 두 번째 바이트는 통신할 채널을 지정하는 바이트, 3번째 바이트는 의미 없는 바이트이다

```
data = ((adc[1]&3) << 8) + adc[2]
```

그리고 3바이트를 수신해서 두 번째 바이트의 2비트와 세 번째 바이트를 조합해서 10비트의 데이터를 만들어 낸다.

SPI 통신은 I2C 통신과 함께 고속 시리얼 통신에서 많이 사용하는 프로토콜이다. 파이에서는 2개의 디바이스밖에 연결할 수 없는 단점이 있지만 다른 프로토콜과 비교할 수 없는 속도를 낼 수 있는 장점이 있기 때문에 반드시 알아 둬야 하는 통신 기술이다.

3.4 TCP/IP 통신

리눅스 계열의 운영체제는 네트워크에 대한 지원이 다른 운영체제에 비해 강력하다. 오랜 시간 동안 리눅스는 네트워크 운영체제라 불릴 만큼 네트워크에 대한 강점을 가지고 있다. 대부분의 리눅스 사용자는 Windows 운영체제와는 달리 Putty와 같은 SSH(Secure Shell)을 이용해 원격 접속을 통해 작업해 왔다. 리눅스 시스템의 다양한 네트워크 지원의 중심에는 TCP/IP 통신이 있다. 이제 네트워크라는 용어가 TCP/IP 통신을 의미할 만큼, TCP/IP는 대부분의 운영체제에서 지원하는 보편적인 프로토콜이 되었다.

파이는 TCP/IP 통신을 지원하기 위해 모델 A를 제외하고 나머지 모든 모델이 이더넷 포트를 가지고 있다. A 모델도 USB WiFi 어댑터를 사용하면 TCP/IP 통신을 사용할 수 있다. 또한 라즈비안을 비롯한 모든 파이의 운영체제는 TCP/IP 통신을 기본 지원하고 있기 때문에 파이에서 TCP/IP 통신을 사용하는 것은 어렵지 않다. 그리고 C/C++, 파이썬을 비롯한 모든 개발 언어가 TCP/IP 통신을 사용할 수 있는 API를 제공한다.

흔히 MCU라고 불리는 마이크로콘트롤러와 비교해서 CPU를 사용하는 범용 운영체제의 가장 큰 장점은 TCP/IP 통신 프로토콜에 대한 지원에 차이가 있다는 점이다. 아두이노에서도 TCP/IP를 지원하는 이더넷 실드를 이용할 수 있지만 파이처럼 운영체제에서 제공하는 기능과는 비교가 되지 않는다. 파이와 스마트폰, 태블릿, PC처럼 다양한 외부 기기와의 통신에는 TCP/IP 통신만큼 범용적인 프로토콜은 없다. 가령 사무실이나 집에서 파이를 스마트폰을 이용해서 제어할 경우 가장 좋은 방법은 파이에 WiFi 또는 유선 랜을 연결하고 스마트폰은 WiFi로 접속해서 TCP/IP 통신을 통해 제어하는 것이다.

TCP/IP 통신은 서버, 클라이언트 구조로 이루어진다. 서버는 특정 포트를 사용해서 클라이언트의 접속을 기다리며 클라이언트는 포트 번호와 서버 IP 주소를 이용해 접속을 시도한다. 일단 접속이 이루어지면 둘 사이에는 connection이 만들어지면서 믿을 수 있는 데이터 송수신이 이루어진다. TCP/IP 프로토콜에 대한 내용은 수많은 책과 인터넷에 소개가 잘 되어 있기 때문에 여기에서는 자세한 설명은 생략하겠다.

3.4.1 파이썬 TCP/IP 서버, 클라이언트

TCP/IP 통신에서 가장 기본이 되는 서버, 클라이언트 예제이다. 라즈비안을 비롯한 파이의 운영체제는 리눅스 OS이기 때문에 일반적인 리눅스 TCP/IP 프로그래밍을 그대로 적용할 수 있다. 에코 서버, 클라이언트는 TCP/IP 입문용으로 많이 사용하는 샘플이며 두 디바이스 간의 네트워크 연결 상태를 확인하는 용도로도 많이 사용한다.

먼저 간단한 서버 코드이다. 5005 포트를 통해 접속한 클라이언트가 보낸 데이터를 다시 돌려준다.

```python
#!/usr/bin/env python
import thread
import socket
#에코 클라이언트와 통신하는 스레드
def echo_job(conn):
  while 1:
    data = conn.recv(1024)
    if not data: break
    print "received data:", data
    conn.send(data)  #echo
  conn.close()

#통신에 사용할 TCP/IP 소켓 생성
s = socket.socket(socket.AF_INET, socket.SOCK_STREAM)

try:
  #통신에 사용할 포트 번호를 5005로 지정. 접속 IP에는 제한을 두지 않음
  s.bind(('', 5005))
  #에코 클라이언트의 접속을 기다림
  s.listen(1)
except socket.error, exc:
  #bind 에러 발생 시 에러 코드 및 내용을 보여주고 프로그램을 종료
  print "Caught exception socket.error : %s" % exc
  exit(0)

try:
  while 1:
    conn, addr = s.accept()
    print 'New Echo Client connection address:', addr
    #에코 클라이언트와 통신할 새로운 스레드를 만들고 다시 새로운 접속을 기다림
    thread.start_new_thread(echo_job, (conn,))
except (KeyboardInterrupt, SystemExit):
  print("Exit...")
finally:
  s.close()
```

다음은 위의 서버에 접속해서 데이터를 보내고 다시 받는 클라이언트 프로그램이다.

```python
#!/usr/bin/env python
import socket

#만약 통신할 에코 서버가 로컬이 아니면 아래 IP 주소를 알맞게 수정한다.
TCP_IP = '127.0.0.1'
#에코 테스트에 사용할 포트 번호. 에코 서버에서 bind 함수에서 사용한 값을 이용한다.
TCP_PORT = 5005
BUFFER_SIZE = 1024

#통신에 사용할 TCP/IP 소켓 생성
s = socket.socket(socket.AF_INET, socket.SOCK_STREAM)
#타임 아웃을 5초로 설정
s.settimeout(5)
try:
    s.connect((TCP_IP, TCP_PORT))
except socket.error, exc:
    #접속 에러 발생 시 에러 코드 및 내용을 보여주고 프로그램을 종료
    print "Caught exception socket.error : %s" % exc
    exit(0)
try:
    while True:
        #송신 데이터를 입력 받음
        MESSAGE = raw_input("Input:")
        print "Send:", MESSAGE
        #에코 서버에 데이터 송신
        sent = s.send(MESSAGE)
        if not sent: break
        #에코 서버가 보낸 데이터 수신
        data = s.recv(BUFFER_SIZE)
        if not data: break
        print "RECV:", data
except KeyboardInterrupt:
    print "Now Exit"
finally:
    s.close()

print "socket disconnected. Exit"
```

내용이 아주 간단하며 가장 기본이 되는 TCP/IP 프로그램 골격이다. 위 예제 코드를 필요에 맞게 수정, 보완해서 사용할 수 있다.

3.4.2 UDP 통신

UDP(User Datagram Protocol) 통신은 connection을 맺지 않고 데이터를 주고받는다. UDP 통신은 믿을 수 있는 데이터 전송을 보장하지 않는다. 따라서 송신 패킷이 누락되거나 중복 전달될 수 있다. 이런 단점에도 불구하고 UDP 통신을 사용하는 이유는 네트워크 부하가 상당히 낮기 때문이다. TCP 통신은 믿을 수 있는 송수신을 보장하기 위해 하나의 패킷을 전달하는 과정에도 여러 단계의 안전 장치가 있다. 이러한 안전 장치는 CPU 소모가 UDP에 비해 클 뿐 아니라 패킷 송수신 속도를 저하시키는 원인이 된다. UDP는 가볍고 빠른 데이터 송신이 가능하기 때문에 안정성보다는 속도가 중요한 통신에 많이 사용한다. 가장 많이 사용하는 분야는 오디오, 비디오 송수신이다. 오디오, 비디오는 많은 양의 데이터(패킷 사이즈가 크다는 의미보다는 초당 수십 번에서 수백 번의 전송)를 지속적으로 보내야 하기 때문에 전송 속도가 빠른 UDP를 많이 사용한다. 멀티미디어 데이터 전송에 사용하는 이러한 UDP 프로토콜을 RTP(Real Time Protocol), RTSP(Real Time Streaming Protocol)이라 한다. 이들 프로토콜을 사용하는 애플리케이션들(음성, 비디오 코덱)은 일부 패킷 유실에도 작동할 수 있는 알고리즘을 내장하는 경우가 많다.

파이에 센서를 연결하여 수많은 데이터를 수집해서 서버에 전달할 경우, UDP 통신을 고려할 만하다. 만약 초당 100번의 데이터를 수집하는 센서를 10개 연결했다고 가정하면 초당 1,000개의 데이터를 서버에 전달해야 하는데, 이 경우에는 UDP가 적당하다. 그리고 1,000개의 데이터 중 일부가 유실되더라도 곧바로 다음 데이터를 받을 수 있기 때문에 대부분의 경우 큰 문제가 없다.

3.4.3 브로드캐스팅

DHCP 프로토콜을 사용하는 단말은 DHCP 서버로부터 IP를 제공 받기 때문에 IP 주소가 가변적이다. 브로드캐스팅은 DHCP를 사용하거나 상대방의 IP 주소를 모를 경우에도 통신할 수 있기 때문에 유용하다.

단, 이 프로토콜은 같은 네트워크에 존재하는 단말 간에만 사용할 수 있다. 가령 일반적으로 많이 사용하는 사설 IP C 클래스 대역(192.168.0.X)인 경우 192.168.0.1~192.168.0.244의 IP 주소를 사용하는 단말들에게는 동시에 메시지를 보낼 수 있다. 하지만 라우터를 거쳐서 다른 네트워크로 보낼 수는 없다.

브로드캐스팅은 보통 자신의 존재를 네트워크 안에 있는 다른 디바이스들에게 알리는 용도로 사용한다.

다음은 파이썬을 이용한 브로드캐스팅 예제이다. 브로드캐스팅한 메시지는 자신도 받을 수 있다는 것에 유의하기 바란다. 같은 네트워크에 위치한 2대 이상의 파이에서 실행하면 된다. 다른 파이에서 보낸 패킷이 도착한 것을 화면으로 확인할 수 있을 것이다.

```python
#!/usr/bin/env python

import time, sys
import thread
import commands
from socket import *

BROADCAST_PORT = 10990
BUFFER_SIZE = 1024
#Function : Return Raspberry Pi's IP Address. Assume only one IP V4
Address is used
```

```
def my_ip():
    ips = commands.getoutput("/sbin/ifconfig | grep -i \"inet\" | grep -iv
                              \"127.0.0.1\" | " + "awk {'print $2'} | sed -ne
                              's/addr\:/ /p'")
    ips = ips.strip()
    print ('My IP:' + ips)
    return ips

def broadcast_rcv(sock):
    while 1:
        data = sock.recv(BUFFER_SIZE)
        print "received data:", data
    sock.close()

ip_addr = my_ip()

bs = socket(AF_INET, SOCK_DGRAM)
bs.bind(('', BROADCAST_PORT))
bs.setsockopt(SOL_SOCKET, SO_BROADCAST, 1)
thread.start_new_thread(broadcast_rcv, (bs,))

s = socket(AF_INET, SOCK_DGRAM)
s.bind(('', 0))
s.setsockopt(SOL_SOCKET, SO_BROADCAST, 1)
data = 'Hi there! My IP is '  + ip_addr

try:
    while 1:
        s.sendto(data, ('<broadcast>', BROADCAST_PORT))
        time.sleep(2)
except KeyboardInterrupt:
    print "Now Exit"
    s.close()
    bs.close()

s.close()
bs.close()
```

3.4.4 유용한 라이브러리 cURL

TCP/IP 통신을 이용해 파이 간 또는 파이와 PC 간의 통신 프로그램을 만드는 것도 가능하지만, 많은 경우에는 이미 만들어진 프로토콜을 이용해 서비스를 제공 받게 된다. 가령 웹 브라우저를 이용해 웹 서핑을 하는 것은 잘 알려진 http, https 서비스를 이용하는 것이고, putty를 이용해 파이에 원격으로 접속해서 작업하는 것은 SSH(Secure Shell)을 이용하는 것이다. 이처럼 잘 알려진 tcp/ip 프로토콜은 대부분 사용하기 쉽게 라이브러리가 제공된다. 여기에서는 브라우저처럼 웹페이지 정보를 읽어 오는 cURL(see URL이라 읽는다)에 대해 간단히 소개하겠다. 이 기능은 파이에서 웹 서버의 정보를 읽어 와야 할 경우 아주 유용하게 사용할 수 있다.

cURL은 HTTP, HTTPS, FTP, FTPS, SCP, SFTP, TFTP, LDAP, LDAPS, DICT, TELNET, FILE, IMAP, POP3, SMTP 등 다양한 프로토콜을 지원하는 TCP/IP 통신 라이브러리이며 대부분의 개발 언어에서 사용할 수 있도록 라이브러리를 제공

한다. 주로 HTTP, HTTPS를 이용한 웹페이지 호출에 사용한다.

3.4.4.1 파이썬에서 cURL 사용하기

먼저 파이썬에서 cURL을 사용하기 위해 라이브러리를 설치한다.

```
sudo apt-get install python-pycurl
```

다음은 기상청 도시별 현재 날씨 페이지를 호출 및 결과 페이지를 화면에 표시하는 예제이다. 아래 예제의 출력값에서 원하는 정보를 골라 사용할 수 있다.

```python
#!/usr/bin/env python
import pycurl
from StringIO import StringIO

buf = StringIO()
#curl 오브젝트 초기화
c = pycurl.Curl()
#curl 타임 아웃 설정
c.setopt(c.CONNECTTIMEOUT, 5)
c.setopt(c.TIMEOUT, 8)
#접속할 웹페이지 지정(다음은 기상청 홈 페이지)
c.setopt(c.URL, 'http://www.kma.go.kr/weather/observation/currentweather.jsp')
c.setopt(c.WRITEFUNCTION, buf.write)
#접속시도
c.perform()
#결과 값(페이지)을 받아옴
#HTTP 결과 코드(정상인 경우에는 200)를 확인
print('Status: %d' % c.getinfo(c.RESPONSE_CODE))
#Elapsed time for the transfer.
#웹페이지 호출에 걸린 시간 확인
print('Status: %f' % c.getinfo(c.TOTAL_TIME))
c.close()
#다운 받은 내용을 출력
body = buf.getvalue()
print(body)
buf.close()
```

> 여기에서 기상청 페이지를 소개한 이유는 대기압을 측정하는 센서를 활용하기 위해서다. 책 내에 이 센서를 소개한 부분에서 기상청 홈페이지의 현재 대기압을 참조해 센서값을 보정해야 한다고 설명하고 있다. 여러분은 여기서 소개하는 cURL을 이용해 해당 센서 예제를 개선해 자동으로 현재 기압을 읽어와 보정하는 프로그램을 만들 수 있다.

이번에는 cURL을 이용해 ftp 기능을 구현해보겠다. 먼저 파일 업로드를 하자. 예제에서는 ftp 서버는 PC에서 FileZilla를 사용하지만 어떤 ftp 서버라도 적용 가능하다. (Filezilla FTP 서버 설정 방법은 여기에서는 설명하지 않겠다.)

```python
#!/usr/bin/env python
import pycurl
```

```python
from os.path import getsize
from StringIO import StringIO

#curl 오브젝트 초기화
c = pycurl.Curl()

#ftp로 전송할 파일 이름
file_name = 'curl_ftp.py'

#ftp 서버 정보 세팅. 192.168.11.8은 실제 ftp 서버 주소로 바꾼다.
#ftp 포트 21이 아닌 다른 값을 사용할 경우에는 포트 번호를 바꾼다.
c.setopt(pycurl.URL, 'ftp://192.168.11.8:21' + '/' + file_name)
#ftp 접속 계정을 지정한다.
c.setopt(pycurl.USERPWD, 'username:password')
#ftp 접속 과정의 내용을 화면에 출력한다.
c.setopt(pycurl.VERBOSE, 1)

#ftp 전송할 파일 내용을 읽어들인다.
f = open(file_name)
c.setopt(pycurl.INFILE, f)
c.setopt(pycurl.INFILESIZE, getsize(file_name))
c.setopt(pycurl.UPLOAD, 1)
#ftp 전송
c.perform()
#curl 닫기
c.close()
```

다음은 예제를 통해 파일을 업로드한 결과이다.

그림 3-26
curl ftp 기능을 이용한
파일 업로드

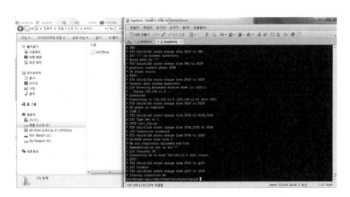

이번에는 cURL을 이용해 ftp 파일 다운로드 기능을 구현해보겠다. 소스 코드도 간단하며 어렵지 않다.

```python
#!/usr/bin/env python

import pycurl
import re
from os.path import getsize
from StringIO import StringIO

output = StringIO()
#curl 오브젝트 초기화
curl = pycurl.Curl()

#ftp 서버 정보 세팅. 192.168.11.8은 실제 ftp 서버 주소로 바꾼다.
```

```python
#ftp 포트 21이 아닌 다른 값을 사용할 경우에는 포트 번호를 바꾼다.
curl.setopt(pycurl.URL, "ftp://192.168.11.8:21")
#ftp 접속 계정을 지정한다.
curl.setopt(pycurl.USERPWD, "username:password")

#ftp 접속 후 서버 파일 정보를 받아온다.
curl.setopt(pycurl.WRITEFUNCTION, output.write)
curl.perform()
result = output.getvalue()
print result
curl.close()
#ftp 서버 파일 정보를 라인 단위로 쪼갠다.
lines = result.split("\n")

"""
아래 split 파싱으로는 파일 이름에 공백이 포함되면 처리하지 못한다.
만약 모든 파일 이름을 처리하려면 약간의 수정이 필요하다.
"""
for line in lines:
    #ftp 서버의 파일 정보를 공백으로 분리해 파일 이름을 찾는다.
    parts = line.split()
    if not parts: continue
    permissions = parts[0]
    group = parts[2]
    user = parts[3]
    size = parts[4]
    month = parts[5]
    day = parts[6]
    yearortime = parts[7]
    name = parts[8]
    print "file name:", name

    #ftp 다운로드 파일을 저장하기 위해 새로운 파일을 만든다. 파일 이름은 서버와 같게 한다.
    fp = open(name, "wb")
    curl = pycurl.Curl()
    #ftp 다운로드 파일을 지정
    curl.setopt(pycurl.URL, "ftp://192.168.11.8:21" + "/" + name)
    print "FTP URL:", "ftp://192.168.11.8:21" + "/" + name
    curl.setopt(pycurl.USERPWD, "username:password")
    #다운로드 파일을 자동으로 파일 디스크립터(fp)에 저장된다.
    curl.setopt(pycurl.WRITEDATA,fp)
    curl.perform()
    #다운로드한 파일을 저장 후 닫는다.
    fp.close()
    curl.close()
    print "file name:", name, "download succcess"
```

❗ 보안을 필요로 하는 파일은 ftp를 이용하지 말자. 보안을 위해서는 sftp를 이용한 파일 전송이 안전하다.

cURL은 단순 페이지 호출뿐 아니라 데이터를 함께 보내는 POST 방식의 호출, 쿠키 처리 등 다양한 처리가 가능하다. 관심 있는 독자는 cURL로 검색해보면 많은 정보를 얻을 수 있다.

3.5 XBee 프로토콜

XBee는 Digi International사의 브랜드 이름이다. 2005년도에 처음 만들어졌으며 802.15.4 표준에 기반하고 있다. 802.15 표준에 기반한 직비(Zigbee)의 변형이라고 볼 수 있다.

XBee는 블루투스보다 더 간단한 프로토콜이며 저전력으로 설계되어 있다. 최근 사물 인터넷이 각광 받으면서 XBee, 블루투스, WiFi 등의 무선 네트워크에 대한 관심이 높아지고 있다. 특히 XBee는 상당히 먼 거리에 있는 기기 간 통신이 가능하기 때문에 상황에 맞게 적절히 사용하면 아주 유용하다. XBee는 다양한 하드웨어 종류가 존재하기 때문에 Digi사에서 판매하는 제품의 종류 및 특성을 파악한 후 자신의 용도에 맞게 선택하도록 한다. 당연히 사용 주파수가 다른 XBee 부품끼리는 통신이 불가능하다.

XBee는 블루투스나 WLAN에 비해 설정이 상당히 까다롭다. 제품 매뉴얼 및 데이터시트도 양이 상당하다. 제품을 사용하기 전에 미리 알아야 하는 내용들이 많기 때문에 천천히 내용을 숙지한 후 XBee를 사용하자. 공부해야 할 대부분의 내용은 XBee 모듈의 설정 방법과 관련이 있다. 따라서 이를 이해해 놓으면 파이뿐 아니라 다른 디바이스에 연결하는 데 전혀 어려움이 없다.

3.5.1 XBee 하드웨어 종류

XBee에는 2개의 하드웨어 시리즈가 있는데, 시리즈 1, 2 제품들 간에는 호환성이 없다. 따라서 두 하드웨어 간의 차이점을 숙지한 후 하나의 모델로 통일해서 사용해야 한다. 그리고 각 시리즈 안에는 레귤러 버전과 프로 버전이 존재한다. 레귤러와 프로 버전은 사용법은 동일하며 XBee 하드웨어의 성능(작동 거리)이 다르다.

3.5.1.1 시리즈 1 하드웨어

시리즈 1은 비교적 사용이 쉽다. 에이다프루트사에서도 초보자들은 시리즈 1로 시작할 것을 권한다. 이 시리즈는 Freescale의 칩을 이용한 제품이며 P2P 통신 또는 Digi사의 소규모 메시네트워크(ZigBee 메시 네트워크와는 호환성이 없으며 DigiMesh라 부름)에서 사용 가능하다. P2P 통신에서는 802.15.4 표준에 기반하고 있으며 ZigBee보다 상당히 빠른 속도를 낸다.

3.5.1.2 시리즈 2 하드웨어

시리즈 2는 Ember Networks사의 칩을 사용하며 ZigBee 표준을 대부분 지원한다. 시리즈 2는 ZigBee 모듈을 포함한 대규모의 메시 네트워크를 염두에 두고 디자인되었다. 대규모의 사물 통신 네트워크, 상용 제품 설계에 적합하다.

다음은 레귤러 제품에 대한 시리즈 간 차이를 정리한 표이다.

Clock	시리즈 1	시리즈 2
작동 거리(실내)	30M	40M
최대 작동 거리(야외)	100M	120M
출력	1mW	2mW
T/R 소모 전류	Transmit 45mA (@3.3V) Receive 50mA (@3.3V)	Transmit 40mA (@3.3V) Receive 40mA (@3.3V)
펌웨어	802.15.4 P2P	ZigBee Mesh
메쉬, 클러스터 토폴로지	지원 안 함	지원함
P2P 설정	간단함	복잡함
네트워크	P2P, Mesh(DigiMesh 펌웨어 필요)	Point to point, Star, Mesh

표 3-4
시리즈 간 하드웨어 비교

💡 어떤 하드웨어를 선택할 것인가?

대규모의 메시 네트워크 기반의 사물 통신이 필요할 경우에는 ZigBee 표준을 따르는 시리즈 2를 사용해야 하지만 XBee 입문용 또는 간단한 디바이스 간의 통신에는 시리즈 1을 사용한다. 여기에서는 시리즈 1을 이용한 간단한 구성을 테스트할 예정이다.

3.5.2 XBee 모듈

3.5.2.1 XBee 핀 배열

XBee는 20개의 핀을 사용하지만 UART 시리얼 통신을 이용할 경우에는 전원 2개, UART 2개 모두 4개의 핀만으로도 통신이 가능하다. XBee 모듈의 핀 간격은 일반 브레드보드의 핀 간격과 다르다. 이 때문에 브레드보드에 꽂아서 사용하려면 핀 간격을 조절해주는 어댑터를 이용한다.

Pin #	Name	Direction	Default State	Description
1	VCC	-	-	Power supply
2	DOUT	Output	Output	UART Data Out
3	DIN / **CONFIG**	Input	Input	UART Data In
4	DIO12	Both	Disabled	Digital I/O 12

그림 3-27
XBee 핀 배열
(출처: XBee User Manual.pdf)

5	**RESET**	Both	Open-Collector with pull-up	Module Reset (reset pulse must be at least 200 ns)
6	RSSI PWM / DIO10	Both	Output	RX Signal Strength Indicator / Digital IO
7	DIO11	Both	Input	Digital I/O 11
8	[reserved]	-	Disabled	Do not connect
9	DTR / SLEEP_RQ/ DIO8	Both	Input	Pin Sleep Control Line or Digital IO 8
10	GND	-	-	Ground
11	DIO4	Both	Disabled	Digital I/O 4
12	CTS / DIO7	Both	Output	Clear-to-Send Flow Control or Digital I/O 7. CTS, if enabled, is an output.
13	ON / SLEEP	Output	Output	Module Status Indicator or Digital I/O 9
14	VREF	Input	-	Not used for EM250. Used for programmable secondary processor. For compatibility with other XBEE modules, we recommend connecting this pin voltage reference if Analog sampling is desired. Otherwise, connect to GND.
15	Associate / DIO5	Both	Output	Associated Indicator, Digital I/O 5
16	RTS / DIO6	Both	Input	Request-to-Send Flow Control, Digital I/O 6. RTS, if enabled, is an input.
17	AD3 / DIO3	Both	Disabled	Analog Input 3 or Digital I/O 3
18	AD2 / DIO2	Both	Disabled	Analog Input 2 or Digital I/O 2
19	AD1 / DIO1	Both	Disabled	Analog Input 1 or Digital I/O 1
20	AD0 / DIO0 / Commissioning Button	Both	Disabled	Analog Input 0, Digital IO 0, or Commissioning Button

3.5.2.2 XBee 무선통신 안테나

XBee는 무선통신 데이터 송수신을 위해 안테나가 필요한데, Digi사 제품은 몇 가지 종류의 안테나를 제공하고 있다.

그림 3-28
(왼쪽부터 순서대로)
wire 안테나, RP SMA
안테나, PCB 안테나, UFL
안테나

- wire 안테나

  RP SMA와 PCB 타입의 중간 정도 통신 거리가 나온다. wire 안테나는 무지향성이기 때문에 어느 방향으로도 비슷한 작동 거리가 보장된다. 가장 무난한 제품이다.

- RP SMA 안테나

  커다란 RP SMA 안테나 연결 단자가 있다. 이 안테나를 별도 구매해서 연결하면 최상의 작동 거리를 보장할 수 있다. 야외에서 원거리 통신이 필요할 경우 사용한다.

- PBC 칩 안테나

  보드 또는 칩에 안테나가 내장된 타입이다. 다른 제품에 비해 통신 거리가 짧은 대신 가격이 저렴하다. 근거리 또는 테스트 용도라면 이 제품이 좋다.

· UFL 안테나

외장 안테나를 연결할 수 있는 조그만 단자가 있다. 반드시 이 단자에 안테나를 연결해야 하는 것은 아니다. 대부분의 경우 안테나 연결 없이도 잘 작동한다. 만약 XBee 모듈을 금속 박스 안에 넣어야 하는 상황이라면 이 모듈이 유용하다. 단자에 안테나를 연결해 금속 박스 밖으로 노출시키면 된다.

> XBee 모듈이 사각형이 아닌 이유는 안테나 때문이다. XBee 모듈을 이용해 제품을 개발할 경우 반드시 금속 부품이 위치해서는 안 되는 범위를 다음과 같이 표시하고 있다. 만약 Keepout 영역을 유지하기 어렵다면 UFL 또는 RP SMA 안테나를 이용해 안테나를 멀리 설치하도록 한다.

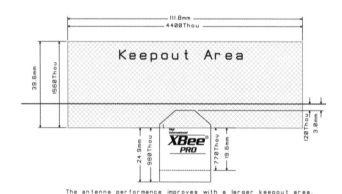

그림 3-29
금속으로부터 보호해야 하는 XBee 모듈의 영역. 그림에서 Keepout Area로 표시된 영역에는 금속 물질을 위치시키면 안 된다.

3.5.2.3 USB 어댑터

초기 제품들은 9핀의 RS232 시리얼 인터페이스를 제공했지만 지금은 USB 어댑터로 제공된다. 아직도 Digi사의 많은 매뉴얼에는 RS232 케이블로 설명하는 내용이 많다. USB 케이블이나 RS232 케이블 모두 시리얼 통신의 하나이기 때문에 사용자 입장에서는 거의 동일하게 취급하면 된다. XBee 모듈을 PC와 연결하는 이유는 Digi사에서 제공하는 애플리케이션을 이용해 XBee 모듈의 설정 작업을 위해서이다. Digi사에서는 XBee 모듈 관리, 펌웨어 업그레이드를 할 수 있는 애플리케이션을 별도로 제공한다.

3.5.2.4 XBee 브레이크아웃 보드

핀 간격 2mm의 XBee는 0.1inch(2.54mm) 핀 간격의 브레드보드에 맞지 않는다. XBee 브레이크아웃 보드는 이러한 핀 간격 차이로 인한 불편을 해소해준다.

그림 3-30
브레이크아웃 보드

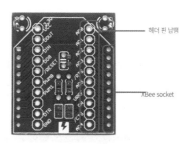

헤더 핀 납땜

XBee socket

3.5.2.5 XBee 실드

XBee 실드를 브레이크아웃 보드의 기능과 함께 사용하면 LED를 통한 상태 표시, GPIO 핀 연결 등 다양한 부가 기능을 이용할 수 있다. 여러 가지 XBee 실드가 있는데, 여기에서 사용할 제품은 아두이노에 최적화된 제품으로, 핀 배열이 아두이노 보드에 맞게 설계되어 있어 아두이노 보드 위에 장착 가능하다. 하지만 파이에서 XBee를 사용하는 경우에도 유용한 제품이다.

이 제품을 파이에 맞게 사용하기 위해 약간 수정을 하겠다. 프로토타이핑 영역에 헤더 핀을 4개 꽂아 납땜한 다음, 통신에 필요한 4개의 핀(1, 2, 3, 10번)을 헤더 핀에 연결한다. 이제 파이에서는 이 4개의 헤더 핀에 접속하면 UART 통신이 가능하다.

그림 3-31
파이용으로 변경한 실드의
전면, 후면

3.5.3 XBee 원격 제어 및 설정

XBee 설정 작업은 앞에서 설명한 USB 어댑터를 사용하면 쉽게 할 수 있다. Digi사에서 제공하는 XCTU 애플리케이션을 이용해 세팅을 해보도록 하겠다. Digi사 애플리케이션을 사용하지 않고 시리얼 모뎀 명령으로 제어하는 방법도 있지만 일부러 어려운 길로 돌아갈 이유는 없다.

3.5.3.1 XCTU 다운로드 및 설치

Digi사 홈페이지(http://www.digi.com/support/productdetail?pid=3352)에서

자신의 운영체제에 맞은 프로그램을 다운로드해서 설치한다. Windows, OS X, 리눅스 버전을 이용할 수 있다.

USB 어댑터에 XBee 모듈을 끼운 다음 PC에 케이블을 연결한 후, 찾기 버튼을 눌러 XBee 모듈을 검색한다. 아래 그림에서 COM1에 USB 어댑터가 연결된 것을 알 수 있다.

그림 3-32
XCTU 화면

시리얼 통신에 필요한 각종 설정을 한다. 특별한 이유가 없다면 기본 설정값을 사용하면 된다. 설정이 끝나면 XBee 디바이스의 맥 주소(MAC Address)가 나타난다. Add selected devices를 눌러 디바이스를 추가하면 XBee 모듈 세팅이 끝난다.

그림 3-33
통신 설정 및 설정 완료

3.5.3.2 XBee 펌웨어 업데이트

가장 먼저 화면 우측의 모듈(그림 3-34의 박스 표시한 곳)을 마우스로 선택하면 XCTU에서 XBee 모듈의 정보를 읽어들인다. 아래 그림의 박스 안에 펌웨어 정보가 나타난다. 중요한 정보는 Product Family, Firmware 버전이다.

그림 3-34
XCTU 펌웨어 업데이트
초기 화면

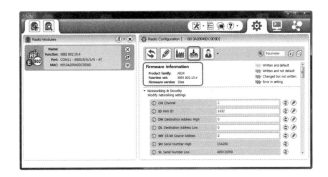

그림 3-34
XCTU 펌웨어 업데이트
초기 화면

처음 모듈을 사용한다면 먼저 해당 모듈의 펌웨어를 업데이트를 확인한다. 먼저 Tools 메뉴에서 Firmware Explorer를 선택해 자신의 XBee 모델의 최신 버전을 확인한다.

그림 3-35
최신 펌웨어 확인

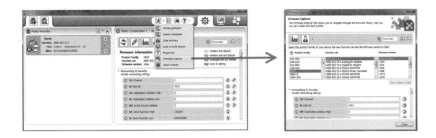

현재 최신 펌웨어 버전이 설치되어 있기 때문에 업데이트는 필요 없다. 만약 자신의 XBee 버전이 낮다면 초기 화면 그림의 아이콘 중에 펌웨어 업데이트 버튼을 눌러 업데이트 작업을 진행한다.

3.5.3.3 XBee 네트워크 및 보안 설정

XBee 모듈끼리 통신을 하기 위해서는 미리 세팅해야 하는 값들이 있다. 다음 작업은 통신에 참여하는 모든 모듈에 대해서 작업을 해줘야 한다. 상당히 많은 값들을 세팅해야 하지만 모든 파라미터를 수정해야 하는 것은 아니다. 대부분 기본값을 유지하면 된다. 중요한 값들에 대해 간단히 설명하겠다.

3.5.3.3.1 채널 설정

채널은 XBee의 통신 주파수 대역(2.405GHz~2.480GHz)을 조절한다. 11(0X0B)~26(1A)까지 16개 채널을 사용할 수 있다. 대부분의 경우 기본값 C를 사용하면 무방하다. 주파수 간섭이 심할 경우에 변경한다.

⚠️ XBee-PRO는 12(0x0C)~23(0x17)까지 12개 채널이 있다.

3.5.3.3.2 PAN(personal area network) ID 설정

PAN은 XBee 통신의 구역이라 생각하면 된다. PAN 값이 다른 디바이스 간에는 통신이 불가능하다. 0에서 65536(0xFFFF)까지의 범위에서 설정한다. 만약 주위에 같은 PAN ID를 사용하는 XBee 네트워크 망이 있다면 이 값을 바꿔 준다.

3.5.3.3.3 목적지(Destination) 설정

목적지는 통신할 상대방 주소를 설정한다. 보통 DH는 사용하지 않기 때문에 0으로 설정하고 DL 값에 상대방 XBee 모듈의 MY 값을 사용한다.

파라미터	XBee 모듈 1	XBee 모듈 2
MY (Source Address)	0x01	0X02
DH (Destination Address High)	0X00	0X00
DL (Destination Address Low)	0X02	0x01

⚠️ 주소 값 설정에는 16비트 어드레싱과 64비트 어드레싱이 있다. 16비트 어드레싱은 위에서 설명한 방식으로 DH 값을 항상 0으로 하고 DL 값과 MY 값을 사용해서 통신한다. 64비트 어드레싱에서는 MY 값 대신 64비트 시리얼 번호를 사용한다. 따라서 DH 값을 사용해야 한다. 64비트 어드레싱을 사용하려면 반드시 MY 값을 0XFFFF 또는 0XFFFE로 설정해야 한다.

64비트 어드레싱(42억 이상 디바이스 사용 가능)은 대규모 메시 네트워크에서 필요한 어드레싱이며 대부분의 경우 16비트 어드레싱으로 충분하다.

3.5.3.3.4 MY 설정

0에서 65536(0xFFFF)까지의 범위에서 설정한다. PAN 안에서 나의 주소가 된다. 소스 주소(Source Address)라고도 한다.

3.5.3.3.5 시리얼 번호

시리얼 번호는 제품의 고유 번호이다. 제품 출하 시 지정되어 있으며 수정이 불가능한 고유한 64비트 값이다.

3.5.3.3.6 암호화

전송 패킷의 암호화 여부를 정한다. 암호화 알고리즘은 AES이다. 만약 암호화를 사용한다면 반드시 상대방도 같이 설정해야 하며 암호화 키 값도 같아야 한다.

3.5.3.4 XBee 시리얼 인터페이스 모드 설정

우리는 시리즈 1 XBee 모듈을 이용할 것이기 때문에 P2P 통신을 이용하도록 한다. 만약 메시 네트워크를 이용하려면 시리즈 1의 DigiMesh보다 ZigBee 표준 메시 네트워크를 지원하는 시리즈 2를 사용하길 권한다. Digi사에서는 시리즈 1에서의 별 토플로지(Star Topology)에서 메시 네트워크로 자연스럽게 확장할 수 있는 DigiMesh에 대한 장점을 강조하지만 메시 네트워크의 대세는 ZigBee이기 때문에 그리 권할 만한 것이 아니다.

XBee에서 디바이스 간 통신할 수 있는 모드는 두 가지가 있다. AT 모드와 API 모드이다.

> ⚠️ 당연히 통신하는 XBee 모듈들끼리는 시리얼 인터페이스 모드를 통일해야 한다.

3.5.3.4.1 AT 모드

AT 모드는 transparent 모드(보낸 패킷이 변형 없이 그대로 전달되기 때문)라고도 하며 두 개의 디바이스가 마치 유선 시리얼 케이블로 연결되어 있는 것처럼 취급한다. 이 모드에서는 데이터 송수신이 간단하다. AT 모드에서는 상대방 디바이스의 시리얼 번호를 확인할 수 없다.

그림 3-36
AT Mode

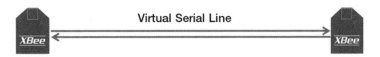

3.5.3.4.2 API 모드

API 모드에서는 통신하는 상대방의 시리얼 번호를 파악할 수 있기 때문에 상대방 XBee 디바이스를 구분할 수 있어 파이에서 UART 통신을 이용해 원격지에 있는 여러 개의 XBee 모듈로부터 들어오는 데이터를 구분해서 처리할 수 있다. 또한 상대방과의 통신 감도까지 패킷에 포함되어 있어 유용하다.

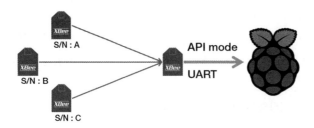

그림 3-37
API Mode

XBee 모듈의 AT 모드와 API 모드 세팅은 Serial Interfacing에서 한다. API 모드는 1번 API Enabled을 선택한 다음 옆의 쓰기(연필) 아이콘을 눌러 저장한다. API 모드에서는 데이터를 프레임 단위로 전송한다. 프레임의 규격에 맞추기 위해 프로그래밍이 필요하다. 프레임 규격 및 프로그래밍은 뒤에서 설명하겠다.

그림 3-38
시리얼 인터페이스 모드
세팅

3.5.3.5 XBee 통신 모드별 데이터 형식

3.5.3.5.1 API 모드 1

API 모드에서는 데이터를 프레임이라는 규격에 맞추어 보낸다. 모드 1에서는 다음과 같이 프레임을 정의한다.

그림 3-39
모드 1 형식
(출처 : XBee product
Manual)

데이터 길이는 2바이트이며 MSB(Most Significant Bit)는 높은 값을 가진 바이트, LSB(Least Significant Bit)는 낮은 값의 바이트이다. 데이터 길이가 255보다 작다면 MSB 값은 0X00이 될 것이다.

　모드1의 다음과 같은 데이터를 가정할 때 체크섬은 다음과 같이 Frame Data를 합한 다음 0XFF와 AND 연산을 한 다음 다시 0XFF에서 뺀다.

```
0x7E 0x00 0x02 0x23 0x11 ?
? = 0xFF - (0XFF & (0x23 + 0x11)) = (0xFF - 0x34) = 0xCB.
```

시리얼 통신에서 체크섬을 추가하는 이유는 데이터의 손실 여부를 판단하기 위해서이다. 체크섬 값이 틀릴 경우 받은 데이터가 손상되었다고 판단하고 처리해야 한다. 사실 이런 경우는 극히 드물며 체크섬 값이 틀린 현상이 발생한다면 XBee 통신 환경을 개선(장애물 제거, 안테나 위치 변경, 디바이스 간 거리 조절)해야 한다.

체크섬에 대한 자세한 내용은 '3.1 UART 통신'을 참조한다.

3.5.3.5.2 API 모드 2(API enabled w/PPP)

API 모드 2에서는 API 모드 1의 데이터에서 데이터 부분(API-specific Structure)에 혼란을 줄 수 있는 중요한 문자가 나타날 경우 다른 문자로 치환하는 기능을 제공한다. 웹 URL에서 공백을 %20으로 표시하는 것과 유사하다.

치환해야 하는 문자는 다음과 같다.

- 0x7E : 데이터의 시작 문자와 동일
- 0x7D : 치환 명령 문자(escape character)
- 0X11 : XON
- 0x13 : XOFF

그림 3-40
모드 2 형식
(출처 : XBee product Manual)

만약 모드 1에서 다음과 같은 프레임이 있다고 가정해보자.

```
0x7E 0x00 0x02 0x23 0x11 0xCB
```

치환 가능 문자는 MSB~Checksum까지다. 따라서 0x00 0x02 0x23 0x11 0xCB 문자들을 검사해야 한다. 이 중 0X11이 치환 대상 문자에 걸린다. 이 경우 다음과 같이 치환 규칙을 적용한다.

- 치환 대상 문자 앞에 0X70을 삽입한다.
- 치환 대상 문자는 0x20과 XOR 비트 연산을 한다.
- 단, 마지막 Checksum은 영향을 받지 않는다(자신이 치환 대상이 아니면 모드

1의 값을 유지).

모드 2를 적용한 데이터는 다음과 같이 될 것이다.

0x7E 0x00 0x02 0x23 0X70 0x31 0xCB

3.5.3.6 인터넷을 이용한 XBee 원격 제어

Digi사는 인터넷을 이용해 원격지의 센서를 관리할 수 있는 제품들을 제공한다. 이 책에서는 이 제품들을 다루지 않겠지만 Digi사의 홈페이지에서 Wireless Routers and Gateways로 검색하면 관련 제품을 찾을 수 있다. 재미있는 것은 사물 통신이 야외에도 디바이스가 설치될 수 있기 때문에 이 게이트웨이 장비들은 2G, 3G 이동통신망을 지원한다. HSDPA 모뎀과 비슷하다고 보면 된다. 3G 모뎀 없이 이더넷에 연결해주는 장비(약 100$ 수준)도 있다. 인터넷에 연결한 XBee 디바이스를 관리할 수 있는 iDigi라는 클라우드 서비스도 제공한다.

3.5.4 XBee와 라즈베리 파이의 연결

XBee 모듈 설정[4]만 정확하게 하면 파이와 XBee와의 통신은 UART를 이용한다. 따라서 파이 프로그래밍은 어렵지 않다. 파이와의 케이블은 전원 VCC, GND 그리고 UART용 DOUT, DIN 4개의 케이블이면 충분하다.

XBee 모듈의 핀 배열은 브레드보드에 맞지 않으므로 XBee 브레이크아웃 보드 또는 실드를 이용한다.

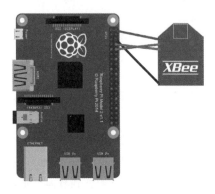

그림 3-41
XBee와 파이의 연결

3.5.5 XBee 모듈 간 통신 테스트

이제 2개의 XBee 모듈을 준비해 하나는 USB 어댑터를 이용해 PC에 연결하고

---

4 XBee 모듈은 모두 같은 통신 모드로 미리 설정해 둔다.

나머지 한 개는 파이에 연결한 다음 데이터 송수신을 테스트하겠다. 파이에는 UART 통신 프로그램을 준비하고 PC에는 XCTU 프로그램을 이용하겠다. 테스트를 진행하기 전에 통신에 필요한 몇 가지 설정 작업을 먼저 진행한다. 이 작업은 USB 어댑터를 이용하며 2개의 모듈에 모두 작업을 해준다.

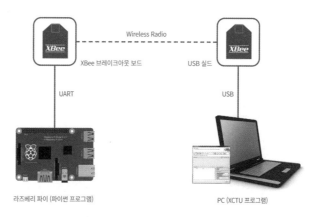

그림 3-42
통신 테스트 환경

라즈베리 파이 (파이썬 프로그램)   PC (XCTU 프로그램)

테스트는 PC XCTU 프로그램에서 데이터를 보내면 파이에서 받은 데이터를 돌려보내는 에코 서버로 구성하겠다.

3.5.6 AT 모드 프로그래밍

먼저 AT 모드에서 XBee 모듈 간의 통신을 테스트해 보겠다. 그림 3-42에서 알수 있듯이 파이 입장에서는 UART 통신만 하고, 나머지는 XBee 모듈이 알아서한다. 따라서 XBee 모듈 간의 정확한 설정이 중요하다.

먼저 두 개의 XBee 모듈의 시리얼 모드를 AT 모드로 세팅한다. 그리고 XBee 모듈의 주소를 설정한다. My 값과 목적지 주소(DL)을 정확하게 설정하도록 한다. 다음은 테스트에 사용한 설정값이다. 여기에서 표시하지 않은 값들은 기본값들을 사용하며 시리얼 번호는 수정이 불가능하다. XBee #1은 파이에 연결하며 XBee #2는 USB 어댑터를 이용해 PC에 연결하겠다.

	My	DH	DL	시리얼 High	시리얼 Low	API Enable	채널	PAN ID
XBee #1	1	0	2	13A200	40DC0DE7	0 (Disabled)	C	3332
XBee #2	2	0	1	13A200	40DC0D9D	0 (Disabled)	C	3332

다음으로 프로그램을 테스트하기 전에 정확하게 모듈 설정이 되었는지 확인한다. 확인 방법은 XBee #2가 연결된 XCTU에서 XBee #1 모듈을 검색해 보면 알

수 있다. 만약 설정이 정확하다면 XBee #1을 찾을 수 있어야 한다.

그림 3-43
Tool 메뉴에서 Range
test를 실행

Radio Range Test 대화창에서 아래 그림처럼 설정한 후 테스트를 진행하면 보내
는 패킷에 대해 응답이 XBee #1로 돌아오는 것을 알 수 있다. 그림 3-44와 같이
보낸 패킷 개수와 받은 패킷 개수가 동일하면 정상이다. 무선 강도는 왼편의 그
래프를 통해 확인 가능하다. 모듈 간 통신이 가능하다는 것을 확인했다면 이제
다음 작업으로 넘어간다.

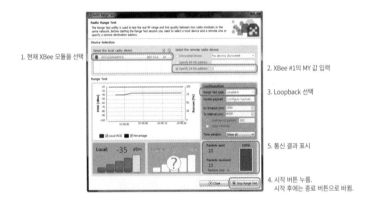

그림 3-44
XBee 범위 테스트

위의 테스트를 진행하려면 반드시 XBee #1이 연결된 파이에서 UART 데이터에 대한 응답
을 보내줘야 한다. 방법은 두 가지가 가능하다. 첫 번째는 뒤에서 설명할 UART 에코 서버
프로그램을 실행해 응답을 보내주는 것이다. 그리고 두 번째는 XBee 모듈의 루프백 점퍼
를 이용해 자동으로 받은 패킷을 돌려주는 방법이다. 어떤 방법을 사용하더라도 상관없다.
루프백 점퍼는 XBee의 DIN과 DOUT을 연결시키면 된다. 그러면 DIN으로 들어온 데이터
가 바로 DOUT을 통해 나가게 된다. 루프백 테스트에서는 파이의 UART GPIO에 연결할 필
요가 없다.

3.5.6.1 파이썬 XBee 프로그래밍

파이에서 UART 에코 서버 애플리케이션을 준비한다. UART 프로그래밍은 UART 통신 편을 참조한다. 이번 테스트에서 파이는 XBee 통신 존재를 알 수 없다. 다만 XBee 모듈과 UART 통신만 할 뿐이다.

```python
#!/usr/bin/env python

import serial
import time

print "XBee AT mode echo server Application Start"

#이 프로그램은 XBee 통신 예제이지만 실제 UART 통신만 한다.
#UART 포트를 개방한다.
ser = serial.Serial(port = "/dev/ttyAMA0", baudrate=9600, timeout=2)
if (ser.isOpen() == False):
  ser.open()
#UART 포트에 남아 있는 데이터를 모두 지운다.
ser.flushInput()
ser.flushOutput()

try:
  while True:
    #UART 포트에서 데이터를 읽는다.
    data = ser.read(ser.inWaiting())
    #만약 읽은 값이 있으면 화면에 출력하고 받은 데이터를 다시 보낸다.
    if(len(data) != 0):
      print "Receive:", data
      ser.write(data)
    time.sleep(0.02)

except KeyboardInterrupt:
  print "XBee  AT mode echo server Application End"
  ser.close()
  exit()
```

3.5.6.2 XCTU 애플리케이션 준비

파이와 통신할 PC에서는 XCTU 프로그램을 이용한다. XCTU 프로그램의 툴 메뉴에서 Serial Console을 선택하고, 다음과 같이 설정한다.

먼저 시리얼 포트를 다음과 같이 열어주자.

그림 3-45
시리얼 포트 개방

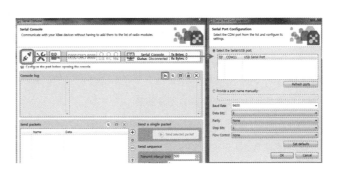

그리고 다음은 전송할 텍스트를 추가한다. 아래 그림에서는 "Hello World" 문자열을 추가했다. 여러 개의 문자열을 추가해 순서대로 보낼 수도 있지만 여기에서는 루프백 테스트가 중요하기 때문에 하나의 문자열만 사용한다. 그리고 전송순서에서 Loop infinitely를 선택해 무한 반복 전송할 수 있게 한다. 마지막으로 Start sequence 버튼을 누른다.

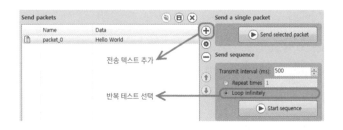

그림 3-46
전송 텍스트 추가

🚫 Start sequence 버튼을 누르기 전에 파이에서 UART 에코 서버를 반드시 실행해 둔다.

그림 3-47과 같은 결과가 보이면 정상이다. 좌측 파이 에코 서버 화면에서 패킷이 나뉘어 처리되는 것은 에러가 아니다. 우측 XCTU 프로그램에서 보면 보낸 패킷에 대해 정확하게 응답(에코)이 오고 있다.

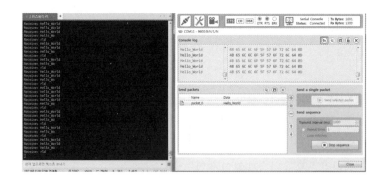

그림 3-47
파이의 에코 서버와 PC의
XCTU 간 XBee 통신 화면

🚫 위와 같이 1:1의 XBee 모듈 간의 통신을 unicast 통신이라 한다. XBee는 1:1 unicast 통신과 함께 1:N의 브로드캐스트 통신을 제공한다. 브로드캐스트 통신을 이용하려면 상대방 어드레스 DL 값을 0X0000FFFF로 설정한다. 브로드캐스트 어드레스로 수신 주소를 설정하면 PAN 내의 모든 단말에게 메시지가 전달된다.

AT 모드에서는 XCTU 애플리케이션이 XBee 모듈의 속성값을 읽거나 쓰는 기능을 제공한다. 하지만 시리얼 통신을 이용해서 이러한 작업을 하는 것은 큰 의미가 없다. XCTU와 비슷한 기능의 프로그램을 개발하려는 경우를 제외하면 XBee의 AT 모드 명령을 배울 필요는 없다. Digi사의 데이터시트의 많은 부분이 이 명령어들에 대한 설명이다.

3.5.7 API 모드 1 프로그래밍

앞에서 AT(Transparent) 모드를 이용한 무선 데이터 송수신 테스트를 해보았다. 이번에는 API 모드 1을 이용해 보겠다. API 모드의 가장 큰 장점은 패킷을 보낸 상대방의 주소를 파악할 수 있다는 것이다. 여러 개의 센서를 XBee 모듈에 연결해 무선으로 데이터를 받는 구성이라면 데이터를 보낸 상대방의 주소를 파악하는 것은 상당히 중요하다. API 모드는 프레임 단위로 패킷을 만들어 송수신하기 때문에 프레임을 만드는 약간의 작업을 필요로 하며 Length(2바이트) 뒷부분의 Frame Data 영역에 대한 이해도 필요하다.

3.5.7.1 API 모드 프레임 데이터의 상세 구조

앞에서 API 모드에서의 데이터 구조에 대해 간단히 설명했다. 여기에서는 Length 뒷부분에 나오는 프레임 데이터를 자세히 설명하겠다.

아마 지금쯤 XBee 통신은 복잡하며 간단하지 않다고 느끼는 분들이 많을 것이다. 하지만 힘들더라도 API 모드 1까지는 가급적 공부를 하길 바란다. AT 모드에서는 구현할 수 없는 고급 기능들은 놓치기 아까운 것들이다.

가장 중요한 것은 아래 그림에서 표시된 2개의 데이터 송수신과 관련한 포맷이다. 아래의 표는 XBee / XBee-PRO RF Modules Product Manual 91~97페이지에서 자세히 설명하고 있다.

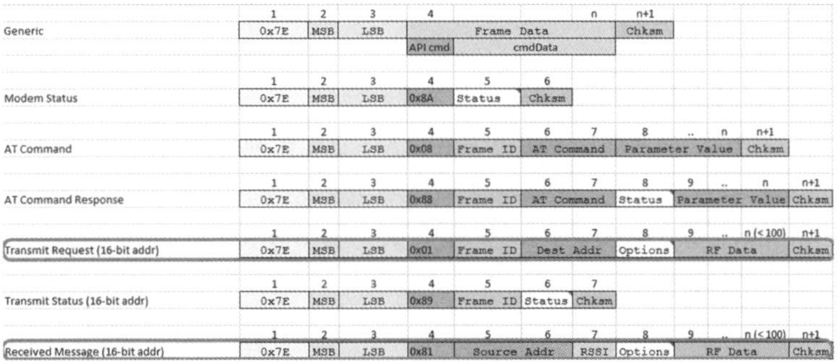

그림 3-48
API 모드 데이터 상세 구조
(출처: http://
serdmanczyk.github.io/
XBeeAPI-PythonArduino-
Tutorial/)

3.5.7.2 API 모드를 위한 XCTU의 프레임 정합성 테스트 기능

파이썬이나 C/C++을 이용해서 API 모드의 프레임을 생성했다면 무선으로 데이터를 송신하기 전에 XCTU를 이용해서 프레임의 정합성 여부를 확인할 수 있다. 먼저 XCTU에서 제공하는 프레임 생성 기능에 대해 알아보자. Tools에서

Frames generator를 선택한 후에 프로토콜, API 모드, 프레임 타입(16비트 어드레스)를 선택하고 RF Data에 원하는 데이터를 입력하면 프레임 데이터가 출력된다. 이 값을 이용해 여러분이 만든 프로그램의 알고리즘이 정확한지 비교할 수 있다.

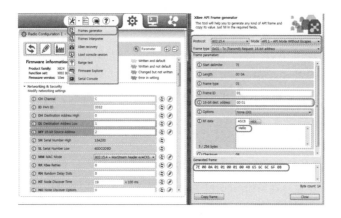

그림 3-49
XCTU의 프레임 생성

반대로 Tools에서 Frames interpreter를 이용하면 수신한 API 프레임 데이터를 입력해 상대방이 송신하고자 하는 데이터를 확인할 수 있다. 만약 패킷에 체크섬 또는 포맷 오류가 있다면 에러 메시지를 보여준다.

	My	시리얼 High	시리얼 Low	API Enable	채널	PAN ID
XBee #1	1	13A200	40DC0DE7	1 (API Enabled)	C	3332
XBee #2	2	13A200	40DC0D9D	1 (API Enabled)	C	3332

3.5.7.3 시리얼 모드 및 XBee 모듈 주소 설정

먼저 두 개의 XBee 모듈의 시리얼 모드를 API 모드로 세팅한다. 그리고 XBee 모듈의 주소를 설정한다. 여기에서 표시하지 않은 값들은 기본값들을 사용하고, 시리얼 번호는 수정이 불가능하다. XBee #1은 파이에 연결하며 XBee #2는 USB 어댑터를 이용해 PC에 연결하겠다.

3.5.7.4 파이 프로그래밍

파이에서 UART 에코 서버 애플리케이션을 준비한다. API 모드는 AT 모드와는 달리 수신 패킷을 바로 리턴할 수 없다. 프레임 양식에 맞추어 다시 보내야 한다. 그리고 패킷을 보낸 직후 전송 결과가 0X89 명령으로 수신된다. 이 패킷을 확인하면 데이터 전송 성공 여부를 알 수 있다. 소스 코드가 초보자에겐 조금 어러울 수 있다.

프레임 포맷과 상태 값은 다음과 같다.

0X7E	MSB	LSB	0X89	Frame ID	Status	ChkSum
프레임 시작	0	길이	전송 결과	프레임 번호	0X00 : 성공	체크섬
					0X02 : CCA 실패	
					0X21 : 도착 주소 에러	
					0X22 : 네트워크 가입 에러	
					0X23 : 도착 주소가 본인	
					0X24 : 주소 확인 불가	
					0X25 : 라우터 확인 불가	
					0X74 : 페이로드가 너무 큼	

```python
#!/usr/bin/env python

import serial
import sys, time
import threading
import commands
import binascii

… 중략 …

#받은 데이터를 분석해 출력
def print_dictionary(dic):
  print GREEN,"command:", hex(dic['command']), DEFAULT
  print GREEN,"addr:", hex(dic['addr']), DEFAULT
  print GREEN,"rssi:", hex(dic['rssi']), DEFAULT
  print GREEN,"option:", hex(dic['option']), DEFAULT
  print GREEN,"msg:", dic['msg'], DEFAULT

#받은 데이터에서 message만 돌려보내는 함수. 명령 0X01 사용
def XBee_snd(dic):
  hexs = '7E 00 {:02X} 01 {:02X} {:02X} {:02X} {:02X}'.format(
  len(dic['msg']) + 5,                #LSB (length)
  1,
  (dic['addr'] & 0xFF00) >> 8,    #Destination address high byte
  dic['addr'] & 0xFF,             #Destination address low byte
  dic['option']
  )
  frame = bytearray.fromhex(hexs)
  frame.extend(dic['msg'])
  frame.append(0xFF - (sum(frame[3:]) & 0xFF))
  print YELLOW, '--- Send ----', DEFAULT
  print YELLOW, binascii.hexlify(frame), DEFAULT
  print YELLOW, '-------------', DEFAULT

  ser.write(frame)
  return

#상대방 모듈에서 보낸 데이터 수신 함수
#이 함수의 내용을 이해하려면 본문 'API Mode 1 프로그래밍'을 숙독하기 바란다.
def XBee_receive():
  dic = {'command':0, 'addr':0, 'rssi':0 ,'option':0, 'msg':"",
  'chksum':0}
  while 1:
      #첫 바이트를 읽는다. 프레임의 시작을 의미하는 0X7E가 와야 한다.
```

```
val = ser.read(1)
if(0 == len(val)):
  time.sleep(0.002)
  continue
ival = ord(val[0])
#첫 바이트가 0X7E가 아니면 에러 처리
if(ival !=  0x7E):
  print RED, "NO 0X7E rcv", DEFAULT
  return {'command':0}

print BLUE, hex(ival)

#2 ~ 3 바이트를 읽는다. 패킷의 길이(MSB, LSB)값이 된다.
packet_len = ser.read(2)
if(2 != len(packet_len)):
  print RED, "NO Length RCV Error", DEFAULT
  return {'command':0}

ival = ord(packet_len[0]) << 8
ival += ord(packet_len[1])
for ch in packet_len:
  print BLUE, hex(ord(ch[0])), DEFAULT

#앞에서 읽은 패킷의 길이만큼 읽는다.
packet = ser.read(ival)
if(ival != len(packet)):
  print RED,"RCV Data Length Error", DEFAULT
  return {'command':0}

for ch in packet:
  print BLUE, hex(ord(ch[0])), DEFAULT

#읽은 패킷의 첫 바이트는 API 명령에 해당한다. 자세한 내용은 참조한다.
dic['command'] = ord(packet[0]) #0X81
#0X81는 메시지 수신을 의미한다. 계속해서 addr, RSSI, Options, RF Data를 계속 읽는다.
if(dic['command'] == 0X81):
  dic['addr'] = ord(packet[1]) << 8
  dic['addr'] += ord(packet[2])
  dic['rssi'] = ord(packet[3])
  dic['option'] = ord(packet[4])
  dic['msg'] = packet[5:]
  print_dictionary(dic)
else:
  #0X89는 내가 보낸 패킷의 전송 결과 여부를 알려주는 패킷
  if(dic['command'] == 0X89):
    frame_id = ord(packet[1])
    status = ord(packet[2])
    if(status == 0X00):
      print GREEN,"Frame[", frame_id, "] Send SUCCESS", DEFAULT
    else:
      print RED,"Frame[", frame_id, "] Send FAILED", DEFAULT
  dic['addr'] = 0
  dic['rssi'] = 0
  dic['msg'] = ""
  dic['option'] = 0

#마지막으로 체크섬 바이트를 읽는다.
chksum = ser.read(1)
if(1 != len(chksum)):
  print RED, "Checksum RCV Error", DEFAULT
  return {'command':0}
print BLUE, hex(ord(chksum[0])), DEFAULT

#체크섬 계산
ret = 0X00
```

```
        for ch in packet:
            ret += ord(ch[0])
        ret = 0XFF - (ret & 0XFF)

        #체크섬 계산 결과와 수신 체크섬 값이 같으면 수신 데이터를, 틀리면 에러를 리턴한다.
        if(ret == ord(chksum[0])):
            print RED, "Checksum Success", DEFAULT
            break
        else:
            print  RED, "Checksum Error",  DEFAULT
            return {'command':0}
    return  dic

#실제 프로그램은 여기에서 시작함
print "XBee API mode 1  Application"

#UART 시리얼 포트 개방
ser = serial.Serial(port = "/dev/ttyAMA0", baudrate=9600, timeout=1)
if (ser.isOpen() == False):
  ser.open()
#UART 포트에 남아 있는 데이터를 모두 지운다.
ser.flushInput()
ser.flushOutput()

try:
  while True:
    #XBee로부터 상대방이 보낸 데이터 수신
    dic = XBee_receive()
    #상대방이 보낸 메시지인 경우 응답을 보냄
    if(dic['command'] == 0X81):
      XBee_snd(dic)
    else:
      print "Command:", dic['command']

except KeyboardInterrupt:
  print "XBee API mode 1 Application End"
  ser.close()
  exit()

ser.close()
```

3.5.7.5 XCTU 애플리케이션 준비

PC의 XCTU 애플리케이션은 AT 모드와 같다. 다만 보낼 데이터를 Tools의 Frames Generator에서 미리 만들어 둔 다음 Copy Frame 버튼을 눌러 복사한다. 그리고 시리얼 콘솔의 Send Packets에 추가해 사용한다.

다음은 XCTU와 파이 간에 API 모드 1로 통신한 결과이다. XCTU에서 보낸 프레임 데이터를 파이에서 수신하고 패킷을 분석한 후 다시 메시지(Hello World)를 돌려보내고 있다. 참고로 파이와 XCTU 모두 패킷을 보낸 직후 보낸 패킷의 전송 결과(0X89)를 받는다. XCTU 창에서도 파이에서 되돌려 보낸 패킷이 도착하기 전에 전송 결과를 수신하는 것을 그림 3-50의 박스에서 확인할 수 있다.

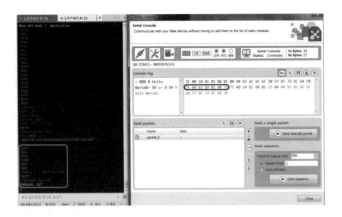

그림 3-50
API Mode 테스트 결과

XCTU에서 보낸 패킷과 파이에서 받은 패킷이 같지 않은 점에 유의하기 바란다. XCTU에서는 송신을 위해 0X01(transmit) 명령을 사용했지만 파이에서는 0X81 명령(receive)으로 바뀌고 RSSI 데이터를 비롯한 값들이 추가되어 있고 체크섬 값도 바뀌어 있다. 이런 이유 때문에 API 모드를 transparent라 부르지 않는다.

XBee(Zig Bee)는 저전력이면서 통신 거리가 상당히 뛰어나기 때문에 사물 통신에서 반드시 고려해야 하는 제품이다. 최근에는 LoRa 쪽으로 기우는 분위기이지만 여전히 XBee는 많은 분야에서 사용 중이다. 조금 어렵더라도 기능이 풍부한 API 모드를 이용할 것을 적극 권하고 싶다. 이 책에서 다른 통신 파트에 비해 많은 분량을 XBee에 할당하고 있는데, XBee만으로도 책 한 권을 쓰고도 남을 정도로 내용이 방대하다. 독자가 너무 방대한 학습량에 주눅들지 않도록, 실전에서 꼭 필요한 내용 중심으로 설명했다.

간단한 사물 통신에는 시리즈 1의 API 모드를 이용하고 디바이스 간 통신 거리가 멀 경우에는 프로 버전을 사용하도록 한다. 그리고 XBee 모듈을 구매할 때 반드시 브레이크 아웃 보드 또는 실드를 같이 준비하도록 한다.

만약 메시 네트워크를 이용한 대규모 사물 통신망을 구축한다면 시리즈 2를 사용하도록 한다. 시리즈 2를 공부하고 싶은 독자는 Robert Faludi가 쓴 O'Reilly 출판사의 『Building Wireless Sensor Networks』를 권하고 싶다. 이 책은 오로지 시리즈 2에 대해서만 다루고 있다.

최근에는 저전력 장거리 통신용으로 LoRa가 인기를 끌고 있다. XBee에 관심이 있는 독자라면 LoRa에도 관심을 가져 볼 만하다.

3.6 블루투스 통신

블루투스(BlueTooth) 통신은 근거리 무선 통신의 일종으로, 무선 헤드폰, 키보드 등 근거리 유선을 대체하는 수단이다. WiFi에 비해 전력 소모가 적은 장점이 있다. 현재 버전 4.2까지 나와 있으며 RS232 시리얼 통신을 무선으로 대체하는 기술에서 출발했기 때문에 프로토콜이 시리얼 통신과 유사하다. 하지만 시리얼 통신과 달리 동시에 여러 개의 디바이스와 동시에 블루투스 통신을 할 수 있다. 많은 센서들이 UART, SPI, I2C 등의 시리얼 통신을 지원하는데 이 센서들에 블루투스-시리얼 변환 모듈을 연결해 무선으로 센서 데이터를 수집할 수 있으며 전력 소모가 적은 장점도 있기 때문에 임베디드 영역에서도 유용하다. 또한 스마트폰의 블루투스 기능을 이용해 제어 앱을 개발하면 원격에서 라즈베리 파이를 제어할 수도 있다.

블루투스 디바이스는 class 1, class 2, class 3로 나뉜다.

	전력 소모	거리
class 1	100mW	100M
class 2	2.5mW	10M~30M
class 3	1mW	10CM~1M

class1은 통신 거리는 길지만 전력 소모가 많다. 사용하는 환경을 고려해 적절한 class의 블루투스 장비를 선택한다.

3.6.1 블루투스의 특징

3.6.1.1 블루투스의 작동 방식(마스터-슬레이브)

블루투스 네트워크(피코넷)에서는 데이터 송수신을 위해 마스터(Master)-슬레이브(Slave) 모드를 이용한다. 하나의 마스터는 7개의 슬레이브와 연결이 가능하다. 슬레이브는 오직 1개의 마스터와 연결이 가능하다. 만약 파이와 여러 개의 블루투스를 이용한 무선 센서를 연결한다면 파이를 마스터로, 무선 센서를 슬레이브로 설정해야 할 것이다.

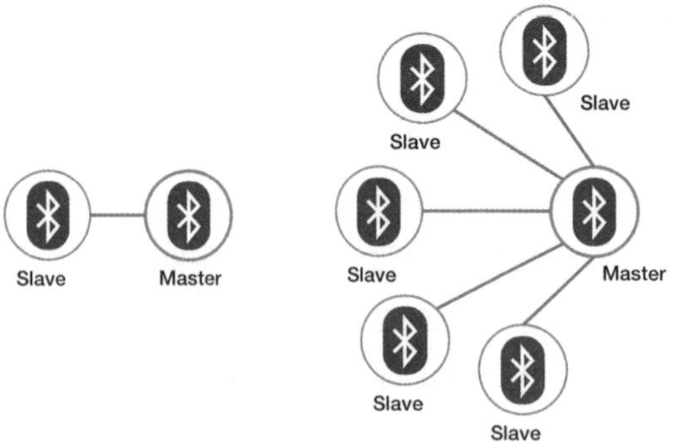

그림 3-51
블루투스 네트워크에서
마스터·슬레이브 구성

3.6.1.2 블루투스 주소와 이름

블루투스 네트워크는 이더넷과 유사한 특징을 가지고 있다. 모든 블루투스 디바이스는 48비트(6바이트)의 고유한 주소를 가진다. 이는 마치 이더넷 랜 카드의 맥 어드레스와 비교할 수 있다. 48비트 중 24비트(3바이트)는 제조사, 나머지 24비트는 일련 번호이다. 고유 주소로 사용하기에는 길이가 너무 짧고 이더넷처럼 인터넷에 수많은 디바이스가 접속하지 않기 때문에 동일 제품의 블루투스 디바이스가 같은 주소를 가지는 경우도 있다. 이 경우에는 뒷부분의 주소 변경 방법을 참조하면 된다.

또한 블루투스 디바이스는 주소 값보다 우리에게 익숙한 형태의 이름(최대 248바이트)을 제공한다. 마치 이더넷에서 호스트 이름을 제공하는 것과 같다. 스마트폰과 같은 블루투스 기기에서 주변의 기기를 검색하면 이름과 고유 주소가 함께 나타난다.

3.6.1.2 블루투스 프로파일

블루투스 통신은 전송 데이터 종류에 따라 다시 몇 개의 프로파일로 나눌 수 있다. 네트워크는 이더넷과 유사한 특징을 가지고 있다. 서로 통신하는 블루투스 디바이스는 반드시 같은 프로파일을 사용해야 한다. 수많은 블루투스 프로파일이 있는데, 그중 중요한 몇 가지만 소개하면 다음과 같다.

- 시리얼 포트 프로파일(Serial Port Profile):
  앞에서 블루투스 통신의 목적은 유선 시리얼 통신을 무선으로 대체하는 것이라고 했다. 시리얼 포트 프로파일은 이러한 용도에 적합한 프로파일이며 두 디바이스 간 데이터 송수신을 마치 시리얼 통신처럼 구현한다. 우리는 이 프로파일을 이용할 것이다. 뒤에서 설명하겠지만 SPP는 RFCOMM을 이용하는

데 가상 파일을 통한 I/O로 블루투스 통신을 대체하기 때문에 프로그래밍이 무척 간단해진다. 또한 RFCOMM0, RFCOMM1와 같이 여러 개의 블루투스 디바이스와의 통신을 구현하는 데도 편리하다.

- 휴먼 인터페이스 디바이스(Human Interface Device):
  이 프로파일은 사용자의 입력을 무선으로 전달하는 데 사용하며 무선 마우스, 키보드, 조이스틱 등이 대표적인 디바이스들이다.
- 핸즈프리 프로파일, 헤드셋 프로파일(Hands-Free Profile, Headset Profile):
  주로 차량의 스마트폰 연동 시스템에 사용한다.
- 고급 오디오 분배 프로파일(Advanced Audio Distribution Profile;A2DP):
  블루투스 디바이스 간의 오디오 전달을 정의한 프로파일이다. 앞의 HFP나 HP는 쌍방 오디오 전달하는데 이 프로파일은 단방향 송신이다. 대신 오디오 음질이 뛰어나다. 주로 MP3 플레이어와 블루투스 헤드폰 연동에 사용한다.
- A/V 원격 제어 프로파일(A/V Remote Control Profile):
  보통 고급 오디오 분배 프로파일의 보조 기능으로 제공하며 음악이나 비디오 감상 중 플레이어를 제어 기능(정지, 시작, 종료, 전진, 되감기)을 제공한다.

여기에서는 블루투스 키보드, 스피커 등의 연결 방법은 설명하지 않는다. 블루투스를 이용해 직접 데이터 송수신 프로그램을 만드는 것을 목표로 한다.

3.6.2 블루투스 설정

본격적으로 블루투스를 사용하기 전에 어떤 식으로 시스템을 구성할 것인지를 생각해보자. 사실 블루투스에 대한 지식이 없어도 블루투스 기기를 이용한 통신이 가능하다. 대부분의 블루투스 통신은 일종의 통신 게이트웨이 역할을 한다. 즉, 블루투스와 시리얼 간의 변환이다. 시리얼은 다시 UART, I2C, SPI, USB 등 다양한 방식으로 사용이 가능하다. 파이 3는 블루투스를 지원하기 때문에 파이 3 간에 블루투스 통신을 이용해 데이터를 주고 받는 예제와 HC-05 모듈을 이용해 파이 3와 데이터를 주고 받는 예제를 해보겠다. HC-05를 다루는 이유는 이 모듈을 아두이노에서도 많이 사용하기 때문이다. 파이와 다른 디바이스 간의 무선 블루투스 통신을 구현하려면 HC-05에 대해서 알아 두는 것이 좋다. 이 책 뒷부분의 관제 시스템 프로젝트에서 이 제품을 사용한다.

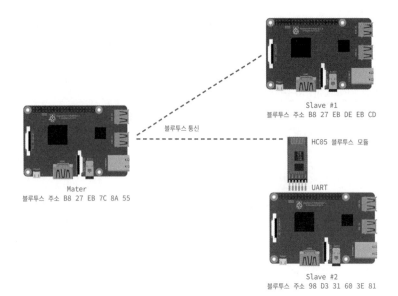

그림 3-52
블루투스 디바이스
네트워크 구성

Slave #1
블루투스 주소 B8 27 EB DE EB CD

HC05 블루투스 모듈

블루투스 통신

UART

Mater
블루투스 주소 B8 27 EB 7C 8A 55

Slave #2
블루투스 주소 98 D3 31 60 3E 81

테스트는 3개의 파이를 이용할 것이며 파이 두 개는 파이 3에서 지원하는 블루
투스 기능을 이용하고 다른 한 대에는 블루투스-UART 모듈(HC-05)을 이용해서
구성하겠다. (마지막 파이는 나중에 아두이노로 대체 가능하다.)

3.6.2.1 파이 3의 블루투스 설정

파이 3부터는 블루투스 통신 칩을 내장하고 있기 때문에 별도의 어댑터가 필요
하지 않다. 만약 파이 2를 사용한다면 그림 3-53의 블루투스-USB 어댑터 또는
블루투스-UART 모듈을 사용한다.

그림 3-53
(왼쪽부터 순서대로)
테스트용 블루투스-USB
어댑터[5], HC-05 블루투스-
UART 모듈

---

5 파이 3에서는 필요 없다.

3.6.2.1.1 블루투스용 패키지 설치

파이 3에서는 블루투스가 기본적으로 지원되며 최신 라즈비안을 사용한다면 아래 패키지 설치가 필요 없다. 파이 2에서만 다음 패키지를 설치한다. 설치 과정에는 약간의 시간과 100MB 정도의 디스크 용량이 필요하다. bluez는 파이썬으로 만들어진 블루투스 활용 스크립트이며 리눅스 시스템에서 블루투스를 사용할 때 많이 이용한다.

```
sudo apt-get install bluetooth bluez-utils blueman
```

파이 2에서의 블루투스 사용을 위한 패키지 설치가 끝나면 USB 블루투스 동글을 USB 포트에 연결하고 파이를 재시작한다. (파이 3은 그냥 진행하면 된다.)

파이 2가 재부팅되면 USB 블루투스 동글의 인식 여부를 확인한다. lsusb 명령을 이용하면 현재 연결된 USB 디바이스를 검색한다. 블루투스 동글을 이용한다면 그림 3-54처럼 CSR(Cambridge Silicon Raadio)사의 Bluetooth Dongle을 확인할 수 있다.

3.6.2.1.3 자신이 사용하는 블루투스 장비 확인

먼저 자신의 블루투스 정보를 확인해보자. TCP/IP 네트워크 정보를 확인하는 ifconfig 명령과 유사한 hciconfig 명령이 있다. 랜 카드가 일반적으로 eth0, eth1,…로 이름을 부여하는 것처럼 블루투스에서는 hci0, hci1 등의 순서로 이름을 부여한다. 다음은 hci0 블루투스 디바이스의 정보이다.

```
root@raspi-spy:~#hciconfig
hci0: Type: BR/EDR  Bus: USB(파이 3의 경우 UART로 출력된다)
BD Address: 00:1A:7D:DA:71:0B  ACL MTU: 310:10  SCO MTU: 64:8
UP RUNNING
RX bytes:34879 acl:35 sco:0 events:303 errors:0
TX bytes:2894 acl:35 sco:0 commands:107 errors:0
```

파이에서 연결 가능한 블루투스 장비를 검색하는 명령은 hcitool scan이다. 이명령으로 현재 통신 가능한 블루투스 디바이스 목록을 알 수 있다. 아마 대부분의 경우에는 주변 스마트폰이 검색될 것이다. 이 명령으로 연결 가능한 블루투스 디바이스의 이름과 디바이스 주소를 알 수 있다. 이 주소 값은 랜 카드의 주소와 같은 형식임을 알 수 있다.

```
root@raspi-spy:~#hcitool scan
Scanning ...
        B0:89:91:DB:18:A3 LG-KU3800
        98:D3:31:60:3E:81 HC-05
```

hcitool을 이용해 파이 3의 블루투스 디바이스를 검색하려면 몇 가지 사전 작업이 필요하다. 앞에서 hciconfig 명령을 이용해 자신의 블루투스를 확인했는데, 아래의 그림을 보면 약간 다른 것을 알 수 있다. PSCAN ISCAN이 추가되어 있다. 이 모드가 있는 모듈만 검색 가능하다.

```
root@Jessie-bluetooth1:~# hciconfig
hci0:   Type: BR/EDR  Bus: UART
        BD Address: B8:27:EB:7C:8A:55  ACL MTU: 1021:8  SCO MTU: 64:1
        UP RUNNING PSCAN ISCAN
        RX bytes:10881 acl:174 sco:0 events:264 errors:0
        TX bytes:8888 acl:174 sco:0 commands:85 errors:0
```

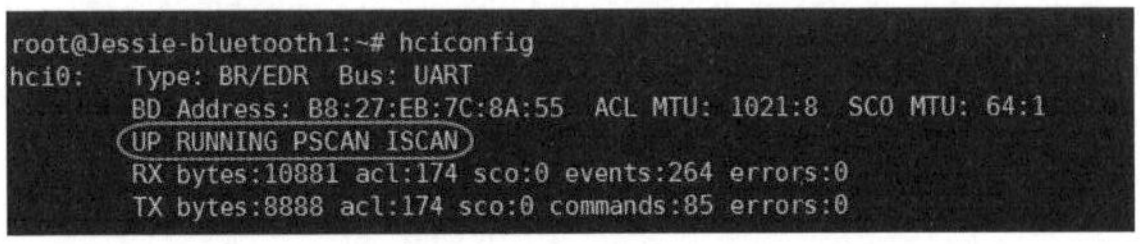

그림 3-55
파이 2에서 USB 블루투스 인식 또는 서비스 상태 확인

블루투스 통신은 두 디바이스 간에 페어링을 거쳐 접속이 이루어지는데, ISCAN(Inquery Scan)은 페어링 단계에 필요한 모드이다. 즉, 페어링이 가능하게 자신을 외부 기기에 알려주는 것이다. ISCAN 모드가 없으면 외부 기기에서 자신을 검색할 수 없다. PSCAN(Page Scan)은 페어링 단계를 거쳐 두 디바이스 간의 연결에 필요한 모드이다. 따라서 두 개의 모드가 모두 필요하다. 만약 hciconfig에서 이 모드가 빠져 있으면 다음과 같은 명령으로 모드를 추가할 수 있다.

```
hciconfig hci0 piscan
```

또는 bluetoothctl 명령의 discoverable on으로도 가능하다.

```
root@Jessie-bluetooth1:~#bluetoothctl
[NEW] Controller B8:27:EB:7C:8A:55 Jessie-bluetooth1 [default]
[bluetooth]#power on
[bluetooth]#discoverable on
Changing discoverable on succeeded
[CHG] Controller B8:27:EB:7C:8A:55 Discoverable: yes
```

이 과정을 거치고 나서 hciconfig를 실행하면 위에서 설명한 두 개의 모드가 보일 것이다.
부팅 시에 자동으로 PISCAN 모드를 적용하려면 bluetoothctl을 이용한다.
그런데 한 가지 문제가 또 있다. discoverable on 모드의 기본 지속 시간이 180초라는 점이다. 즉, 180초 이후에는 이 모드가 사라진다. 이 현상을 막으려면 /etc/bluetooth/main.conf 파일을 수정해야 한다.

```
Class = 0x200420
..........
DiscoverableTimeout = 0
```

위에서 Class 값은 bluetoothctl의 show 명령으로 확인하면 된다. 그리고 Powerd, Discoverable, Pairable 값도 확인하자. bluetoothctl에서 help 명령으로 이 값들을 바꾸는 방법을 알 수 있다. hciconfig -a 옵션으로도 class 값을 확인할 수 있다.

위의 상태를 확인했으면 재부팅한 후에 블루투스 프로그래밍을 시작하도록 한다.

3.6.2.2 블루투스-UART 모듈 HC-05 설정

세 번째 파이에는 블루투스-UART HC-05 모듈을 사용한다. 이 모듈은 제조사에 따라 조금씩 모양이 다르고 셋업 방식도 다르기 때문에 제품 매뉴얼을 주의 깊게 읽어야 한다.

연결 자체는 간단하다. UART 통신을 위한 준비만 하면 된다. UART 통신을 하려면 반드시 시리얼 포트를 통한 로그인을 막아야 한다. 이 작업은 118쪽 '3.1.1.1 시리얼 포트를 이용한 사용자 로그인 제한'을 참조해서 미리 작업을 하도록 한다. 3.3V 전원과 접지 그리고 Tx, Rx를 파이와 모듈 간에 크로스로 연결하면 된다. 전원이 연결되면 모듈의 LED가 깜박이는 것을 볼 수 있다. 규칙적으로 깜박이는 상태는 아직 디바이스 간 연결이 되지 않은 상태이다.

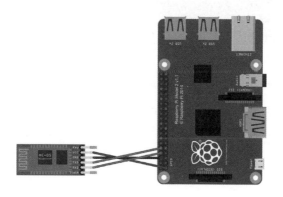

3.6.2.2.1 HC-05 블루투스-UART 모듈 개요

우리가 사용할 HC-05 모듈에 대해 간단한 학습을 한 후 진행하도록 하겠다. HC-05와 비슷한 모듈로는 스파크 편의 BlueSMiRF, Bluetooth Mate가 있다. HC-05는 마스터, 슬레이브 모드 모두 설정 가능하지만 출시 시점에는 슬레이브 모드로 맞추어져 있으며 다음과 같은 특징을 가진다. 참고로 HC-06은 마스터, 슬레이브 전환이 불가능하다. 또한 HC-05 칩을 사용하지만 모듈 만드는 회사에 따라 구조가 약간씩 다르기 때문에 제조사의 데이터시트를 참조하면서 작업한다.

- CSR사의 블루투스 2.0 칩셋을 사용한다.
- 3.3V 전원에서 작동한다. 데이터시트에는 4.2V까지 작동한다고 되어 있지만 요즈음 모듈들은 아두이노 때문인지 모듈에서 5V까지 지원한다.
- 통신 속도는 9,600bps에 맞추어져 있으며 조절 가능하다. 하지만 AT 명령 모드에서는 38,400bps가 될 수 있다.
- 소모 전류는 8mA~30mA이다.
- State 핀은 LED 상태를 전달하는 핀이다. 다른 블루투스 디바이스와 연결되지 않은 상태에서는 LED 점등처럼 펄스를 내보낸다.

3.6.2.2.2 KEY 핀이 있는 HC-05 블루투스-UART 모듈 AT 모드 변경

HC-05 모듈의 이름, 통신 속도 등 정보를 수정하려면 HC-05 모듈을 AT 명령 모드로 바꿔야 한다. AT 명령 모드 변경 방법은 모듈에 따라 약간씩 다르다. 먼저 KEY 핀이 있는 모듈은 KEY 핀을 ON 상태로 바꾸어 주면 AT 명령 모드로 바뀐다. KEY 핀은 모듈 칩의 34번 핀에 연결된다. 이 핀을 3.3V 전원에 연결한 상태에서 모듈에 Vcc 전원을 공급한다.

그림 3-58
키 핀이 존재하는 HC-05 블루투스-UART 모듈. 전면에 버튼이 없다.

3.6.2.2.3 KEY 핀이 없는 HC-05 블루투스-UART 모듈(ZS-040) AT 모드 변경

KEY 핀이 없는 모듈은 점퍼 케이블 연결하는 쪽에 작은 버튼이 있다. 이 버튼을 누른 상태에서 Vcc 전원을 모듈에 연결하면 34번 핀에 3.3V 전원이 공급되면서 AT 명령 모드로 바뀐다. AT 명령 모드에서는 KEY 핀이 있는 제품과 마찬가지로 LED 깜박이는 속도가 달라질 것이다.

그림 3-59
키핀 대신 버튼 스위치가
존재하는 HC-05 블루투스-
UART 모듈. 전면에 버튼이
있다.

💡 AT 명령 모드를 이처럼 물리적인 방법으로 설정하게끔 만든 이유는 보안과 관계가 있다. 작동 중인 장비에 접속해 무단으로 설정값을 바꾸는 사고를 예방하기 위함이다.

❗ KEY 핀에 전원을 공급하는 순서에 따라 AT 모드 통신 속도가 달라질 수 있다. KEY 핀에 전원을 공급한 상태(또는 버튼을 누른 상태)에서 Vcc를 연결하면 34,800bps, Vcc 전원을 먼저 공급한 상태에서 KEY 핀에 전원을 공급하면 9,600bps가 된다. 후자의 경우는 이미 9,600bps로 작동 중인 상태에서 모드 변환이 발생하기 때문에 통신 속도가 바뀌지 않는다. 데이터시트에서는 34,800bps 작동 방식을 권하고 있다. 뒤에서 설명할 AT+UART 명령으로 설정 및 확인하는 통신 속도는 AT 모드가 아닌 작동 시 통신 속도를 의미한다.

3.6.2.2.4 HC-05 설정 변경

HC-05 모듈의 제어 프로그램은 minicom을 사용하면 된다. 또는 간단하게 만들어서 사용해도 무방하다. 다음은 UART 편의 예제를 살짝 수정해서 직접 HC-05 제어가 가능한 파이썬 프로그램이다. UART 통신을 이용해 AT 명령을 HC-05 모듈에 보내고 다시 HC-05 모듈이 응답한 메시지를 화면에 출력해주면 된다.

```
#!/usr/bin/env python

import serial
import time
#화면 출력 시 색깔 지정
DEFAULT =  "\033[0m"
BLUE = "\033[34m"
GREEN = "\033[32m"
YELLOW = "\033[33m"

print "HC-05 Bluetooth Terminal Application"

#UART 채널을 개방한다.
if(GPIO.RPI_REVISION < 3):
  ser = serial.Serial(port = "/dev/ttyAMA0", baudrate=9600, timeout=2)
else:
  ser = serial.Serial(port = "/dev/ttyS0", baudrate=9600, timeout=2)
if (ser.isOpen() == False):
  ser.open()

#UART 포트에 남아 있는 기존 데이터를 비운다.
ser.flushInput()
ser.flushOutput()

try:
```

```
    while(True):
print YELLOW
        #사용자가 입력한 명령을 UART 포트로 전송한다. 이 데이터는 블루투스 모듈에 전달된다.
        command = raw_input("Command:")
        #AT 모드는 반드시 라인 단위로 전송한다.
        command += "\r\n"
        #AT 모드 명령 전송
        ser.write(command)
        time.sleep(1)
        #블루투스 모듈에서 응답으로 보낸 메시지를 출력한다.
        data = ser.read(ser.inWaiting())
        print GREEN, "Receive:", data, DEFAULT
except KeyboardInterrupt:
    print DEFAULT
    print "HC-05 Bluetooth Terminal Application End"
finally:
    ser.close()
```

이제 본격적으로 HC-05 모듈의 설정 작업을 해보겠다. 우선 HC-05가 제공하는
명령어들을 살펴보자.

표 3-6
HC-05 모듈 제어를 위한
AT 명령어

명령어	내용
AT+ROLE=0 or 1	0: 슬레이브 모드로 설정(초기 설정값) 1: 마스터 모드로 설정
AT+CMODE=1	임의의 블루투스 디바이스와 페어링 허용
AT+BIND=XXXXXXXX	마스터 모드에서 접속할 상대방 slave 주소
AT+ADDR?	블루투스 주소 조회
AT+PSWD=XXXX	패스워드 설정(기본값 1234)
AT+UART= <Param>,<Param2>,<Param3>	통신 속도 조절 예) AT+UART=9600,0,0 9600bps, 패러티 없음, 8비트 데이터, 1 스톱 비트를 의미 (9600N81)
AT+NAME=XXXXX	이름 변경
AT+VERSION?	버전 조회

❗ 만약 버튼을 사용해 AT 모드에 진입한다면 AT+NAME을 비롯해 몇 개의 명령이 제대로 응
답하지 않을 것이다. 이 경우에는 버튼을 누른 상태(34번 핀에 3.3V 전원 공급 상태)에서
명령을 보내면 정상 작동한다.

만약 설정 대신 조회를 원한다면 =XXX 대신 ?를 사용한다.
　가령 AT+ROLE?를 입력하면 현재 모드가 출력된다. 다음은 직접 만든 파이썬
프로그램을 이용해 HC-05의 현재 설정값을 설정하고 조회한 화면이다. 위에서

설명한 것처럼 "?" 대신 "=XXX"를 사용하면 세팅이 가능하다.

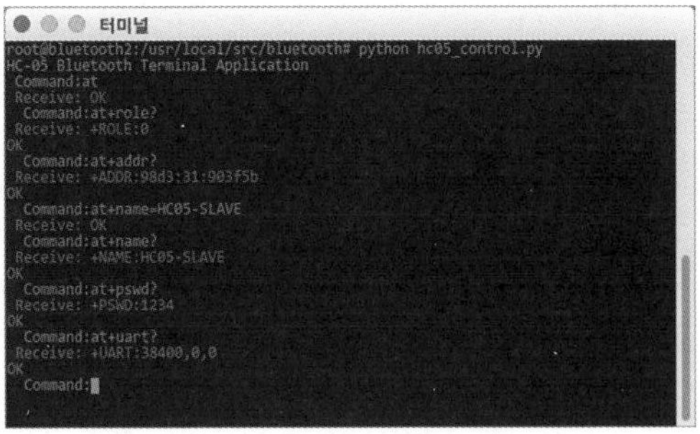

그림 3-60
파이썬 프로그램을 이용한
HC-05 설정 화면[6]

HC-05는 AT+ROLE 명령으로 마스터 또는 슬레이브 모드를 적용할 수 있다. 우리는 HC-05를 슬레이브 모드를 적용하여 파이 3에 접속해 데이터를 전송할 것이다. 마스터 모드에서는 다른 디바이스를 검색하고 접속 요청을 할 수 있다. HC-05를 슬레이브 모드로 지정하면 파이에서 hcitool scan 명령으로 스캔할 수 있다.

> HC-05에서 마스터, 슬레이브 개념과 통신에서 서버, 클라이언트 개념을 혼동하면 안 된다. HC-05는 슬레이브 모드에서 파이 3의 접속을 기다릴 것이다. 통신 개념으로는 서버가 된다.

세팅이 끝나면 KEY 핀 전원을 제거한 상태에서 전원을 다시 연결해 AT 모드에서 빠져나와야 한다.

3.6.3 파이썬을 이용한 블루투스 프로그래밍

길었던 블루투스 설정 작업을 끝내고 응용 프로그램을 만들어 볼 차례가 왔다. 블루투스 통신을 구현하는 방법은 여러 가지가 있지만 여기에서는 소켓을 이용해서 구현해 보도록 하겠다.

먼저 필요한 패키지를 설치한다. 가장 중요한 패키지는 마지막의 파이썬에서 bluez를 구현한 pybluez이다.

```
sudo apt-get update
sudo apt-get install python-pip python-dev
sudo apt-get install bluetooth libbluetooth-dev
sudo pip install pybluez
```

---

6 at+name 명령은 HC-05의 버튼을 누른 상태(3.3V전원을 Key 핀에 공급)에서 보내야 응답을 받을 수 있다.

3.6.3.1 파이 3 두 대를 이용한 블루투스 통신

한 쪽을 서버, 다른 쪽을 클라이언트로 정해서 작업을 한다. 파이 2개 모두 앞에서 설명한 설정을 끝낸 상태에서 시작한다.

서버 측 소스 코드는 다음과 같다. 아주 간단하며 일반적인 TCP/IP 소켓 통신과 유사하다. RFCOMM 소켓을 만들어 클라이언트 접속을 기다린 후 소켓을 이용해 데이터를 송수신하면 된다.

```
#!/usr/bin/env python
from bluetooth import *
import time

DEFAULT = "\033[0m"
BLUE = "\033[34m"
GREEN = "\033[32m"
YELLOW = "\033[33m"

server_socket=BluetoothSocket( RFCOMM )
server_socket.bind(("", 3 ))
server_socket.listen(1)

client_socket, address = server_socket.accept()
try:
  while(True):
    data = client_socket.recv(1024)
    if(len(data) == 0):
      break
    print YELLOW, "Recv:", data, DEFAULT
    client_socket.send("Thanks. I Received what you sent")
except:
  print "Bluetooth server Application End"

client_socket.close()
server_socket.close()
```

다음은 클라이언트 측 소스 코드이다. 클라이언트는 자신이 접속할 서버 정보를 알아야 한다. TCP/IP에서는 서버 측 IP 주소, 접속 포트 정보를 알아야 하듯이 블루투스에서도 서버 보드 주소 및 포트 정보(위 예제에서 bind 명령에 사용한 3)을 알아야 한다.

아래 소스에서 connect 함수에 사용한 ("B8:27:EB:7C:8A:55", 3)는 서버 블루투스 주소 및 포트 값에 해당한다. 이 값만 알면 접속 후 데이터 송수신을 자유롭게 할 수 있다.

```
#!/usr/bin/env python

from bluetooth import *
import datetime, time

DEFAULT = "\033[0m"
BLUE = "\033[34m"
GREEN = "\033[32m"
YELLOW = "\033[33m"
```

```
#Create the client socket
client_socket=BluetoothSocket( RFCOMM )
client_socket.connect(("B8:27:EB:7C:8A:55", 3))

try:
  while(True):
    s = datetime.datetime.now().strftime("From client:%Y-%m-%d %H:%M:%S")
    client_socket.send(s)
    print YELLOW, "Send:", s, DEFAULT
    data = client_socket.recv(1024)
    print GREEN, "Recv:", data, DEFAULT
    time.sleep(1)
except KeyboardInterrupt:
  print "Bluetooth client Application End"

client_socket.close()
```

앞에서 hciconfig 명령으로 확인한 서버 측 블루투스의 상태가 반드시 "UP RUNNING PSCAN ISCAN"인 경우에만 클라이언트(블루투스 마스터)에서 서버(블루투스 슬레이브)를 찾아 접속할 수 있다.

다음은 위 예제들을 서로 다른 파이 3에서 테스트한 결과이다.

그림 3-61
파이 3에서 소켓을 이용한
블루투스 통신 테스트

3.6.3.2 파이 3와 HC-05 간 블루투스 통신

HC-05는 UART 통신으로 제어해야 한다. UART 통신에서 설명한 것처럼 HC-05와 연결한 파이 3에서는 /dev/ttyS0 가상 파일을 이용한다. (만일 파이 2를 사용한다면 /dev/ttyAMA0를 이용하면 된다.) 상대방 파이 3는 rfcomm0 가상 파일을 이용할 것이다.

그림 3-62
파이 3와 HC-05의 연결

위 그림에서 알 수 있듯이 양쪽의 파이 3에서는 /dev/rfcomm0, /dev/ttyS0 가상

파일을 이용한 시리얼 통신을 한다. 결국 남는 것은 2개의 블루투스 모듈을 연결시키는 작업이다. 이 작업이 끝나면 양쪽의 파이에서 시리얼 통신을 이용해 마음대로 데이터를 주고 받을 수 있다.

앞에서 우리는 HC-05를 슬레이브 모드로 세팅하면서 상대방 파이 3의 접속을 기다리는 세팅을 끝냈다.

남은 작업은 마스터 측 파이 3의 내장 블루투스가 HC-05에 접속할 수 있게 설정하는 작업이다. 먼저 bluetoothctl 명령어로 HC-05와 페어링을 한다. 이 작업은 한 번만 해두면 재부팅 이후에도 유효하다. 다음 그림을 참조해 HC-05와 페어링을 미리 해둔다. HC-05를 슬레이브 모드로 설정해 두었다면 scan on 명령으로 찾을 수 있다. 핀 코드 값 역시 앞의 HC-05 설정 작업에서 확인한 값을 입력하면 된다.

그림 3-63
마스터 파이 3에서 HC05
페어링

가장 중요한 명령은 다음과 같다.

```
agent on
pair 98:D3:31:90:3F:5B
```

이제 마스터에서 내장 블루투스와 통신할 시리얼 rfcomm0를 만든다. /etc/bluetooth/rfcomm.conf 파일을 다음과 같이 만든다. 블루투스 디바이스 hci0(B8:27:EB:7C:8A:55)를 rfcomm0로 사용하겠다는 의미이다.

```
rfcomm0 {
  #automatically bind the device at startup
  bind yes;
  #Bluetooth address of my device(hci0)
  device B8:27:EB:7C:8A:55;
  #RFCOMM channel for the connection
  channel 1;
```

```
  #Description of the connection
  comment "This is Device 1's serial port.";
}
```

마지막으로 rfcomm0를 상대방 HC-05와 바인딩시키면 된다. 명령에 사용한 주소는 HC-05의 주소이다.

```
rfcomm bind 0 98:D3:31:90:3F:5B 1
```

위 과정까지 문제 없이 진행되었다면 /dev/rfcomm0 파일이 정상으로 생성되었을 것이다. 이제 모든 준비가 끝났고 파이썬 코드를 실행할 순서이다.

먼저 마스터 측 코드이다. /dev/rfcomm0를 이용하며 포트 개방 시 에러가 발생하면 앞에서 설명한 rfcomm bind 명령을 이용해 HC-05와 바인딩을 시도한 다음, 다시 한번 포트를 개방한다.

```python
#!/usr/bin/env python

import serial, time, datetime
import RPi.GPIO as GPIO
from subprocess import call

DEFAULT =  "\033[0m"
BLUE = "\033[34m"
GREEN = "\033[32m"
YELLOW = "\033[33m"

try:
  ser = serial.Serial(port = "/dev/rfcomm0", baudrate=38400, timeout=2)
except:
  print GREEN, 'Perhaps there is no /dev/rfcomm0 -->create it',DEFAULT
  call(['rfcomm', 'bind', '0', '98:D3:31:90:3F:5B', '1'])
  time.sleep(1)
  ser = serial.Serial(port = "/dev/rfcomm0", baudrate=38400, timeout=2)

if (ser.isOpen() == False):
  ser.open()
#만약 ttyAMA0에 데이터가 남아 있으면 비우고 새로 시작한다.
ser.flushInput()
ser.flushOutput()
try:
  while(True):
    data = ser.readline()
    if(len(data) != 0):
      print YELLOW, "Receive:", data, DEFAULT,
      #패킷을 보낸다.
      src = datetime.datetime.now().strftime("From client:%Y-%m-%d %H:%M:%S")
      s = "Hi Client, I received your packet at " + src + "\r\n"
      ser.write(s)
    time.sleep(0.5)
except (KeyboardInterrupt, SystemExit):
  print("Exit...")
finally:
  ser.close()
print "Good by!"
```

다음은 마스터 측과 통신하는 HC-05를 연결한 파이 3 코드이다. /dev/ttyS0 포트를 개방해 사용한다.

```python
#!/usr/bin/env python

import serial, time, datetime
import RPi.GPIO as GPIO

DEFAULT = "\033[0m"
BLUE = "\033[34m"
GREEN = "\033[32m"
YELLOW = "\033[33m"

#테스트에 사용할 UART용 가상 파일 ttyAMA0(ttyS0)를 연다.
if(GPIO.RPI_REVISION < 3):
  ser = serial.Serial(port = "/dev/ttyAMA0", baudrate=38400, timeout=2)
else:
  ser = serial.Serial(port = "/dev/ttyS0", baudrate=38400, timeout=2)

if (ser.isOpen() == False):
  ser.open()
#만약 데이터가 남아 있으면 비우고 새로 시작한다.
ser.flushInput()
ser.flushOutput()

try:
  while(True):
    src = datetime.datetime.now().strftime("From client:%Y-%m-%d %H:%M:%S")
    s = src + "\r\n"
    ser.write(s)
    data = ser.read(ser.inWaiting())
    if(len(data) != 0):
      print GREEN, "Receive:", data, DEFAULT,
    time.sleep(2)
except (KeyboardInterrupt, SystemExit):
  print("Exit...")

finally:
  ser.close()
print "Good by!"
```

이제 위 코드를 실행한 결과를 확인해보자. 그림 3-64처럼 파이 3의 내장 블루투스와 HC-05 간에 데이터 송수신이 문제 없음을 확인할 수 있다.

그림 3-64
파이 3 내장 블루투스와
HC-05를 연결한 파이 3의
블루투스 통신

예제에서 확인할 수 있듯이 블루투스 디바이스 설정 작업만 끝내면 나머지는 일반적인 시리얼 통신 프로그램이 된다. 원래 블루투스의 목표가 유선 시리얼 통신을 대체하는 용도이기에 당연한 결과이기도 하다.

파이 3에서 블루투스는 기본 UART(/dev/ttyAMA0)로 연결된다. 따라서 예제에서 사용한 /dev/rfcomm0 대신 /dev/ttyAMA0을 사용해도 블루투스 구성이 가능할 것이다. 그리고 HC-05를 슬레이브 모드로 사용했는데, 마스터 모드로 세팅할 수도 있다. 다양하게 구성해보는 일은 여러분의 몫으로 남겨두겠다. 파이의 블루투스 관련 문서는 잘 정리되어 있지 않기 때문에 예제들을 테스트하는 과정에서 나름 어려움도 있었다.

무선 통신용으로 사용하는 대표적인 프로토콜은 무선 인터넷(WiFi), XBee, 블루투스인데, 필자 생각으로 홈 오토메이션에는 블루투스가 경쟁력이 있다. 집의 공유기를 이용한 무선 인터넷도 가능하지만 HC-05처럼 저렴한 블루투스 모듈을 이용하는 것도 괜찮다.

특히 블루투스는 무선 인터넷보다 전력 소모량이 적다. 만약 집안 곳곳에 센서를 설치한다면 센서+MCU+통신 모듈+배터리 조합이 필요할 것이다. 이런 구성에서 전력 소모가 적은 MCU와 통신 모듈을 선택하는 것은 중요한 고려 요소이다.

참고 자료
- https://wiki.python.org/moin/TcpCommunication
- http://pycurl.sourceforge.net/doc/quickstart.html
- http://www.joinc.co.kr/modules/moniwiki/wiki.php/Site/Web/documents/UsedCurl
- http://en.wikipedia.org/wiki/Serial_Peripheral_Interface_Bus
- http://www.byteparadigm.com/applications/introduction-to-i2c-and-spi-protocols/
- https://projects.drogon.net/raspberry-pi/wiringpi/spi-library/
- https://learn.sparkfun.com/tutorials/xbee-shield-hookup-guide
- www.digi.com/products/.../xbee-series1-module
- en.wikipedia.org/wiki/XBee
- https://www.sparkfun.com/datasheets/Wireless/Zigbee/XBee-Datasheet.pdf
- http://serdmanczyk.github.io/XBeeAPI-PythonArduino-Tutorial/
- http://blog.petrilopia.net/linux/change-your-bluetooth-device-mac-address/
- https://learn.sparkfun.com/tutorials/bluetooth-basics/
- https://myraspberryandme.wordpress.com/2013/11/20/bluetooth-serial-communication-with-hc-05/
- http://www.instructables.com/id/Modify-The-HC-05-Bluetooth-Module-Defaults-Using-A/
- 『Building Wireless Sensor Networks』(Faludi Robert 지음, O'Reilly, 2011)

## 4장

모터

나에게 나무를 벨 한 시간이 주어진다면, 나는 45분을 도끼날을 세우는 데 쓰겠다.

If I only had an hour to chop down a tree, I would spend the first 45 minutes sharpening my axe.

- 에이브라함 링컨(Abraham Lincoln)

모터는 우리 생활 주변 대부분의 전자제품에 들어 있다. 가장 흔하게 접하는 AC/DC 모터는 프로펠러를 사용하는 선풍기와 같은 제품에 널리 사용하고 있기 때문에 눈에 익숙하다. 눈에 보이지 않는 곳에서도 모터는 여러 용도로 사용된다. 가령 틸트 기능이 있는 CCTV에는 서보 모터가 들어 있어 특정 각도 이내에서 회전을 할 수 있다. 또한 잉크젯 프린터, 3D 프린터에도 스테퍼 모터가 있으며 X, Y축 이동을 정밀하게 제어한다.

모터를 물리적인 관점에서 정의하면 전기 에너지를 운동 에너지로 바꿔 주는 기기이다. 이 운동 에너지는 모터의 회전 운동으로 나타나지만 직선 운동으로 바꾸는 것은 어렵지 않다. 반대로 운동 에너지를 전기 에너지로 바꾸는 기기는 발전기가 된다. 현재 대부분의 전기 발전은 회전하는 터빈의 운동 에너지를 전기로 바꾸는 방식이다. 어렵게 생각할 것 없이 선풍기에 전기를 공급하면 선풍기 날개가 돌아가지만 반대로 선풍이 날개를 손으로 힘껏 돌리면 전기가 만들어진다.

여기에서는 임베디드 시스템에서 많이 사용하는 소형 DC 모터, 서보 모터, 스테퍼 모터를 제어하는 방법에 대해서 알아보겠다. 그리고 서보 모터 제어를 정밀하게 제어하기 위한 PWM 드라이버(서보 드라이버), 모터의 회전 방향을 제어하는 H 브릿지에 대해서도 함께 알아본다.

그림 4-1
다양한 종류의 모터.
왼쪽부터 서보 모터,
스테퍼 모터, DC 모터, AC
모터

4.1 DC 모터

초등학생용 과학 상자 실험 도구부터 RC카의 바퀴 구동 모터 등 다양한 분야에서
사용하는 DC(직류) 모터는 우리 주위에서 쉽게 볼 수 있는 모터의 일종이다.

DC 모터는 서보 모터, 스테퍼 모터 등 정밀한 제어를 필요로 하는 모터들
에 비해 가격이 저렴하며 제어가 쉽다. DC 모터의 회전수(RPM, Rotations Per
Minute)는 입력 전류에 선형에 가깝게 비례한다. 선형에 가까울수록 정밀한 제
어가 가능하다. 모터의 회전력(회전 모멘텀)을 나타내는 토크 값 역시 입력 전류
에 선형 비례하기 때문에 많은 힘(토크)이 필요한 경우 입력 전류량을 늘리면 된
다. 토크는 서보 보터에서 자세하게 설명하겠다.

테스트에는 RC카 구동용 DC 모터를 사용했다.

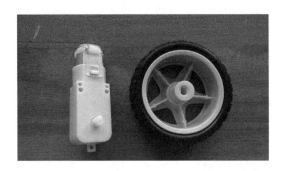

그림 4-2
RC카 구동용 DC 모터와
바퀴

옴의 법칙 V = IR 공식에 의해 입력 전류는 I = V/R가 되며 V에 비례한다. 따라
서 DC 모터에 높은 전압을 공급하면 전원 공급 장치, 모터가 허용하는 범위 내에
서 공급 전류량이 늘어나며 모터의 회전이 빨라지게 된다.

4.1.1 가변저항을 이용한 DC 모터 속도 제어

DC 모터를 파이에 연결하기 전에 브레드보드와 외부 전원, 가변저항을 이용해
모터 속도를 제어해 보겠다. 입력 전원은 별도의 외부 전원을 사용하도록 하며
모터 데이터시트를 참조해서 적절한 입력 전압을 맞추도록 한다.

스파크 방지를 위해 $0.1 \sim 1\mu F$의 실리콘 커패시터를 모터에 연결한다. 가운
데 가변저항을 조절하면 모터에 공급되는 전압이 바뀌기 때문에 속도 조절이
가능하다. 가변저항의 값이 커지면 모터 쪽에 낮은 전압이 걸리기 때문에 모터
속도가 낮아질 것이다.

그림 4-3
가변저항을 이용한 DC
모터 속도 제어

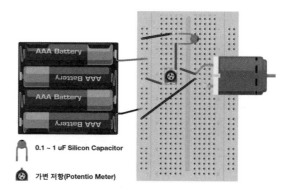

0.1 ~ 1 uF Silicon Capacitor

가변 저항(Potentio Meter)

4.1.2 H 브릿지를 이용한 모터 회전 방향 제어

그림 4-3의 구성으로 DC 모터를 구동시킬 수 있다. 우리가 사용할 DC 모터는 RC카 또는 로봇 등의 전진, 후진, 회전 등에 사용할 바퀴를 움직이게 하는 용도가 대부분이다. 따라서 DC 모터를 제어해서 전후진을 구현해야 한다. 회전은 한쪽 바퀴만 회전시키거나 서로 다른 방향(전후진)으로 회전시키면 된다. 따라서 모터의 회전 방향을 제어하는 것이 필요하다. DC 모터는 입력 전원의 극을 바꾸면 반대 방향으로 회전한다. 움직이는 RC카의 전원을 사용자가 바꿀 수는 없기 때문에 전류 방향을 조절할 수 있는 장치가 필요한데 이 장치가 H 브릿지다. H 브릿지는 입력 전류의 방향의 조절해 모터의 회전 방향을 변경할 수 있으며 회전을 멈출 수도 있다.

그림 4-4
H 브릿지의 3가지 상태

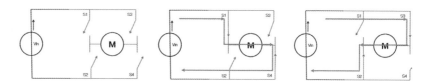

위의 그림은 2개의 Half 브릿지를 결합한 Full H 브릿지의 모습이며 왼쪽부터 순서대로 정지, 순방향, 역방향 회전을 구성하는 회로이다. 한 개의 DC 모터를 완전히 제어하려면 Full H 브릿지가 필요하다. 따라서 4륜구동으로 구성한 4개의 바퀴를 제어하려면 4개의 Full 브릿지가 필요하다.

　DC 모터 제어용으로 많이 사용하는 H 브릿지 칩은 텍사스 인스트루먼트사의 SN754410, L293 시리즈 칩이다. 이 칩들은 2개의 Full H 브릿지가 내장되어 있기 때문에 동시 2개의 DC 모터 제어가 가능하다. 과열 감지 기능이 있기 때문에 단선 등으로 인해 과전류가 흐를 경우 온도 상승에 따라 자동으로 스위치를 끊고 회로를 보호해준다. 이 칩들의 사용법은 동일하다. SN754410 칩이 신형이기 때문에 특별한 이유가 없다면 이 칩을 사용하기 바란다. 칩의 작동 온도 범위를 비롯한 특성들이 L293 시리즈에 비해 뛰어나다.

4.1.3 SN754410 H 브릿지

이 칩의 구체적인 특성에 대해 살펴보겠다. 다음에서 설명하는 내용은 텍사스 인스트루먼트사의 SN754410 칩 데이터시트를 참조했다.

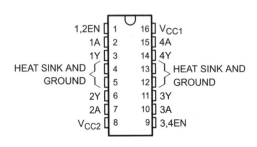

그림 4-5
SN754410 칩의 핀 배열

핀은 좌우가 거의 대칭 구조이며 2개의 Full H 브릿지를 하나의 칩에 넣었다는 것을 알 수 있다.

표 4-1
SN754410 칩의 핀 기능

PIN	PIN 번호	타입	내용
1,2EN	1	I	드라이버 채널 1,2에 전원 공급. 사용 가능 상태가 됨
<1:4>A	2, 7, 10, 15	I	드라이버 입력(GPIO 핀에 연결)
<1:4>Y	3, 6, 11, 14	O	드라이버 출력. Vcc2 전원 ON, OFF
GND	4, 5, 12, 13	—	접지
VCC2	8	—	모터 구동 전원 (4.5V~36V)
3,4EN	9	I	드라이버 채널 3, 4에 전원 공급. 사용 가능 상태가 됨
VCC1	16	—	내부 논리회로를 위한 5V 전원

권장 작동 조건은 다음과 같다

	최소	최대	단위
Vcc1 논리회로 입력 전압	4.5	5.5	V
Vcc2 모터 구동 입력 전압	4.5	36	V
VIH High레벨 입력 전압	2	5.5	V
VIL Low레벨 입력 전압	-0.3	0.8	V

여기에서 중요한 값은 입력 전압(VIH, VIL) 값이다. 이 값을 이용해 H 브릿지의 스위치 ON, OFF를 결정할 수 있다. 2~5.5V 값이 ON, -0.3~0.8V가 OFF 상태이기 때문에 파이의 GPIO 핀을 이용할 수 있다. 즉, 모터의 방향 조절에는 문제가 없다. 참고로 1, 9번 핀은 들뜬 상태(핀을 연결하지 않은 상태)에서 전압이 1.4V 전후로 측정된다. 이 상태에서 SN754410 칩은 불안정한 전압으로, ON 상태로 판단할 수 있다. 접지에 연결하면 해당 채널의 작동은 멈춘다. 정확한 작동을 보장하기 위해서는 반드시 5V 또는 3.3V 전원에 연결하도록 한다.

4.1.4 SN754410을 이용해 모터 제어하기

SN754410 1개를 이용해 2개의 모터 제어가 가능하다. 따라서 2개의 모터와 파이를 연결해 모터 제어를 해보겠다.

한 가지 주의점은 모터에 외부 전원(5V~9V)을 공급하기 때문에 상당히 조심히 연결해야 한다. 파이 연결을 보류한 상태에서 외부 전원을 연결하지 말고 회로를 먼저 구성한다. 그리고 외부 전원을 연결한 상태에서 멀티미터를 이용하여 파이 GPIO 핀과 연결할 선의 전압과 전류를 확인한다. 실수로 5V~9V 전압이 파이로 흘러 들어가면 안 된다. 모든 연결이 정상이라고 판단했을 때 마지막으로 파이에 연결해야 한다.

회로도에서는 노이즈 제거를 위해 실리콘 커패시터를 모터에 연결했고, 2개의 전원에도 연결했다. 전원 커패시터는 생략해도 무방하다.

그림 4-6
Full H 브릿지 2개를
이용해 2개의 DC 모터
제어하기

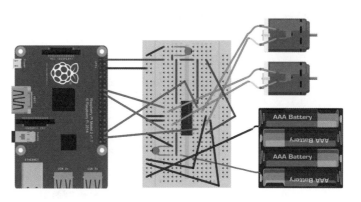

Full 브릿지의 작동 핵심은 다음과 같다. SN754410 칩의 좌우를 나누면 2개의 Full H 브릿지가 된다. 좌우를 따로 독립적인 브릿지로 생각하면 이해가 쉽다. 좌측의 1, 2번 채널로 이루어진 Full H 브릿지를 우선 분석해보자.

• 칩의 1번 핀(1, 2 EN)은 High 상태를 유지해야 1, 2번 채널이 작동 가능하다.

따라서 입력 전원(파이의 3.3V 또는 5V)에 연결한다.

- 칩의 2번 핀은 1번 채널 스위치의 ON/OFF를 결정한다. 따라서 소프트웨어로 제어하려면 파이의 GPIO 핀에 연결한다.
- 칩의 3번 핀은 1번 채널의 외부 전원의 출력 핀이다. 절대로 이 핀을 파이의 GPIO 핀에 연결해서는 안 된다. 고전압으로 파이가 손상을 입게 된다. 이 핀을 모터의 입력 단자 중 한 곳에 연결한다.
- 칩의 4, 5번 핀은 접지 및 방열 핀이다. 이 핀들은 파이의 접지 핀에 연결한다.
- 칩의 6번 핀은 3번 핀과 마찬가지로 2번 채널의 외부 전원의 출력 핀이다. 역시 파이의 GPIO 핀에 연결하면 안 된다. 이 핀은 모터의 입력 단자 중 나머지 한 곳에 연결한다.
- 칩의 7번 핀은 2번 핀과 마찬가지로 2번 채널 스위치의 ON/OFF를 결정한다. 파이의 GPIO 핀에 연결한다.
- 칩의 8번 핀은 모터를 구동할 외부 전원(5V~9V 또는 그 이상)을 연결한다.
- 칩의 9~15번은 두 번째 Full H 브릿지를 위한 핀으로, 첫 번째 Full H 브릿지의 1~7번과 용도가 같다. 두 번째 모터에 적용하면 된다.
- 칩의 16번 핀은 논리회로의 작동을 위해 파이의 5V 전원을 연결한다.

좌측의 1, 2번 채널의 작동 방식을 살펴보면 다음과 같다.

- 외부 전원과 파이의 전원이 공급되는 상태에서 2번 핀을 ON(2번 핀과 연결된 파이의 GPIO 핀을 ON)하면 모터가 회전을 시작한다.
- 7번 핀을 ON(7번 핀과 연결된 파이의 GPIO 핀을 ON)하면 2, 7번 핀이 ON 상태가 되면서 모터가 회전을 멈춘다.
- 2번 핀을 OFF하면 7번 핀만 ON 상태가 되면서 모터가 반대 방향으로 회전을 시작한다.
- 7번 핀을 OFF하면 모터가 회전을 멈춘다.
- 우측 3, 4번 채널 역시 위와 같은 방식으로 작동시킬 수 있다. 1, 2, 3, 4번 채널을 조합하면 전진, 후진, 좌회전, 우회전, 정지가 가능하다. 좌회전, 우회전 각도 및 전진, 후진 속도를 제어하려면 외부 입력 전원에 대한 PWM 제어가 추가로 필요하다.

4.1.5 파이썬을 이용한 H 브릿지(SN754410) 제어

위의 구성을 파이썬을 이용해 제어하는 소스 코드다. 예제는 간단하다. 예제를 이해하는 것도 중요하지만 회로를 이해하고 구성하는 것이 더욱 중요하다. 물리적인 배열과는 관계없이 핀에 부여된 값이다.

```python
#!/usr/bin/env python

import RPi.GPIO as GPIO
import time
GPIO.setmode(GPIO.BCM)

print "DC Motot Control with SN754410"
#SN754410 H 브릿지를 이용한 2개 모터 제어에 필요한 4개의 GPIO 핀을 준비
GPIO.setup(23, GPIO.OUT) #Channel 1
GPIO.setup(24, GPIO.OUT) #Channel 2
GPIO.setup(16, GPIO.OUT) #Channel 4
GPIO.setup(20, GPIO.OUT) #Channel 3
count = 0

#2개 모터를 동시에 구동시켜 전진
def Forward():
  GPIO.output(23, True)
  GPIO.output(24, False)
  GPIO.output(20, True)
  GPIO.output(16, False)

#2개 모터를 동시에 반대 방향으로 구동시켜 후진
def Backward():
  GPIO.output(23, False)
  GPIO.output(24, True)
  GPIO.output(20, False)
  GPIO.output(16, True)

#1개의 모터만 전진시켜 좌회전
def Left():
  GPIO.output(23, False)
  GPIO.output(24, False)
  GPIO.output(20, True)
  GPIO.output(16, False)

#1개의 모터만 전진시켜 우회전
def Right():
  GPIO.output(23, True)
  GPIO.output(24, False)
  GPIO.output(20, False)
  GPIO.output(16, False)

#1개의 모터는 전진, 한 개는 후진시켜 시계 방향 회전
def Clockwise_Rotate():
  GPIO.output(23, True)
  GPIO.output(24, False)
  GPIO.output(20, False)
  GPIO.output(16, True)

#1개의 모터는 전진, 한 개는 후진시켜 반시계 방향 회전
def CounterClockwise_Rotate():
  GPIO.output(23, False)
  GPIO.output(24, True)
  GPIO.output(20, True)
  GPIO.output(16, False)

#모터 회전 중단
def Stop():
  GPIO.output(23, False)
  GPIO.output(24, False)
  GPIO.output(20, False)
  GPIO.output(16, False)
```

```
try:
  while True:
    #사용자의 입력을 받아 모터 2개의 회전을 조절
    direction = raw_input("Forward:F, Backward:B, Left:L, Right:R Clockwise
                           rotate:C Counter-Clockwise rotate:X Stop:S    ")
    if(direction == "F"):
      Forward()
    if(direction == "B"):
      Backward()
    if(direction == "L"):
      Left()
    if(direction == "R"):
      Right()
    if(direction == "C"):
      Clockwise_Rotate()
    if(direction == "X"):
      CounterClockwise_Rotate()
    if(direction == "S"):
      Stop()
except KeyboardInterrupt:
  GPIO.cleanup()

print "DC Motor Test End"
```

DC 모터와 DC 모터 제어를 위한 H 브릿지에 대해 알아보았다. SN754410 칩에
대한 이해만 정확히 하고 있다면 DC 모터 제어는 서보 모터, 스테퍼 모터에 비해
상당히 쉽게 제어할 수 있다. 예제 코드에서 알 수 있듯이 어려운 부분이 전혀 없
다. 회로와 관련한 복잡한 부분은 SN754410 칩에서 모두 해결해주기 때문이다.
4륜구동 RC카를 만들려면 SN754410 칩 2개가 필요하다. 위의 내용을 이해한다
면 4개의 모터를 제어하는 것도 전혀 어렵지 않을 것이다.

4.2 SG90 서보 모터

SG90 서보 모터는 무게가 9g인 작은 모터이지만 출력은 상당한 경량급 모터이
다. 회전 반경은 대략 180도 정도이며 서보 모터의 기본에 충실하기 때문에 서보
모터 학습용으로 좋다. 데이터시트에 소개된 제품 사양은 다음과 같다.

무게	9g
크기	22.2 x 11.8 x 31 mm
토크	1.8kgf.cm (뒤에서 설명)
작동 속도	0.1s /60도
작동 전압	4.8V(~5V)
최소 작동 간격	10μs

그림 4-8
SG90 서보 모터 연결

작동 온도	0 ℃ – 55 ℃
작동 시 전류(5V 전원 기준)	220 ±50mA

이 모터에는 5V 전원, 접지 그리고 PWM 제어를 위한 3개의 케이블이 있는데, 색깔로 용도를 구별한다.

그림 4-7
SG90 모터

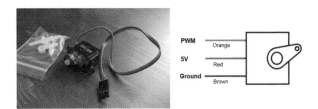

서보 모터는 특정 회전 반경 내에서만 회전한다. SG90 서보 모터는 최대 180도까지 회전 가능하다. 사람의 목과 비슷하다고 볼 수 있다. 대부분의 서보 모터는 PWM 펄스 주기와 듀티비를 이용해 회전 각도를 조절하게 설계되어 있다.

4.2.1 SG90 서보 모터와 라즈베리 파이 연결하기

SG90 서보 모터와 파이의 연결에서 모터의 전원은 DC 모터와 마찬가지로 외부 전원을 사용한다. 파이와는 18번 PWM 핀과 모터의 PWM 선(오렌지 색)을 연결한다. 그리고 마지막으로 접지를 서로 연결해 외부 전원과 파이의 그라운드 전압을 서로 맞춘다.

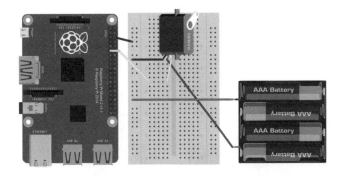

⚠ 모터와 같은 외부 기기를 이용할 때에는 전기 사용량에 주의해야 한다. 파이를 통해 5V 전원을 공급할 수 있지만 파이 3의 전원은 최대 5V, 2.5A(12.5W)를 USB 케이블을 통해 공급받는다. 여러분이 사용하는 USB 전원 공급 장치를 확인하기 바란다. 전기 사용량이 많은 디바이스를 연결하면 자칫 파이의 전기 부족으로 시스템다운, 정지 등의 오동작이 발생할

수 있다. 위의 사양에서 Stall 토크 상태에서 650mA 이상의 전류를 사용하는데, 이 값은 파이의 GPIO 핀에서 직접 가져다 사용하기에는 위험한 수치이다. 통상 GPIO 핀당 16mA, 전체 GPIO 핀의 전류 소비 합계가 50mA 이내를 유지해야 한다. 모터를 사용할 경우 모터 구동에 필요한 전원은 반드시 외부 전원 공급 장치를 이용한다.

4.2.1.1 5V 외부 전원 준비하기

5V 전원을 공급하기 위해 별도의 DC 전원 공급 장치를 준비할 수 있겠지만 SG90과 같이 전기 소모가 적은 모터는 USB 전원을 이용해 볼 수 있다. 파이의 USB 전원 공급 장치에 여분의 USB 포트가 있다면 USB 케이블을 개조해서 전원 공급 장치로 사용할 수 있다. USB 케이블의 MicroUSB 단자를 절단한 다음 5V 전원, 접지 선을 찾아 핀을 연결하면 된다.

그림 4-9
USB 5V 전원 케이블
만들기

💡 USB 케이블의 +, - 선 길이를 다르게 하면 실수로 쇼트가 발생할 위험을 줄일 수 있다.

MB102 모듈은 5V 마이크로 USB 또는 교류 직류 어댑터를 전원으로 사용한다. 출력은 점퍼 케이블을 조정해 3.3V 또는 5V 전원으로 출력 가능하다. 브레드보드에 꽂아서 간편하게 사용할 수 있는 편리한 제품이다. 가격도 상당히 저렴하기 때문에 유용하다.

그림 4-10
MB102 전원 공급 모듈

4.2.2 모터에 필요한 물리 지식

DC 모터와 서보 모터 모두 전기 에너지를 운동 에너지로 바꾸는 역할을 한다. 운동 에너지는 모터의 회전 운동으로 나타나는데 캠과 같은 장치를 이용해 회전 운동을 직선 운동으로 바꿀 수 있다. 회전 운동에서 중요한 개념이 토크인데 여기에서는 토크와 위에서 나온 스톨에 대해서 알아보겠다.

토크(Torque)

토크의 물리적 정의는 반지름x(외적)힘이다. 역학과 관련한 물리 법칙을 제대로 이해하려면 벡터, 스칼라, 내적, 외적, 미적분 등에 어느 정도 기본 지식이 있어야 하는데, 여기에서는 간단한 개념만 설명하겠다. 토크라는 용어가 가장 많이 사용하는 곳이 자동차가 아닐까? 자동차의 성능을 이야기할 때 빠지지 않고 나오는 용어가 토크이다. 토크가 크면 자동차의 힘이 좋다고 말한다. 토크를 가장 쉽게 설명하면 회전력이라는 표현이 무난하다. 정확한 물리 개념에서의 힘(F)과는 단위가 다르기 때문에 힘을 의미하는 력(力)자가 오해를 불러올 수 있지만 토크가 의미하는 뜻은 회전력이 적당하다. 토크의 단위는 거리 곱하기 힘이기 때문에 N.m(뉴튼 미터)의 벡터량이다.

따라서 힘이 아니고 일(에너지)이 단위가 된다. 참고로 m이 앞에 나가면 밀리뉴튼(1/1000 뉴튼)으로 오해할 수 있기 때문에 N.m로 사용한다. 토크는 반지름 벡터와 힘의 외적이기 때문에 방향을 갖는 벡터이다.

$\tau = r \times F$

$\tau = |r|.|F|\sin\theta.\vec{e}$ ($\vec{e}$: 토크의 방향을 의미하는 단위 벡터)

우선 토크의 크기(스칼라량)는 반지름(회전 반경)과 힘(F=ma) 공식에 따라 가속도에 비례하는데, 물체가 회전할 때 일정한 속도로 돌고 있기 때문에 가속도가 0이라고 생각하기 쉽지만, 일정한 속도로 회전하는 물체는 속도의 크기는 같지만 방향이 계속 바뀐다. 회전원의 접선 방향으로 물체의 진행 방향이 계속 바뀌기 때문에 가속도가 발생한다. 이 가속도는 각속도에 비례한다. 반경이 크고 빨리 회전하는 물체의 토크가 크다.

가령 풍력 발전기처럼 큰 반지름을 가진 프로펠러가 빠른 속도로 회전하면 이걸 멈추기 위해 큰 에너지가 필요할 것이다. 이 프로펠러가 큰 회전력(토크)을 가지고 있기 때문이다. 그리고 마지막으로 반지름과 힘이 작용하는 방향 사이의 각도가 중요하다. 이 각이 직각이 되면 sin 함수 값이 1이 되어 가장 효율이 높다. 물체가 회전할 경우 이 각은 항상 90도가 된다. 이 두 방향이 같다면 토크는 0이 된다. 시계 바늘의 경우 토크의 방향은 시계 아래쪽이 된다. 아래 그림에서처럼 토크의 방향은 오른손으로 회전축을 말아 쥐었을 경우 엄지의

방향이 된다. 토크의 방향은 축을 향하지만 이 값의 본질은 회전을 유지하려는 모멘텀이다.

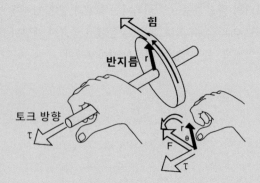

그림 4-11
반지름, 힘, 토크의 방향
(출처: http://
hyperphysics.phy-
astr.gsu.edu/hbase/
tord.html)

앞에서 토크의 크기는 N.m라고 했다. N은 힘(Force)의 단위로 1Kg의 물체가 m/sec^{2}의 가속도를 낼 때 발생하는 힘이다. 위에서 kg.f.cm 단위가 나오는데 여기서 f는 force(힘)의 약자이다. kg.f는 1kg의 물체에 중력가속도(9.8 m/sec^2)가 작용할 때의 힘이다. 보통 우리가 질량 1kg의 물체의 무게를 '1kg중'이라고 표현하는데, 이것과 같다고 보면 된다. 따라서 kgf = 9.8N이 되며 1.8kg.f.cm 는 1.8 × 9.8 × 0.01 = 0.1764(N.m)가 된다.

스톨(Stall) 전류(Current), 스톨 토크(Torque)

앞서 토크에 대해 알아보았다. Stall이라는 용어는 회전 운동 메커니즘을 가진 기구들(모터, 증기 기관)에서 회전을 못 하고 있는 상태를 말한다. 가령 모터의 프로펠러가 무엇인가에 걸려서 더 이상 회전하지 못하는 상태이다. 즉, 모터에 걸리는 부하량이 늘어 어느 시점에 더 이상 회전이 안 된다. 이 상태에서 모터는 전기를 공급해 계속 회전시키려 한다. 이때 가장 많은 전류를 소모한다. 그리고 회전을 못하기 때문에 이 전기 에너지는 열에너지로 바뀌어 모터가 과열되어 고장 날 수 있다. 실제 SG90 서보 모터를 stall 상태로 방치하면 과열로 인한 고장 확률이 매우 높다. 이 상태에서 흐르는 전류를 스톨 전류, 공급하는 토크를 스톨 토크라 한다.

❗ 토크의 정의는 τ = r × F, 즉 거리와 힘의 외적이다. 그런데 비슷한 물리량이 하나 더 있다. 토크보다 우리에게 익숙한 일(=에너지)의 정의는 J = F.s(일 또는 에너지는 힘과 거리의 내적이다.) 외적은 90도 각도에서 최댓값이 나오고 내적은 같은 방향(0도)에서 최댓값이 나온다. 하지만 물리량은 같이 N.m(뉴튼 미터)로 표기할 수 있기 때문에 주의해야 한다. 같은 N.m로 표기가 가능하더라도 토크를 에너지 단위인 J(줄)로 표기할 수 없다.

4.2.3 SG90 모터 제어하기

SG90 데이터시트에는 50Hz의 PWM 펄스가 필요하며 1.5ms 펄스는 0도(중앙), 2ms 펄스는 90도까지, 0~1ms 펄스는 -90도로 변한다고 되어 있다. 듀티비를 계산해보자. 50Hz는 주기당 20ms의 시간이다. 따라서 1.5ms는 7.5%, 2ms는 10%, 1ms는 5%의 듀티비가 된다.

그림 4-12
PWM 펄스와 서보모터의
위치
(출처: http://
razzpisampler.oreilly.com/
ch05.html)

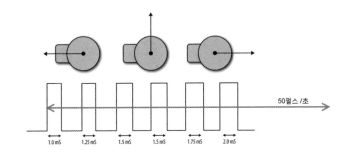

4.2.4 파이썬을 이용한 SG90 서보 모터 제어 프로그래밍

PWM 제어만 정확하게 하면 어렵지 않게 프로그래밍이 가능하다. 위 그림을 이해하면 된다. GPIO 편에서 설명한 것처럼 PWM 제어는 전용 제품을 사용하거나 하드웨어 PWM을 사용할 것을 추천한다. 여기에서는 하드웨어 PWM을 이용해 한 개의 서보 모터를 제어해보도록 하겠다.

다음은 파이썬으로 프로그래밍한 SG90 서보 모터 제어 코드이다. 18번 PWM 핀을 이용한다.

```
#!/usr/bin/env python

import RPi.GPIO as GPIO
import sys
import time

#하드웨어 PWM은 18번 핀을 이용해 제어한다.
pin = 18

#SG90 모터를 우측으로 회전시킨다. 0~5 사이 값을 이용한다.
def my_left():
  pwm.ChangeDutyCycle(2.5)

#SG90 모디를 중앙에 위치시킨다. 중앙은 정확하게 7.5 듀티비를 이용한다.
def my_middle():
  pwm.ChangeDutyCycle(7.5)

#SG90 모터를 좌측으로 회전시킨다. 듀티비 10을 이용한다.
#일부 제품은 12.5 듀티비를 이용한다.
def my_right():
  pwm.ChangeDutyCycle(12.5)

#임의의 입력 듀티비 만큼 SG90 모터를 회전시킨다.
def servo(duty):
```

```
  if(duty < 0.0 or duty > 12.5):
    print "invalid duty:", duty
    return
  pwm.ChangeDutyCycle(duty)

GPIO.setmode(GPIO.BCM)
GPIO.setup(pin, GPIO.OUT)

#18번 핀을 H/W PWM(50Hz)으로 지정한다.
pwm = GPIO.PWM(pin, 50)

#듀티비 7.5로 설정한다. 50Hz에서 7.5 듀티비는 1.5ms 파형을 만들며 서보 모터를 중앙에 위치 시킴
pwm.start(7.5)
time.sleep(1)
#서보 모터를 좌우로 회전시켜본다.
my_left()
time.sleep(1)
my_right()
time.sleep(1)
my_middle()

try:
  while True:
    #임의의 듀티비를 입력 받음
    duty = float(raw_input("duty[Range:0.0~12.5]: "))
    if(-1 == duty):
      break
    #PWM 파형을 바꿈
    servo(duty)

except KeyboardInterrupt:
  pwm.stop()
  GPIO.cleanup()
```

4.3 스테퍼 모터

스테퍼 모터는 서보 모터처럼 정교한 제어가 가능한 모터다. 서보 모터는 보통
일정 범위 내에서만 회전이 가능하지만 스테퍼 모터는 연속 회전이 가능하다.
스테퍼(또는 스텝)라는 단어가 의미하듯이 스테퍼 모터는 회전 최소 단위(스텝)
만큼 연속해서 움직일 수 있다. 스텝 단위의 제어가 가능하기 때문에 정교한 회
전이 필요한 3D 프린터, CNC 머신, XY 플로터 등에 많이 이용한다. DC 모터는
저속 회전에서 토크 값이 작지만 스테퍼 모터는 저속에서도 높은 토크 값을 유
지하기 때문에 저속에서도 정밀한 회전 제어가 쉽다.

스테퍼 모터의 스텝 크기는 통상 최소 0.9도~최대 90도이다. 1.8도인 경우
200스텝이면 360도 한 바퀴 회전이 가능하다. 정밀한 모터의 경우에는 0.9도 스
텝을 지원하기도 한다. 하지만 스텝 사이즈가 작으면 회전 속도(RPM)가 상대적
으로 낮다.

4.3.1 28BYJ-48 스테퍼 모터의 특징

28BYJ-48 스테퍼 모터는 아주 저렴하면서 스테퍼 모터 입문용으로 테스트하기에 적당한 제품이다. 전원도 5V 전원으로 사용하기에 적당하다. 하지만 파이에 연결할 경우에는 반드시 별도의 외부 전원을 사용한다. 이 모터의 특성을 알아보자.

그림 4-13
단극 스테퍼 모터의 작동
원리
(출처: http://
en.wikipedia.org/wiki/
Stepper_motor)

28BYJ-48와 같은 단극 스테퍼 모터는 4개의 코일을 가지고 있다. 이 4개의 코일에 전원을 공급하는 방법에 따라 모터의 회전 속성이 달라진다. 아래의 그림은 위 4개의 코일에 전류 공급 방식에 따른 모터의 작동 방식의 차이점을 보여준다.

그림 4-14
단극 스테퍼 모터의 전원
공급에 따른 작동 방식
(출처: http://
www.bobrathbone.com/
raspberrypi/Raspberrry
PI Stepper.pdf)

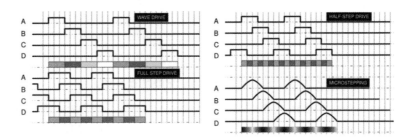

위의 4가지 방식 중 FULL STEP DRIVE 방식을 많이 사용하는데, 그 이유는 항상 인접한 코일에 동시에 전원이 공급되기 때문에 전류 소비는 WAVE DRIVE 방식보다 많지만 최대의 토크를 낼 수 있기 때문이다. HALF STEP DRIVE도 비슷한 방식인데, 전원 공급 시간의 2/3는 앞뒤 코일에도 전원이 공급되지만 1/3은 혼자만 전원을 공급받는다. FULL STEP과 WAVE DRIVE 방식의 중간 정도에 해당한다. 토크는 FULL STEP보다 약하지만 전기 사용량은 적은 장점이 있다. 만약 강한 토크가 필요 없다면 wave drive도 방식을 고려할 만하다.

이번엔 28BYJ-48 모터의 내부 구조를 살펴보자. 28BYJ-48 모터는 4개 코일에 번갈아 펄스가 발생하면 45도씩 회전한다. 실제 모터를 분해해보면 8개의 구간으로 나뉘어 있다. 따라서 wave drive의 경우 펄스 하나당 11.25도씩 회전하게 된다. 그리고 정밀한 회전 제어를 위해 다시 큰 기어와 맞물려 있는데 기어비가 1:64이다. 따라서 모터가 한 바퀴 회전하면 실제 연결된 기어는 5.625(360/64)도 회전한다. 다음 그림은 이 구조를 설명한 것이다. 우리 눈에 보이는 모터의 회전

축은 이 큰 기이의 회진축이다.

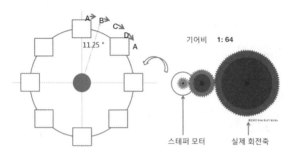

그림 4-15
28BYJ-48 스테퍼 모터의
회전 각도 및 기어비

기어비   1 : 64

스테퍼 모터   실제 회전축

이제 28BYJ-48 모터를 제어하는 방식이 어느 정도 이해가 될 것이다. 외부 전원을 이런 방식으로 제어하려면 파이만으로는 불가능하다. 5V 전원 공급을 제어하기 위한 부품이 필요하다. 이 부품이 28BYJ-48과 함께 많이 사용하는 것이 ULN2003, ULN2803 모터 드라이버다. 28BYJ-48 스테퍼 모터와 함께 패키지로 판매하는 곳이 많다. 이 스테퍼 모터의 구조와 작동에 대해 자세히 설명한 동영상이 유튜브(https://youtu.be/B86nqDRskVU)에 있으니 참고하자.

4.3.2 모터의 전원 공급을 제어하는 ULN2003 모터 드라이버

이 모터 드라이버는 텍사스 인스트루먼트사의 ULN2003 칩을 사용한다. 이 칩을 패키징한 모터 드라이버를 이용하면 칩의 상세 내용을 몰라도 사용할 수 있지만, 항상 데이터시트를 가까이 하면서 칩의 작동 방식을 확인하는 습관을 가지는 게 좋다.

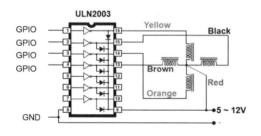

그림 4-16
ULN2003 칩의 핀 연결
(출처: electronics-diy.com)

ULN2003 모터 드라이버는 위의 구성을 기판 위에 만든 것으로, 4개의 코일 제어를 위해 4개의 입력(보통 파이의 GPIO 핀)을 받는다. 그리고 별도의 전원 공급 핀이 2개, 그리고 스테퍼 모터 출력 핀 5개가 있다.

4.3.2.1 회로 구성

ULN2003 모터 드라이버를 이용하면 회로 구성이 어렵지 않다. 먼저 다음과 같이 회로를 구성하자. GPIO 핀은 번호를 지킬 필요는 없다. 임의의 GPIO 핀에 연결해도 무방하다. 다만 예제의 소스 코드를 수정해야 한다. 반드시 스테퍼 모터에 별도의 5~12V의 외부 전원을 넣어 주는 것을 잊지 말자.

그림 4-17
28BYJ-48 스테퍼 모터,
ULN2003 모터 드라이버

4.3.3 28BYJ-48 스테퍼 모터 제어

4.3.3.1 wave drive 방식

먼저 파이썬을 이용해서 28BYJ-48 모터를 제어해보자. 가장 쉬운 wave drive 방식부터 해보겠다.

wave drive 방식은 GPIO 4, 17, 27, 22번 핀에 순서대로 전원을 1개씩 공급하는 방식이다. 핀 사이의 전원 공급 이동 시간은 DELAY 변수를 이용하며 0.05초로 설정되어 있다. 이 값이 작아지면 모터 회전 속도가 빨라진다.

```
#!/usr/bin/env python

import RPi.GPIO as gpio
import time

PINS = [4,17,27,22]
SEQA = [(4,),(17,),(27,),(22,)]
DELAY = 0.05

#웨이브 드라이브 모드에서 코일에 전류 공급
def wave_drive_stepper(seq):
  for pin in PINS:
    if pin in SEQA[seq]:
      gpio.output(pin, gpio.HIGH)
    else:
      gpio.output(pin, gpio.LOW)
  time.sleep(DELAY)

gpio.setmode(gpio.BCM)

#4, 17, 27, 22번 핀을 출력 모드로 설정
for pin in PINS:
```

```
    gpio.setup(pin, gpio.OUT)

index = 0
try:
  while True:
  wave_drive_stepper(index % 4)
  index += 1
except KeyboardInterrupt:
  gpio.cleanup()
  print "Stepper Motor Test End"
```

4.3.3.2 full step drive 방식

다음은 full step drive 방식이다. 파이썬 좌표 배열을 이용해 동시에 2개의 코일
에 전류가 흐를 수 있도록 코드를 작성했다. wave drive 방식과 코드가 거의 같
다. 다만 인접한 핀끼리 좌표로 구성해 동시에 2개의 핀에 전원이 공급되도록 작
성된 코드이니 유의해서 살펴보기 바란다.

```
#!/usr/bin/env python

import RPi.GPIO as gpio
import time

PINS = [4,17,27,22]
#풀스텝 모드에서는 인접한 코일과 함께 항상 2개의 코일에 전류 공급
SEQA = [(4,17),(17,27),(27,22),(22,4)]

DELAY = 0.05
#0.5초 간격으로 코일의 전류 공급을 바꿈.
def full_drive_stepper(seq):
  for pin in PINS:
    if pin in SEQA[seq]:
      gpio.output(pin, gpio.HIGH)
    else:
      gpio.output(pin, gpio.LOW)
  time.sleep(DELAY)


gpio.setmode(gpio.BCM)

#4, 17, 27, 22번 핀을 출력 모드로 설정
for pin in PINS:
  gpio.setup(pin, gpio.OUT)

index = 0
try:
  while True:
  full_drive_stepper(index % 4)
  index += 1
except KeyboardInterrupt:
  gpio.cleanup()
```

4.3.3.3 회전 속도 제어

스테퍼 모터의 회전 속도는 결국 펄스 주기와 비례한다. 앞에서 설명한 것처럼
전원을 공급받는 모터 한 바퀴 회전하는 데 32개의 펄스가 필요하고 1:64 기어비

에 의해 5.625도 회전한다고 설명했다. wave drive 방식 기준으로 실제 스테퍼 모터가 한 바퀴 회전하려면 총 2,048개의 펄스가 필요하다. 2048Hz의 주기로 펄스를 공급하면 초당 한 바퀴 회전이 가능하다. 하지만 실제 2048Hz로 작동시키면 모터가 움직이지 않는다(이 상태를 흔히 '탈조'라 한다). 모터가 작동 가능한 주기는 모터에 가해지는 부하(토크)에 따라 달라진다. 실제 테스트를 해보면 부하가 없는 상태에서는 500Hz까지는 정상 회전이 가능하지만 모터에 부하가 걸리면 상황이 달라진다. 대략 380gfcm 토크에서 333Hz의 주기가 최댓값이다. 유튜브(https://youtu.be/14jF8umwJLI)에 28BYJ-48 모터의 주기에 따른 토크를 측정하는 재미있는 실험이 있으니 참고하자. (토크의 단위(gf.cm) 및 개념은 SG90 모터에서 설명하고 있다.)

다음은 사용자의 입력을 받아서 모터의 속도를 조절하는 예제이다. 사용자 입력과 모터 작동을 동시에 진행하기 위해 스레드 모델을 사용한다. 속도를 1~5 구간으로 나누어서 사용자 입력을 받는다. 입력값이 4, 5가 되면 모터가 움직이지 않는다.

```python
#!/usr/bin/env python

import RPi.GPIO as gpio
import time
import threading

PINS = [4,17,27,22]
SEQA = [(4,),(17,),(27,),(22,)]
DELAY = 0.05

#독자적인 스레드에서 자동으로 주기적으로 실행
def rotate_stepper_thread():
  index = 0
  while True:
    wave_drive_stepper(index % 4)
    index += 1

#웨이브 드라이브 모드에서 코일에 전류 공급
def wave_drive_stepper(seq):
  for pin in PINS:
    if pin in SEQA[seq]:
      gpio.output(pin, gpio.HIGH)
    else:
      gpio.output(pin, gpio.LOW)
  time.sleep(DELAY)

gpio.setmode(gpio.BCM)

#4, 17, 27, 22번 핀을 출력 모드로 설정
for pin in PINS:
  gpio.setup(pin, gpio.OUT)

th = threading.Thread(target=rotate_stepper_thread)
th.start()

try:
```

```
    while True:
       #입력값에 따라 회전 속도를 조절한다.
       speed = input("Enter Rotate Speed (1, 2, 3, 4, 5) : ")
       if (speed == 1):
          DELAY = 0.05
       if (speed == 2):
          DELAY = 0.01
       if (speed == 3):
          DELAY = 0.005
       if (speed == 4):
          DELAY = 0.001
       if (speed == 5):
          DELAY = 0.0001

except KeyboardInterrupt:
   print "Stepper Motor Application End"
finally:
   gpio.cleanup()
   exit()
```

ULN2003 모터 드라이버를 사용하면 GPIO 핀의 입력값이 LED로 표시되기 때문에 디버깅하기 편리하다. 다음은 실제 ULN2003 모터 드라이버와 28BYJ-48 스테퍼 모터 그리고 파이를 연결해서 작동시킨 그림이다.

그림 4-18
ULN2003 모터 드라이버,
28BYJ-48 스테퍼 모터
그리고 파이

28BYJ-48 모터는 스테퍼 모터의 사용법을 익히기 위한 입문용 모터이며 실제 제품 개발에 사용하기에는 부족하다. 구동 토크가 약할 뿐 아니라 정밀도도 떨어진다. 필자의 실험으로는 2048 펄스 공급 시 정확하게 360도 회전이 측정되지 않았다. 3D 프린터나 레이저 커터 등을 직접 개발하길 원한다면 이 제품으로 스테퍼 모터의 사용법을 익힌 다음 상위 기종의 스테퍼 모터를 찾아야 할 것이다.

스테퍼 모터를 움직이는 것은 쉽지만 한 가지 생각할 부분이 있다. 위의 예제에서 사용하는 sleep 함수는 msec 이하에서는 정밀도가 많이 떨어진다. 스테퍼 모터에 정밀하고 일정한 각속도를 부여하기 위해서는 해당 예제로는 부족하다. 여기서 다시 한번 PCA9685와 같은 서보 드라이버를 생각하지 않을 수 없다. 단극 스테퍼 모터 1개를 제어하려면 4개의 단자에 위상차를 달리하는 PWM을 공급해야 한다. 따라서 PCA9685를 사용하면 4개의 스테퍼 모터를 정밀하게 제어할 수 있다는 결론이 나온다. 그리고 PCA9685는 I2C 통신을 이용하기 때문에 GPIO 핀을 직접 이용하는 것보다 확장성이 훨씬 뛰어나다.

4.4 서보 드라이버를 이용한 여러 대의 모터 제어

서보 모터 제어를 위한 PWM GPIO 핀은 파이에서 최대 2개까지 사용할 수 있다. 만약 음성 출력을 사용한다면 1개만 사용 가능하다. 만약 3개 이상의 서보 모터를 제어해야 한다면 두 가지 방법을 생각할 수 있다. 첫 번째 방법은 소프트 PWM을 사용한 제어다. 하지만 이 방법은 펄스 폭이 100us 이하인 경우 CPU 사용량이 급격하게 늘어나며 정확도도 떨어진다. 만약 상용 제품을 디자인한다면 가급적 소프트 PWM의 사용을 신중히 고려하길 바란다. 두 번째 방법은 여러 대의 PWM 제어를 지원하는 별도의 하드웨어를 사용하는 방법이다. 여기에서는 이 방법을 사용해서 동시에 최대 16대까지 PWM 제어할 예정이다. 이 방법의 가장 큰 장점은 파이의 CPU 부하가 거의 없다는 것이다. 실제 PWM 펄스를 PCA9685와 같은 하드웨어에서 직접 처리하기 때문에 파이는 PWM 펄스 생성에는 관여할 필요가 없다. 단지 PWM 주기와 듀티비만 지정해주면 그만이다. 약간의 하드웨어를 추가해야 하는 금전적인 부담만 감수할 수 있다면 소프트 PWM 방식과는 비교할 수 없는 장점이다.

여기에서는 PCA9685 칩을 이용해서 여러 대의 서보 모터를 제어해 보겠다.

4.4.1 PCA9685 칩 개요

에이다프루트사의 16채널 12비트 PWM-서보 드라이버는 파이와 I2C 통신을 이용하며 한 번에 16채널(서보 모터) 제어가 가능하다. 이 칩의 특징은 다음과 같다.

- MCU 또는 파이와는 I2C 통신을 이용한다.
- clock이 내장되어 있기 때문에 파이에서 PWM 제어를 위한 타이머 작업이 필요 없다(이것은 엄청난 장점이다. 정교한 타이머 작업은 서보 드라이버가 전담하고 파이는 전체 제어만 신경 쓰도록 설계할 수 있다).
- 3~5V의 전원을 사용한다.
- I2C 통신을 위한 주소를 설정할 수 있는 6개 핀을 지원한다. 따라서 62개의

PCA9685를 하나의 I2C 네트워크에 침여시킬 수 있다(원래 6비트는 64개이지만 2개는 칩에서 사용한다).

- I2C 통신을 위한 주소를 설정할 수 있는 4개 소프트웨어 주소를 지원한다. 4개의 주소 중 하나는 I2C 통신에 참여한 모든 PCA9685 디바이스를 한번에 호출하는 주소(All Call Address)이며 나머지 3개는 미리 지정한 그룹만 한번에 호출하는 주소(LED Sub Call Address)이다. 여러 개의 PCA9685 모듈을 이용한다면 상당히 유용하게 사용할 수 있다.
- PWM 주기는 최대 1.6kHz까지 설정할 수 있다.
- 16개 채널의 출력은 12비트의 해상도(4096단계)까지 조절할 수 있다. 서보에 적용한다면 60Hz에서 4us까지 설정 가능하다.
- 소프트웨어 리셋 기능(SWRST)은 I2C 버스를 통해 디바이스를 리셋시킬 수 있다.

그림 4-19
에이다프루트사의
PCA9685 PWM-서보
드라이버

이번에는 회로를 구성한 다음 i2cdetect 툴을 이용해 현재 I2C 디바이스의 주소를 확인해보자. 0x40, 0x70 두 개의 디바이스가 감지되며, 0x40을 기본 주소로 사용한다.

그림 4-20
PCA9685 모듈의 I2C 주소

PCA9685의 I2C 주소를 반드시 변경할 필요는 없다. 하지만 여러 개의 I2C 디바이스를 이용하는 경우 어드레스 충돌이 발생할 가능성이 있으며 이 경우에만 변경하면 된다. 주소 변경은 모듈 우측 상단의 점퍼를 이용한다. 이 점퍼는 점퍼 핀으로 조절하는 것이 아니라 납땜으로 조절해야 한다. 우측 상단에 A0~A5까지의 6개가 있으며 자세히 살펴보면 가운데 부분이 떨어져 있는 것을 알 수 있다. 이 부분을 납땜으로 연결시키면 점퍼 세팅이 변경된다.

그림 4-21
I2C 주소 변경을 위한
점퍼 세팅
(출처: https://
learn.adafruit.com/16-
channel-pwm-servo-
driver/chaining-drivers)

만약 A0, A1 점퍼 2개를 연결하면 I2C 주소는 0x43이 될 것이다. 이런 식으로 주소를 조절해서 사용하면 된다. 다음은 A4 점퍼를 납땜해 I2C 주소를 변경한 후 i2cdetect 명령을 이용해 바뀐 I2C 주소를 확인한 결과이다.

표 4-1
I2C 주소 변경용 점퍼 값

점퍼	주소	offset
점퍼 없음	0x40	000000
A0	0x41	000001
A1	0x42	000010
A2	0x44	000100
A3	0x48	001000
A4	0x50	010000
A5	0x60	100000

그림 4-22
A4 점퍼 연결 시 I2C 주소
변경 결과 확인

4.4.2 PCA9685 칩과 라즈베리 파이 그리고 서보 모터 연결하기

먼저 파이와 PCA9685 모듈은 I2C 통신을 이용한다. I2C 통신을 사용하기 위한 설정은 3장 I2C 통신 편을 참조하기 바란다. PCA9685 모듈은 편리한 서보 모터의 전원 공급을 위해 하나의 입력 전원을 받아서 16채널에 분배하는 핀을 가지고 있다. 16개의 채널에는 3개의 핀이 제공된다. 바깥쪽 핀은 외부에서 공급받은 전원, 가운데 핀은 접지, 안쪽 핀은 PWM 신호를 입력 받는 핀이다. 파이와는 4개의 핀을 이용한다. 2개는 전원(VCC) 및 접지(GND) 핀이며 나머지 2개는 I2C 통신을 위해 파이의 SDA1, SCL1 핀과 연결한다. 모듈 핀에 이름이 적혀 있기 때문에 어렵지 않다. 파이와의 연결은 PCA9685 모듈의 양쪽 끝 핀 중 편리한 쪽을 이용하면 된다. 핀이 양쪽에 있는 이유는 여러 대의 PCA9685 모듈을 I2C 통신에 연결하는 데 있다. PCA9685의 VCC 전원은 파이의 3.3V 전원을 이용한다. V+는 모터에 5V 전원을 공급하는 핀인데, 외부 전원을 사용할 것이므로 이 핀은 사용하지 않도록 한다. 파이의 5V 전원을 연결할 수도 있지만 서보 모터의 전원 사용량을 고려하면 사용하면 안 된다. V+의 용도 역시 여러 대의 PCA9685 모듈을 I2C 통신에 연결할 때 외부 전원 공급을 쉽게 하는 데 있다.

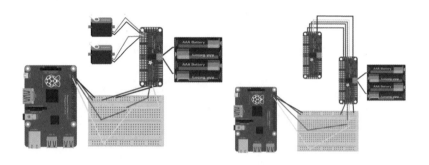

그림 4-23
파이와 PCA9685 그리고
서보 모터 연결, 여러 개의
PCA9685 모듈 연결하기

PCA9685 모듈은 앞에서 설명했듯이 6개의 I2C 주소 변경을 위한 점퍼를 가지고 있다. 이 점퍼들의 조합으로 이론상 128개를 한번에 연결 가능하다. 즉, 모터 16 × 128 = 2048개의 모터 제어가 가능하다.

파이, PCA9685, 모터 간 케이블의 연결은 다음 표를 참고하자

파이	PCA9685	Motors
3.3V 전원	VCC	
GND	GND	
GPIO2 (SDA)	SDA	
GPIO3(SCL)	SCL	
	모터 출력 단자 PWM	PWM
	모터 출력 단자 V+	VCC
	모터 출력 단자 GND	GND

표 4-2
PCA9685와 파이 그리고
모터의 연결

⚠ 외부 전원의 최대 전압이 6V를 넘지 않도록 해야 한다. 가급적 5V 전원을 사용하며

PCA9685의 녹색 또는 푸른색의 외부 전원 단자에 연결한다. 이 단자는 V+, GND로 극성이 있다. 기판의 글씨를 확인 후 연결한다.

4.4.3 PCA9685 제어하기

PWM 서보 드라이버를 이용하면 파이에서 PWM를 제어할 필요 없다. 파이는 I2C 통신으로 PWM 정보만 전달하면 된다.

에이다프루트사에서는 PCA9685 칩을 쉽게 사용할 수 있는 라이브러리를 제공한다. 이 라이브러리는 PCA9685 칩의 기능을 클래스로 만들어 쉽게 사용할 수 있게 한다. 하지만 초보자가 처음부터 이런 상위 레벨 라이브러리를 사용하는 것은 권하지 않는다. 이런 상위 레벨 라이브러리는 사용하기는 쉽지만 작동 원리가 라이브러리 속에 숨어 있기 때문에 학습에는 큰 도움이 안 된다. 항상 자신이 사용하는 하드웨어의 특성을 직접 확인하고 힘들더라도 중요한 기능을 직접 구현해보는 습관을 가져야 자신도 모르게 문제 해결 능력이 향상된다. 어느 정도 PCA9685 칩에 자신이 있을 때 다운로드해서 사용하기 바란다. 에이다프루트사의 라이브러리는 https://github.com/adafruit/Adafruit-PWM-Servo-Driver-Library에서 다운 받을 수 있다.

여기서는 직접 설정하여 PCA9685를 작동시키는 방법을 알아보겠다. PCA9685를 사용하려면 반드시 데이터시트를 참조해야 한다. 대부분의 칩들과 마찬가지로 레지스터 주소 값의 용도가 중요하기 때문이다. 그러나 PCA9685 칩의 레지스터에 대한 자세한 내용은 이 글에서 다루기에는 전문적인 내용이 많아 생략하고, 대신 예제를 통해 사용법을 소개한다. 전기, 전자 회로에 익숙한 독자라면 데이터시트를 직접 참조하기 바란다.

표 4-3
PCA9685의 중요한
레지스터 값

레지스터 주소(Hex)	D7	D6	D5	D4	D3	D2	D1	D0	이름	타입	내용
00	0	0	0	0	0	0	0	0	MODE0	R/W	모드 레지스터 1
01	0	0	0	0	0	0	0	1	MODE1	R/W	모드 레지스터 2
02	0	0	0	0	0	0	1	0	SUBADR1	R/W	I2C버스 subaddress 1
03	0	0	0	0	0	0	1	1	SUBADR2	R/W	I2C버스 subaddress 2
04	0	0	0	0	0	1	0	0	SUBADR3	R/W	I2C버스 subaddress 3
05	0	0	0	0	0	1	0	1	ALLCALLADR	R/W	All Call I2C 버스 주소
06	0	0	0	0	0	1	1	0	LED0_ON_L	R/W	LED0 출력값 control byte 0

07	0	0	0	0	0	1	1	1	LED0_ON_H	R/W	LED0 출력값 control byte 1
08	0	0	0	0	1	0	0	0	LED0_OFF_L	R/W	LED0 출력값 control byte 2
09	0	0	0	0	1	0	0	1	LED0_OFF_H	R/W	LED0 출력값 control byte 3
0A ~ 45									LED1~LED 15까지 반복	R/W	
FA	1	1	1	1	1	0	1	0	-	W/R zero	모든 LEDn_ON 레지스터 값: 0
FB	1	1	1	1	1	0	1	1	-	W/R zero	모든 LEDn_ON 레지스터 값: 1
FC	1	1	1	1	1	1	0	0	-	W/R zero	모든 LEDn_OFF 레지스터 값: 0
FD	1	1	1	1	1	1	0	1	-	W/R zero	모든 LEDn_OFF 레지스터 값: 1
FE	1	1	1	1	1	1	1	0	-	R/W	출력 주기 pre scaler
FF	1	1	1	1	1	1	1	1	-	R/W	테스트 모드

4.4.3.1 PCA9685 초기화

일반적인 사용 환경에서는 모드 레지스터 1을 0x00(00000000)으로 초기화한다. 0x00으로 세팅하면 다음과 같은 설정값을 가지게 된다. 아래의 내용은 데이터시트를 참조하면 쉽게 확인할 수 있다.

- RESTART 불가
- 내부 클록 사용
- 오실레이터 사용(PWM 제어 사용)
- All Call, Subaddress Call에 응답하지 않음

4.4.3.2 PCA9685 PWM 주기 설정하기

PWM 주기 설정은 다음 과정으로 진행한다.

1. 모드 레지스터 1의 값을 읽는다.
2. 읽은 모드 레지스터 1의 값에서 8번째 비트(RESTART), 5번째 비트(SLEEP)를 ON한다.

3. 새로운 설정값을 모드 레지스터 1에 기록한다.

4. 프리스케일(pre-scale) 값을 프리스케일 레지스터(0XFE)에 기록한다. 프리스케일 값은 뒤에서 설명한다(이 부분이 주기 설정이다). 프리스케일은 모드 레지스터 1의 SLEEP 비트가 1인 상태에서만 설정 가능하다.

5. 다시 최초에 읽어 두었던 모드 레지스터 1 설정값을 모드 레지스터 1에 다시 기록한다.

> 💡 **PCA9685 프리스케일 값 세팅하기**
>
> 실제 주기 설정에서 가장 중요한 과정은 프리스케일(pre-scale) 값을 세팅하는 것이다. 이 값에 대해 알아보겠다. 프리스케일을 구하는 공식은 다음과 같다. 여기에서 update_rate 가 주기이며 PCA9685의 오실레이터 주기는 25MHz이다.
>
> prescale value = round((osc_clock) / (4096 × update_rate)) - 1
>
> 만약 200Hz로 세팅하려면 prescale 값은 30이 된다.
>
> prescale value = round(25000000 / (4096 × 200)) - 1 = round(30.5178) - 1 = 30

> ❗ 실제 코드를 구현할 때는 update_rate 값에 0.9를 곱해서 처리한다. 이 이유는 https://github.com/adafruit/Adafruit-PWM-Servo-Driver-Library/issues/11를 참조한다.

4.4.3.2 PCA9685 채널별 듀티비 설정

이제 채널별 듀티비만 조절하면 PWM 드라이버가 작동할 것이다. 듀티비는 PCA9685 레지스터의 다음 값들을 변경해서 조절한다. 12비트(4096) 단계의 듀티비 조절이 가능하기 때문에 2바이트가 필요하다. LEDn_ON_L, LEDn_ON_H 처럼 2개의 레지스터에 시작 값을 기록한다. 종료 값도 마찬가지이다. 시작, 종료 값의 의미는 아래 그래프를 참조하기 바란다.

```
LED0_ON_I (0x06) + 채널번호(0~15) * 4, LED0_ON_H(0x07) + 채널번호(0~15) * 4,
LED0_OFF_L(0x08) + 채널번호(0~15) * 4, LED0_OFF_H(0x09) + 채널번호(0~15) * 4,
```

LEDn_ON, LEDn_OFF는 다음과 같은 의미이다. LEDn_ON은 주기 시작 시점부터 PWM 파형이 시작되는 시점까지의 시간이다. LEDn_OFF는 PWM 파형이 끝나는 시점이다. LEDn_ON을 0으로 설정하면 주기 시작과 함께 파형이 시작되

기 때문에 이해하기 쉽다. PWM = LEDn_OFF − LED_ON이 될 것이다. 앞에서
PWM(출력값) 설정은 4,096단계까지 가능하다고 했다. 아래 그림에서 0~4095는
이 4,096단계를 의미하는 것이지 시간 단위가 아닌 것에 유의하기 바란다.

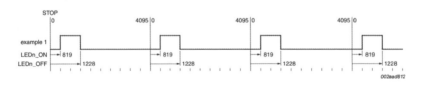

LEDn_ON을 0으로 설정하고 LEDn_OFF를 4095로 설정하면 듀티비 100%가 될
것이다.

　다음은 PCA9685의 PWM 파형 측정을 위해 오실로스코프와 연결한 그림이다.
실제 모터를 연결할 필요는 없기 때문에 외부 전원이 필요 없으며 PCA9685 모듈
의 채널 핀 중에서도 V+(모터 전원) 핀은 연결할 필요가 없다. PWM과 접지 핀
만 오실로스코프에 연결하면 된다.

4.4.4 파이썬을 이용한 PCA9685 제어

I2C 통신의 예제 코드와 SG90 서보 모터의 예제를 수정해서 PWM을 제어하는
예제를 만들어 보겠다. 예제에서는 채널 0번을 사용하고 있다. 먼저 본격적으로
서보 모터를 제어하기 전에 오실로스코프를 이용해서 서보 드라이버를 이용한
출력이 정상적인 PWM 파형인지 확인해보자.

```
#!/usr/bin/env python
import smbus
import time
import math

#PCA9685 제어를 위한 레지스터 주소(데이터시트를 참조한다)
PCA9685_MODE1 = 0x0
PCA9685_PRESCALE = 0xFE

LED0_ON_L = 0x6
```

```
LED0_ON_H = 0x7
LED0_OFF_L = 0x8
LED0_OFF_H - 0x9

#PCA9685 레지스터에서 1 바이트를 읽는다
def read_byte(adr):
  return bus.read_byte_data(address, adr)

#PCA9685 레지스터에 1 바이트를 기록한다
def write_byte_2c(adr, val):
  return bus.write_byte_data(address, adr, val)

#PCA9685 레지스터에 2 바이트를 기록한다
def write_word_2c(adr, val):
  bus.write_byte_data(address, adr, val)
  bus.write_byte_data(address, adr + 1, (val >> 8))

"""
아래 함수에서 진동수(frequency)에 0.9를 곱해서 사용했다.
이 문제는 PCA9685의 버그에서 비롯된다.
아래 페이지를 참조하기 바란다.
issue : https://github.com/adafruit/Adafruit-PWM-Servo-Driver-Library/
issues/11
"""

#PWM 주기 설정
def set_PWMFreq(freq):
  freq *= 0.9
  prescaleval = 25000000.0
  prescaleval /= 4095
  prescaleval /= freq
  prescaleval -= 1;
  print "Estimated pre-scale: ", prescaleval

  prescale = math.floor(prescaleval + 0.5)
  print "Final pre-scale: ", prescale

  oldmode = read_byte(PCA9685_MODE1)
  newmode = (oldmode&0x7F) | 0x10
  write_byte_2c(PCA9685_MODE1, newmode)
  write_byte_2c(PCA9685_PRESCALE, int(prescale))
  write_byte_2c(PCA9685_MODE1, oldmode)
  time.sleep(0.005)
  write_byte_2c(PCA9685_MODE1, oldmode | 0xa1)

#PWM 설정
def set_PWM(channel, on, off):
  on = on & 0xFFFF
  off = off & 0xFFFF
  write_word_2c(LED0_ON_L+4*channel,on)
  write_word_2c(LED0_ON_L+4*channel + 2,off)

# PWM 듀티 설정
def set_PWM_Duty(channel, rate):
  on = 0
  off = rate * 4095.0 / 100.0
  set_PWM(channel, on, int(off))

# PWM Length 설정
def set_PWM_Length(channel, rate):
  pulse = 1000.0 / Hz #perhaps 20ms
  off = rate * 4095/pulse
  on = 0
  set_PWM(channel, on, int(off))
  print "PWM 0 ~ 4095:",  off, " duty:", off * 100 / 4095
```

```
# angle 설정 (SG90의 경우 대략... 0도=0.6ms ... 180도=2.5ms)
def set_angle(channel, rate):
  val = 0.6 + rate * 1.9 / 180.0
  print "PWM High time:",  val
  set_PWM_Length(channel, val)

bus = smbus.SMBus(1)
#I2C 통신을 위한 PCA9685의 주소값. 점퍼 세팅을 이용해 값을 바꾸지 않았다면 0X40이 기본값이다.
address = 0x40

#Now reset pca9685
try:
  #PCA9685를 초기화하고 주기를 50Hz로 설정한다. SG90 모터가 50Hz에서 작동하기 때문이다.
  bus.write_byte_data(address, PCA9685_MODE1, 0)
  set_PWMFreq(50)
  #0번 채널을 듀티비 50으로 설정한다. PCA9685는 0~4095까지 듀티비 조절 가능하다.
  set_PWM(0, 0, 2048)
except IOError:
  print "Perhaps there's no i2c device, run i2cdetect -y 1 for device
connection!"
  pass
try:
  while True:
    val = input("angle: 0 ~ 180,  Ctrl+C to quit:")
    if(val < 0 or val > 180):
      print "Invalid range"
    else:
      set_angle(0, val)
    time.sleep(1)

except KeyboardInterrupt:
  print "Servo driver Application End"
  set_PWM(0, 0, 0)
  exit()
```

다음은 위의 파이썬 코드를 실행해서 50Hz, 듀티비 50에서의 오실로스코프 화면이다. 깨끗한 PWM 파형이 만들어지는 것을 알 수 있다. 원하는 PWM 파형을 만들어지는 것을 확인했다면 다음은 16채널 서보 드라이버의 목적에 충실하게 동시에 여러 개의 모터를 제어해 보겠다. 서보 모터 8개를 연결해 한 번에 움직이도록 코드를 작성해보자. 아래 실험에서 사용하는 SG90 서보 모터의 특징 및 제어 방법은 '4.2 SG90 서보 모터'에서 자세하게 설명하고 있다.

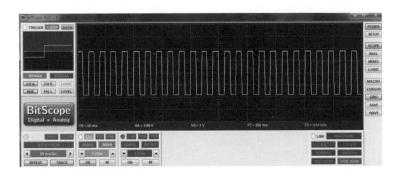

그림 4-26
PCA9685를 모니터링한
오실로스코프 화면

그림 4-27
8개의 서보 모터를
PCA9685에 연결하기

다음은 PCA9685를 이용해 서보 모터 8개를 제어해보겠다. 최대로 연결하면 PCA9685에 16개의 서보 모터의 연결이 가능하다.

> ⚠️ 그림 4-27에서 모터에 공급하는 V+ 전원을 외부에서 가져오는 것에 유의하기 바란다. 파이의 5V 전원을 사용하면 모터 작동과 함께 파이 시스템이 전력 부족으로 다운될 수 있다. 그리고 SG90 서보 모터는 스톨 토크에 매우 취약하다. 스톨 상태가 지속되면 금방 모터가 뜨거워지며 고장 날 수 있다. 따라서 SG90 서보 모터 제어에 필요한 PWM 정보를 반드시 미리 확인하고 테스트를 해야 한다. 그리고 테스트 도중 모터가 뜨거워지는 현상이 발생하면 즉시 외부 전원을 차단하고 원인을 파악하도록 한다.

PCA9685를 이용해 8개 서보 모터를 연결 제어하는 코드이다.

```python
#!/usr/bin/env python
import smbus
import time
import math

--중략 (레지스터 제어, PWM 제어 함수는 앞 예제와 동일하다.) --

#SG90 모터를 좌회전(PWM 듀티 2.5% 설정)
def Left(start, end):
  for x in range(start, end):
    set_PWM_Duty(x, 2.5)

#SG90 모터를 중앙에 위치(PWM 듀티 7.5% 설정)
def Middle(start, end):
  for x in range(start, end):
    set_PWM_Duty(x, 7.5)

#SG90 모터를 우회전(PWM 듀티 12.5% 설정)
def Right(start, end):
  for x in range(start, end):
    set_PWM_Duty(x, 12.5)

#여기에서 부터 프로그램 시작
#I2C 통신을 위한 smbus 초기화. Revision 2 파이에서는 파라미터 1을 사용한다.
```

```
bus = smbus.SMBus(1)
#I2C 통신을 위한 PCA9685의 주소값. 점퍼 세팅을 이용해 값을 바꾸지 않았다면 0X40이 기본값이다.
address = 0x40

#Now reset pca9685
try:
    #PCA9685를 초기화하고 주기를 50Hz로 설정한다. SG90 모터가 50Hz에서 작동하기 때문이다.
    bus.write_byte_data(address, PCA9685_MODE1, 0)
    set_PWMFreq(50) #50Hz
except IOError:
    print "Perhaps there's no i2c device, run i2cdetect -y 1 for device
connection!"
    pass
try:
    while True:
        Middle(0, 8)
        time.sleep(2)
        Left(0, 8)
        time.sleep(2)
        Right(0, 8)
        time.sleep(2)
        Middle(0, 8)
        time.sleep(2)
        Left(0, 4)
        time.sleep(2)
        Right(4, 8)
        time.sleep(2)

except KeyboardInterrupt:
    print "Servo driver Application End"
    set_PWM(0, 0, 0)
```

PCA9685는 16개까지 PWM 제어가 가능하며 16개의 모터를 제어하는 것도 어렵
지 않다. 위의 소스 코드에서 채널 값만 늘려주면 된다.

참고 자료
- http://en.wikipedia.org/wiki/H_bridge
- http://www.ktechno.co.kr/pictech/motor01.html
- http://www.ti.com/lit/ds/symlink/sn754410.pdf
- http://datasheet.sparkgo.com.br/SG90Servo.pdf
- http://razzpisampler.oreilly.com/ch05.html
- https://learn.adafruit.com/all-about-stepper-motors/what-is-a-stepper-motor
- http://en.wikipedia.org/wiki/Stepper_motor
- http://www.ti.com/lit/ds/symlink/uln2003a.pdf
- http://en.wikipedia.org/wiki/Stepper_motor#Pull-in_torque
- http://www.adafruit.com/product/815
- PCA9685 데이터시트
- 28BYJ-48 데이터시트(http://robocraft.ru/files/datasheet/28BYJ-48.pdf)

5장

디스플레이

어딘가엔, 미지의 놀라운 것이 우리를 기다리고 있다.
Somewhere, something incredible is waiting to be known.
- 칼 세이건(Carl Sagan)

우리가 흔히 사용하는 PC(Windows, Mac, Linux, …) 또는 태블릿, 스마트폰에는 고해상도 디스플레이 장치가 있다. 이렇게 당연하다고 느끼는 기능이 임베디드 영역에서는 쉽게 사용하기 어렵다. 아두이노와 같은 MCU(Micro Controller Unit, 마이크로 콘트롤러 유닛) 계열은 디스플레이 장치를 범용 OS처럼 지원하지 않는다. 우리가 사용하는 오디오, 냉장고, 전기밥솥, 전자레인지 등 다양한 가전 제품들에도 간단한 MCU가 들어가 있는 경우가 많다. 이들 MCU는 보통 제한된 숫자의 문자 또는 숫자만 표시 가능한 디스플레이 장치를 사용한다. 우리는 이러한 디스플레이 장치에 상당히 익숙하다. 다만 PC 모니터와 비교하지 않았을 뿐이다.

　파이의 가장 큰 장점 중 하나는 범용 운영체제를 사용하기 때문에 높은 해상도의 디스플레이 장치를 사용할 수 있다는 것이다. 가령 파이를 이용해서 게임기를 만들어 고전 오락 게임을 즐기는 것이 가능하다. 아마 아두이노를 이용한다면 쉽지 않은 프로젝트이며, 아두이노의 본래 목적에도 부합하지 않는다. 파이에는 HDMI 포트가 있어서 고해상도 모니터를 연결해 PC와 같은 수준의 그래픽을 제공 받을 수 있다. 또한 조그만 LCD 디스플레이 장치를 연결해 간단한 정보만 표출할 수도 있다. 파이는 PC와 MCU 계열에서 사용하는 디스플레이 장치를 모두 사용할 수 있는 장점이 있다.

그림 5-1
임베디드 시스템의
디스플레이 모듈들

225

여기에서는 임베디드 시스템용 디스플레이 모듈을 이용하는 방법에 대해 주로 다루도록 하겠다.

5.1 HD44780 LCD를 이용한 디스플레이

HD44780 LCD는 20캐릭터(20바이트)×4줄의 디스플레이가 가능한 히타치 (Hitachi)사의 LCD 모듈이다. 임베디드 시스템에서 간단한 정보를 표시하는 데 적당하기 때문에 파이나 아두이노에서 많이 사용한다.

5.1.1 HD44780 LCD 개요

HD44780 LCD 모듈은 다음과 같은 특징을 가지고 있다.

- 20자×4줄의 디스플레이
- 푸른색 백그라운드에 흰색 텍스트
- 브레드보드와 연결이 쉬운 0.1인치 피치 포트 제공[1]
- 5V 전원을 이용해 LED 백라이트가 작동되며 PWM이나 가변저항을 이용해 백라이트 밝기 조절 가능
- 6개의 GPIO 라인으로 제어 가능
- 영어, 일본어 기본 내장
- 8개의 문자를 디자인해 추가 가능

이 모듈에는 16개의 핀 구멍이 있다. 먼저 숫놈 핀을 준비해서 HD44780에 납땜을 한다. 만약 I2C 시리얼 인터페이스를 이용한다면 시리얼 인터페이스에 있는 숫놈 핀과 납땜을 한다. (브레드보드를 이용해도 된다.)

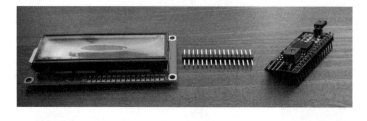

그림 5-2
HD44780 LCD, 숫놈 핀, I2C 시리얼 인터페이스

먼저 데이터시트를 참조해서 각 핀의 용도를 확인한다. 참고로 HD44780 데이터 시트는 LCD에 대한 데이터시트이기 때문에 모듈로 구성된 위의 HD44780의 경

---

1 브레드보드에 직접 연결도 가능하지만 디스플레이 드라이버를 주로 이용한다.

우 핀을 확인하기 어렵다.

다음은 16개 핀의 용도를 정리한 표이다.

표 5-1
HD44780 모듈 핀의 용도 [2]

핀 번호	심볼	레벨	설명
1	VSS	0V	접지
2	VDD	5V	전원 (7V이상 전원 금지)
3	V0	--	LCD 콘트라스트 전원(가변 저항을 연결해 콘트라스트 조절). 접지에 연결 가능
4	RS	High/Low	레지스터 선택 시그널 1: 데이터 레지스터(Read/Write) 0: Instruction 레지스터(Write), Busy-Flag Address Counter(Read)
5	RW	High/Low	H: 읽기 모드 L: 쓰기 모드 접지에 연결하면 항상 쓰기 모드가 됨.
6	EN	High/Low	쓰기, 읽기 가능 시그널(H:가능, L:불가능)
7	DB0	High/Low	8비트 양방향 데이터 버스
8	DB1	High/Low	
9	DB2	High/Low	
10	DB3	High/Low	
11	DB4	High/Low	
12	DB5	High/Low	
13	DB6	High/Low	
14	DB7	High/Low	
15	LED+	5V	백라이트 전원
16	LED-	0V	백라이트 전원 접지

DB0~DB7, RS, EN, RW 핀은 우리가 디스플레이에 데이터를 보낼 때 사용하는 핀이다. RS 핀은 HD44780 모듈의 MCU가 LCD에 문자를 디스플레이하기를 원하는지, 커서 위치 변경과 같은 명령을 보내길 원하는지 지정한다. 보통 가장 먼저 RS 핀의 값을 세팅한 이후에 다음 작업을 진행한다.

RW 핀은 디스플레이를 원하는지 LCD의 내용을 읽기를 원하는지 정할 때 사용한다. 대부분의 쓰기 작업만 필요로 하는데, 이 경우에는 RW 핀을 GPIO 대신 접지선에는 연결하면 된다. 그렇지 않으면 들뜬 상태(floating state)가 된다.

---

2 모듈 핀의 데이터시트는 인터넷에서 'tc2004a-01 datasheet'를 검색해서 찾을 수 있다.

!	LCD에서 데이터를 읽는 경우는 드물기 때문에 RW 핀은 항상 쓰기 모드(0V)를 만들어 둔다.

EN 핀은 보통 0 상태를 유지하다가 데이터 버스의 값을 모두 세팅한 다음, 마지막으로 펄스를 발생(0, 1, 0)시키면 데이터 버스의 값이 HD44780에 저장된다.

　데이터 버스도 8개 대신 4개만 사용할 수도 있다. 이 경우에 약간의 속도 저하가 있지만 대부분 큰 문제가 되지 않는다. (실제 4비트 통신을 이용하면 D4~D7 핀을 두 번 작동(EN핀에 펄스 발생)시켜 8비트 데이터를 적용시킨다.) 따라서 RS, EN, D7, D6, D5, 그리고 D4 핀만 GPIO에 연결해서 사용해서 LCD 디스플레이가 가능하다.

　다음은 HD44780 제어에 필요한 중요한 명령어 세트이다. 참고로 아래 표에서 *기호는 비트 값에 영향을 받지 않는 필드이다. 아래 내용은 데이터시트의 내용을 정리한 것이다.

표 5-2
중요 명령어 출처
(출처: http://en.wikipedia.org/wiki/Hitachi_HD44780_LCD_controller)

명령	코드		설명
	RS R/W	B7 B6 B5 B4 B3 B2 B1 B0	
디스플레이 초기화	0 0	0 0 0 0 0 0 0 1	디스플레이를 초기화. 커서를 초기 위치로 이동
커서 초기화	0 0	0 0 0 0 0 0 1 *	커서를 초기 위치로 이동
디스플레이 on/off	0 0	0 0 0 0 1 D C B	D: 1 디스플레이 ON D: 0 디스플레이 OFF C: 1 커서 ON C: 0 커서 OFF B: 1 커서 깜빡임 ON B: 0 커서 깜빡임 OFF
커서 이동	0 0	0 0 0 1 S/C R/L * *	S/C: 커서 이동 또는 디스플레이 시프트 R/L: 시프트 방향 (Left, Right) 컨텐츠는 변하지 않음
기능 설정	0 0	0 0 1 D/L N F * *	D/L: 데이터 길이 N: 라인 수. 만약 이 값이 0이면 16바이트 이후의 문자는 두 번째 줄에 나타남. 이 값이 1이면 16바이트 이후의 문자는 숨겨져 보이지 않음. F: 폰트
CGRAM 지정	0 0	0 1 CGRAM address	CGRAM: Character Generation RAM(사용자가 만든 8개의 문자에 대한 접근 주소)

DDRAM 지성	0	0	1 DDRAM address	DDRAM: Display Data RAM(디스플레이되는 데이터를 저장한 주소) 위의 기능 설정에서 N=0(1라인)인 경우 어드레스 범위는 0x00~0x4F까지이며 N=1(2라인)인 경우에는 첫 번째 라인은 0x00~0x27, 두 번째 라인은 0x40~ 0x67까지이다. 따라서 첫 번째 라인의 처음으로 주소를 옮기려면 10000000(0X80), 두 번째 라인의 처음은 11000000(0XC0)가 된다.

5.1.2 HD44780와 라즈베리 파이 연결하기

다음과 같이 파이와 LCD 모듈을 연결한다. 226쪽 '5.1.1 HD44780 LCD 개요'에서 설명한 것처럼 6개의 핀만 GPIO에 연결했다.

3번 핀은 가변저항을 연결해 LCD의 콘트라스트를 조절한다. 3번 핀을 접지에 연결해도 되지만 이 경우엔 콘트라스트가 최댓값이 되며 디스플레이를 읽기 어려울 수 있다.

그림 5-3
HD44780 연결

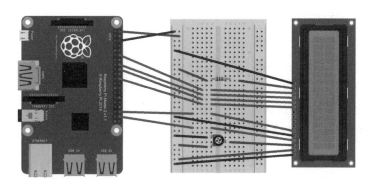

백라이트 전원을 5V에 직접 연결한 것이 아니라 가운데 220Ω 저항을 연결했다. 데이터시트에는 백라이트 전원을 직접 연결하지 말라는 경고가 있다. HD44780 모듈 중 일부는 모듈 안에 저항을 포함시켜 외부 저항 연결 없이도 문제 없게 만든 제품이 있는가 하면 일부 제조사는 저항을 포함시키지 않은 경우도 있다. 이 경우에는 데이터시트의 경고처럼 저항을 연결하지 않으면 백라이트가 고장 날 수 있다. 안전하게 작업하려면 저항을 연결하는 것이 좋다. 대신 백라이트의 밝기가 조금 줄어든다. 여러분의 모듈이 저항을 포함하고 있는지를 확인하려면 제조사의 데이터시트를 참조한다. 만약 확인이 어렵다면 안전을 위해 저항을 연결하는 것이 좋다.

5.1.3 HD44780 프로그래밍

5.1.3.1 디스플레이 초기화

처음 HD44780 디스플레이를 조작하기 위해 초기화 작업을 다음과 같이 진행한
다. 참고로 데이터 버스 및 RS, RW 값을 세팅한 다음 EN 핀을 조작해 펄스를 발
생시키면 값이 저장된다.

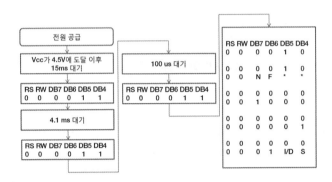

그림 5-4
4비트 버스 초기화
플로우[3]

5.1.3.2 데이터 전송

초기화가 끝나면 텍스트를 LCD에 전송할 수 있다. 디스플레이 텍스트 전송은 다
음과 같이 진행한다. 데이터 전송은 바이트 단위로 이루어진다. 다음은 문자 A
를 출력하는 흐름도이다.

우선 RS를 1(데이터 레지스터 선택)로 바꾼 다음, 4비트 버스에서 상위 4비트
를 먼저 출력하고 다시 하위 4비트를 출력하면 1바이트의 출력이 끝난다.

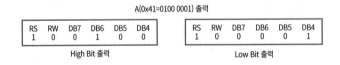

그림 5-5
문자 출력을 위한 비트
제어

출력 데이터가 16바이트를 넘을 경우 화면에는 먼저 출력한 16바이트만 나타난
다. 참고로 텍스트를 저장하는 버퍼(DDRAM)의 크기는 80바이트이다. 라인당
40바이트가 버퍼링 가능하다.

> **!** HD44780의 텍스트 전송은 바이트 단위이다. 따라서 아스키 코드를 이용해서 전송하는 것
> 이 안전하며 유니코드 문자 전송은 하지 않도록 한다. UTF-8 코드는 영문 전송에는 지장이
> 없으나 가급적 아스키 코드를 사용할 것을 추천한다.

[3] 만약 8비트 버스를 이용하려면 데이터시트 45페이지의 Figure 23을 참조하면 된다.

5.1.3.3 텍스트 시프트

텍스트의 길이가 16바이트를 넘을 경우 한 줄에 전체 텍스트를 볼 수 없다. 이 경우에는 텍스트를 시프트시키면 화면에 텍스트가 흘러가면서 모든 내용을 확인할 수 있다. 정보량이 16바이트를 넘을 경우에 유용한 수단이다. 228쪽 표 5-2 주요 명령어를 참조하면 쉽게 구현할 수 있다. 시프트 명령은 한 번에 1칸씩만 이동하기 때문에 루프문과 sleep을 적절히 이용해 보기 쉽게 구현하면 된다. 시프트 명령은 1, 2 라인의 텍스트를 모두 시프트시킨다.

그림 5-6
텍스트 좌,우 시프트를
위한 비트 제어

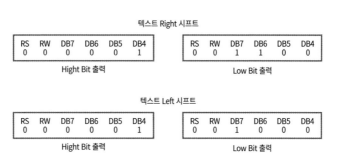

5.1.3.4 파이썬 프로그래밍

이번 예제에서는 객체지향 프로그래밍에서 많이 사용하는 파이썬 클래스를 적용했다. self와 __init__ 멤버 함수 사용법만 익히면 어렵지 않다. 예제에서는 HD44780 LCD를 초기화하고 2줄에 걸쳐 문자열을 출력한 다음 2초 간격으로 시프트시킨다.

```
#!/usr/bin/env python

import RPi.GPIO as GPIO
import os
from time import sleep

#HD44780 디스플레이 클래스 정의
class HD44780:
  #오브젝트를 만들 때 자동으로 호출되는 생성자
  def __init__(self, pin_rs=7, pin_e=8, pins_db=[25, 24, 23, 18]):
    self.pin_rs=pin_rs
    self.pin_e=pin_e
    self.pins_db=pins_db

    GPIO.setmode(GPIO.BCM)
    GPIO.setwarnings(False)
    GPIO.setup(self.pin_e, GPIO.OUT)
    GPIO.setup(self.pin_rs, GPIO.OUT)
    for pin in self.pins_db:
      GPIO.setup(pin, GPIO.OUT)
    self.clear()
    print "HD44780 Initialized"

  #HD44780 디스플레이 초기화
```

```python
    def clear(self):
        """ See the datasheet for initializing """

        self.cmd(0x33)
        #데이터시트에는 4.1ms를 쉬게 되어 있다.
        sleep(0.005)
        self.cmd(0x32)
        #데이터시트에는 100us를 쉬게 되어 있다.
        sleep(0.0001)
        self.cmd(0x28)
        self.cmd(0x0C)
        self.cmd(0x06)
        self.cmd(0x01)

    #HD44780 디스플레이에 명령을 보낸다.
    def cmd(self, bits, char_mode=False):
        sleep(0.001)
        bits=bin(bits)[2:].zfill(8)
        GPIO.output(self.pin_rs, char_mode)
        for pin in self.pins_db:
            GPIO.output(pin, False)
        for i in range(4):
            if bits[i] == "1":
                GPIO.output(self.pins_db[::-1][i], True)

        GPIO.output(self.pin_e, True)
        sleep(0.0005)
        GPIO.output(self.pin_e, False)

        for pin in self.pins_db:
            GPIO.output(pin, False)

        for i in range(4,8):
            if bits[i] == "1":
                GPIO.output(self.pins_db[::-1][i-4], True)

        GPIO.output(self.pin_e, True)
        sleep(0.0005)
        GPIO.output(self.pin_e, False)

    #HD44780 디스플레이에 문장을 출력한다.
    def message(self, line, text):
        if(line == 1):
            self.second_line_cursor_reset() #2 line
        else:
            self.first_line_cursor_reset() #1 line
        for char in text:
            self.cmd(ord(char),True)

    #HD44780 디스플레이 내용을 오른쪽 스크롤 시킨다.
    def shift_R(self):
        self.cmd(0x1C) #0001 1100

    #HD44780 디스플레이 내용을 왼쪽 스크롤 시킨다.
    def shift_L(self):
        self.cmd(0x18) #0001 1000

    def first_line_cursor_reset(self):
        self.cmd(0x80) #0000 1000
    def second_line_cursor_reset(self):
        self.cmd(0xC0) #1000 0000
#HD44780 디스플레이 객체를 만든다.
lcd = HD44780()
#HD44780 디스플레이 문장을 출력한다.
lcd.message(0, "Hello World!")
```

```
sleep(2)
lcd.message(1, "Hello RaspBerry!")
sleep(2)

for i in range(0,8):
  #HD44780 디스플레이 내용을 16초간 2초 간격으로 좌측으로 스크롤시킨다.
  lcd.shift_L()
  sleep(2)

GPIO.cleanup()
```

HD44780을 다루면서 커서에 대해서는 다루지 않았다. 커서는 보통 문자열 수정을 위해 사용하는 기능이다. 문자열을 수정한다는 것은 다시 읽어서 저장하겠다는 의미인데, RW 핀에서 값을 읽는 부분은 여러분의 몫으로 남겨 두겠다.

그리고 HD44780은 8개의 사용자 정의 문자를 만들 수 있게 지원한다. 만약 알파벳이나 일본어 이외의 문자나 자신만의 독특한 문자가 필요할 경우에는 http://www.quinapalus.com/hd44780udg.html, http://www.8051projects.net/lcd-interfacing/lcd-custom-character.php 페이지를 참조하기 바란다.

5.2 128X64 픽셀 OLED 디스플레이

HD44780이 문자만 출력 가능한 디스플레이인 반면, SSD1396은 그래픽 출력이 가능한 OLED 디스플레이다. 128×64 픽셀 해상도에 26mm×15mm의 작은 사이즈(PCB 사이즈는 38mm×29mm)이며 임베디드 시스템에서 꼭 필요한 내용만 출력하기에 적당하다.

그래픽 출력은 문자 출력 방식과는 전혀 다르다. 그래픽 출력은 쉽게 표현하면 OLED 화면의 픽셀을 이용해 그림을 그리는 것과 같다. 파이썬 패키지에서 그래픽 관련 라이브러리는 PIL(Python Image Library)을 많이 사용한다. 파이에서 PIL 라이브러리를 이용하면 OLED 디스플레이뿐 아니라 HDMI 케이블로 연결한 데스크톱 모드에서 일반 PC처럼 그래픽 출력을 할 수 있다. PIL 라이브러리는 파이뿐 아니라 리눅스, Windows 운영체제에서도 그래픽 처리를 위해 사용할 수 있다.

다음의 그래픽 출력은 파이와 OLED 디스플레이, PC, 스마트폰 등 대부분의 그래픽 출력을 지원하는 디바이스에서도 비슷한 방식이다. 다만 PC, 스마트폰 등에서는 고해상도로 인해 데이터 처리량이 많기 때문에 I2C와 같은 시리얼 방식이 아닌 전용 병렬 데이터버스와 그래픽 연산 전용 GPU를 사용한다.

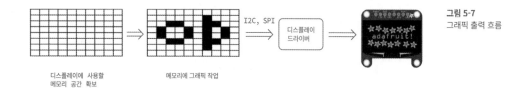

디스플레이에 사용할
메모리 공간 확보

메모리에 그래픽 작업

I2C, SPI

디스플레이
드라이버

그림 5-7
그래픽 출력 흐름

5.2.1 PIL(Python Image Library)로 그래픽 출력하기

OLED 디스플레이를 사용하기 위한 그래픽 구현은 PIL을 사용할 것이다. PIL 라이브러리에서 자주 사용하는 함수 몇 개만 살펴보고 예제에서 사용해보겠다.[4]

먼저 다음 명령으로 PIL을 설치한다.

```
apt-get update
apt-get dist-upgrade
apt-get install libjpeg-dev
apt-get install python-pip
apt-get install python-dev
pip install Pillow
```

5.2.1.1 arc(bbox, start, end, fill=None)

직사각형 박스(bbox) 내부에 접하는 호를 그린다. 호의 각도는 start에서 end 까지다. 각도의 시계 방향으로 증가한다. 예를 들어 draw.arc((0,0,200,200), 0, 135)는 중심 100, 100에서 동쪽 방향부터 남서 방향으로 호를 그린다.

```
from PIL import Image, ImageDraw
image = Image.new('RGBA', (400, 200),(255, 255, 255, 0))
draw = ImageDraw.Draw(image)
draw.arc((0,0,200,100), 0, 135, fill=128)
image.show()
```

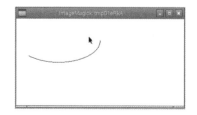

그림 5-8
arc 함수 결과

5.2.1.2 chord(bbox,start,end,fill=None,outline=None)

chord 함수는 arc 함수와 거의 유사하다 다만 호의 양끝을 직선으로 연결한다.

---

4 현재 PIL은 공식적으로 더 이상 지원되지 않지만 Pillow라는 복제 프로젝트가 계속 지원되고 있다. PIllow를 설치하면 이전 PIL의 함수를 변경 없이 사용할 수 있다.

그림 5-9
chord 함수 결과

5.2.1.3 ellipse(bbox,fill=None,outline=None)

타원을 그린다. 타원은 직사각형 bbox 안에 내접한다. 만약 bbox가 정사각형이면 원이 그려진다.

그림 5-10
ellipse 함수 결과

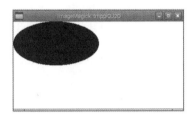

5.2.1.4 line(L, fill=None)

직선을 긋는다. 직선을 긋기 위해서는 2개의 좌표가 필요하다. 따라서 함수의 첫 번째 변수 L은 2개의 좌표(4개의 값)로 이루어진다.

```
from PIL import Image, ImageDraw
image = Image.new('RGBA', (400, 200),(255, 255, 255, 0))
draw = ImageDraw.Draw(image)
draw.line((0, 0) + image.size, fill=128)
draw.line((0, image.size[1], image.size[0], 0), fill=128)
image.show()
```

그림 5-11
line 함수 결과

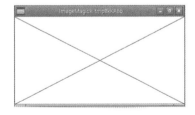

5.2.1.5 pieslice(bbox,start,end,fill=None,outline=None)

arc 함수와 비슷하나 호의 중심에서부터 파이 모양을 만든다.

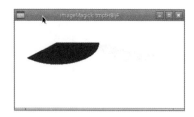

그림 5-12
pieslice 함수 결과

5.2.1.6 point(xy,fill=None)

x, y 좌표에 점을 찍는다.

5.2.1.7 polygon(L, fill=None, outline=None)

여러 개의 좌표를 사용해서 직선으로 연결해 닫힌 도형을 만든다.

```
draw.polygon([(30,30), (150,30), (150,150), (30,150)], fill="red",
outline="green")
```

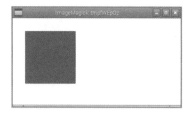

그림 5-13
polygon 함수 결과

5.2.1.8 text(xy,message,fill=None,font=None)

가장 중요한 텍스트를 그린다. x, y 좌표는 텍스트 문자열의 좌측 상단을 가리킨
다. 폰트를 사용할 수 있음에 유의한다. 폰트는 미리 이미지 폰트로 만들어 사용
한다. 폰트 파일(ttf 확장자)은 미리 준비한 후 파이썬 소스 코드에서 접근할 수
있는 곳에 저장해 둔다. 이미지 폰트를 만드는 과정에서 폰트 크기까지 지정할
수 있다.

```
from PIL import Image, ImageDraw, ImageFont
image = Image.new('RGBA', (400, 200),(255, 255, 255, 0))
draw = ImageDraw.Draw(image)
fnt1 = ImageFont.truetype('./FreeSerifItalic.ttf', 40)
fnt2 = ImageFont.truetype('./FreeMonoBold.ttf', 40)
draw.text((30,30), 'Hello World!', font=fnt1, fill=(0,0,255,128))
draw.text((30,90), 'Hello World!', font=fnt2, fill=(0,0,255,128))
image.show()
```

그림 5-14
text 함수 결과

5.2.2 OLED 디스플레이와 라즈베리 파이 연결하기

OLED 디스플레이는 파이와 SPI 또는 I2C 통신을 하게끔 모듈로 제공된다. I2C 통신은 전원 선을 제외하면 2개의 케이블(SCL, SDA)만 연결하면 된다. i2cdetect 명령으로 먼저 디스플레이 모듈의 주소를 확인한다. 모듈의 점퍼를 납땜해서 주소 변경을 할 수 있다.

그림 5-15
OLED 디스플레이의 I2C
주소

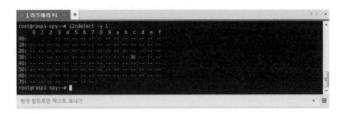

연결이 쉽기 때문에 회로도는 생략한다. 전원은 3.3V 또는 5V 전원을 사용한다. 데이터시트를 참조해 정확한 전압을 확인해서 연결하도록 한다.

5.2.3 OLED 제어 프로그래밍

앞에서 설명한 PIL 라이브러리와 I2C 통신을 이용해 그래픽 데이터를 전달하는 과정을 구현해 보겠다. 여기에서는 이미 잘 만들어진 소스 코드(lib_oled96.py)를 사용한다. 소스 코드는 https://github.com/BLavery/lib_oled96에서 다운로드할 수 있다.

참고로 소스 코드를 분석하려면 OLED 구동 드라이버인 SSD1306 칩의 데이터시트에 대한 이해가 필요하다. http://www.adafruit.com/datasheets/SSD1306.pdf에서 데이터시트를 확인할 수 있다.

5.2.3.1 디스플레이 좌표 설정하기

X 좌표 범위 설정

데이터시트 30페이지를 참조한다. 두 번째 칼럼의 명령을 보면 0x21, A[6:0], B[6:0]의 3바이트를 송신하게 되어 있다. [6:0]은 최대 7비트(0~6비트)만 사용한다는 의미이다. 따라서 0~127까지만 유효하다. OLED 디스플레이의 해상도를 X 방향으로 128까지로 제한한다.

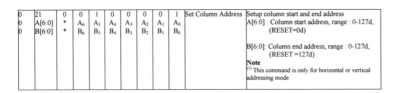

그림 5-16
X 좌표 설정 명령
(출처: SSD1306.pdf)

특별한 이유가 없다면 최댓값을 사용하기 때문에 명령 세트는 (0x21, 0x00, 0X7F(decimal 127))이 된다.

Y 좌표(Page) 범위 설정

X 좌표 설정과 같은 원리이다. 하지만 한 가지 주의할 것은 Row 설정이 아니라 Page 설정이다. Page는 Y축 해상도를 8로 나눈 값이다. 즉 8픽셀이 하나의 페이지를 구성한다. 따라서 Y축 해상도 64픽셀은 8페이지에 해당한다. 따라서 페이지의 범위는 0~7까지다.

	COL 0	COL 1	⋯	COL 126	COL 127
PAGE 0					
PAGE 1					
⋮	⋮	⋮	⋮	⋮	⋮
PAGE 6					
PAGE 7					

그림 5-17
Y축 8픽셀 단위의 페이지 구성

Y축을 픽셀 단위가 아닌 페이지 단위로 구성하는 것은 디스플레이를 위한 메모리(Graphic Display Data RAM)와 관련이 있다. 위의 그림에서 전체 픽셀 숫자는 128×64이며, 단색 디스플레이(픽셀당 1비트 정보 필요)를 고려하면 필요로 하는 메모리 사이즈는 128×64비트=128×8바이트이다. 128바이트를 하나의 페이지로 구성한다. 하드웨어 메모리 I/O는 페이지 단위로 수행할 때 가장 효율적이다.

0	22	0	0	1	0	0	0	1	0	Set Page Address	Setup page start and end address
0	A[2:0]	*	*	*	*	*	A₂	A₁	A₀		A[2:0] : Page start Address, range : 0-7d, (RESET = 0d)
0	B[2:0]	*	*	*	*	*	B₂	B₁	B₀		B[2:0] : Page end Address, range : 0-7d, (RESET = 7d) **Note** (1) This command is only for horizontal or vertical addressing mode.

그림 5-18
Y 좌표 설정 명령
(출처: SSD1306.pdf)

역시 특별한 이유가 없다면 최댓값을 사용하기 때문에 명령 세트는 (0x22, 0x00, 0X07(decimal 7))이 된다. lib_oled96.py 소스 파일의 display 함수의 시작 부분에서 이 명령 세트들을 확인할 수 있다.

5.2.3.2 화면에 출력하기

OLED 화면에 디스플레이는 GDDRAM(Graphic Display Data RAM)에 직접 쓰면 된다. PIL 라이브러리를 이용해 만든 캔버스의 데이터를 I2C 통신을 이용해 GDDRAM에 기록한다. 디스플레이 속도를 고려해 1바이트씩 전송하는 것이 아니라 블록(block) 단위(32바이트)로 전송한다.

5.2.3.3 화면 스크롤

디스플레이 내용을 스크롤시키는 방법은 두 가지가 있다. 가장 쉬운 방법은 소스 코드에서 일정 시간 단위로 스크롤시킨 화면을 만들어 화면을 갱신하는 방법이다. 그리고 또 하나의 방법은 디스플레이 드라이버의 기능을 이용해 처리하는 것이다. 후자는 파이의 CPU를 전혀 사용하지 않기 때문에 더욱 유리하다. SSD1306의 스크롤 기능을 살펴보자.

0X26(우측)	0x00	B[2:0]	C[2:0]	D[2:0]	0X00	0XFF
0X27(좌측)		0~7		0~7		

- B: 스크롤 지정. 이 기능의 이용하는 가장 큰 장점은 상단에 고정 디스플레이를 지정할 수 있다는 것이다. 스마트폰의 상단의 통신 상태 등 중요한 정보를 보여주는 공간처럼 항상 고정된 정보를 보여줘야 한다면 시작 페이지를 1 또는 2로 지정하면 상단 0 또는 1 페이지는 스크롤되지 않고 고정된다.
- C: 스크롤 시간 간격을 지정한다. 값에 따른 프레임 숫자는 다음과 같다.

0X00	0X01	0X02	0X03	0X04	0X05	0X06	0X07
5 frames	64 frames	128 frames	256 frames	3 frames	4 frames	25rames	2 frame

- D: 스크롤 종료 페이지 지정. B 항목의 내용을 참조한다.

수직 스크롤

수직 스크롤은 수평 스크롤에 비해 자주 사용하는 기능은 아니다. 위의 수평 스크롤 내용을 이해한다면 수직 스크롤 역시 데이터시트를 참조하면 구현이 어렵지 않다. 수직 스크롤은 숙제로 남겨 놓겠다.

스크롤 시작

스크롤 지정이 끝나면 0X2F 명령으로 스크롤을 시작한다.

스크롤 종료

스크롤을 종료하려면 0X2E 명령을 보낸다.

5.2.3.4 파이썬 프로그래밍

다음은 SSD1306 칩과 I2C 통신을 위한 라이브러리 소스 파일이다. 군더더기 없는 깔끔한 소스 파일이다. 원 제작자의 소스 코드에 위에서 설명한 수평 스크롤 기능을 필자가 추가했다. 코드 양이 많아 일부만 소개하며 전체 코드는 https://github.com/raspberry-pi-maker/RaspberryPi-For-Makers에서 다운 받을 수 있다.

```python
from PIL import Image, ImageDraw
class ssd1306():

--중략--

    """
    스크롤 함수는 새롭게 추가한 내용임
    If this code works, it was written by Seunghyun Lee.
    If not, I don't know who wrote it

    direction -> 0X26: Right  0X27 :Left
    Start Page : 0X00~0X07
    End Page   : 0X00~0X07(must be equal or greater than Start Page
    frame_rate : 0X00:5 frame, 0X01:64 frame, 0X02:128 frame, 0X03:256 frame,
                 0X04:3 frame, 0X05:4 frame, 0X06:25 frame, 0X07:2 frame
    """
    def horizontal_scroll_start(self, direction, start_page, end_page, frame_rate):
        if(direction == 0X26 or direction == 0X27):
            self._command(direction , 0X00, start_page, frame_rate, end_page, 0X00,
                          0XFF, 0x2F)

    def scroll_end(self):
        self._command(const.SCROLLSTOP)

    def onoff(self, onoff):
        if onoff == 0:
            self._command(const.DISPLAYOFF)
        else:
            self._command(const.DISPLAYON)
```

다음은 위의 클래스를 import해서 SSD1306 칩을 제어하는 코드이다. 앞에서 배운 PIL 함수를 이용해 다양한 그래픽을 출력할 수 있다.

```python
#!/usr/bin/env python
```

```
from PIL import Image, ImageDraw, ImageFont
from lib_oled96 import ssd1306
from time import sleep
from smbus import SMBus

#I2C 버스를 개방한다.
i2cbus = SMBus(1)
#OLED 오브젝트를 만든다.
oled = ssd1306(i2cbus)

#폰트 파일을 연다.
fnt1 = ImageFont.truetype('./FreeSerifItalic.ttf', 12)
fnt2 = ImageFont.truetype('./FreeSans.ttf', 20)

#이미지 파일을 연다.
logo = Image.open('pi_logo.png')
#이미지 파일을 메모리 캔버스에 그린다.
oled.canvas.bitmap((32, 0), logo, fill=1)
#캔버스 데이터를 OLED에 보낸다.
oled.display()
sleep(1)

#화면을 지운다.
oled.cls()
#메모리 캔버스에 타원을 그린다.
oled.canvas.ellipse((5, 5,  oled.width-5, oled.height-5), outline=1,
fill=0)
#캔버스 데이터를 OLED에 보낸다.
oled.display()
sleep(1)

oled.cls()
#메모리 캔버스 두 개의 문장을 쓴다.
oled.canvas.text((5,2),  'Hello Raspberry', fill=1, font=fnt1)
oled.canvas.text((5,30), 'Hello World', fill=1,font=fnt2)
#캔버스 데이터를 OLED에 보낸다.
oled.display()
sleep(1)
#OLED 디스플레이 내용을 수평 스크롤시킨다.
oled.horizontal_scroll_start(0X26, 2, 7, 0X07)
sleep(10)
#OLED 스크을 중단한다.
oled.scroll_end()
```

아래 그림에서 PIL의 다양한 그래픽 함수를 이용해 만든 이미지가 OLED에 표시되는 것을 알 수 있다.

그림 5-19
OLED 디스플레이 결과

💡 C/C++을 사용하는 독자라면 https://hallard.me/adafruit-ssd1306-oled-display-driver-for-raspberry-pi/ 페이지를 참조하기 바란다. 그래픽 처리에서는 파이썬 PIL 라이브러리가 사용하기 쉽고 깔끔한데 반해 C/C++은 저수준에서 처리해야 하는 작업이 너무 많다. 위 페이지에는 C언어를 이용해 그래픽을 처리하는 방법을 소개하고 있다. 하지만 기능면에서도 파이썬의 PIL에 비해 많이 부족하다.

5.2.4 OLED 디스플레이(또는 화면)에 한글 출력하기

마지막으로 OLED 화면에 한글을 디스플레이하는 방법을 알아보겠다. 소형 디스플레이에서 한글을 처리하는 것은 상당히 까다로운 일 중 하나이다. 특히 HD44780과 같은 텍스트 디스플레이 LCD에서는 한글 처리가 쉽지 않다. 하지만 앞의 예제에서 확인했듯이 파이썬 PIL 라이브러리를 이용하면 폰트를 이용해서 텍스트의 이미지를 만들기 때문에 한글 폰트를 잘 이용하면 가능하다. 중국, 한국, 일본 극동 지역 국가의 문자 처리는 상당히 악명이 높다. 한글만 하더라도 EUC-KR, CP949, UTF-8 등 다양한 문자셋(character set)이 존재한다. 이 중 가장 권장할 만한 문자셋은 UTF-8이다. 리눅스를 비롯한 대부분의 운영체제와 개발 언어(C, 파이썬, ...)에서의 유니코드에 대한 지원은 거의 완벽하다. 우리는 유니코드 문자를 사용할 것이기 때문에 유니코드 한글 폰트가 필요하니 다운로드부터 하자.

❗ Windows 운영체제의 유니코드 폰트 또는 상용 폰트 패키지의 유니코드 폰트는 테스트 용도로는 상관없지만 상용 제품에 함부로 사용하면 안 된다. 반드시 무료로 제공되는 유니코드 폰트를 사용한다.

5.2.4.1 한글 폰트 다운로드

한글 유니코드 폰트를 무료로 제공하는 곳은 여러 곳이 있지만 여기서는 구글에서 제공하는 유니코드 폰트를 사용하도록 하겠다. 구글에서 제공하는 범 한중일 폰트 Pan-CJK(China, Japan, Korea)를 다운 받아서 사용한다. 이 폰트에 대한 설명은 http://googledevkr.blogspot.kr/2014/07/cjkfont.html에서, 다운로드는 http://www.google.com/get/noto/#/family/noto-sans-kore에서 받을 수 있다. 다운 받은 파일의 압축을 풀면 7종의 유니코드 폰트가 들어 있다. 이 중 골라서 사용하면 된다.[5]

---

5 네이버 나눔 글꼴을 비롯한 무료 한글 폰트를 받아서 사용해도 된다.

그림 5-20
한글 유니코드 폰트
다운로드 결과

5.2.4.2 한글 출력 프로그래밍

파이썬에서 utf-8 포맷을 사용하려면 다음과 같이 시작 부분의 두 번째 라인 주석에 문자셋이 utf-8임을 알려 주는 내용을 추가해 에러를 방지해야 한다.

```
#!/usr/bin/env python
#-*- coding: utf-8 -*-
```

> ❗ 반드시 파일을 utf-8 포맷으로 저장한다. 대부분의 편집기는 소스 코드 파일의 문자셋을 지정하는 기능이 있다.

그림 5-21
UTF-8 포맷으로 파이썬
파일 저장하기[6]

다음은 OLED에 한글 출력을 위해 UTF-8 포맷으로 만든 파이썬 코드이다.

```
#!/usr/bin/env python
#-*- coding: utf-8 -*-
#이 파일은 반드시 UTF-8 포맷으로 저장해야 한다.

from PIL import Image, ImageDraw, ImageFont
from lib_oled96 import ssd1306
from time import sleep
from smbus import SMBus

#I2C 버스를 개방한다.
i2cbus = SMBus(1)
#OLED 오브젝트를 만든다.
```

---

6 VSCode의 경우 우측 하단에서 UTF-8 형식의 파일이 있으며 대부분의 편집기에서도 파일 형식을 확인할 수 있다. 또한 리눅스 명령어 file을 이용해 문자셋 확인이 가능하다.

```
oled = ssd1306(i2cbus)

#한·중·일 폰트 파일을 연다.
fnt1 = ImageFont.truetype('./NotoSansCJKkr-Bold.otf', 12)
fnt2 = ImageFont.truetype('./NotoSansCJKkr-Medium.otf', 20)

#메모리 캔버스에 한글 폰트를 이용해 한글 문장을 쓴다.
a=u"안녕하세요"
oled.cls()
oled.canvas.text((5,2),  u"안녕! 라즈베리", fill=1, font=fnt1)
oled.canvas.text((5,30), a, fill=1,font=fnt2)
#캔버스 데이터를 OLED에 보낸다. 한글 문장이 나타난다.
oled.display()
sleep(1)
```

그림 5-22
유니코드 한글 출력 화면

소형 OLED 디스플레이의 구현 방식도 크게 다르지 않다. 128×32픽셀의 디스플레이, 다른 사이즈의 OLED 디스플레이 역시 위와 같은 방식으로 대부분 구현이 가능하다. 통신 방식이 SPI라면 SPI 통신 프로토콜에 맞춰 데이터를 전송하면된다. 제품의 데이터시트를 참조하면서 작업을 하도록 한다.

　OLED 디스플레이는 간단한 아이콘을 표시할 수 있을 뿐 아니라 출력 화면 스크롤, 한글 사용까지 가능하기 때문에 소형 디스플레이가 필요한 곳에 유용하게사용할 수 있는 제품이다.

5.3 LED

LED는 대형 사이즈 디스플레이 제작이 가능하고 주간에도 선명하게 볼 수 있는뛰어난 가시성 때문에 우리 주변에서 쉽게 볼 수 있다. LED는 전류 공급 방식에따라 크게 2가지로 나눌 수 있다.

5.3.1 정적 전원 공급과 멀티플렉싱 방식의 전원 공급

정적 전원 공급은 모든 LED에 독립해서 전원을 공급하는 방식이다. 따라서 전부켜져 있을 경우 많은 전원을 공급할 수 있어야 한다. 그림 5-23 좌측을 보면 모든

LED의 캐소드에 IC가 연결되어 싱크 드라이버의 역할을 하면서 전류 제어를 제어하는 것을 알 수 있다.

반대로 멀티플렉싱 방식은 IC를 공유함으로써 IC 숫자를 많이 줄여준다. 그림 5-23 우측을 보면 3개의 라인에 전원 ON, OFF를 조절하는 스위치가 있음을 알 수 있다. 보통 반복해서 순차적으로 동시에 하나의 라인에만 전원을 공급한다. 이 방식의 단점은 밝기가 1/N(스위치 숫자)로 줄어든다는 점이다.

태양 빛이 강한 야외에서, 태양의 밝기를 극복하기 위해 상당히 밝은 LED 출력이 필요하다. 야외에서는 정적 전원 공급이 적합하고, 실내에서는 멀티플렉싱 방식을 사용하면 비용을 줄이고 전기 사용량도 줄일 수 있다.

그림 5-23
정적 방식과 멀티플렉싱 방식의 애노드 전원 공급[7]

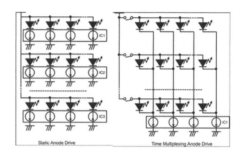

5.3.1.1 정적 방식

정적 방식은 LED 소자마다 별도의 IC 드라이브가 필요하기 때문에 비용 부담이 있었지만 최근 Worldsemi사에서 저렴한 가격의 WS 시리즈를 공급하면서 인기를 끌고 있다. 정적 방식은 멀티플렉싱 방식의 약점인 밝기 문제, 고스팅 문제가 없으며 모양을 사각형이 아닌 자유롭게 구성할 수 있는 장점이 있다.

그림 5-24
정적 방식의 WS2812b와 라즈베리 파이를 이용한 디스플레이[8]

---

7 우측 멀티플렉싱 방식은 라인 단위로 스위치가 있어서 동시에 1개의 라인에만 전원을 공급한다.

8 필자가 만든 64×32 사이즈의 정적 방식 WS2812b LED를 이용한 디스플레이. WS2812b 제어를 위해 에이다프루트사의 FadeCandy를 함께 사용했다. 감마 보정 기능을 내장하고 있어 색감이 아주 뛰어나다.

5.3.1.2 멀티플렉싱 방식

IC 드라이버 숫자를 절약하기 위한 멀티플렉싱 방식은 대부분의 LED 매트릭스에서 사용하는 방식이다. 먼저 멀티플렉싱에 사용하는 LED 매트릭스의 작동 원리를 알아보자.

8×8 LED 매트릭스는 64개의 LED가 들어 있다. 이론적으로 64개의 LED를 제어하려면 64개의 제어 핀(GPIO) 또는 IC 드라이브가 필요하다. 하지만 LED 매트릭스는 로우, 칼럼을 하나로 묶어서 가로 8개, 세로 8개의 핀으로 제어 가능하게 만든 제품이다. 따라서 매트릭스의 LED 소자는 (X, Y) 좌표로 위치를 표시할 수 있다. LED 매트릭스는 애노드(그림의 가로 전원 공급부)에서 전원을 공급하고 캐소드(그림의 세로 접지 연결부)에 접지로 연결한다(그림 5-25 참조).

다음 그림은 애노드에서 전원을 공급하고 캐소드에 접지로 연결하는 그림이다. 8개의 전원 입력과 8개의 접지 연결이 가능하다. 만약 16개 모두를 전원, 접지에 연결한다면 64개 LED에 모두 불이 들어올 것이다. 아래 그림에서 1번, 4번 로우에 전원을 공급하고 1, 3번 칼럼을 접지에 연결시켰다면 (1, 1) (1, 3) (4, 1) (4, 3) 위치의 LED가 켜질 것이다. 단, 여기에서의 좌표는 실제 LED 매트릭스의 물리적 좌표가 아니라 애노드, 캐소드 기준의 좌표이다.

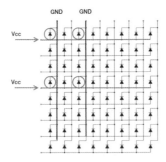

그림 5-25
LED 매트릭스 전원 및 접지 연결 그리고 LED 점등 원리[9]

이제 라인 단위로 전원을 공급해야 하는 이유를 설명하겠다. 다음 그림을 보면서 다시 한번 생각해보자.

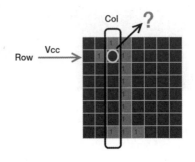

그림 5-26
좌표 (3, 2) LED의 점등 문제

첫 번째 가로줄 3, 4번에 LED가 켜져 있다. 따라서 세로줄 3, 4번이 접지에 연결되어야 한다. 그런데 두 번째 라인을 만족시키려면 2, 4번 세로줄만 접지에 연결되어야 한다. 즉, 3번 세로줄을 접지에 연결하면 안 된다.

위의 문제를 해결하려면 약간의 트릭이 필요하다. 우리가 제어 가능한 핀은 16개이기 때문에 다음과 같이 8단계로 나누어 64개의 LED를 제어한다.

그림 5-27
로우 단위의 순차적
제어[10]

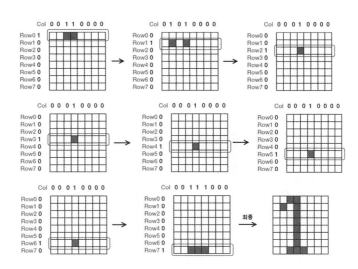

위의 그림처럼 8단계에 걸쳐 로우 값과 칼럼 값을 구해서 순서대로 전원을 공급하면 하나의 이미지가 만들어 진다. 이 과정은 CRT TV 화면 표시 방법과 거의 같다. 화면이 빠른 속도로 그리면서 남은 잔상 효과 때문에 우리는 전체 하나의 이미지를 인식하게 되는 것이다. 반복 속도에 따라 미세한 깜박임이 느껴질 수 있다.

💡 고스팅(ghosting)

그림 5-28
고스팅 현상[11]

9 Vcc가 공급되는 애노드와 접지가 연결된 캐소드의 교차점의 LED에 불이 들어온다. 그림에서는 4개의 LED에만 전류가 흐르기 때문에 켜진다.

10 앞으로 세로줄을 칼럼(column), 가로줄을 로우(row)로 표기한다.

11 LED 디스플레이에 원하지 않는 영역의 LED가 희미하게 켜지는 현상이 나타난다. 이 현상 때문에 유령(고스트)이라는 이름이 붙었다.

고스팅 현상은 멀티플렉싱과 관련이 있다. 고스팅 현상은 멀티플렉싱에서 다음 라인으로 이동할 때 이전 라인이 잔여 전류로 인해 천천히 꺼지기 때문에 발생한다. 잔여 전류로 인한 희미한 불빛도 멀티플렉싱의 영향으로 계속 켜지는 것이다. 멀티플렉싱 속도를 늦추면 고스팅 현상을 방지할 수 있지만 대신 깜박임(flickering)이 발생한다. 가장 좋은 방법은 잔여 전류를 최대한 빨리 제거하는 것이다. 이 잔여 전류를 고스팅 전류라고 한다. 고스팅 전류를 빨리 제거하려면 캐소드에 저항을 연결해 접지시키면 되지만 약간의 전력 손실이 발생하는 단점이 있다. 저항 크기는 LED 개수에 따라서 달라진다. 8X8 LED 매트릭스라면 1.4kΩ 근처에서 테스트를 진행한 다음 적절한 저항 값을 찾도록 한다. 이처럼 저항을 캐소드에 연결하면 위상 변화 순간에도 전류가 접지로 흐를 수 있기 때문에 고스팅 전류를 효과적으로 제거할 수 있다.

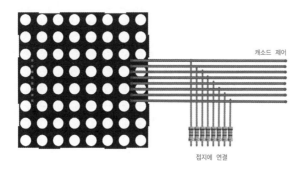

그림 5-29
저항을 이용한 고스팅 전류
제거

그리고 S/W 개발할 때 멀티플렉싱 위상 변화 시 리셋 타임을 주는 것도 큰 도움이 된다. 위상 변화 직전에 모든 애노드를 OFF시키고 캐소드를 접지에 연결시켜 고스팅 전류를 빨리 접지로 내보낸다. 이것만으로도 대부분의 고스팅 현상은 예방할 수 있다.

5.3.2 8X8 LED 매트릭스

LED 매트릭스는 LED 소자를 가로, 세로로 배열한 것으로, 8×8 LED 매트릭스는 64개의 LED 소자를 가지고 있다. 단색부터 RGB 소자까지 다양한 종류가 있으며 쉽게 사용할 수 있는 디스플레이 드라이버 모듈도 대부분 제공한다. LED 매트릭스는 LCD 또는 OLED에 비해 화면이 상당히 밝은 특징이 있다. 따라서 보여주는 정보량이 적을 경우에는 유용하게 사용할 수 있다.

상업용으로는 다양한 크기의 LED 매트릭스를 사용하며 간판, 지하철 안내판 등 우리 주변에서 흔히 볼 수 있다. 또한 유튜브에서는 3D로 만든 멋진 LED 큐브 작품들도 감상할 수 있다.

가장 간단한 구조의 디스플레이임에도 불구하고 실제 회로를 만들어 프로그래밍을 해보면 만만치 않다는 것을 느낄 수 있을 것이다.

여기에서는 가장 간단한 8×8 LED 매트릭스를 다루어 보겠다. LED 매트릭스를 가장 쉽게 사용하는 방법은 앞에서 설명한 것처럼 LED 매트릭스용 디스플레이 드라이버를 사용하는 것이다. 이 드라이버는 사실 특별한 것이 아니라 시프트 레지스터를 이용해 제어할 수 있는 GPIO를 늘린 것에 지나지 않는다. 그리고 시프트 레지스터는 일반적으로 SPI, UART, I2C 등의 시리얼 통신을 이용해 아두이노 또는 파이와 통신한다. 에이다프루트사에서도 LED 매트릭스를 사용할 때 74HC595 또는 TPIC6B595 시프트 레지스터(모두 텍사스 인스트루먼트사 제품이다), MAX7219 LED 매트릭스 디스플레이 드라이버를 사용할 것을 권하고 있다. LED 매트릭스의 작동 원리를 이해하려면 시프트 레지스터를 직접 이용하는 것이 좋다. 시프트 레지스터를 이용해서 LED 매트릭스의 작동 원리를 충분히 이해한 다음 MAX7219, TLC5940과 같은 고성능 LED 드라이브를 사용하도록 하자.

8×8 LED 매트릭스의 근본 구조는 대부분 동일하지만 실제 핀 배열은 제조사에 따라 조금씩 다르기 때문에 반드시 제조사 데이터시트를 참조해야 한다.

예를 들어 LD788BS LED 매트릭스의 데이터시트는 아래 그림과 같은 배열이다. 그림처럼 이 LED 매트릭스에는 아래위 두 줄로 총 16개의 핀이 있다. 그런데 이 핀은 가로(row), 세로(column)가 순서대로 배열되어 있지 않다.

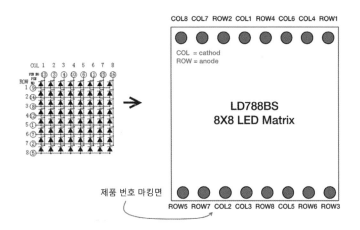

그림 5-30
데이터시트의 LD788BS
핀 배열과 실제 모듈의
핀에 매핑한 그림

❗ 8X8 LED 매트릭스는 제조사에 따라 핀에 해당하는 로우, 칼럼 값이 다르다. 에이다프루트사의 8X8 LED 매트릭스인 KWM-20882 제품의 경우에도 핀 번호 5, 6, 7, 8, 16, 15, 14, 13번 순으로 COL 값이 1부터 8까지, 핀 번호 1, 2, 3, 5, 12, 11, 10, 9번 순으로 ROW 1부터 8까지 배정된다. 그림 5-30보다는 훨씬 규칙적이다. 반드시 자신이 사용하는 제품의 데이터시트를 참조해서 각 핀에 해당하는 칼럼, 로우 값을 찾아야 한다. 그리고 그림 5-30에

서는 로우 핀에서 전원이 공급되지만 제품에 따라서는 COL에서 전원이 공급되도록 LED를 배열한 것들도 있다. 그림 5-30에서 LED 삼각형을 참조해 전류 방향을 확인해야 한다.

만약 제품 모델을 확인할 수 없는 LED 매트릭스라면 전원과 접지 단자를 16개 핀에 연결해 가면서 불이 켜지는 것을 확인 후 ROW, COL 배열을 찾으면 된다.

위와 같은 혼란이 발생하는 원인은 로우, 칼럼이라는 용어와도 관련이 있다. 원래 로우는 가로, 칼럼은 세로열을 의미한다. 위의 그림에서 ROW 0~7은 애노드(anode) 0~7이 더 정확한 표현이다. 마찬가지로 COL 0~7 역시 캐소드(cathod) 0~7이 더 정확하다. LED 소자가 극성을 지니고 있었다는 점을 다시 한번 기억하자. 전원이 공급되는 애노드, 접지로 향하는 캐소드 용어를 사용하면 LED 매트릭스를 90도 회전해 사용하더라도 혼란이 발생하지 않을 것이다. LED 매트릭스를 소개한 인터넷의 수많은 블로그의 내용이 혼란스러운 이유 중 하나도 위와 같은 로우, 칼럼의 개념과 데이터시트에서 COL, ROW라는 용어를 혼용해서 사용하기 때문이다. 이 책에서는 가급적 애노드, 캐소드 용어를 사용하도록 하겠다.

5.3.2.1 시프트 레지스터를 이용한 LED 매트릭스 회로 구성하기

8×8의 LED 매트릭스를 제어하기 위해서는 총 16개의 GPIO가 필요하다. 74HC595 시프트 레지스터 2개를 이용해 GPIO 숫자를 8개만 사용하면서 회로를 구성해 보겠다. 74HC595 시프트 레지스터 사용법은 2장 GPIO 편에서 자세히 설명하고 있다.

천천히 살펴보면 어렵지는 않지만 선이 많기 때문에 주의를 기울여야 한다. 대부분의 작동 오류는 잘못된 선 연결에서 비롯된다.

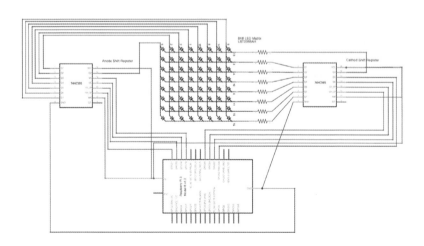

그림 5-31
파이와 시프트 레지스터 2개를 이용한 8X8 LED 매트릭스 제어 회로도

파이와 애노드 제어용 시프트 레지스터 연결

애노드 제어는 멀티플렉싱 용도이며, 연결은 간단하다. 아래에서 파이의 GPIO 핀은 다른 핀에 연결해도 관계없다.

1. 파이에서 5V 전원과 접지를 브레드보드에 연결한다.[12]
2. GPIO 핀 20번과 74HC595 시프트 레지스터의 STCP 핀을 연결한다.
3. GPIO 핀 21번과 74HC595 시프트 레지스터의 SHCP 핀을 연결한다.
4. GPIO 핀 16번과 74HC595 시프트 레지스터의 OE 핀을 연결한다.
5. GPIO 핀 12번과 74HC595 시프트 레지스터의 DS 핀을 연결한다. GPIO 12번을 시프트 레지스터에 데이터를 전달하는 용도로 사용할 것이다.
6. 시프트 레지스터의 Vcc와 GND를 브레드보드의 전원 및 접지와 연결한다. MR 핀은 Vcc에 연결한다.

애노드 제어용 시프트 레지스터는 8개의 애노드 핀의 ON, OFF 여부를 결정한다. ON 상태가 되면 Vcc를 통해 공급되는 전압이 걸리게 되어 애노드 핀으로 전기가 흘러갈 수 있다. 하지만 최종 전기 공급 여부는 캐소드 제어 시프트 레지스터에 의해 결정된다.

파이와 캐소드 제어용 시프트 레지스터 연결

1. GPIO 핀 25번과 74HC595 시프트 레지스터의 STCP 핀을 연결한다.
2. GPIO 핀 24번과 74HC595 시프트 레지스터의 SHCP 핀을 연결한다.
3. GPIO 핀 23번과 74HC595 시프트 레지스터의 OE 핀을 연결한다.
4. GPIO 핀 18번과 74HC595 시프트 레지스터의 DS 핀을 연결한다. GPIO 20번을 시프트 레지스터에 데이터를 전달하는 용도로 사용할 것이다.
5. 시프트 레지스터의 Vcc와 GND를 브레드보드의 전원 및 접지와 연결한다. MR 핀은 Vcc에 연결한다.

캐소드 제어용 시프트 레지스터는 8개의 캐소드 핀의 ON, OFF 여부를 결정한다. 만약 애노드가 ON인 상태에서 캐소드가 OFF 상태가 되면 전위차가 발생하기 때문에 LED를 켤 수 있다. 만약 캐소드 핀이 ON 상태이면 애노드 측과 같은 전압으로 전위차가 없기 때문에 전기가 흐르지 않는다.

시프트 레지스터와 LED 매트릭스의 연결

이제 마지막으로 두 개의 시프트 레지스터의 출력 핀 Q0~Q7를 LED 매트릭스에

---

[12] 3.3V 전원을 사용해도 된다. 사용 전력이 크지 않기 때문에 파이 전원을 사용한다.

연결하면 선 연결이 끝난다. 앞에서 설명한 애노드, 캐소드 값을 찾아서 다음과
같이 연결한다.

1. 애노드 제어용 시프트 레지스터를 LED 애노드에 순서대로 8개 모두를 연결
   한다.[13]
2. 캐소드 제어용 시프트 레지스터는 연결하고 남은 캐소드에 8개 핀을 순서대
   로 연결한다.
3. 연결 시에는 반드시 저항을 경유하도록 한다.

캐소드에 사용한 저항의 적절한 저항 값을 계산하려면 데이터시트의 값을 일부 참조해야
한다. 테스트에 사용한 LD788BS LED는 순방향 전류 10mA가 흐를 때 정격 전압이 2.01V
이다.[14]

저항 값은 다음 공식으로 구한다.

$$\text{저항} = \frac{\text{공급 전압 - LED 전압}}{\text{LED 전류}}$$

위의 공식에 대입하면 5V 전원을 연결했을 경우 대략 300Ω의 저항이 구해진다. 이 값보다
약간 큰 값의 저항을 사용하면 무리가 없다. 만약 3.3V 전원을 사용한다면 129Ω의 저항이
구해진다. 2.01V 이하의 전원에서는 저항을 연결할 필요가 없다.

다음은 위의 회로를 구성한 상태에서 사용자의 좌표 입력을 받아 해당 좌표의
LED만 켜는 예제이다. 회로 구성이 정상인지 또는 LED 매트릭스가 정상인지 판
단하는 데 사용할 수 있는 코드이다. 예제에서 비슷한 코드가 반복되기 때문에
lib_ledmatrix.py 모듈을 만들어 앞으로의 예제에서 사용하는 기능을 모아 두었
다. 이후 예제에서는 이 파일을 import해서 사용하면 된다.

```python
#!/usr/bin/env python

import time
import numpy as np #apt-get install python-numpy
import RPi.GPIO as GPIO

anode_pinstate = []
cathod_pinstate = []
anode_cnt = None
cathod_cnt = None
anode_index = None
data = None
```

---

[13] 물리적 핀 배열이 아니라 그림 5-31을 참조해 로우 번호를 찾아서 연결해야 한다.
[14] 데이터시트 2페이지에 있는 내용이다.

```python
#첫 번째 레지스터는 LED 매트릭스의 애노드(+)에 연결한다.
ANODE_LATCH = None #Latch clock(STCP)
ANODE_CLK = None #shift clock
ANODE_dataBit = None #(DS)
ANODE_OE = None   #Output Enable

#두 번째 레지스터는 LED 매트릭스의 캐소드(-)에 연결한다.
CATHOD_LATCH = None #Latch clock(STCP)
CATHOD_CLK = None #shift clock
CATHOD_dataBit = None#(DS)
CATHOD_OE = None    #Output Enable

ANODE = 1
CATHOD = 2


def pulse_CLK(val):
  gpio = 0
  if(val == ANODE):
    gpio = ANODE_CLK
  else:
    gpio = CATHOD_CLK
  GPIO.output(gpio, 1)
  GPIO.output(gpio, 0)
  return

def serLatch():
  GPIO.output(CATHOD_LATCH, 1)
  GPIO.output(ANODE_LATCH, 1)
  GPIO.output(CATHOD_LATCH, 0)
  GPIO.output(ANODE_LATCH, 0)

"""
databit 값을 모두 채운 다음 동시에 LATCH 핀 2개에 펄스를 준다.
값은 MSB(Most Significant Bit:여기에서는 마지막 핀)부터 채운다.
"""
def LED_state():
  for j in range(0, anode_cnt):
    GPIO.output(ANODE_dataBit, anode_pinstate[anode_cnt - 1 - j])
    pulse_CLK(ANODE)
  for j in range(0, cathod_cnt):
    GPIO.output(CATHOD_dataBit, cathod_pinstate[cathod_cnt - 1 - j])
    pulse_CLK(CATHOD)
  serLatch()

#이미지 정보를 가지고 있는 numpy 매트릭스를 복사한다. 흑백 이미지(1채널)만 지원
def LED_copy_image(im):
  global data
  data[:] = im


"""
애노드 핀이 1이면 V가 걸린다. 캐소드 핀이 0이면 cathod에 0V가 걸리면서 전위차가 발생해 전류가
흐른다.
8X8 매트릭스 테스트에만 사용(멀티플렉싱 방식이 아님)
"""
def LED_pixel(row, col):
  global anode_pinstate, cathod_pinstate
  for j in range(0, anode_cnt):
    if(j == row):
      anode_pinstate[j] = 1
    else:
      anode_pinstate[j] = 0
  for j in range(0, cathod_cnt):
    if(j == col):
```

```
            cathod_pinstate[j] = 0
      else:
            cathod_pinstate[j] = 1
    print 'Anode:',anode_pinstate
    print 'cathod:',cathod_pinstate
    LED_state()

def LED_multiplex():
  global anode_index

  #고스팅 방지를 위해 전원을 한 번 차단한다.
  for j in range(0, anode_cnt ):
    GPIO.output(ANODE_dataBit, 0)
    pulse_CLK(ANODE)
  serLatch()

  for j in range(0, anode_cnt ):
    if(anode_index == (anode_cnt - 1 - j)):
      GPIO.output(ANODE_dataBit, 1)
    else:
      GPIO.output(ANODE_dataBit, 0)
    pulse_CLK(ANODE)

  for j in range(0, cathod_cnt ):
    if data[anode_index][cathod_cnt - 1 - j]:
      GPIO.output(CATHOD_dataBit, 0)
    else:
      GPIO.output(CATHOD_dataBit, 1)
    pulse_CLK(CATHOD)

  serLatch()
  anode_index += 1
  anode_index %= anode_cnt

def LED_Reset():
  global anode_pinstate, cathod_pinstate
  for j in range(0, anode_cnt ):
    anode_pinstate[j] = 0
  for j in range(0, cathod_cnt ):
    cathod_pinstate[j] = 0
  LED_state()


#anode : 매트릭스 애노드 크기, cathod : 매트릭스 캐소드 크기
def init_lib(anode, cathod, anode_latch, anode_clk, anode_databit, anode_
oe, cathod_latch, cathod_clk, cathod_databit, cathod_oe):
  global CATHOD_LATCH, CATHOD_CLK, CATHOD_dataBit, CATHOD_OE, ANODE_LATCH,
ANODE_CLK, ANODE_dataBit, ANODE_OE
  global anode_pinstate, cathod_pinstate, anode_index, data, anode_cnt,
cathod_cnt
  CATHOD_LATCH = cathod_latch
  CATHOD_CLK = cathod_clk
  CATHOD_dataBit = cathod_databit
  CATHOD_OE = cathod_oe
  ANODE_LATCH = anode_latch
  ANODE_CLK = anode_clk
  ANODE_dataBit = anode_databit
  ANODE_OE = anode_oe
  anode_cnt = anode
  cathod_cnt = cathod
  GPIO.setmode(GPIO.BCM)
  #GPIO 핀을 출력용으로 세팅한다.
  GPIO.setup(CATHOD_LATCH, GPIO.OUT)
  GPIO.setup(CATHOD_CLK, GPIO.OUT)
  GPIO.setup(CATHOD_dataBit, GPIO.OUT)
```

```
GPIO.setup(CATHOD_OE, GPIO.OUT)
GPIO.setup(ANODE_LATCH, GPIO.OUT)
GPIO.setup(ANODE_CLK, GPIO.OUT)
GPIO.setup(ANODE_dataBit, GPIO.OUT)
GPIO.setup(ANODE_OE, GPIO.OUT)
#GPIO 핀의 초깃값을 0으로 세팅한다.
GPIO.output(CATHOD_LATCH , 0)
GPIO.output(CATHOD_CLK, 0)
GPIO.output(CATHOD_OE, 0)
GPIO.output(ANODE_LATCH , 0)
GPIO.output(ANODE_CLK, 0)
GPIO.output(ANODE_OE, 0)

anode_pinstate =  [1 for x in range(anode)]
cathod_pinstate = [0 for x in range(cathod)]
anode_index = 0
data = np.zeros((anode,cathod), dtype=int)
```

다음은 8×8 LED를 테스트하는 파이썬 코드이다. 실제 LED 제어에 필요한 기능을 구현한 위의 파일을 import해서 사용하기 때문에 코드가 간단하다. 아래 코드를 실행하면 로우, 칼럼 좌표를 입력 받는다. 0~7 사이의 값을 입력하면 해당 위치의 LED 픽셀에 불이 켜져야 정상이다.

```
#!/usr/bin/env python

import RPi.GPIO as GPIO
import time
import lib_ledmatrix

#anode=8,cathod=8,anode_latch=20,anode_clk=21,anode_databit=12,
#anode_oe=16,cathod_latch=25,cathod_clk=24,cathod_databit=18,cathod_oe=23
lib_ledmatrix.init_lib(8,8,20,21,12,16,25,24,18,23)
lib_ledmatrix.LED_Reset()
try:

#좌표를 입력 받아 해당 좌표의 불을 켠다.
while True:
  row = input("Row:")
  col = input("Column:")
  lib_ledmatrix.LED_Reset()
  lib_ledmatrix.LED_pixel(row, col)
except (KeyboardInterrupt, SystemExit):
  print("Ctrl C --> Exit...")
finally:
  lib_ledmatrix.LED_Reset()
  time.sleep(2)
  GPIO.cleanup()
print "Good bye!"
```

5.3.2.2 LED 매트릭스 출력용 그림 만들기

가장 기초가 되는 고정 이미지 출력을 해보겠다. 여기에서는 0~9까지의 숫자를 만들어 표시한다.

이미지 출력에 사용할 숫자를 8×8 사이즈의 비트맵으로 그린다. 이 작업을 도와주는 프로그램 및 웹사이트들이 많이 있다. 구글에서 '8x8 led matrix font generator'를 검색하면 많은 무료 프로그램 또는 사이트를 검색할 수 있다. http://blog.riyas.org/2013/12/online-led-matrix-font-generator-with.html는 무료로 이용 가능한 곳 중의 하나이다.

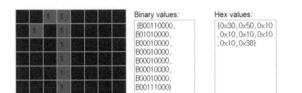

8x8 ONLINE LED HEX/ BINARY PATTERN GENERATOR FOR ARDUINO

그림 5-32
8X8 폰트 생성기
(출처: http://
blog.riyas.org/2013/12/
online-led-matrix-font-
generator-with.html)

그림 5-32는 숫자 1을 만든 예제이다. 우측에 Bianry values(이진수)로 B00110000~B00111000까지 8개의 값이 자동으로 만들어진 것을 볼 수 있다. 앞의 B는 이진수라는 의미이며 00110000은 순서대로 off, off, on, on, off, off, off, off로, 첫 번째 줄의 불이 켜진 상태를 나타낸다. 다음의 Hex values는 앞의 이진수를 16진수로 바꾼 것이다. 즉, 8비트 변수 8개로 한 화면의 디스플레이 정보를 나타낼 수 있다. 그림을 보면 8개의 값이 괄호({ })로 묶여 있다. 이 16진수 값들을 저장해 둔다. 0~9까지 위의 작업을 진행하면 된다.

인터넷에서 검색하면 쉽게 알파벳과 숫자 그리고 간단한 이모티콘 값들을 구할 수 있다. https://github.com/dhepper/font8x8에는 C/C++ 헤더 파일 형식으로 된 8×8 사이즈 폰트 데이터를 제공하고 있다.

폰트 데이터는 많은 곳에서 구할 수 있으니 실제 폰트 생성 작업을 할 필요는 없다. 다만 위의 폰트 생성기를 소개하는 이유는 이 값들의 의미와 만들어진 과정을 쉽게 이해하는 데 도움이 되기 때문이다. 그리고 나만의 이미지를 만들어 표시해야 할 경우에는 위의 작업이 필요하기도 하다.

앞에서 소개한 링크 페이지의 헤더 파일을 이용해 2차원 배열을 만들어 파이썬 소스에 포함시켜 프로그래밍한다. 위의 헤더 파일에서 0~9까지의 값에 해당하는 16진수 값을 정리하면 다음과 같다. 이 값들이 이해가 되지 않는다면 이진수로 바꾼 다음 비트 배열을 유심히 살펴보기 바란다. 어느 순간 숫자 그림이 보일 것이다.

가장 기초가 되는 고정 이미지 출력을 해보겠다. 여기에서는 0~9까지의 숫자를 만들어 표시한다. 0~9까지의 폰트 데이터는 다음과 같다.

```
0x3E, 0x63, 0x73, 0x7B, 0x6F, 0x67, 0x3E, 0x00
0x0C, 0x0E, 0x0C, 0x0C, 0x0C, 0x0C, 0x3F, 0x00
0x1E, 0x33, 0x30, 0x1C, 0x06, 0x33, 0x3F, 0x00
0x1E, 0x33, 0x30, 0x1C, 0x30, 0x33, 0x1E, 0x00
0x38, 0x3C, 0x36, 0x33, 0x7F, 0x30, 0x78, 0x00
0x3F, 0x03, 0x1F, 0x30, 0x30, 0x33, 0x1E, 0x00
0x1C, 0x06, 0x03, 0x1F, 0x33, 0x33, 0x1E, 0x00
0x3F, 0x33, 0x30, 0x18, 0x0C, 0x0C, 0x0C, 0x00
0x1E, 0x33, 0x33, 0x1E, 0x33, 0x33, 0x1E, 0x00
0x1E, 0x33, 0x33, 0x3E, 0x30, 0x18, 0x0E, 0x00
```

다음은 위의 숫자를 이용해 LED 매트릭스에 출력하는 예제이다. 참고로 이 예제는 numpy를 사용한다. numpy는 파이썬에서 배열 처리에 특화된 모듈이며 이미지 처리, 과학 시뮬레이션 등 다양한 분야에서 사용되고 있다. 이 책의 마지막 장 '머신 러닝'에서 다시 한번 다룬다.

```
sudo apt-get update
sudo apt-get install python-dev python-numpy
```

위 명령으로 numpy를 설치한 후 예제를 테스트한다.

```python
#!/usr/bin/env python

import RPi.GPIO as GPIO
import numpy as np
import lib_ledmatrix

NUMBER = [
        [0x3E, 0x63, 0x73, 0x7B, 0x6F, 0x67, 0x3E, 0x00],
        [0x0C, 0x0E, 0x0C, 0x0C, 0x0C, 0x0C, 0x3F, 0x00],
        [0x1E, 0x33, 0x30, 0x1C, 0x06, 0x33, 0x3F, 0x00],
        [0x1E, 0x33, 0x30, 0x1C, 0x30, 0x33, 0x1E, 0x00],
        [0x38, 0x3C, 0x36, 0x33, 0x7F, 0x30, 0x78, 0x00],
        [0x3F, 0x03, 0x1F, 0x30, 0x30, 0x33, 0x1E, 0x00],
        [0x1C, 0x06, 0x03, 0x1F, 0x33, 0x33, 0x1E, 0x00],
        [0x3F, 0x33, 0x30, 0x18, 0x0C, 0x0C, 0x0C, 0x00],
        [0x1E, 0x33, 0x33, 0x1E, 0x33, 0x33, 0x1E, 0x00],
        [0x1E, 0x33, 0x33, 0x3E, 0x30, 0x18, 0x0E, 0x00]
]
"""
이 함수에서 해당 숫자의 폰트 데이터를 읽어서 8X8 배열(pixels)에 ON, OFF 값을 만든다.
이 pixels 배열을 이용해 시프트 레지스터를 8번 조작하면 한 번의 디스플레이가 완성된다.
"""
def LED_number(num):
  led = np.zeros((8,8), dtype=int)
  for x in range(0, 8):
    bitMask = 0x01
    val = NUMBER[num][x]
    for y in range(0, 8):
      if (val & bitMask):
        led[x][y] = 1
      else:
        led[x][y] = 0
      bitMask <<= 1
  print led
  lib_ledmatrix.LED_copy_image(led)

lib_ledmatrix.init_lib(8,8,20,21,12,16,25,24,18,23)
lib_ledmatrix.LED_Reset()
```

```
LED_number(3)

try:
  while True:
    lib_ledmatrix.LED_multiplex()
except (KeyboardInterrupt, SystemExit):
  print("Ctrl C --> Exit...")
finally:
  lib_ledmatrix.LED_Reset()
  GPIO.cleanup()
print "Good bye!"
```

다음은 위 예제를 테스트한 결과이다. LED_number() 함수를 이용해 세팅한 숫자 3이 표시된다.

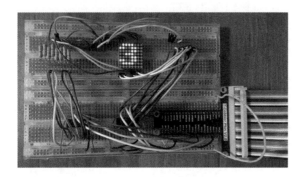

그림 5-33
숫자 출력 결과

5.3.3 전력 소모가 큰 LED 제어

앞서 8×8 LED 매트릭스의 제어를 위해 74HC595 시프트 레지스터를 2개 사용했다. 애노드에 연결한 시프트 레지스터를 이용해 직접 전기를 공급하고 캐소드에 연결된 시프트 레지스터를 이용해 전류를 접지로 흘려 보냈다. 만약 상대적으로 큰 전기를 제어해야 한다면 위와 같은 방식은 적합하지 않다. 시프트 레지스터는 GPIO 핀의 대신하는 것이며 큰 전류를 공급(source)하거나 받아들이기(sink)에는 부적합하다.

74HC595 시프트 레지스터를 데이터시트를 다시 한번 참조하자. http://www.nxp.com/documents/data_sheet/74HC_HCT595.pdf의 6페이지를 보면 다음과 같은 내용이 있다.

표 5-3
74HC595 전류 허용치

Symbol	Parameter	Conditions		Min	Max	Unit
V_{CC}	supply voltage			-0.5	+7	V
I_{IK}	input clamping current	$V_I < -0.5\ V$ or $V_I > V_{CC} + 0.5\ V$		-	±20	mA
I_{OK}	output clamping current	$V_O < -0.5\ V$ or $V_O > V_{CC} + 0.5\ V$		-	±20	mA
I_O	output current	$V_O = -0.5\ V$ to $(V_{CC} + 0.5\ V)$				
		pin Q7S		-	±25	mA
		pins Qn		-	±35	mA
I_{CC}	supply current			-	70	mA
I_{GND}	ground current			-70	-	mA
T_{stg}	storage temperature			-65	+150	°C
P_{tot}	total power dissipation	DIP16 package	[1] -		750	mW
		SO16 package	[2] -		500	mW
		SSOP16 package	[3] -		500	mW
		TSSOP16 package	[3] -		500	mW
		DHVQFN16 package	[4] -		500	mW

위의 표를 보면 공급 전류(supply current)가 최대 70mA이고 출력 전류가 핀당 (Qn) 최대 ±35mA이다. 만약 이 값을 넘어서는 전류가 흐르면 칩에 손상이 발생할 수 있다.

반대로 마이너스 전류의 경우에는 핀당 -35mA가 최댓값이다. 이 값 이상의 전류가 Qn 핀으로 흘러 들어오면 위험하다. 만약 LED의 병렬 연결이 많아진다면 애노드 쪽은 핀당 N개의 LED에 흐르는 전류를 공급해야 한다.[15] 즉, 큰 전류를 안전하게 처리해 줄 장치가 필요하다.

이러한 용도에 적합한 것이 트랜지스터이다. 이번 예제는 16X16 LED 매트릭스이다. 멀티플렉싱 방식을 사용하면 애노드당 동시에 16개의 LED에 전류를 공급해야 한다. 전압, 저항 값에 따라 달라지겠지만 16개 LED를 동시에 켜면 35mA를 쉽게 넘어선다. 따라서 16×16 LED를 사용하려면 트랜지스터(또는 트랜지스터 소스 드라이버(Source Driver))가 반드시 필요하다.

다음은 16×16 LED 매트릭스에서 한 개의 애노드 핀에 2.1V 전원을 공급하고 16개 캐소드를 접지에 연결해 16개의 LED를 동시에 켠 상태의 전류를 측정한 것이다. 이 값은 멀티 플렉싱 시 최대 전류량과 동일하다. 테스트 결과는 112mA이다. 이 값은 75HC595 시프트 레지스터가 감당할 수 없는 전류이다.[16] 따라서 반드시 큰 전류를 공급할 수 있는 트랜지스터 소스 드라이버를 사용해야 한다.

---

15 공통 애노드 타입의 LED 매트릭스의 경우이다. 만약 공통 캐소드 타입이라면 캐소드 쪽에서 N개의 LED에 흐르는 전류를 처리해야 한다. 우리는 예제에서 공통 애노드 타입을 사용할 것이다.

16 캐소드 전류는 112mA/16 = 7mA이기 때문에 캐소드에 사용하는 74HC595는 문제가 없다.

그림 5-34
16X16 매트릭스에서 16개
LED를 켠 상태에서 전류
측정값[17]

5.3.3.1 트랜지스터를 이용한 LED 매트릭스 회로 구성하기

트랜지스터 16개를 사용해도 되지만 여기에서는 UDN2981 8채널 소스 드라이버 2개를 사용하도록 하겠다. UDN2981는 최대 500mA의 전류를 공급할 수 있기 때문에 16×16 LED 매트릭스가 필요로 하는 전류를 충분히 공급할 수 있다.

UDN2981 소스 드라이버는 아래 그림처럼 간단한 구조를 가지고 있다. DIP 모델의 경우 입력 핀 IN1~IN8이 출력 핀 11~18번까지 대응하고 있기 때문에 직관적이며 사용하기 쉽다. Vs 전원은 반드시 큰 전류 공급이 가능한 외부 전원을 사용한다.[18]

IN 핀은 74HC595 시프트 레지스터를 연결해 GPIO 신호를 받는다.

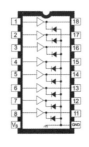

그림 5-35
UDN2981 소스 드라이버

회로 구성에 필요한 부품은 모두 다음과 같다.

부품명	개수	설명
16X16 LED 매트릭스	1	-
74HC595 시프트 레지스터	4	2개는 애노드 멀티 플렉싱용, 2개는 캐소드용
UDN2981 소스 드라이버	2	LED 16개 애노드 핀에 큰 전류를 공급하는 용도

---

17 시프트 레지스터로는 전류 공급이 어렵다.
18 파이 전원을 사용하지 않는다.

| 파이 2 또는 3 | 1 | - |
| 외부 전원 | 1 | 5V 전원 |

그리고 시프트 레지스터는 16개 GPIO를 구성해야 하기 때문에 2개를 연결해서 사용한다. 시프트 레지스터의 연결은 첫 번째 시프트 레지스터의 Serial Out 핀을 다음 시프트 레지스터의 DS 핀에 연결한다. 두 번째 레지스터부터 데이터 값이 채워지기 때문에 LED 핀 9~16번을 담당하게 될 것이다.

이제 부품을 이용해 다음과 같이 회로를 구성해보자.

그림 5-36
UDN2891 소스
드라이버를 이용한 16X16
LED 매트릭스 구성[19]

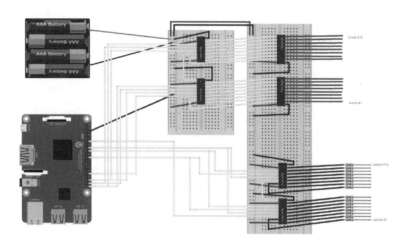

회로가 조금 복잡해 보이지만 8×8 LED 매트릭스와 크게 다르지 않다. 하나씩 살펴보자.

파이와 애노드용 시프트 레지스터 연결

시프트 레지스터의 연결 방법은 앞의 예제와 거의 동일하다.

1. 외부 전원 5V를 브레드보드에 연결한다.
2. GPIO 핀 18번과 애노드용 74HC595 시프트 레지스터 2개의 STCP 핀을 연결한다.
3. GPIO 핀 23번과 애노드용 74HC595 시프트 레지스터 2개의 SHCP 핀을 연결한다.
4. GPIO 핀 25번과 애노드용 74HC595 시프트 레지스터 2개의 OE 핀을 연결한다.
5. GPIO 핀 12번과 74HC595 첫 번째 시프트 레지스터의 DS 핀을 연결한다.

---

19 8×8 매트릭스와 달리 외부 전원을 UDN2981를 이용해 LED에 공급하는 점에 유의한다.

6. 첫 번째 시프트 레지스터 Serial Out 핀을 두 번째 시프트 레지스터의 DS 핀에 연결한다.

7. 시프트 레지스터의 Vcc와 GND를 브레드보드의 전원 및 접지와 연결한다. MR 핀은 모두 Vcc에 연결한다.

애노드용 시프트 레지스터와 UDN2981 연결

1. 시프트 레지스터 출력 핀 16개를 UDN2981의 IN에 순서대로 모두 연결한다.
2. UDN2981의 전원과 접지를 5V 외부 전원과 접지에 연결한다.
3. UDN2981의 출력 핀 16개를 16×16 LED 매트릭스의 애노드 핀 16개에 순서대로 연결한다.

파이와 캐소드용 시프트 레지스터 간 연결

앞의 예제와 거의 동일하다. 캐소드용 시프트 레지스터에서 받아들이는 전류는 동시에 1개의 LED이기 때문에 전류에 대한 부담이 없다. 따라서 별도의 싱크 드라이버를 사용하지 않아도 된다(멀티 플렉싱을 사용하기 때문이다).

1. GPIO 핀 25번과 캐소드용 74HC595 시프트 레지스터 2개의 STCP 핀을 연결한다.
2. GPIO 핀 24번과 캐소드용 74HC595 시프트 레지스터 2개의 SHCP 핀을 연결한다.
3. GPIO 핀 23번과 캐소드용 74HC595 시프트 레지스터 2개의 OE 핀을 연결한다.
4. GPIO 핀 18번과 첫 번째 74HC595 시프트 레지스터의 DS 핀을 연결한다.
5. 첫 번째 시프트 레지스터 Serial Out 핀을 두 번째 시프트 레지스터의 DS 핀에 연결한다.
6. 16×16 LED 매트릭스 캐소드 출력을 저항을 연결한 다음 시프트 레지스터의 출력 단자(Q0~Q7) 핀 16개에 순서대로 연결한다.
7. 시프트 레지스터의 Vcc와 GND를 브레드보드의 전원 및 접지와 연결한다. MR 핀은 모두 Vcc에 연결한다.

위와 같은 복잡한 회로를 브레드보드에 구성할 경우에는 한 번에 모든 작업을 하지 말고 중간중간 테스트를 하면서 현재까지의 회로에서 이상이 없는지 확인하는 것이 좋다. 수많은 선을 연결할 경우 실수할 확률이 높은데, 나중에 회로를 완성한 후에 제대로 작동하지 않을 경우 난해한 선 때문에 잘못 연결한 부분을 찾기가 상당히 어려워진다. 그리고 넉넉한 사이즈의 브레드보드와 여분의 점퍼 케이블을 준비하도록 한다.

다음 그림은 위의 회로도를 만능기판에 구현한 것이다.

그림 5-37
만능기판으로 구현한
회로도[20]

5.3.3.2 LED에서 이미지 처리를 위한 기법

이번에 만든 LED는 16×16 사이즈로, 앞의 예제에 비해 4배 큰 사이즈이다. 이미지를 표현하기에는 많이 부족하지만 간단한 아이콘 종류 또는 폰트는 표현할수 있다. LED에서 이미지 처리를 쉽게 하는 방법을 알아보도록 하겠다.

LED 매트릭스에서 가장 쉽게 데이터를 표현할 수 있는 데이터 형식은 numpy 매트릭스이다. LED 매트릭스와 동일한 크기의 numpy 매트릭스에 이미지 데이터를 저장한 다음 멀티플렉싱 구현 시 데이터를 LED로 전달하면 된다. numpy 라이브러리는 PIL, OpenCV와 같은 이미지 라이브러리의 이미지 함수와 연결할 수 있기 때문에 numpy와 PIL 조합으로 쉽게 이미지를 처리할 수 있다. PIL와 numpy를 함께 이용하는 방법을 알아보자.[21]

PIL을 이용한 이미지 열기 및 numpy 변환

PIL 설치 및 사용법은 앞의 OLED 디스플레이에서 간단하게 배웠으며 numpy 모듈 설치 역시 앞의 8×8 LED 매트릭스에서 설명했다. 이번에는 PIL에서 이미지처리하는 부분을 추가로 배워보겠다.

PIL을 이용한 이미지 열기 및 저장은 다음과 같이 Image.open, Image.save 함수를 이용한다. 이미지 파일의 확장자에 따라 PIL 라이브러리가 알아서 처리해준다.

```
from PTI import Image
```

---

20 브레드보드를 사용하기에는 부품이 너무 많다.
21 이미지 파일은 대부분 256 단계의 명암을 가지고 있다. 따라서 그레이 스케일 이미지는 픽셀당 256개의 값, RGB 컬러이미지는 픽셀당 16,777,216개의 값을 가질 수 있다. LED에서 이 색들을 재현하려면 PWM을 이용해 픽셀의 밝기를 조절해야 한다. TLC5940과 같은 PWM LED 드라이버의 사용법은 이 책의 범위를 넘어서기 때문에 설명하지 않는다. 따라서 이 책에서 보여주는 이미지는 픽셀당 흑백의 비트 값을 가진다.

```
im = Image.open(filename)
width, height = im.size

...............

im.save("./tmp/affine_raccoon.jpg", img)
```

다음은 PIL에서 읽은 이미지 파일의 정보를 numpy로 변환하는 코드이다. numpy의 asarray 함수를 이용하면 이미지 파일이 바로 numpy 배열로 바뀐다. 이미지 파일의 명암 스케일이 256이기 때문에 dtype은 uint8(8bit unsigned int)로 지정한다. 컬러 이미지를 열었다면 array의 모양은 [세로][가로][3]이 될 것이다. 가로, 세로가 아니라 "세로, 가로"인 점에 유의한다. 행렬에서는 항상 세로가 먼저 온다. 그리고 마지막 3은 채널 값(RGB)이다. 만약 png 파일과 같이 알파 채널이 있는 이미지라면 이 값이 4가 될 것이다.

```
from PIL import Image
import numpy as np

im = Image.open(filename)
width, height = im.size
array = np.asarray(im, dtype="uint8")
```

우리는 흑백 이미지만 취급할 것이기 때문에 컬러 이미지를 흑백 이미지로 바꾸는 과정이 필요하다.

```
from PIL import Image
import numpy as np

image = Image.open('mario.png')
rgbimage = image.convert('RGB')     #알파 채널 제거
grayimage = image.convert('L')      #그레이 스케일 이미지
bwimage = image.convert('1')        #흑백 이미지
im = bwimage.resize((16, 16))       #16X16 사이즈로 변환
```

5.3.3.3 16X16 LED 매트릭스 제어 프로그래밍

앞에서 간단하게 PIL과 numpy를 사용하는 방법을 살펴보았다. 이제 16×16 LED 매트릭스에 이미지를 표출하는 예제를 만들어 보자. 16×16 LED 매트릭스에 멀티플렉싱하는 부분은 앞에서 구현해 두었기 때문에 흑백 이미지를 읽어서 lib_ledmatrix 모듈에 전달만 하면 된다.

```
#!/usr/bin/env python

import RPi.GPIO as GPIO
from PIL import Image
import numpy as np
import lib_ledmatrix

lib_ledmatrix.init_lib(16,16,20,21,12,16,25,24,18,23)
```

```
lib_ledmatrix.LED_Reset()

im = Image.open('./heart.jpg')
bw = im.convert('1')
bw = bw.resize((16, 16))
array = np.asarray(bw, dtype="uint8")
print array
lib_ledmatrix.LED_copy_image(array)

try:
  while True:
    lib_ledmatrix.LED_multiplex()
except (KeyboardInterrupt, SystemExit):
  print("Ctrl C --> Exit...")
finally:
  lib_ledmatrix.LED_Reset()
  GPIO.cleanup()
print "Good bye!"
```

위의 예제에서 하트 이미지를 읽은 후 흑백 포맷을 바꾼 다음 LED 사이즈에 맞
에 16×16 크기로 변형했다. 그리고 이 이미지를 numpy 배열로 바꾼 다음 lib_
ledmatrix의 LED_copy_image 함수를 이용해서 전달한다. 그리고 멀티플렉싱
함수 LED_multiplexing을 호출하면 하트 이미지를 멀티플렉싱 방식으로 그린
다. 다음은 회로를 만능기판에 만든 다음 위의 코드를 실행한 결과이다.

그림 5-38
만능기판으로 구현한
회로도 [22]

PIL과 numpy를 함께 사용하면 이미지뿐 아니라 OLED 예제에서 사용한 것과 같
이 한글 폰트를 이용한 디스플레이도 가능하며 numpy의 roll 함수를 이용하면
스크롤도 쉽게 구현할 수 있다. 유용하게 사용할 수 있는 한글 디스플레이 및 스
크롤 기능은 여러분의 학습 과제로 남겨 두겠다.

만능기판을 이용해 회로를 만들어보면 16×16의 간단한 LED 매트릭스에 사
용하기 위해 예상보다 많은 부품과 선 연결이 필요하며, 신경 쓸 부분도 많다는
것을 느낄 것이다. 소개하는 디스플레이 디바이스 중에서 나타낼 수 있는 정보

---

22 5V 외부 전원을 사용한 것에 유의한다.

량이 가장 적음에도 불구하고 회로 구성이나 프로그래밍이 쉽지 않다는 것을 알수 있다. 대부분의 LED 매트릭스는 사이즈에 맞는 별도의 I2C(또는 SPI) 디스플레이 드라이버를 제공한다. 이 드라이버를 사용하면 간단하게 그림을 그릴 수 있다. 하지만 이 드라이버들 역시 대부분 우리가 앞에서 구성해 보았던 시프트 레지스터와 저항 그리고 트랜지스터를 이용해 만들어진 것들이다. 가끔씩은 편리하게 사용할 수 있는 제품들도 구현 원리도 확인할 겸 어려운 길로 돌아가는 것도 의미 있다. 번거롭고 어려운 길을 헤쳐나가는 과정에서 여러분의 창의력과 문제 해결 능력도 배양될 것이다. 시프트 레지스터를 이용해서 LED 매트릭스에 대한 제어가 가능해지면 아마 큰 사이즈의 디스플레이 드라이버 모듈을 사용하더라도 모듈 속에 어떤 시프트 레지스터, 트랜지스터 어레이가 몇 개 들어 있을지 느낌이 올 것이다.

그리고 256 이상의 명암 단계를 구현해 실제 이미지와 같은 그레이 스케일 또는 컬러 이미지를 구현하려면 TI사의 TLC59XX시리즈와 같은 PWM 드라이버를 이용해야 한다. PWM 드라이버를 이용한 LED 제어는 이 책의 수준을 넘어서기 때문에 설명하지는 않겠지만 인터넷에 많은 예제들이 공개되어 있기 때문에 관심 있는 독자들은 도전해보기 바란다.

참고 자료
- https://www.adafruit.com/products/198
- http://en.wikipedia.org/wiki/Hitachi_HD44780_LCD_controller
- https://github.com/rm-hull/ssd1306
- https://github.com/BLavery/lib_oled96
- http://effbot.org/imagingbook/pil-index.htm
- http://embedded-lab.com/blog/?p=4717
- http://forum.arduino.cc/index.php?topic=125250.0
- http://embedded-lab.com/blog/?p=2478
- http://www.instructables.com/id/Multiple-LED-Matrixes-with-Arduino/

## 6장

센서

과학자들은 이미 존재하는 것들을 연구한다. 하지만 엔지니어는 세상에 없는 것을 만든다.
Scientists investigate that which already is; engineers create that which has never been.
- 아인슈타인(Albert Einstein)

센서는 '느끼다, 감지하다'는 뜻을 포함하는 영단어다. 센서는 주위 환경의 특성을 감지, 수치화해서 전달해주는 디바이스이다. 센서가 감지하는 대상에 따라 온도 센서, 습도 센서, 압력 센서, 가속도 센서, 기체 농도 센서, 불꽃 센서 등 수많은 종류가 있다.

6.1 센서의 종류

센서는 감지한 값을 전달하는 방식(통신)에 따라 아날로그 센서와 디지털 센서로 나뉜다. 아날로그 센서는 대부분 입력 전압 대비 출력 전압값 또는 출력 전압 펄스의 개수 또는 모양으로 센서값을 나타낸다. 만약 출력 전압을 센서의 측정값으로 사용한다면, 아두이노에는 아날로그 출력값을 읽을 수 있는 단자가 있어서 값을 바로 읽을 수 있지만 라즈베리 파이는 아날로그 출력값을 바로 읽을 수 없다. 따라서 ADC(AD 컨버터)를 사용해서 아날로그 신호를 디지털로 바꿔서 읽어야 한다.

디지털 센서는 감지한 수치를 디지털 방식으로 전달한다. 디지털 방식으로 전달한다는 의미는 파이 또는 아두이노와 통신을 한다는 것과 같다. 따라서 UART, SPI, I2C 등 다양한 통신 방법으로 센서의 데이터를 전달한다. 디지털 센서는 아날로그 센서에 비해 고가이며, 이 센서들을 다루기 위해서는 반드시 해당 제품의 데이터시트를 참조해야 한다. 파이에서는 UART, SPI, I2C 모두 지원하기 때문에 디지털 센서를 연결하는 데 어려움이 없다. 하지만 데이터시트를 참조하는 작업이 초보자들에게는 쉽지 않기 때문에 연습을 통해 익숙해져야 한다.

임베디드 영역에서 가장 중요한 기술 중 하나가 바로 센서를 제어하는 것이다. 따라서 이 책에는 가급적 다양한 센서에 대한 사용 방법을 데이터시트를 참조해 설명하려고 노력했다. 아날로그 센서는 사용법이 거의 동일하기 때문에 한두 개만 시험해보면 나머지 센서의 사용법도 금방 배울 수 있다.

디지털 센서는 센서마다 데이터를 읽는 방법이 다르고 핀을 연결하는 방법도 다르기 때문에 데이터시트를 참조하지 않고는 작업하는 것이 어렵다. 파이와의 통신은 UART, SPI, I2C 등 몇 가지 통신에만 익숙해지면 쉽게 해결할 수 있다.

6.1.1 출력 전압을 사용하는 아날로그 센서

아날로그 센서의 작동 원리는 간단하다. 대부분의 아날로그 센서는 출력 전압을 이용해 센서의 출력을 표시한다. 아날로그 센서의 핀은 2개에서 4개의 단자로 이루어져 있는데, 가장 중요한 단자는 입력 전압, 출력 전압 두 가지이다. 그리고 단자 숫자에 따라 접지(ground) 단자, 디지털 출력 단자로 나뉜다. 센서는 대부분 비슷한 구조를 가지고 있다.

아래 그림은 불꽃 센서(Flame sensor), 토양 습도 센서(LM393 칩), MQ 가스 센서를 비교한 그림이다. 상당히 비슷한 구조를 가지고 있으며 가운데 있는 LM393 칩이 다른 칩들에도 사용되고 있다. 즉, 작동 원리가 동일하다는 의미이다. 출력 핀의 개수가 다른 것은 잠시 후 설명하겠다.

그림 6-1
비슷한 구조의
아날로그 센서들:
(왼쪽부터)불꽃 센서,
토양 습도 센서(LM393 칩),
MQ 가스 센서

6.1.1.1 센서의 특징

출력 전압을 이용하는 아날로그 센서로 정확한 물리값을 측정하는 것은 상당히 어렵다. 그 이유는 다음과 같다.

아날로그 센서는 입력 전압 대비 출력 전압으로 센서의 감지 결과를 나타내는데, 센서값-출력 전압의 관계가 정확한 선형을 나타내지 않는다. 그렇다고 우리가 쉽게 접하는 삼각함수, 로그 함수, 지수 함수, 포물선 등의 함수 모양으로 나타나지도 않는다. 또한 센서에 따라 센서값-출력 전압 모양이 모두 다르다.

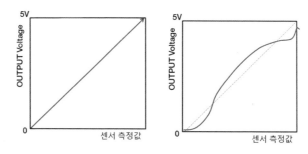

그림 6-2
이상적인 측정값-출력
전압(좌)과 센서에서의
측정값-출력 전압(우) 예시

이 경우 센서 측정값을 물리량으로 변환하는 방법은 2가지가 있다. 첫 번째는 출력 전압에 따른 센서의 측정 물리량을 테이블로 만들어 조회하는 방법이고, 두 번째는 측정값을 기준으로 근사치 그래프 함수를 유도하는 방법이다. 그런데 대부분의 센서 데이터시트는 정확한 측정값을 알려주기보다는 위와 같은 개략적인 상관관계 그래프만 제공한다. 이 때문에 두 가지 방법 모두 정밀한 값을 구하기는 어렵다.

특히 후자는 상당한 수학 실력을 필요로 한다. 그리고 또 하나의 문제는 입력 전원의 정확도에 있다. 우리가 5V 입력 전원을 사용하더라도 실제로는 정확히 5V가 측정되지 않는다. 대부분 5V 전후로 측정된다. 건전지의 경우, 사용 시간에 따라 전압이 계속 낮아지기도 한다. AD 컨버터를 사용하는 경우에는 AD 컨버터에서 입력 전원을 따로 받아서 출력값을 보정해주는 기능이 있지만 아두이노처럼 직접 아날로그 입력을 받을 경우엔 정확도가 떨어질 수밖에 없다.

❗ 아날로그 센서를 이용할 경우 정확한 물리값(농도, 힘, 압력 등)을 측정하기 어렵다. 정확한 수치보다는 센서의 출력 전압을 몇 단계로 구분해 어떤 범위에 속하는가를 판단하는 것이 유용하다. 가령 토양의 습도를 측정하는 센서라면 현재 화분에 물이 '충분', '보통', '부족', '아주 부족' 4단계로 구분해서 어느 범위에 속하는지를 파악하여 사용자에게 알려주도록 한다. MQ 가스 감지 센서의 경우에도 유해 가스의 농도가 '낮음', '보통', '경고', '위험'과 같이 단계를 구분해서 사용하는 것이 좋다. 그러나 MQ 센서를 유해 가스 농도 측정을 위한 중요한 도구로 사용하면 안 된다.

6.1.1.2 2 단자 아날로그 센서

아날로그 센서는 입력 전압과 출력 전압 2개 단자로 이루어져 있다. 입력 전압 대비 출력 전압으로 센서가 감지한 값을 출력한다.

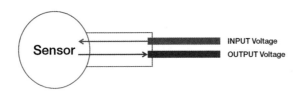

그림 6-3
2 단자 아날로그 센서

6.1.1.3 3 단자 아날로그 센서

2 단자 센서에서 접지 단자가 추가된 형태가 대부분이다.

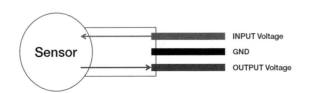

그림 6-4
3 단자 아날로그 센서

6.1.1.4 4 단자 아날로그 센서

3 단자 센서에서 디지털 출력 단자가 추가된 것이 대부분이다. 디지털 출력 단
자는 입력 전압 대비 출력 전압이 특정 임계값을 넘을 경우 디지털 단자의 값
을 ON으로 출력한다. 특정 임계값은 대부분의 경우 가변저항을 이용해 조절할
수 있게 설계되어 있다. 예를 들어 임계값(입력 전압 대비 출력 전압)을 0.5로
설정하면 입력 전압이 5V인 경우 출력 전압이 2.5V가 되면 디지털 출력 단자가
ON(5V 또는 3.3V 출력) 상태로 바뀌게 된다. 디지털 출력 전압의 값은 반드시
데이터시트를 참조한다. 만약 출력 전압이 5V가 되면 파이의 GPIO 핀으로는 직
접 연결할 수 없다. 3.3V인 경우에는 직접 연결한 후 GPIO 핀의 속성을 INOUT
으로 지정하고 디지털 출력값을 바로 읽으면 된다. 대부분의 경우 디지털 출력
단자는 ON, OFF 상태만 출력이 가능하기 때문에 큰 의미가 없다. 아날로그 출력
값을 읽어서 처리할 수 있어야 한다.

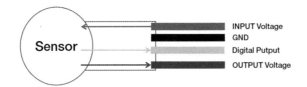

그림 6-5
4 단자 아날로그 센서

6.1.2 아날로그 센서와 라즈베리 파이의 연결

라즈베리 파이는 아두이노와 달리 아날로그 전압값을 측정할 수 있는 GPIO 핀

이 없다. 따라서 아날로그 전압값을 디지털로 변환해 주는 ADC 칩을 사용해 아날로그 센서의 값을 측정한다.

그림 6-6
아날로그 센서와 파이의
연결

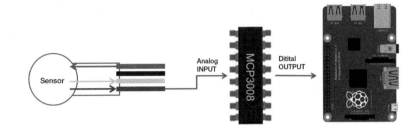

모든 아날로그 센서가 출력 전압값을 이용하는 것은 아니다. HC-SR04 초음파 센서와 같이 출력 전압의 파형으로 데이터를 전달하는 경우도 있다. 이 경우에는 그림 6-6의 MCP3008 과 같은 ADC 칩이 필요 없다.

6.1.3 디지털 센서

디지털 센서는 센서가 감지한 값을 수치화해서 파이에 전달한다(정확하게 표현하면 파이에서 읽어 간다). 파이와 센서 간에 데이터를 송수신하는 방법은 대부분 시리얼 통신(UART, I2C, SPI)을 이용한다. 센서는 센서의 작동 주기(frequency)마다 측정한 값을 센서의 메모리(레지스터)에 저장한다. 파이는 필요할 때마다 센서의 레지스터에 저장된 측정값을 읽어 갈 수 있다. 당연히 파이가 센서의 데이터를 읽는 주기가 센서의 작동 주기보다 빠를 필요는 없다. 만약 파이의 읽는 주기가 더 빠르다면 같은 값을 중복으로 읽게 된다. 대부분의 경우 센서의 측정 주기가 상당히 짧기 때문에 큰 문제가 되지는 않는다. 센서의 작동 주기는 데이터시트를 통해 확인하도록 한다.

그림 6-7
디지털 센서

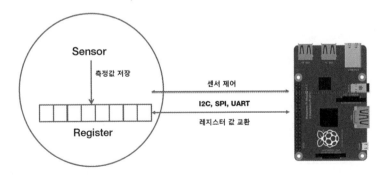

6.2 센서를 다루는 데 도움이 되는 것

6.2.1 계측기

오실로스코프, 멀티미터 같은 계측기를 준비한다. 숙련자도 센서를 연결해 테스트하다 보면 오동작을 많이 경험한다. 대부분의 오동작은 사소한 실수에서 비롯되지만 케이블의 단선, 브레드보드의 불량 등으로 인한 오동작도 있을 수 있다. 이 경우에는 원인을 찾는 것이 상당히 어렵다. 계측기를 이용해 의심이 가는 구간의 전압, 전류, 저항을 측정해 가면서 장애 원인을 찾도록 한다.

6.2.2 데이터시트

데이터시트를 보는 능력을 키우자. 이것은 아주 중요하다. 안타깝게도 대부분의 데이터시트가 영어로 되어 있기 때문에 약간의 영어 실력이 필요하지만 데이터시트의 영어는 문법적으로 아주 평범한 문장들이기 때문에 용어만 익숙해지면 이해하는 데 그리 어렵지 않다. 그리고 데이터시트에는 많은 그래프들이 나온다. 이 그래프 중 일부는 내용을 이해하는 데 큰 도움을 준다.

그렇다고 해서 데이터시트의 모든 내용을 이해할 필요는 없다. 자신에게 필요한 내용만 숙지하면 된다. 너무 난해하거나 관련이 없는 부분은 과감하게 넘어가자.

6.2.3 참고 사이트

에이다프루트(AdaFruit), 스파크펀(Sparkfun) 사이트에는 웬만한 센서에 대한 자세한 설명 및 아두이노, 라즈베리 파이 예제가 있다. 이 사이트들의 예제를 참조하면 큰 도움을 받을 수 있다.

하지만 가급적 참조 예제에 전적으로 의존하지 말고 어렵더라도 센서 제어에 필요한 함수를 여러 번의 시행 착오를 거치면서 직접 만들도록 하자. 그리고 마지막에 사이트에서 제공하는 예제 코드와 자신이 만든 코드를 비교하면서 장단점과 자신이 놓친 부분을 다시 한번 확인하는 과정을 거치면 실력이 부쩍 늘 것이다.

6.3 BMP180 대기압 측정 센서

이제 본격적으로 몇 가지 센서를 다루어 보도록 하겠다. BMP180 센서는 대기압을 측정해서 MCU 또는 파이와 I2C 통신으로 측정값을 전달한다.

대기압은 고도가 올라갈수록 떨어진다. 이 원리를 이용해 BMP180을 현재 고도 측정에도 이용할 수 있다. 단, 고도는 현재 위치의 해수면 기압에 따라 바뀌게 된다. 현재 위치의 해수면 기압을 파악해 보정해주면 정확한 고도 측정도 가능하다. 그리고 이 칩은 부가 기능으로 온도 측정이 가능하며, 이전 버전인 BMP085 칩을 개선한 칩이고 사용법은 차이가 없다.

그림 6-8
BMP180 대기압 센서(좌),
핀 헤더를 납땜한 센서
모듈(우)

표 6-1
BMP180 센서 동작 환경
및 특성

분류	최소	최대	설명
작동 온도	-40°C	+85°C	-
공급 전원	1.8V	3.6V	-
사용 전류 (25°C 초당 1번 측정 시)	3μA	32μA	초저전력모드: 3μA 표준모드: 5μA 고해상도 모드: 7μA 초고해상도 모드: 12 μA
피크 전류	650μA	1000μA	-
상대 측정 정밀도(3.3V 기준)	±0.12 hPa, (헥토 파스칼)		950~1050hPa, 25°C
절대 측정 정밀도(3.3V 기준)	-4hPa,	2hPa,	300~1100hPa, 65°C
절대 측정 온도 정밀도(3.3V 기준)	-1.5°C	1.5°C	-
기압 측정 정밀도	0.01hPa		-
온도 측정 정밀도	0.1hPa		-

BMP180 센서는 4가지 작동 모드가 있다. 초저전력 모드에서 초고해상도 모드까지 사용 가능하다. 초저전력 모드에서는 정확도는 떨어지지만 전력 소모량이 적으며 고해상도 모드로 갈수록 정밀도는 높아지는 반면 전력 소모량이 늘어난다.

6.3.1 대기압 측정에 필요한 물리 지식

6.3.2.1 기압

표 6-1을 보면 hPa, Pa와 같이 기압을 나타내는 단위 P(파스칼)이 나온다.

여름철 태풍의 중심 기압이 몇 hPa(헥토 파스칼)이라면서 태풍의 세기를 표현하는 뉴스를 본 적이 있을 것이다. 기압의 단위인 파스칼은 프랑스의 물리학자이자 철학자인 파스칼의 이름에서 가져온 단위이다. 기압은 공기의 압력을 뜻하는데, 기압을 알려면 당연히 압력을 알아야 한다.

압력의 정의는 단위 면적당 작용하는 힘이다. 수식으로는 다음과 같이 정의 가능하다. 아래 식에서 kg은 질량이다. (중력가속도를 적용한 무게가 아니다.)

$$Pressure = Force/m^2 = Newton/m^2 = ((kg.m)/s^2)/m^2 = kg/(m.s^2)$$

중력가속도(단위 면적당 질량을 가진 물체가 누르는 힘)를 적용하면 다음과 같이 표시할 수 있다.

$$Pressure = Force/m^2 = Kg중/m^2$$

이번엔 기압에서 사용하는 Pa, atm(대기압)과의 비례 관계를 알아보자. 1 파스칼은 미터식 표기법의 표준식을 적용한 값이다. 즉, 1 파스칼은 1 평방 미터 면적에 1 뉴튼의 힘이 가해지는 물리량이다.

$$1Pa = (1 Newton)/m^2 = 1kg \times m/sec^2 \times 1/m^2 = 1kg/(m.sec^2)$$

대기압은 지표면을 누르는 공기의 무게로 이해하면 된다. 다음은 대기압(atm)과 파스칼의 비례 관계를 알아보겠다. 아래 수식을 보면 알겠지만 대기압은 생각보다는 상당히 센 압력임을 알 수 있다.

$$1atm = 101325Pa = 101.325kPa$$

표 6-1에서 사용하는 'hPa'는 hectoPascal(헥토 파스칼)의 약자이며 100Pa을 의미한다. hPa는 mbar(밀리바)로 표시하기도 한다. 이전에는 mbar 단위를 선호했지만 지금은 미터법의 영향으로 hPa를 더 많이 사용한다.

6.3.1.2 고도 측정

대기압은 해수면을 기준으로 측정한다.[1] 대기압은 높은 곳으로 올라갈수록 낮아지는데, 높은 고도에서는 공기 기둥의 높이와 밀도가 감소함으로써 질량이 지표면에 비해 줄어 들며 중력 가속도 g 값 역시 지구 중심으로부터의 거리가 늘어나기 때문에 작아지기 때문이다. 이 원리를 이용하면 현재 위치의 해발 고도를 측

---

1 실제 해수면의 높이는 달의 영향으로 계속 변한다.

정할 수 있다.

❗ 기상 상태에 따라 측정 위치의 해수면 기압은 표준 대기압(101325 Pa)이 아니라 고기압
(표준 기압보다 높음), 저기압(표준 기압보다 낮음) 상태일 것이기 때문에 현재 측정 위
치의 해수면 기압에 따른 보정을 반드시 해주어야 한다. 기상청 홈페이지(http://www.
kma.go.kr/weather/observation/currentweather.jsp)에서 지역별 현재 기압 확인 가
능하다.

그림 6-9
기상청 홈페이지(http://
www.kma.go.kr/)의
지역별 현재 기압 확인

| 지점 | 날씨 | | | | 기온(℃) | | | 강수 | | 바람 | | 기압(hPa) |
	현재일기	시정 km	운량 1/10	중하운량	현재 기온	이슬점 온도	불쾌 지수	일강수 mm	습도 %	풍향	풍속 m/s	해면 기압
서울	흐림	19.9	10	5	23.6	12.8	70		51	남남서	4.4	1009.6
백령도	약한비단속	0.9	10	8	16.1	14.9	61	0.0	93	북서	0.6	1010.3
인천	흐림	20 이상	10	7	20.3	13.2	66		64	서남서	2.5	1010.0
수원	흐림	18.6	10	4	23.7	14.1	71		55	서북서	2.4	1010.0
동두천		11.5			19.3	13.2	65	0.2	68	서	3.3	1009.8
파주		9.8			17.5	16.5	63	4.8	94	서북서	2.3	1010.4
강화		6.1			17.1	13.8	62	0.5	81	서	2.5	1010.6
양평		16.9			25.0	10.8	71		41	북서	1.9	1009.4
이천		20 이상			24.4	9.9	70		40	남서	2.3	1009.5

고도 계산의 수식은 다음과 같다. p는 측정 기압, p_0는 해당 위치의 현재 해수면
기압이다. p_0는 현실적으로 측정이 불가능하기 때문에 기상청 홈페이지에서 자
신의 위치에서의 기압을 찾도록 한다.

$$고도 = 44330 \times (1 - (p/p_0)^{(1/5.255)})$$

위 수식에 의하면 대략 1hPa의 기압 차이는 해발 고도 8.43m에 해당한다. 완전
한 선형 비례가 아닌 이유는 높을수록 공기 밀도가 낮아지기 때문이다. 하지만
아래 그래프에서 알 수 있듯이 해수면 근처에서 2~3000M까지는 거의 선형으로
변하기 때문에 국내에서 사용하기에는 큰 무리가 없다.

그림 6-10
고도변화에 따른 기압
변화(출처: BST-BMP180-
DS000-09.pdf)

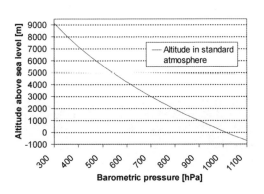

따라서 해수면 근처에서 적용 가능한 간단히 근사식을 만들면 다음과 같다. 기압의 단위는 hPa이다.

고도 = $(p_0 - p) \times 8.43$

6.3.2 BMP180 센서와 라즈베리 파이 연결하기

BMP180 센서 모듈은 4개 또는 5개의 핀을 가지고 있다. 연결에는 4개의 핀을 사용하는데, 2개는 전원 및 접지, 나머지 2개는 I2C 통신에 사용한다.

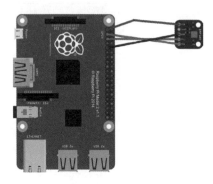

그림 6-11
BMP180 연결

다음과 같이 4개만 연결하면 회로 구성이 끝난다.

1. 파이의 3.3V 전원을 VIN에 연결한다.
2. 파이의 접지를 GND에 연결한다.
3. 파이의 SDA를 BMP180의 SDA에 연결한다.
4. 파이의 SSL를 BMP180의 SSL에 연결한다.

💡 BMP180 칩은 3.3V 전원을 사용한다. 5V 전원에 연결하지 않도록 주의한다. 하지만 이 칩을 패키징한 I2C 센서 모듈 중 에이다프루트사의 제품과 같이 5V 전원에 사용이 가능하도록 개선한 센서도 있다. 반드시 제조사의 데이터시트를 참조해서 사용한다.

위와 같이 연결이 끝나면 다음과 같이 I2C 주소를 확인한다. 현재 사용하는 BMP180의 I2C 주소는 0X77이다.

그림 6-12
BMP180의 I2C 주소

6.3.3 BMP180 센서 프로그래밍

다음의 순서로 센서에서 작업을 진행하면 된다. 아래 작업의 자세한 내용과 알고리즘은 데이터시트[2]의 15 페이지를 참조한다.

그림 6-13
BMP180 센서 읽기 순서

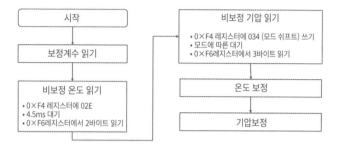

그림 6-13
BMP180 센서 읽기 순서

6.3.3.1 보정계수 값 읽기

176비트의 EEPROM에는 16비트 값 11개가 저장되어 있다. 온도와 기압을 계산하기 전에 이 값들을 읽어 센서 측정값을 보정할 수 있도록 해야 한다.

표 6-2
BMP180 보정 계수값을
읽을 레지스터 주소

표 6-2
BMP180 보정 계수값을
읽을 레지스터 주소

BMP180 레지스터 주소		
파라미터	MSB	LSB
AC1	0XAA	0XAB
AC2	0XAC	0XAD
AC3	0XAE	0XAF
AC4	0XB0	0XB1
AC5	0XB2	0XB3
AC6	0XB4	0XB5
B1	0XB6	0XB7
B2	0XB8	0XB9
MB	0XBA	0XBB
MC	0XBC	0XBD
MD	0XBE	0XBF

AC1~MD까지 11개의 변수에 MSB, LSB 2개의 바이트를 읽는다.

---

2 https://www.adafruit.com/datasheets/BST-BMP180-DS000-09.pdf

```
AC1 = read16bit(0XAA~0XAB) //2바이트씩 읽는다. 레지스터 주소는 위의 표 참조
………
MD = read16bit(0XBE, 0XBF)
```

6.3.3.2 비보정 온도 값 읽기

BMP180 센서는 기압 측정과 함께 온도 측정 기능도 함께 제공한다.

```
write8bit(0XF4, 0X2E)   //0XF4 레지스터에 0X2E를 기록한 후 4.5ms 쉰다.
sleep(4.5ms)
RawTemp = read16bit(0XF6, 0XF7)   //0XF6, 0XF7 레지스터를 읽는다.
Temp = Calibrate(RawTemp) //읽은 값을 보정한다.
```

6.3.4.3 비보정 기압 값 읽기

기압 읽는 방법도 온도 읽기와 유사하다. 무보정 값 3바이트를 읽는 것에 유의한다.

```
write8bit(0XF4, 0X34 + (mode << 6)) //0XF4 레지스터에 0X34 + (mode << 6)를 기록한 후 쉰다.
sleep()  //쉬는 시간은 모드에 따라 달라진다.  데이터시트의 Table.3 참조
RawPressure = read24bit(0XF6, 0XF7, 0XF8)   //0XF6, 0XF7, 0XF8을 읽는다.
Pressure = Calibrate(RawPressure)  //읽은 값을 보정한다.
```

6.3.3.4 파이썬 프로그래밍

파이썬으로 구현한 전체 코드이다. 고도 측정을 위한 기준 대기압(P0)은 101325Pa(표준 기압)을 사용했기 때문에 테스트 환경에 따라 결과값에 오차가 발생한다.

```python
#!/usr/bin/python

import smbus
import time

MODE_ULTRALOWPOWER    = 0
MODE_STANDARD         = 1
MODE_HIGHRES          = 2
MODE_ULTRAHIGHRES     = 3

#BMP180의 레지스터
REGISTER_AC1 = 0xAA
REGISTER_AC2 = 0xAC
REGISTER_AC3 = 0xAE
REGISTER_AC4 = 0xB0
REGISTER_AC5 = 0xB2
REGISTER_AC6 = 0xB4
REGISTER_B1  = 0xB6
REGISTER_B2  = 0xB8
REGISTER_MB  = 0xBA
REGISTER_MC  = 0xBC
REGISTER_MD  = 0xBE

REGISTER_CONTROL        = 0xF4
REGISTER_TEMPDATA       = 0xF6
REGISTER_PRESSUREDATA   = 0xF6
```

```
COMMAND_READTEMP        = 0x2E
COMMAND_READPRESSURE    = 0x34
mode = MODE_STANDARD

#보정 데이터 11개
AC1 = 0
AC2 = 0
AC3 = 0
AC4 = 0
AC5 = 0
AC6 = 0
B1 = 0
B2 = 0
MB = 0
MC = 0
MD = 0

#BMP180의 I2C 통신 주소
address = 0x77

#레지스터에서 1바이트를 읽음
def read_byte(adr):
  return bus.read_byte_data(address, adr)

#레지스터에서 2바이트를 읽음
def read_word(adr):
  high = bus.read_byte_data(address, adr)
  low = bus.read_byte_data(address, adr+1)
  val = (high << 8) + low
  return val

#레지스터에서 2바이트를 읽은 후 보정함
def read_word_2c(adr):
  val = read_word(adr)
  if (val >= 0x8000):
    return -((65535 - val) + 1)
  else:
    return val

#레지스터에서 보정 데이터를 읽어서 저장해 둠
def init_Calibration_Data():
  global AC1, AC2, AC3, AC4, AC5, AC6, B1, B2, MB, MC, MD
  AC1 = read_word_2c(REGISTER_AC1)
  AC2 = read_word_2c(REGISTER_AC2)
  AC3 = read_word_2c(REGISTER_AC3)
  AC4 = read_word_2c(REGISTER_AC4)
  AC5 = read_word_2c(REGISTER_AC5)
  AC6 = read_word_2c(REGISTER_AC6)
  B1 = read_word_2c(REGISTER_B1)
  B2 = read_word_2c(REGISTER_B2)
  MB = read_word_2c(REGISTER_MB)
  MC = read_word_2c(REGISTER_MC)
  MD = read_word_2c(REGISTER_MD)
  print "  AC1:", AC1, "  AC2:", AC2, "  AC3:", AC3, "  AC4:", AC4, "  AC5:",
        AC5, "  AC6:", AC6
  print "  B1:", D1, "  D2:", B2, "  MB:", MB, "  MC:", MC, "  MD:", MD

#BMP180에서 보정 전 온도 데이터를 읽음
def read_raw_Temperature():
  bus.write_byte_data(address, REGISTER_CONTROL, COMMAND_READTEMP)
  time.sleep(0.0045)  #Sleep 4.5ms
  raw = read_word_2c(REGISTER_TEMPDATA)
  print "Raw Temperature: 0x%04X (%d)" % (raw & 0xFFFF, raw)
  return raw
```

```python
#BMP180에서 보정 전 기압 데이터를 읽음
def read_raw_Pressure():
  bus.write_byte_data(address, REGISTER_CONTROL, COMMAND_READPRESSURE +
                      (mode << 6))
  time.sleep(0.03)   #Sleep 30ms
  msb = read_byte(REGISTER_PRESSUREDATA)
  lsb = read_byte(REGISTER_PRESSUREDATA + 1)
  nxt = read_byte(REGISTER_PRESSUREDATA + 2)
  raw = ((msb << 16) + (lsb << 8) + nxt) >> (8 - mode)
  print "Raw Pressure: 0x%04X (%d)" % (raw & 0xFFFF, raw)
  return raw


#온도를 보정함
def calibrate_Temp(raw):
  UT = 0
  X1 = 0
  X2 = 0
  B5 = 0
  temp = 0.0
  X1 = ((raw - AC6) * AC5) >> 15
  X2 = (MC << 11) / (X1 + MD)
  B5 = X1 + X2
  temp = ((B5 + 8) >> 4) / 10.0
  print "Calibrated temperature = %f C" % temp
  return temp


#기압을 보정함
def calibrate_Pressure(raw):
  UT = 0
  UP = 0
  B3 = 0
  B5 = 0
  B6 = 0
  X1 = 0
  X2 = 0
  X3 = 0
  p = 0
  B4 = 0
  B7 = 0

  UT = read_raw_Temperature()
  UP = raw

  #True Temperature Calculations
  X1 = ((UT - AC6) * AC5) >> 15
  X2 = (MC << 11) / (X1 + MD)
  B5 = X1 + X2

  #Pressure Calculations
  B6 = B5 - 4000
  X1 = (B2 * (B6 * B6) >> 12) >> 11
  X2 = (AC2 * B6) >> 11
  X3 = X1 + X2
  B3 = (((AC1 * 4 + X3) << mode) + 2) / 4

  X1 = (AC3 * B6) >> 13
  X2 = (B1 * ((B6 * B6) >> 12)) >> 16
  X3 = ((X1 + X2) + 2) >> 2
  B4 = (AC4 * (X3 + 32768)) >> 15
  B7 = (UP - B3) * (50000 >> mode)

  if (B7 < 0x80000000):
    p = (B7 * 2) / B4
```

```
    else:
      p = (B7 / B4) * 2

    X1 = (p >> 8) * (p >> 8)
    X1 = (X1 * 3038) >> 16
    X2 = (-7357 * p) >> 16

    p = p + ((X1 + X2 + 3791) >> 4)
    print "Pressure = ", p
    return p

#기압을 읽은 후 보정함
def read_Pressure():
  raw = read_raw_Pressure()
  p = calibrate_Pressure(raw)
  return p

#온도를 읽은 후 보정함
def read_Temperature():
  raw = read_raw_Temperature()
  t = calibrate_Temp(raw)
  return t


#고도를 구함. 해수면 대기압은 값이 주어지지 않으면 표준값 사용
def read_Altitude(seaLevelPressure=101325):
  altitude = 0.0
  pressure = float(read_Pressure())
  altitude = 44330.0 * (1.0 - pow(pressure / seaLevelPressure, 0.1903))
  print "Altitude = ",  altitude
  return altitude

#smbus 초기화 함수. Revision2에서는 파라미터 1을 사용
bus = smbus.SMBus(1)

init_Calibration_Data()
temp = read_Temperature()
pressure = read_Pressure()
altitude = read_Altitude()

print "======== Result ======="
print "Temperature : ", temp, " C"
print "Pressure = ", pressure, "(", pressure / 100, " hPa)"
print "Altitude : ", altitude, " Meter"
```

다음 화면은 위의 소스 코드를 실행한 결과이다. 현재 위치에서의 기온 30도, 기압은 999hPa, 고도는 대략 117.5M임을 알 수 있다.

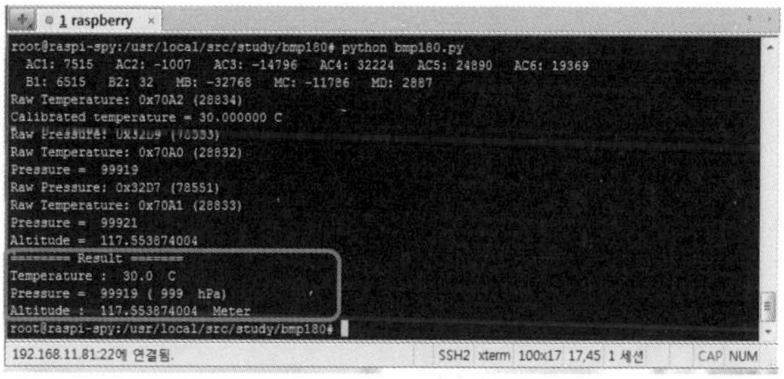

그림 6-14
BMP180 센서 제어
프로그램 실행 결과

정확한 고도(Altitude)는 앞에서 설명한 것처럼 측정 위치의 현재 해수면 기압을 기상청 홈페이지에서 확인해 보완하면 된다. 보완하는 방법은 아래의 고도를 구하는 함수의 해수면 기압 값을 101325Pa 대신 현재 시간, 위치의 해수면 기압으로 입력해주면 된다.

```
def read_Altitude(seaLevelPressure=101325):
```

BMP180은 디지털 방식으로 깔끔한 출력을 제공하는 대기압 센서이다. 만약 여러분이 드론에 이 센서를 설치한다면 출발 지점의 대기압을 기준으로 드론의 현재 상대 고도 및 온도를 측정할 수 있을 것이다.

6.4 HC-SR04 초음파 거리 센서

거리 측정용으로 많이 사용하는 HC-SR04 센서는 로봇의 눈처럼 생겼다. 2개의 초음파 장치 중 하나에서는 40kHz의 초음파를 발사하고 나머지 하나의 센서에서는 반사되어 되돌아오는 초음파를 감지한다. 이 시간차를 이용해 거리를 측정하는 것이다. 박쥐가 초음파를 이용해 거리 측정 방식과 동일하다. 5V 입력 전압을 사용하는데, 파이보다는 아두이노와 같은 MCU에 적합한 센서이다. 파이에서 사용하려면 3.3V로 전압을 내려서 GPIO를 통해 값을 읽어야 한다.

그림 6-15
HC-SR04 센서 좌측 하단 T는 Trigger(초음파를 발사하는 부분)이고 우측 하단의 R은 Receiver(반사파를 수신하는 부분)이다.

6.4.1 HC-SR04 센서

일렉프릭스사의 기술 자료[3]에 소개된 기본 사양은 다음과 같다.

전기 특성	HC-SR04 초음파 모듈
작동 전압	DC 5V

---

3 http://www.elecfreaks.com/store/download/product/Sensor/HC-SR04/HC-SR04_Ultrasonic_Module_User_Guide.pdf

작동 전류	15mA
작동 주파수	40kHz
최대 거리	4m
최소 거리	2cm
측정 각	15도
입력 트리거 신호	10us TTL 펄스
출력 에코 신호	범위에 따른 출력 TTL 레벨 신호
크기	45×20×15mm

눈여겨 볼 점은 5V 전원을 사용한다는 것과 측정 범위가 2cm~4m의 근거리라는 점, 측정 각이 15도라는 것 정도이다. 센서가 사용하는 초음파는 40kHz 주파수를 사용한다.

측정은 다음과 같은 흐름으로 이루어진다.

1. 트리거 핀으로 10us 시간 동안 ON 신호를 주면 센서가 8개 펄스의 초음파를 발사한다.
2. 물체에서 반사된 초음파(echo)를 감지해 에코 핀을 통해 신호를 전달한다.
3. 초음파가 발사되는 순간 에코 핀은 ON 상태가 되고 반사파를 감지하는 순간 OFF로 변하는데, 이 시간차를 측정해서 해당 값을 초음파의 거리 속도 계산식에 넣어 거리를 구한다.

그림 6-16
HC-SR04 센서 크기
측정 방법

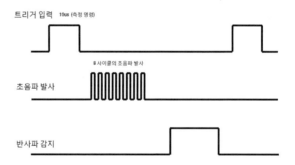

6.4.2 거리 측정에 필요한 물리 지식

HC-SR04는 거리 측정용이기 때문에 아주 기초적인 속도, 시간, 거리의 관계만 알면 된다. 직진 운동의 경우 다음 식이 성립한다.

S(거리) = V(속도) × T(시간)

초음파는 사람의 가청 영역(20Hz~20kHz)을 넘어서는 주파수 대역의 사람이 들을 수 없는 소리를 말한다. 박쥐는 100kHz까지 들을 수 있고 개는 이보다는 낮지만 사람이 듣지 못하는 낮은 초음파를 들을 수 있다고 알려져 있다. 초음파의 진행 속도는 소리와 같다. 통상 섭씨 0도 공기 중에서 331m/s로 알려져 있으며 매질이 액체 또는 고체인 경우 이보다 빨리 진행한다.

참고로 음파의 속도는 대기 중 습도 0%에서 대략 다음과 같다.

$C_{air} = (331.3 + 0.606 \times \partial)\text{m/s}$

∂ = 섭씨 온도

위의 수식에 우리가 일상적으로 활동하는 상온 20도를 대입하면 음파의 속도는 343m/s 정도이다.

6.4.3 HC-SR04와 라즈베리 파이 연결하기
다음의 순서로 파이와 연결한다.

1. 5V 전원을 VIN에 연결한다.
2. ECHO 핀의 출력 전원은 5V이다. 따라서 이 핀을 GPIO 핀에 직접 연결하면 안 된다. 반드시 저항을 직렬 연결해 전압을 3.3V 근처로 내려서 GPIO 핀에 연결한다. 에코 핀을 연결하기 전에 저항비 1:2 정도의 저항 2개를 준비한다. 그림처럼 1KΩ, 2KΩ 정도의 저항을 직렬로 연결하면 전압이 분산되기 때문에 1KΩ 저항을 거치면 전체 전압 5V중 1/3이 줄어들어 3.33V 전압이 남게 된다. 파이의 GPIO 핀이 3.3V를 사용하지만 정확하게 3.3V가 되지 않아도 3.3V에 가까운 전압이면 작동한다
3. 나머지 저항을 직렬 연결하고 센서의 접지로 연결시킨다.
4. 트리거 핀은 임의의 GPIO 핀에 연결한 후 파이썬이나 C 프로그램에서 펄스를 내보낸다. 이 핀의 HC-SR04 센서에서는 입력 핀이기 때문에 3.3V 전원의 GPIO를 이용해도 무방하다. 데이터시트에는 이 핀의 입력 전압에 대한 언급이 없지만 3.3V 전압에서도 잘 작동한다.
5. 가능하면 멀티미터를 이용해 처음 회로를 구성할 때 필요한 구간을 측정해 회로 구성이 올바른지 점검한다.

❗ HC-SR04 센서는 5V 전원을 사용하기 때문에 상당한 주의를 필요로 한다. 파이의 GPIO 핀들은 3.3V 전원을 사용하기 때문에 만약 에코 핀의 5V 전원이 GPIO 핀을 통해 들어오면 파

이가 손상될 위험이 있다. 반드시 저항을 이용해 전압을 내려야 한다.

그림 6-17
센서 연결 및 회로도

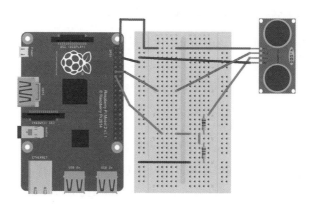

6.4.3.1 HC-SR40 센서값 읽기

그림 6-17에서 트리거핀을 10us 동안 ON시키면 센서가 작동한다.

센서가 작동하면 에코 핀이 ON 상태로 바뀌면서 초음파를 발사한다. 즉, 에코 핀이 ON되는 시점을 찾아 출발 시간으로 사용한다. 잠시 후 반사파를 수신하면 에코 핀이 다시 OFF로 바뀌는데, 이 시점이 도착 시간이다. 근거리 센서임을 감안하면 이 둘 사이의 시간차는 상당히 짧다. 따라서 폴링 방식보다는 Edge Trigger 방식의 비동기 프로그래밍을 이용하는 것이 현명한 방법이다. 이 두 가지 방법을 모두 사용해서 정확도를 비교해 볼 수 있다.

💡 HC-SR40의 트리거 핀에는 5V 전원을 공급해야 하지만 3.3V GPIO 핀으로도 작동이 가능하다.

6.4.4 HC-SR40 센서값 읽기 프로그래밍

6.4.4.1 HC-SR04 센서의 프로그래밍 측정 오차

HC-SR04 센서 역시 us 단위를 측정해야 하는 어려움이 있다. us 단위의 오차에 대해 살펴보자.

음속을 340m/s로 계산할 경우 마이크로 초당 이동 거리는 0.34mm/us가 된다. 만약 프로그램의 시간 측정 오차가 10us라면 거리 오차는 3.4mm가 된다. 다시 1cm를 왕복(2cm)할 경우 필요한 시간은 58.825us가 된다. 센서의 특성 상 출력 단위는 cm가 적당하다.

$$1sec : 340M = X : 2cm$$

$$X = (2cm \times 1sec)/340M = 58.8235us \text{ (1cm거리 측정에 걸리는 시간)}$$

이제 위의 결과를 참조해 측정 거리를 다음과 같이 구할 수 있다.

$$거리(cm) = (측정\ 시간(us))/58.8235$$

6.4.4.2 파이썬 프로그래밍

다음은 2초 간격으로 HC-SR04 센서를 이용해 거리를 측정하는 예제이다. HC-SR04 센서를 정면으로 향하게 하고 센서를 앞뒤로 움직이면서 정면의 벽 또는 물체와의 거리를 조절하면서 측정해본다. 데이터시트에 나와 있지만 거리 4m 이내에 15도 이내의 각도에 대해서 제대로 작동한다.

```python
#!/usr/bin/env python

import time
import RPi.GPIO as GPIO

#핀 넘버링을 BCM 방식을 사용한다.
GPIO.setmode(GPIO.BCM)

#HC-SR04의 트리거 핀을 GPIO 17번, 에코 핀을 GPIO 27번에 연결한다.
GPIO_TRIGGER = 17
GPIO_ECHO = 27

print "Ultrasonic Distance Measurement"

#초음파를 내보낼 트리거 핀은 출력 모드로, 반사파를 수신할 에코 핀은 입력 모드로 설정한다.
GPIO.setup(GPIO_TRIGGER,GPIO.OUT)
GPIO.setup(GPIO_ECHO,GPIO.IN)

try:
  while True:
    stop = 0
    start = 0
    #먼저 트리거 핀을 OFF 상태로 유지한다
    GPIO.output(GPIO_TRIGGER, False)
    time.sleep(2)

    #10us 펄스를 내보낸다.
    #파이썬에서 이 펄스는 실제 100us 근처가 될 것이다.
    #하지만 HC-SR04 센서는 이 오차를 받아 준다.
    GPIO.output(GPIO_TRIGGER, True)
    time.sleep(0.00001)
    GPIO.output(GPIO_TRIGGER, False)

    #에코 핀이 ON 되는 시점을 시작 시간으로 잡는다.
    while GPIO.input(GPIO_ECHO)==0:
      start = time.time()

    #에코 핀이 다시 OFF 되는 시점을 반사파 수신 시간으로 잡는다.
    while GPIO.input(GPIO_ECHO)==1:
      stop = time.time()

    #Calculate pulse length
```

```
          elapsed = stop-start

       #초음파는 반사파이기 때문에 이동 거리는 2배이다. 따라서 2로 나눈다.
       #음속은 편의상 340m/s로 계산한다. 현재 온도를 반영해서 보정할 수 있다.
       if (stop and start):
         distance = (elapsed * 34000.0) / 2
         print "Distance : %.1f cm" % distance
except KeyboardInterrupt:
  print "Ultrasonic Distance Measurement End"
  GPIO.cleanup()

#Reset GPIO settings
GPIO.cleanup()
```

그림 6-18
테스트 결과

위의 그림은 50cm 거리의 물체에 대해 테스트한 결과이다. 프로그램의 출력은 만족스럽지만 GPIO 상태 변화를 us 범위에서 체크하려니 폴링(pooling) 루프를 sleep 없이 작동해야 하는 부담이 있다. 만약 파이가 멀티 태스킹 환경에서 다른 센서도 처리하고 있다면 이런 코드는 다른 프로세스 또는 스레드의 작동을 방해하는 치명적인 약점이 된다. 그리고 digitalRead 함수(파이썬의 GPIO.input() 함수)가 실행되는 동안 소모되는 시간도 있기 때문에 정확한 결과값을 기대하기 어렵다. GPIO 상태 변화를 이벤트로 받아서 처리하는 비동기 Edge Trigger 방식이 효율적일 수 밖에 없다.

Pigpio 라이브러리를 이용한 비동기 방식의 예제(hc_sr04_async.c)가 다운로드 파일에 포함되어 있다. C를 이용한 비동기 방식에 관심이 있는 독자는 이 코드를 참조한다.

그림 6-19
pigpio를 이용한 비동기
방식 테스트 결과

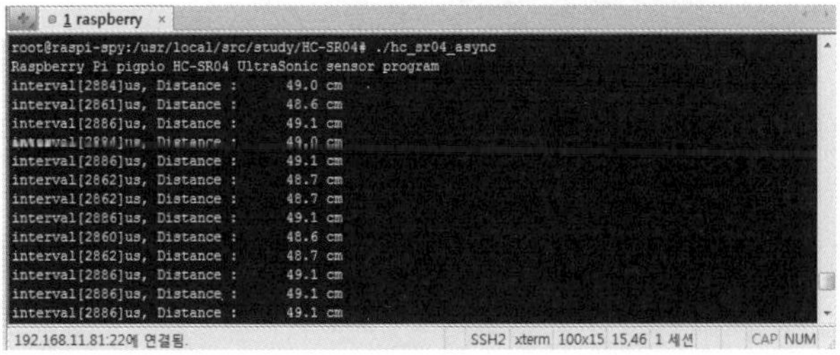

파이썬 예제와 마찬가지로 50cm 거리의 물체에 대해 테스트한 결과이다. 프로그램의 출력은 동기 방식과 거의 차이가 없다. 하지만 이 방식은 에코 핀의 변화를 체크하기 위한 폴링이 없기 때문에 CPU 부하가 훨씬 낮은 장점이 있다. 앞의 비동기 방식은 앞선 동기식 프로그래밍보다 CPU를 효율적으로 사용하지만 여전히 부담스러운 부분이 있다. 10us의 펄스를 소프트웨어 방식으로 만드는 작업은 권장할 만한 방식은 아니다. 만약 HC-SR04 센서를 여러 방향으로 설치해 동시에 거리를 측정해야 하는 멀티태스킹 환경이라면 앞에서 설명한 것처럼 10us 단위의 펄스를 동시에 여러 개 발생시키는 작업이 다른 프로세스에 영향을 줄수 있다.

6.5 HC-SR501 적외선 모션 감지 센서

HC-SR501 센서는 조금만 주의를 기울여 살펴보면 우리 주변에서 많이 발견할 수 있다. 이 센서를 가장 많이 사용하는 곳은 조명이다. 사람의 움직임이 감지되면 자동으로 조명을 켜고 움직임 없이 일정 시간이 지나면 조명을 끄는 용도로 많이 사용한다. 아날로그 센서의 일종인 HC-SR501은 측정 방식이 가장 쉬운 센서 중 하나이다. 동작 원리 및 사용법이 간단하고 CPU 사용량도 적다. 센서 모듈 내부에는 적외선 감지 센서(LHI778)를 사용한다.

6.5.1 HC-SR501 개요
이 센서는 입력 전원 5V 이상을 사용하며 출력은 3.3V이기 때문에 GPIO 핀에 바로 연결해 사용할 수 있다. 따라서 이 센서에는 점퍼 케이블과 출력 시간 조절, 감도 조절을 위한 조절 장치가 있다.

그림 6-20
HC-SR501 적외선 모션
감지 센서

표 6-4
HC-SR501 센서 동작 환경
및 특성

분류	특징	기타
Voltage	DC 4.5-20V	
current	50uA	
Trigger	H-Yes, L-No	
Block Time	2.5S	OFF 상태에서 다시 모션 인식 모드로 진입하기까지 시간
Delay Time	5S	모션 인식 시 출력값을 3.3V로 유지하는 시간
감지각	110도	
감지 거리	3m(기본), 최대 7m	
작동 온도	–15~+70	

일반적인 아날로그 센서들은 출력값을 가변 전압으로 제공하는데, 이 센서는 아날로그 센서이지만 ON, OFF의 디지털 방식으로 측정값을 제공한다. 즉, 움직임을 감지했느냐 못했느냐의 두 가지 값만 전달한다. 따라서 ADC(Analog Digital Converter) 칩이 필요 없다.

6.5.1.1 점퍼 케이블

그림 6-20의 좌측 하단 부분이 기본 점퍼 세팅이다. 이 상태에서는 모션을 인지하면 출력값이 지속되는 동안 OUT 단자의 전압을 3.3V로 유지시킨 후 다시 0으로 내리고, 2.5초(블록 타임) 후 다시 모션 인지 모드로 들어간다. 이 상태를 LOW 상태라 한다. 점퍼의 위치를 바꾸면 블록 타임 없이 곧바로 인지 모드에 들어간다. 아래 그림에서 왼쪽 L 모드에서는 delay time이 끝난 시점에 모션 움직임이 있지만 block time 만큼 쉬었다 다시 인식한다. 하지만 H 상태에서는 delay time 이후 즉시 모션을 감지해 다시 센서가 작동한다. L 모드를 non-retriggering이라 하고 H 모드를 retriggering이라 한다. 보통은 H 모드를 많이 사용한다.

그림 6-21
L 모드, H 모드 점퍼에서의
인식 동작 차이
(출처: BISS0001
datasheet)

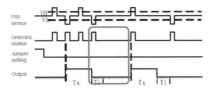 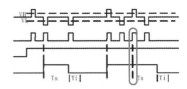

6.5.1.2 Delay Time 조절 장치

Delay time은 앞에서 설명한 것처럼 한 번 모션을 감지했을 때 출력 전원 3.3V를 유지하는 시간이다. 이 값은 그림 6-20에 표시된 '출력값 지속 시간 조절' 단자를 + 드라이버로 조절한다. 2초~250초 정도 설정이 가능하다.

6.5.1.3 센서 민감도 조절 장치
기본 50% 정도로 설정하고 사용한다. 테스트하면서 용도에 맞게 조절하면 된다.

6.5.2 HC-SR501과 라즈베리 파이 연결
전원 5V, 접지, 그리고 출력값 3.3V를 연결할 GPIO 핀 총 3개만 연결하면 된다. 연결이 너무 쉽고 간단해서 여기에 램프를 하나 추가해 모션이 감지되면 램프가 켜지는 구성으로 만들어 보겠다.

SR501 출력값을 GPIO 17번으로 받고, 별도로 램프 한 개를 GPIO 22번에 연결한다.

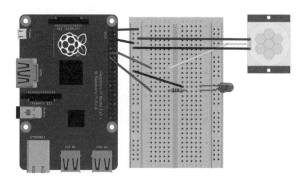

그림 6-22
SR501과 파이 연결

6.5.3 HC-SR501 센서값 읽기 프로그래밍
다른 센서들에 비해 너무나 사용법이 쉽기 때문에 별도의 설명은 생략한다. 다음과 같이 연결해서 테스트한다. 센서 앞에서 손을 흔들면 램프가 켜진다.

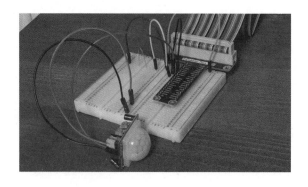

그림 6-23
SR501 센서 브레드보드
구성

6.5.3.1 파이썬 프로그래밍

예제가 아주 간단하다. 폴링 형식으로 HC-SR501 센서의 값을 읽는 데 큰 문제가 없다. 움직임을 감지하는 센서이기 때문에 폴링 간격이 100ms만 되어도 충분하다.

```python
#!/usr/bin/python

import RPi.GPIO as GPIO
import time

#GPIO 핀 17,27을 사용한다.
GPIOIN = 17
GPIOOUT = 27

#핀 넘버링을 BCM 방식을 사용한다.
GPIO.setmode(GPIO.BCM)
print "Infra Red motion detection"
#17번 핀을 입력용, 27번 핀을 출력용으로 설정한다.
#출력용 핀은 LED 상태를 확인하기 위해 사용하는 핀으로 동작과는 무관하다.
GPIO.setup(GPIOIN, GPIO.IN)
GPIO.setup(GPIOOUT, GPIO.OUT)
try:
  while True:
    #HC-SR501 센서의 출력값을 읽는다.
    state =  GPIO.input(GPIOIN)
    if(state == True):
      print "state: Motion detected"
    else:
      print "state: No Motion"
    #HC-SR501 센서의 출력값을 LED로 보낸다.
    GPIO.output(GPIOOUT, state)
    time.sleep(0.1)
except KeyboardInterrupt:
  GPIO.cleanup()
GPIO.cleanup()
```

HC-SR501 센서는 사용 방법이 아주 간단하기 때문에 센서 입문용으로 손색이 없다. 그리고 사무실, 집에 방범용 센서 장치로 쉽게 구현할 수 있다. 네트워크 기능을 추가해 무인 경비 장치를 만들어 보는 것도 좋은 프로젝트가 될 것이다.

6.6 6축 자이로센서 MPU6050

자이로센서는 비행기, 로켓과 같은 큰 비행체에서부터 스마트폰에 이르기까지 다양한 전자기기에서 사용하는 센서이나. 스마트폰의 가로 세로 화면이 자동으로 회전하는 원리도 자이로센서의 기울기 측정을 이용한다. 많은 종류의 자이로센서가 있지만 GY-521[4]은 가격이 상당히 저렴하며 I2C 통신을 지원하는 모듈 형태이기 때문에 파이나 아두이노에서 사용하는 가장 대중적인 자이로센서이다. 3

---

4 MPU6050 칩을 패키징한 센서 제품으로 여기에서는 MPU6050은 GY-521과 같은 의미로 사용한다.

축(X, Y, X) 방향의 자이로스코프 센서, 가속도계 센서가 있어서 6개의 값을 동시에 읽어서 원하는 용도로 사용할 수 있다. 멀티콥터, 로봇 등의 균형 제어에 많이 사용한다.

I2C 통신에 대한 개요와 파이에서 세팅 방법, 그리고 이 칩에서 값을 읽는 방법은 I2C 통신 부분을 참조한다.

> 💡 동물들은 수백 만년의 진화 과정 속에서 자연스럽게 몸의 균형을 잡는 메커니즘이 몸 속에 내장되었고, 태어나서 약간의 훈련만으로 이 메커니즘을 사용할 수 있다. 하지만 진화라는 메커니즘을 거치지 않은 로봇은 아직까지 모든 기능을 사람이 직접 만들어 추가해야 한다. 로봇의 보행 균형, 비행체의 평형 유지를 위해 반드시 필요한 센서가 자이로센서다.
>
> 자이로센서는 아마 이 책에서 다루는 센서 중에서 난이도가 가장 높은 센서일 것이다. 사용법이 어려운 것이 아니라 다양한 물리 법칙과 삼각 함수에 대한 기초를 필요로 하기 때문이다. 하지만 자이로센서는 멀티콥터, 로봇 공학에서 절대 빠질 수 없는 핵심 센서다. 내용이 어렵더라도 물리, 수학 공부를 함께 하면서 꼭 자이로센서를 마스터하길 바란다.

6.6.1 MPU6050 개요

스파크펀의 제품은 가격이 39.95$(한화로는 약 6만원)에 판매된다. InvenSense MPU6050 칩만 사용한다면 중국 제품이나 스파크펀 제품이나 차이가 있을 이유는 없다. 다만 제품에 따라서 핀 배열이 약간 다르고 축 방향이 다르다는 것만 주의하면 된다. 아래 그림처럼 축 방향과 핀의 설명이 기판에 적혀 있기 때문에 어떤 제품을 사용하던 큰 문제가 없다.

그림 6-24
MPU6050 모듈. 좌측은 I자형, L자형 헤더 핀을 끼운 모듈, 우측은 헤더 핀을 끼우기 전 상태

기판을 잘 살펴보면 오른편에 화살표와 X, Y가 같이 적혀 있다. 센서의 축 방향이다. 그리고 옆에는 MPU6050 센서와 통신할 수 있는 I2C 통신 단자가 있다.

표 6-5
MPU6050 칩 사양

파트	MPU6050	비고
VDD	2.375~3.46V	3.3V 전압을 사용하면 됨
VLOGIC	1.71V~VDD	
시리얼 인터페이스	I2C	
Pin 8	VLOGIC	6050 칩의 핀 번호
Pin 9	AD0	6050 칩의 핀 번호
Pin 23	SCL	6050 칩의 핀 번호
Pin 24	SDA	6050 칩의 핀 번호

6.6.1.1 자이로센서 기능

X, Y, Z 3축의 각속도 변화량을 디지털로 출력한다. (각속도는 뒤에서 다시 설명하겠다.) ±250, ±550, ±1000, ±2000°/sec, 즉 초당 250~2,000도의 각속도 변화량 측정이 가능한 민감한 센서에 속한다. FSYNC 핀을 이용해 외부의 비디오, GPS와 동기화시킬 수 있다(스파크펀 제품은 FSYNC 핀 연결이 가능하다). 측정 시 3.6mA, 대기 시 5μA의 저전력을 소모한다.

각속도란 물체가 회전할 때 X, Y, Z 방향을 계산할 수 있게 해준다. 즉 물체의 진행 방향을 알 수 있다.

6.6.1.2 가속도센서 기능

MPU6050의 두 가지 기능은 자이로스코프 센서와 가속 센서이다. 먼저 가속 센서에 대해 알아보자. 가속도(속도의 변화량. 단위 m/s^2)를 측정하는 기능이 가속 센서이다. 참고로 물체를 수직 방향으로 자유 낙하시킬 때 작용하는 중력 가속도는 Z 방향으로 대략 9.8m/s^{2}이다. (이 값은 고도, 위도에 따라 조금씩 달라진다.) MPU6050은 X, Y, Z 방향의 가속도를 측정할 수 있다.

초당 ±2g, ±4g, ±8g, ±16g(g는 중력 가속도) 범위의 가속도 변화를 측정할 수 있다. 측정 시 500μA의 저전력을 소모한다.

6.6.1.3 페키징 오치

MPU6050 칩을 보드에 장착할 때 발생할 수 있는 오차에 대한 설명이다. 이 오차는 대부분의 자이로스코프 센서칩에 해당된다. 다음 그림에서 보듯이 보드에 칩을 마운트시킬 때 1도의 오차가 발생하면 1.75%의 센서 출력 오차가 발생한다. 고가의 보드들은 정밀 테스트를 통해 이러한 오차를 보정한 상태에서 출하하지만 대부분의 저가 제품들은 이러한 테스트 과정이 없기 때문에 사용자가 테스트를 통해 이러한 오차를 프로그램에서 보정해야 하는 경우도 있다.

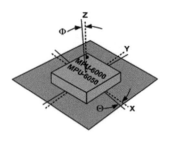

그림 6-25
칩 마운트 시 발생 가능한 오차

칩 마운트 시 오차(θ 또는 Φ)	센서 측정 오차(sinθ 또는 sinΦ)
0°	0% ΘΦθ
0.5°	0.87%
1°	1.75%

6.6.1.4 MPU6050과 라즈베리 파이 연결

파이와 MPU6050 센서는 I2C 통신을 이용해 데이터를 교환한다. 따라서 그림처럼 전원, 접지, I2C 통신에 필요한 SDA(GPIO 2번), SCL(GPIO 3번) 4개의 핀을 연결한다. MPU6050 모듈 제조사에 따라 핀 배열과 축 방향은 달라질 수 있기 때문에 반드시 기판에 적힌 기호를 참조해서 연결하도록 한다.

그림 6-26
MPU6050 센서와 파이의 연결

6.6.2 MPU6050에 필요한 기초 수학, 물리 지식

MPU6050은 가속 센서와 자이로스코프센서 그리고 온도 측정이 가능하다. MPU6050 센서를 다루려면 삼각함수와 관련한 수학, 가속도 등의 물리 법칙에 대한 이해가 필요하다. 그럼 가속 센서, 자이로스코프 센서에 필요한 기초 수학,

물리 지식을 알아보자.

6.6.2.1 가속 센서

가속 센서는 말 그대로 가속도를 측정하는 센서인데 가속도는 다음 물리 법칙으로 해석이 가능하다.

$F = m \times a$ (뉴튼 2법칙 : 힘 = 질량 $\times$ 가속도)

지구 표면에서는 정지한 물체에도 중력이 작용하는데 이때 뉴튼 법칙에 적용되는 가속도가 중력 가속도이다. 즉 MPU6050 센서 역시 정지한 상태에서도 지구 중심 방향으로 중력 가속도 $g(9.8m/s^2)$가 존재한다. 지구 표면에서 항상 작용하는 힘은 아래 그림의 Z 방향으로 작용하는 중력이다. 따라서 자이로스코프 센서에 항상 Z 방향의 중력이 작용한다는 점을 항상 유의하자.

그림 6-27
평면 위의 센서와 적용
좌표계

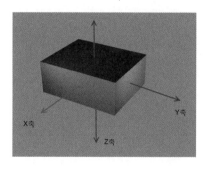

위의 그림에서 Z축 방향으로 g 만큼의 중력 가속도가 작용한다. (여기서 +, - 부호는 중요하지 않다.) MPU6050 센서의 가속도를 측정하면 Z 방향으로 g 또는 -g의 가속도가 측정된다. 수평 상태에서 X, Y 방향으로 작용하는 힘은 0이다.

여기서 가속 센서를 다음과 같이 약간 기울인 경우를 가정해보자.

그림 6-28
Y축을 θ 만큼 회전

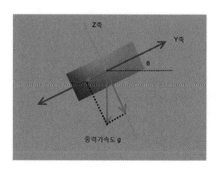

이 경우 중력 가속도 g는 Z축과 Y축으로 분산된다. 따라서 이 경우 가속도를 측

정하면 Z 방향은 $g \times \sin\theta$, Y축 방향은 $g \times \cos\theta$, X축 방향은 0이 나온다.

앞의 그림처럼 가속 센서는 가속도를 측정하는 용도보다는 X, Y, X 방향으로 분산된 중력가속도의 값을 계산해서 평형을 유지하는 용도로 많이 사용한다. 즉, 이론적으로는 가속 센서에 중력 이외의 힘이 가해지지 않는다면 중력가속도의 분산 값(가속 센서가 X, Y, Z축 가속도를 감지한 값)을 이용해 X, Y, Z축 각을 구할 수 있다. 삼각함수의 역함수(아크 함수)를 이용하면 각을 알 수 있다.

$$\sin(2/\pi) = 1 \Rightarrow \arcsin(1) = 2/\pi$$

역삼각 함수를 이용해 각을 구하는 공식은 다음과 같다. 쉬운 내용은 아니지만 삼각함수를 알고 있다면 종이에 좌표축을 그려 가며 한번 식을 유도해보기 바란다.

X 기울기 각도 = $\arctan((\text{Accel}_X)/(\text{accel}_Y^2 + \text{accel}_Z^2))$
Y 기울기 각도 = $\arctan((\text{Accel}_Y)/(\text{accel}_X^2 + \text{accel}_Z^2))$
Z 기울기 각도 = $\arctan((\text{Accel}_Z)/(\text{accel}_Y^2 + \text{accel}_X^2))$

이 식을 이용해서 센서의 수평 상태를 계산할 수 있다. 그런데 센서를 이용해서 값을 받아 보면 가속도 센서가 진동에 취약해서 값이 상당히 많이 흔들린다는 것을 알 수 있다. 만약 쿼드콥터와 같이 진동이 심한 장치에 사용하려면 문제가 발생할 수 있다. 이 문제는 뒤에서 설명할 자이로센서의 도움을 받아 보정하는 보정 필터 부분에서 다시 설명하겠다.

6.6.2.2 삼각함수

Arc 함수는 삼각함수의 역함수라고 이야기했다. 예제 코드를 보면 tan 삼각함수의 역함수로 atan이 아닌 atan2를 사용했다. atan2 함수는 엄밀한 의미에서 역함수가 아니다. 입력 파라미터로 tan 값이 아닌 변의 길이 2개를 입력 받는다. 뒤에서 다시 설명하겠다.

6.6.2.2.1 각의 단위

각의 단위는 degree(도)와 radian을 사용한다. 파이썬에서는 삼각함수 파라미터로 radian을 이용하기 때문에 degree를 입력값으로 받았다면 변환 후 사용해야한다.

$\pi = 180°$
$1° = \pi/180$

$$1(\text{radian}) = (180°)/(\pi)$$

처음 삼각함수를 배울 때에는 대부분 직각 삼각형의 내각을 이용해 삼각함수를 설명하기 때문에 90도 이내의 각에 대해서만 언급한다. 조금 깊이 들어가면 음수각을 포함한 모든 실수 범위의 각에 대해 설명한다. 고등학생 이상이라면 큰 어려움이 없겠지만 중등 과정의 독자라면 이 부분이 조금 이해하기 어려울 수 있을 것이다. 이해하기 어려운 부분은 가볍게 넘긴 다음 삼각함수에 대한 공부를 보완한 다음 다시 한번 진행하자.

간단하게 삼각함수에 대해 복습을 해보겠다. 센서는 0에서 360도 각도까지 삼각함수를 다룰 수 있으면 문제 없다.

6.6.2.2.2 삼각함수 공식

가장 먼저 배우는 삼각함수 공식이다. 여기에서는 90도 이내의 각만 설명이 가능하다.

그림 6-29
직각삼각형을 이용한
삼각함수 설명

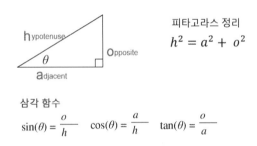

피타고라스 정리
$$h^2 = a^2 + o^2$$

삼각 함수
$$\sin(\theta) = \frac{o}{h} \quad \cos(\theta) = \frac{a}{h} \quad \tan(\theta) = \frac{o}{a}$$

이제 360도 까지 각을 넓혀 삼각함수를 적용해 보겠다. 뒤에서 설명할 atan2 함수를 이해하려면 필요한 부분이다.

그림 6-30
삼각함수

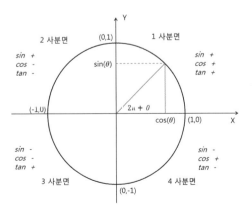

삼각함수 값은 반지름 1인 원에서 생각하면 쉽게 이해할 수 있다. 앞의 직각 삼각형처럼 빗변의 길이가 1이 되기 때문에 sin 값은 y축의 값이 되며 cos 값은 x축의 값이 된다. 그리고 이 값들은 -1~+1사이가 가능하다. 그리고 한 바퀴 돌 때마다 같은 값이 반복된다. 이 값(한 바퀴)을 주기(Period)라고 한다. sin, cos 함수의 주기는 360°(2π)가 된다. 각 사분면에서의 sin, cos 값의 +, -는 sin, cos 값이 y, X축 값이라는 것을 생각하면 이해할 수 있다. tan 함수는 sin(x)/cos(x)로 정의할 수 있다. 수학에서 0으로 나누는 것은 금지되어 있다. 즉, cos 값이 0이 되는 지점의 tan 값은 존재하지 않는다. 즉, 90°, 270° 지점에서는 tan 값이 존재하지 않는다.

6.6.2.2.3 파이썬에서의 sin(x), cos(x), tan(x)
파이썬에서는 삼각함수 라이브러리를 임포트시키면 된다.

```
import math
```

이제 삼각함수의 역함수에 대해 알아보기 전에 역함수의 정의에 대해 먼저 알아보자.

수학에서 함수를 정의할 때 함수 y = f(x)에 대해 f(a) = A, f(b) = A는 가능하다. 즉, 정의역(x의 영역)의 두 원소에 대해 함수의 출력값(치역)이 같을 수 있다. 삼각함수에서 $sin(4/\pi) = sin(2\pi + 4/(\pi)) = 1/(\sqrt{2})$ 가 가능하다.

하지만 아래와 같은 함수는 불가능하다.

f(a) = A or B

정의역의 하나의 원소에 대해 공역(y 영역)의 대응값(치역)은 2개 이상 대응할 수 없다. 그림으로 표시하면 다음과 같다.

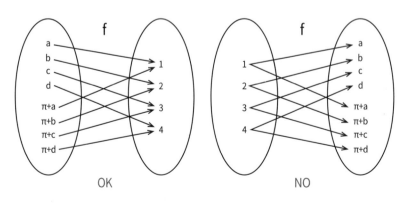

그림 6-31
함수 성립을 위한 정의역, 공역의 관계

그림 6-31의 오른쪽 그림은 왼쪽 대응 관계를 거꾸로 만든 것이다. 오른쪽 그림은 함수가 되지만 내용 관계를 뒤바꾼 함수(우리는 이 힘수를 역함수라 한다)는 존재하지 않는다. 하지만 원래 함수의 공역을 아래와 같이 제한하면 대응 관계를 뒤바꾼 역함수가 존재할 수 있다.

그림 6-32
정의역을 제한한 역함수의
성립

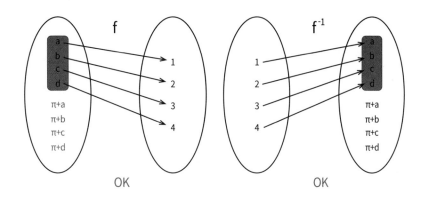

갑자기 수학 역함수를 이야기하는 이유를 이제 설명하겠다. 삼각함수는 위의 그림에서 보듯이 sin, cos 함수는 2π, tan 함수는 π 주기로 같은 그래프가 반복된다. 따라서 삼각함수의 정의역을 제한하지 않으면 역함수가 성립하지 않는다. 바꿔 말하면 asin, acos, atan, atan2 함수는 원 함수 sin, cos, tan 함수의 정의역을 제한한 역함수인 것이다.

asin는 -π/2~π/2, acos 함수는 0~π, atan 함수는 -π/2~π/2, atan2 함수는 -π~π 구간으로 원 함수의 정의역을 제한한 역함수이다. 따라서 arc 함수의 출력값은 위의 범위 내에서 출력이 된다.

참고로 atan2 함수는 다음과 같이 정의되어 있다. 앞의 삼각함수 그림에서 원형 그림을 생각하면 이해하기 쉽다.

float atan2(float y, float x)

가령 atan(1) = π/4이다. 하지만 atan2 함수에서는 1사분면과 3사분면에서 같은 값을 만들 수 있다.

atan2($1/\sqrt{2}$, $1/\sqrt{2}$) = π/4
atan2($(-1)/\sqrt{2}$, $(-1)/\sqrt{2}$) = -3π/4

> ❗ 필자의 생각으로는 정의역, 공(변)역, 치역 등의 수학 용어는 너무 이해하기 어려운 느낌이다. 아마 서양 수학이 일본으로부터 소개되어서 이런 용어들이 계속 사용되는 것 같은데 쉬

운 우리말로 바뀌었으면 하는 바램이다. 오히려 북한에서는 가능한 우리말로 학문 용어를 사용하기 때문에 이해가 쉽다. 차라리 우리나라 수학 용어보다 영문 수학 책의 용어가 훨씬 쉽게 느껴질 정도이다.

흔히 사용하는 함수라는 용어는 프로그래밍, 수학에서 가장 많이 사용하는 단어들 중 하나일 것이다. 이 함수라는 단어의 의미가 무엇인지 생각해본 적이 있는지 궁금하다.

6.6.2.3 가속 센서의 물리 지식
가속 센서 측정값을 이용해서 속도를 구한다거나 위치를 파악하는 것은 현실적으로 거의 불가능하다.

6.6.2.3.1 이론
뉴튼 역학 법칙에 의하면 등가속도 운동이면 다음과 같이 구하고,

Velocity = at + V_0(초기 속도)

등가속도가 아니면 적분식을 사용해서 다음과 같이 구한다.

Velocity = $\int adt$ + V_0(초기 속도)

6.6.2.3.2 현실
현실에서 가속도 a의 변화는 불규칙하기 때문에 정확한 수식으로 표현할 방법이 없다. 우리가 수학 시간에 배우던 y = 2x, y = x^2와 같은 수식이 만들어지지 않는다.

가령 다음과 같은 센서의 측정값을 가정해보자. 우리는 특정 시간 간격으로 센서로부터 값을 읽어 온다. 이 간격이 조밀할수록 정밀한 측정이 가능하지만 이론적으로 무한히 짧은 시간 간격으로 측정할 수는 없다.

그림 6-33
센서 측정 값

이제 이 측정값이 가속도라 가정하고 센서의 속도를 계산해보자. 적분을 하려면 일단 측정값을 연결시켜 그래프를 만들어야 하는데 우리가 측정한 시간 간격 사이의 가속도는 단지 추정할 뿐이지 정확한 값이 아니다. 대략 다음과 같은 그래프들을 만들 수 있다. 만드는 보정식에 따라 그래프의 모양은 달라질 수 있다.

그림 6-34
측정값 보정 그래프 1

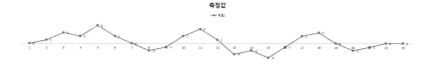

측정값

그림 6-35
측정값 보정 그래프 2

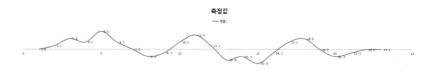

측정값

그래프에서 0보다 윗부분은 면적 합은 속도 증가분, 아래 부분은 속도 감소분이다. 그런데 이 값은 근사치이지 정확한 값이 아니다. 이처럼 오차가 있는 값을 계속 누적해 현재 속도를 파악하려면 갈수록 오차가 커지는 단점이 생긴다. 센서 출력값을 누적해서 원하는 데이터를 만들어내는 방식은 가급적 피해야 한다. 자이로스코프 센서는 이런 문제를 안고 있다.

다음은 센서의 회전으로 인한 가속도 변화를 살펴보자.

그림 6-36
위에서 내려다본 센서 회전

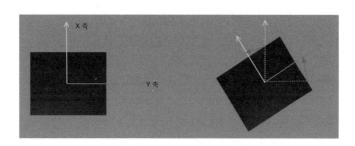

센서가 수평 상태에서 Z축을 중심으로 회전을 했다고 가정해보면 Z 방향으로는 선형 움직임이 없기 때문에 선속도의 변화가 없고 작용하는 가속도 역시 중력 가속도 g가 변하지 않는다. 하지만 X, Y축으로는 움직임이 발생하기 때문에 선속도의 변화가 발생한다. 그리고 회전으로 인해 각속도 역시 발생한다. 가속도 센서는 선속도만 감지하기 때문에 이 경우에는 회전하는 동안 X, Y 방향으로 센서가 값을 감지한다. Z 방향은 g 값을 유지한다. X, Y 방향으로 값이 동시에 발생할 경우에 센서가 회전한다는 것을 알 수 있다. 만약 X, Y축 중 하나의 값만 변화한다면 축 방향으로 직진 가속 운동을 한다고 볼 수 있다. Z 방향은 중력 가속도 g 값이 기본 작용하기 때문에 Z 방향의 값에서 g와의 차이만큼 Z 방향의 가속 운동 움직임이 발생한다고 볼 수 있다.

회전량을 계산할 때에는 방금 설명한 가속 센서값과 뒤에서 설명할 각속도를 조합해서 정확한 값을 구한다.

6.6.2.4 자이로스코프 센서

자이로스코프 센서는 회전각을 측정한다. 즉, 물체가 얼마나 회전했는지 파악한다. 각속도는 시간당 각의 변화량을 말한다. 만약 1초 동안 X 방향으로 5도 회전했다면 각속도는 5°/sec가 되는 것이다.

문제는 각속도보다는 현재의 센서 방향이 중요하다는 것이다. 만약 Y, Z 방향으로 회전 없이 X 방향으로만 각속도 5가 1초 동안 감지되었다면 센서는 X축 방향으로 5도 회전한 상태가 된다. 현재의 각은 결국 각속도의 적분값이 되기 때문에 앞에서 설명한 것과 같은 누적 오차가 발생할 가능성이 매우 높다.

다음과 같이 자이로스코프 측정값을 살펴보자.

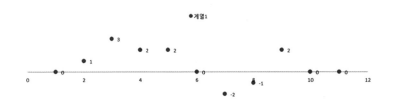

그림 6-37
x축 각속도 측정값

이제 이 측정값을 이용해 보정 그래프를 만들어 면적을 구한다. 위쪽 노란색 부분이 X축으로 회전한 각도의 합이고 아래 검은색 부분은 반대 방향(-X)으로 회전한 각도의 합이다. 따라서 현재 각도는 위 면적에서 아래 면적을 빼면 된다. 이 값은 근사값으로 계산했기 때문에 약간의 오차가 있다. 그런데 이런 방식으로 누적해서 더하면 앞에서 설명한 것처럼 오차가 더욱 커진다. 따라서 시간이 지남에 따라 센서값의 가치가 없어진다.

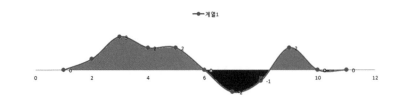

그림 6-38
현재 X축 방향 찾기

현재 각도를 구하고 싶은 경우에는 이 방법을 사용하지 말고 자기센서(Compass)와 앞에서 사용한 가속 센서를 조합해서 사용하는 것이 훨씬 정확하다. 현재 위치가 필요할 경우에는 GPS를 이용한다. 이처럼 센서에서 누적 데이터를 사용하는 것은 특수한 경우가 아니면 권하지 않는다.

그럼 자이로스코프 센서는 불필요한 것인가? 그렇지는 않다. 누적해서 현재 각도를 구하는 방식을 사용하지 말라는 것이지 자이로스코프 센서가 필요 없는 것은 아니다. 가령 현재 각도를 수시로 보정해서 정확한 상태라면 순간 발생하는 회전에 대한 자이로스코프 센서 측정값과 가속 센서 측정값을 석설히 조합하면 좋은 결과를 얻을 수 있다. 뒤에서는 이 두 필터를 조합해서 최적의 결과를 얻는 알고리즘을 조사해 볼 것이다.

> 💡 오차가 있는 측정값을 계속 더해 나가면 누적 오차가 계속 커지는 단점이 생긴다.

6.6.2.5 노이즈(noise)

우리가 학교에서 배우는 물리는 대부분 외부의 환경을 무시하고 배운다. 배우는 과정에서는 외부 요인을 생략해야 정확한 개념 파악이 빠르기 때문이다. 가령 중학교 물리 문제에 다음과 같은 문제가 있다. 초속 10m/sec로 달리는 차가 10초 동안 직진했을 경우 이동 거리는 몇 미터인가? 그런데 현실에서 이러한 운동은 불가능하다. 아무리 정교하게 만든 차라도 10초 동안 속도 변화 없이 정확하게 10m/sec로 움직일 수는 없다. 자동차의 속도는 10m/sec 근처에서 끊임 없이 진동한다고 보면 된다. 물체의 직진 운동 역시 마찬가지이다. 미세하게 좌우로 흔들리면서 진행한다고 보면 된다. 만약 파이나 아두이노를 이용해서 쿼드콥터를 만든다고 가정해보자. 쿼드콥터는 비행 중에 프로펠러, 바람의 영향으로 끊임없이 미세한 흔들림이 생긴다. 쿼드콥터에 설치한 가속 센서와 자이로스코프 센서는 이러한 흔들림으로 인해 센서 출력값 역시 깨끗한 유선형, 선형이 아니라 톱니처럼 지저분한 외형을 가진다. 전기전자 부품의 경우에도 흐르는 전류 주위에 자기장이 생기며 이 자기장이 다시 유도 전류를 만들어 내기 때문에 이러한 노이즈 문제가 근원적으로 존재하고 있다.

그림 6-39
노이즈가 없을 경우의
이상적인 센서 출력값

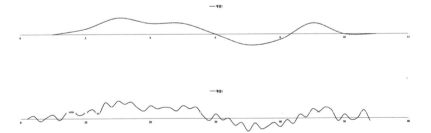

그림 6-40
실제 출력값

노이즈를 줄이기 위해서는 우선 하드웨어 설계 시점에서 노이즈가 덜 발생하도록 고려를 해야 하지만 어느 정도의 노이즈 발생은 어쩔 수 없다. 이제 남은 과제는 노이즈로 인해 왜곡된 측정값을 이상적인 출력값에 가장 가깝게 복원하는 것이다. 출력값의 노이즈로 인한 톱니 파형 부위를 보정해서 이상적인 출력값에 가장 가깝게 복원하는 필터가 노이즈 필터이다. 음향 기기에서 원음에 가까운 재생을 위해 노이즈를 제거하는 회로부터 노이즈 필터는 실생활에서 광범위하게 응용되고 있다.

6.6.2.6 Pitch, Roll, Yaw

RC 비행기에서 많이 사용하는 용어로써, 요즘은 멀티콥터나 비행 시뮬레이션 게임 쪽에서 많이 쓰인다.

비행기의 운동은 3방향의 각도를 이용해 분석한다. Pitch는 x축을 기준으로 한 회전각, Roll은 Y축을 기준으로 한 회전각, Yaw는 Z축을 기본으로 한 회전각이다. 동체의 축을 어느 방향으로 설정하느냐에 따라 달라지겠지만 아래 그림의 비행기에서 Roll의 변화는 동체의 기울기를 좌우하고 Pitch의 변화는 비행기 고도를 좌우한다. Yaw의 변화는 비행 방향에 관여한다.

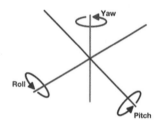
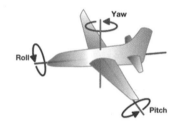

그림 6-41
pitch, roll, yaw
(출처: http://
theboredengineers.com
/2012/05/the-
quadcopter-basics/)

6.6.2.7 드리프트(drift)

드리프트의 사전 의미는 '멀어지다'이다. 즉, 센서에서 드리프트란 측정값이 실제 값에서 멀어진다는 의미이다. 드리프트가 커질수록 센서가 제 역할을 못한다는 의미다. 드리프트는 여러 원인으로 발생할 수 있다. 센서 자체의 노후로 인해 감지 능력 저하로 인해 발생하는 드리프트, 앞에서 설명한 측정값의 누적 적용으로 인해 오차 값이 계속 증가함으로 인해 발생하는 드리프트가 대표적이다.

6.6.2.8 오프셋(offset)

앞에서 패키징 오차에 대해 설명한 적이 있다. 이 부분이 오프셋에 해당한다. 예를 들어 정확한 수평면에 MPU6050 센서를 장착한 보드를 정확하게 장착한 상태에서 가속 센서값을 측정했는데 X, Y, Z 방향으로 0, 0, g 값이 나오지 않는다면 여기서 발생하는 오차가 오프셋이다. 고가의 보드들은 출시 시점에 이러한 테스트를 거쳐 오프셋을 보정해서 출시하기 때문에 오프셋이 거의 발생하지 않지만 저가의 센서 보드들은 이런 문제점을 어느 정도 가지고 있다. 각각 센서의 오프셋 오차를 보정할 수 있게 프로그램을 작성할 때 보정하는 방법을 추가하는 것이 좋다. 이러한 보정을 영점 조정이라 한다.

6.6.2.9 시간차, 누락 자료 오차(Time Delays and Dropped Data)

이 오차들도 어쩔 수 없는 오차들이다. 실시간 OS가 아닌 라즈베리 파이 같은 경우에는 CPU 부하에 따라 감지 주기가 약간씩 달라질 수 있다. 이 시간차로 인해 발생하는 오차가 시간차 오차이다. 그리고 어떤 이유로 인해 특정 주기의 센서 값을 읽지 못했다면 자료 누락으로 인한 오차가 발생할 수 있다.

6.6.3 보정 필터

MPU6050의 가속 센서는 현재 값만 고려하기 때문에 드리프트가 거의 없는 장점이 있다. 하지만 진동에 의한 흔들림으로 값의 정확도가 떨어진다. 즉, 긴 시간을 놓고 볼 때 정확한 추이를 유지하지만 짧은 순간의 값은 진동으로 인해 떨림이 많다. 반대로 자이로스코프 센서는 각속도 적분값을 누적해야 현재 각도를 구할 수 있어 드리프트가 커지는 단점이 있지만 순간적인 회전에 대한 각속도는 상대적으로 정확하다. 이 두 센서의 장단점을 취합해서 가속도 센서에서 전체적인 추세를 가져오고 순간적인 변화는 자이로스코프센서에 많이 의존함으로써 좀 더 정확한 현재 각도를 구할 수 있다. 이 센서들의 장점을 취합하는 방법은 크게 다음의 2개의 필터로 만들어져 있다.

6.6.3.1 상보(相補)필터

영어로 complementary filter라고 한다. 서로 보완한다는 의미이다. 상보 필터는 뒤에서 소개할 칼만 필터보다 단순하며 이해하기 쉽다. 필터가 칼만 필터보다 상대적으로 간단하기 때문에 CPU 자원을 적게 사용한다. 따라서 아두이노처럼 CPU가 약한 경우엔 상보 필터를 어쩔 수 없이 사용해야 하는 경우도 있다. 하지만 CPU의 성능은 계속 좋아지고 있기 때문에 지금 적용이 어렵더라도 앞으로는 충분히 가능한 시점이 온다고 볼 수 있다. 파이만 하더라도 파이 3가 나오면서 성능이 더 좋아졌다. 상보 필터와 칼만 필터 모두 테스트해서 장단점을 직접 느껴보기 바란다. 그리고 만약 지금 CPU 성능 문제로 칼만 필터를 보류했다면 향후 CPU 성능이 좋아졌을 때 다시 한번 필터 선택을 고민할 수도 있다.

상보 필터에는 1차 상보 필터와 2차 상보 필터가 있다. 2차 상보 필터는 좀 더 정교한 알고리즘으로 정확도가 1차에 비해 높지만 알고리즘이 어렵고 CPU 사용량이 늘어난다.

1차 상보 필터에 대한 이론적 설명은 MIT 문서(http://robottini.altervista.
org/wp-content/uploads/2014/04/filter.pdf), 2차 상보 필터에 대한 설명은 문
서(http://www.rcgroups.com/forums/showatt.php?attachmentid=2477096
&d=1240377331)를 참조하기 바란다.

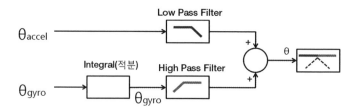

그림 6-42
1차 상보 필터 개념

1차 상보 필터에서 핵심은 Low Pass Filter와 High Pass Filter를 통과한 두 값을
조합하는 것이다. 자이로스코프 센서값을 적분해서 현재 각도를 구한다. 그리고
이 값을 High Pass Filer를 통과시키는데, High Pass 필터는 임계치 이하의 값을
버리고 높은 값만 통과시키는 필터이다. 그리고 가속도 센서의 값은 반대로 Low
Pass Filter를 통과시켜 임계치보다 높은 값을 걸러낸 다음 이 두 값을 조합하여
최종 각을 산출한다.

High Pass Filter 입력값은 짧은 주기의 값이 적당하다. 반대로 Low Pass Filter
는 상대적으로 긴 주기의 입력값이 적당하다. 가속도 센서를 통해서는 긴 시
간 동안 변하는 값을 통과시키고 노이즈(진동)로 인해 튀는 값을 걸러내기 위해
Low Pass Filter를 사용한다. 일반적으로 속도의 변화는 점진적이기 때문에 저주
파 형식을 취하고 진동으로 인해 생기는 노이즈가 상대적으로 고주파임을 감안
한 것이다.

반대로 자이로스코프에 High Pass Filter를 적용하면 순간적인 변화 값을 추출
할 수 있다.

6.6.3.1.1 저역 통과 필터(Low Pass Filter)

Low Pass Filter는 긴 시간 동안 변하는 완만한 데이터는 통과시키고 순간 발생하
는 노이즈로 인한 피크(요동)를 제거하는 용도로 사용한다. 즉, 저주파는 통과시
키고 고주파는 차단한다.

아주 간단한 Low Pass Filter는 다음과 같이 만들 수 있다. 여기서 0.98과 0.02
는 상수 값이며 변화가 가능하다.

θ = θ$_n$ + GyroSensorValue × dt (자이로센서 적분값을 더해서 현재 각도를 계산)

θ$_n$ + 1 = 0.98 × θ + 0.02 × θ$_{accel}$

여기에서 사용한 계수는 합이 1이 되게 설정한다. 0.98과 0.02는 테스트를 통해 환경에 맞게 약간씩 조정하면 된다. 이 필터의 식을 살펴보면 이전 값의 98%에 새롭게 입력 받은 값의 2%를 더하는 방식이다. 이 수식의 특징은 θ$_{accel}$이 갑자기 큰 값이 들어오더라도 이전 값의 반영률이 높기 때문에 완만하게 변하게 된다. 새롭게 입력 받는 쪽의 계수(0.02)를 키우게 되면 진동에는 취약해지지만 가속 센서값의 반영률이 높아진다. 반복 실험을 통해 적절한 값을 취하도록 한다.

6.6.3.1.2 고역 통과 필터(High Pass Filter)

High Pass Filter는 Low Pass Filter와 반대 개념으로 짧은 시간 동안 변하는 신호는 통과시키고 긴 시간 동안 완만히 변하는 신호는 통과시키지 않는다. 자이로스코프의 드리프트를 방지하는 목적이다. Low Filter의 식을 다시 한번 살펴보자.

θ = θ$_n$ + GyroSensorValue × dt (자이로센서 적분값을 더해서 현재 각도를 계산)

θ$_n$ + 1 = 0.98 × θ + 0.02 × θ$_{accel}$

첫 번째 식은 자이로센서의 적분 값을 더해 나간다. 따라서 이 식에는 드리프트가 발생할 소지가 다분하다. 만약 High Pass Filter를 적용하면 아주 작게 변하는 각속도는 무시된다. 따라서 움직임이 거의 없을 경우 자이로센서의 값은 무시되고 두 번째 식에서 가속도센서의 측정값만 2% 반영된다. 이런식으로 시간이 흘러가면 센서의 측정값은 다시 가속 센서의 값으로 복원할 수 있다. 즉, 드리프트가 방지되는 것이다. 만약 High Pass Filter를 적용하려면 임계값을 설정해 다음과 같이 첫 번째 식에 적용하면 된다. 적당한 임계값은 실험을 통해 찾아야 한다.

```
if (GyroSensorValue > 임계값) then
  θ = θn + GyroSensorValue * dt
else
  θ = θn
```

6.6.3.2 칼만(Kalman) 필터

인터넷 사전 위키에 소개된 칼만 필터는 다음과 같다.

'칼만 필터(Kalman filter)는 잡음이 포함되어 있는 선형 역학계의 상태를 추적하는 재귀 필터로, 루돌프 칼만이 개발하였다. 칼만 필터는 컴퓨터 비전, 로봇 공학, 레이더 등의 여러 분야에 사용되며, 많은 경우에 매우 효율적인 성능을 보여준다.

이 알고리즘은 시간에 따라 진행한 측정을 기반으로 한다. 해당 순간에만 측정한 결과만 사용한 것보다는 좀 더 정확한 결과를 기대할 수 있다. 잡음까지 포함된 입력 데이터를 재귀적으로 처리하는 필터로써, 현재 상태에 대한 최적의 통계적 예측을 진행할 수 있다.

알고리즘 전체는 예측과 업데이트의 두 가지로 나눌 수 있다. 예측은 현재 상태의 예측을 말하며, 업데이트는 현재 상태에서 관측된 측정까지 포함한 값을 통해서 더 정확한 예측을 할 수 있는 것을 말한다.'

칼만 필터는 복잡한 알고리즘으로 인해 CPU 연산을 더 많이 필요로 하지만 필터 성능이 좋기 때문에 미사일, 유도탄과 같은 무기의 경로 설정처럼 정교한 필터링이 필요한 분야에 많이 사용한다. 칼만 필터의 이론은 어렵고 해당 내용을 소개하는 것은 이 글의 범위를 벗어나기 때문에 생략하겠다. 뒤에서 칼만 필터의 사용법을 알아보도록 하겠다.

6.6.4 센서값 읽기

MPU6050의 출력값은 X, Y, Z축의 자이로스코프 측정값, 가속도센서 측정값 총 6개이다. 이 값들은 MPU6050 칩의 다음 register에서 읽을 수 있다. 이 값들은 읽기만 가능하다. 축당 16비트(2바이트) 값이 출력값이다.

6.6.4.1 가속 센서값

Register	bit 7	bit 6	bit 5	bit 4	bit 3	bit 2	bit 1	bit 0
0x3B	ACCEL_XOUT[15:8]							
0x3C	ACCEL_XOUT[7:0]							
0x3D	ACCEL_YOUT[15:8]							
0x3E	ACCEL_YOUT[7:0]							
0x3F	ACCEL_ZOUT[15:8]							
0x40	ACCEL_ZOUT[7:0]							

표 6-7
가속 센서값 위치

앞에서 출력값의 범위가 ±2g~±16g이라고 했는데 이 범위를 설정하는 방법을 알아보자. 이 범위 설정은 register 0X1C(28)의 값을 이용한다. 이 register는 읽기, 쓰기 모두 가능하기 때문에 센서 측정 전에 이 register에 원하는 값을 기록한 후 측정하면 원하는 범위에서 측정할 수 있다.

Register 0x1C 값(AFS_SEL)	측정 범위	LSB 민감도
0	-2g~2g	16384 LSB / g
1	-4g~4g	8192 LSB / g
2	-8g~8g	4096 LSB / g
3	-16g~16g	2048 LSB / g

LSB(Least significant bit)는 측정값의 단위라고 보면 된다. 센서 측정값은 -32768~32768까지이다. 이 값의 범위를 실제 가속도 범위와 매칭시킨다. 가령 AFS_SEL 값이 0인 경우 측정 범위는 -32768(환산 값: -2g = -9.8 × 2m/s2)~32768(환산 값: 2g = 9.8 × 2m/s2)이다. g당 16384의 범위를 가진다는 의미이다.

6.6.4.2 자이로스코프 값

Register	bit 7	bit 6	bit 5	bit 4	bit 3	bit 2	bit 1	bit 0
0x43	GYRO_XOUT[15:8]							
0x44	GYRO_XOUT[7:0]							
0x45	GYRO_YOUT[15:8]							
0x46	GYRO_YOUT[7:0]							
0x47	GYRO_ZOUT[15:8]							
0x48	GYRO_ZOUT[7:0]							

Register 0x1B 값(FS_SEL)	측정 범위	LSB 민감도
0	±250°/s	131 LSB° / s
1	±500°/s	65.5 LSB° / s
2	±1000°/s	32.8 LSB° / s
3	±2000°/s	16.4 LSB° / s

FS_SEL 값이 0인 경우 측정 범위는 -32768(환산 값: -250°)~32768(환산 값: 250°)이다.

6.6.4.3 온도 측정

MPU6050은 자이로센서, 가속 센서 기능 외에 온도 측정 기능도 제공한다.

Register	bit 7	bit 6	bit 5	bit 4	bit 3	bit 2	bit 1	bit 0
0x41	TEMP_OUT[15:8]							
0x42	TEMP_OUT[7:0]							

6.6.5 센서값 환산 규칙

6.6.5.1 가속 센서값 환산

가속 센서값의 환산은 반드시 AFS_SEL 값을 참조해서 계산해야 한다.

Register 0x1C 값(AFS_SEL)	환산 식 (결과값 단위 : g)
0	측정값 / 16384
1	측정값 / 8192
2	측정값 / 4096
3	측정값 / 2048

6.6.5.2 자이로스코프 센서값 환산

자이로스코프 센서값의 환산은 AFS_SEL 값을 반드시 참조해서 계산해야 한다.

Register 0x1B 값(FS_SEL)	환산 식 (결과값 단위 : °)
0	측정값 / 131
1	측정값 / 65.5
2	측정값 / 32.8
3	측정값 / 16.4

6.6.5.3 온도 환산

섭씨 온도 = (TEMP_OUT)/340 + 36.53

6.6.6 MPU6050 센서값 읽기 프로그래밍

I2C 통신을 이용해 센서의 값을 읽는 프로그래밍을 해보겠다.

프로그램을 테스트하기 전에 먼저 MPU6050이 제대로 연결되었는지 i2cdetect 명령으로 확인한다.

그림 6-43
MPU6050의 I2C 주소 확인

하나의 시스템에 2개 이상의 MPU6050 센서를 사용해야 할 경우도 있다. I2C 네트워크에서 같은 주소를 가진 디바이스는 통신에 참여할 수 없다. 따라서 MPU6050 센서의 I2C 주소를 변경해야 한다. MPU6050 센서의 I2C 주소 변경은 모듈의 AD0 핀을 이용한다. 이 핀에 전원을 공급하면 I2C 주소를 0X69로 바꿀 수 있다.

6.6.6.1 파이썬 프로그래밍

소스 코드의 주석을 참조하면 이해하는 데 어려움은 없을 것이다. 물론 해당 소스 코드를 이해하려면 반드시 앞부분의 내용을 충분히 숙지해야 한다. 출력값은 화면으로도 나오지만 데이터 양이 많아 분석이 불가능하기 때문에 별도의 파일로 저장한다. 이 파일은 나중에 gnuplot를 이용해 관찰할 수 있다.

```python
#!/usr/bin/python

import smbus
import time
import math

#MPU6050의 파워 관리 레지스터
power_mgmt_1 = 0x6b
power_mgmt_2 = 0x6c

AFS_SEL = -1
FS_SEL = -1

#레지스터에서 1바이트를 읽음
def read_byte(adr):
    return bus.read_byte_data(address, adr)

#레지스터에서 2바이트를 읽음
def read_word(adr):
    high = bus.read_byte_data(address, adr)
    low = bus.read_byte_data(address, adr+1)
    val = (high << 8) + low
    return val

#레지스터에서 2바이트를 읽어서 보정
def read_signed_16_2c(adr):
    val = read_word(adr)
    if (val >= 0x8000):
        return -((65535 - val) + 1)
    else:
        return val
```

```python
#2 지점간의 거리를 구함
def dist(a,b):
  return math.sqrt((a*a)+(b*b))


#가속 센서에서 Y축 회전 각을 구함
def get_y_rotation(X, Y,z):
  radians = math.atan2(x, dist(y,z))
  return -math.degrees(radians)

#가속 센서에서 X축 회전 각을 구함
def get_x_rotation(X, Y,z):
  radians = math.atan2(y, dist(x,z))
  return math.degrees(radians)

#가속 센서에서 Z축 회전 각을 구함
def get_z_rotation(X, Y,z):
  radians = math.atan2(z, dist(X, Y))
  return math.degrees(radians)

#FS_SEL 레지스터를 이용해 자이로 센서 스케일 보정
def  adjust_gyro(val):
  ret = val * 1.0
  if (0 == val):
    return 0.0
  if(0 == FS_SEL):
    #실수 처리를 위해 131이 아닌 131.0을 사용
    return val /131.0
  if(1 == FS_SEL):
    return  val  /65.5
  if(2 == FS_SEL):
    return val /32.8
  if(3 == FS_SEL):
    return  val /16.4
  else:
    print "Error :Invalid FS_SEL [", FS_SEL, "]"
  return ret

#AFS_SEL 레지스터를 이용해 가속 센서 스케일 보정
def adjust_accel(val):
  ret = val * 1.0
  if(0 == val):
    return 0.0
  if(0 == AFS_SEL):
    #실수 처리를 위해 16384.0을 사용
    return  val /16384.0
  if(1 == AFS_SEL):
    return  val /8192.0
  if(2 == AFS_SEL):
    return  val /4096.0
  if(3 == AFS_SEL):
    return  val /2048.0
  else :
    print "Error :Invalid AFS_SEL [", AFS_SEL, "]"
  return ret


#I2C 통신을 초기화한다.
bus = smbus.SMBus(1)
#MPU6050의 I2C 주소는 0x68
address = 0x68

#MPU6050을 슬립 모드에서 깨어나게 함
bus.write_byte_data(address, power_mgmt_1, 0)
```

```
print "gyro data"
print "---------"

#레지스터에서 스케일 값을 읽어 둠
AFS_SEL   = read_signed_16_2c(0x1C)
FS_SEL    = read_signed_16_2c(0x1B)
print "AFS_SEL:" , AFS_SEL, "FS_SEL:", FS_SEL

#현재 온도를 읽음
temper = read_signed_16_2c(0x41) ;
#온도값을 보정함
if (temper):
        temper = temper /340.0 + 36.53;

print "Temperature :",  temper

#gnuplot에서 사용하기 위해 파일 만들기
f = open('6050_1.dat', 'w')
index = 0
try:
  while True:
     #자이로 센서값을 읽음
     gyro_xout = adjust_gyro(read_signed_16_2c(0x43))
     gyro_yout = adjust_gyro(read_signed_16_2c(0x45))
     gyro_zout = adjust_gyro(read_signed_16_2c(0x47))

     #가속 센서값을 읽음
     accel_xout = adjust_accel(read_signed_16_2c(0x3b))
     accel_yout = adjust_accel(read_signed_16_2c(0x3d))
     accel_zout = adjust_accel(read_signed_16_2c(0x3f))

     #가속 센서값을 이용해 회전각을 구함
     x_rotate = get_x_rotation(accel_xout, accel_yout, accel_zout)
     y_rotate = get_y_rotation(accel_xout, accel_yout, accel_zout)
     z_rotate = get_z_rotation(accel_xout, accel_yout, accel_zout)

     #gnuplot에서 사용하기 위해 센서 측정값을 파일로 출력
     print index, "Accel:", accel_xout, accel_yout, accel_zout, "Rotate:",
x_rotate, y_rotate, z_rotate;
     data = "{} {} {} {} {} {} {}\n".format(index, accel_xout, accel_yout,
accel_zout, x_rotate, y_rotate, z_rotate )
     f.write(data)
     time.sleep(0.005)
     index += 1
except KeyboardInterrupt:
  print "Now Exit"
  f.close()
```

6.6.7 gnuplot을 이용한 측정값 분석

위의 파이썬 예제는 실시간으로 많은 데이터를 출력하기 때문에 실시간 화면으로는 프로그램을 작동 상태를 직관적으로 파악하기 어렵다. 이 파이썬 프로그램을 실행해서 얻은 파일을 다시 gnuplot를 이용해 그래프 출력함으로써 분석을 쉽게 할 수 있다.

```
root@raspi-spy:/usr/local/src/study/MPU6050#gnuplot
gnuplot>  plot "6050_1.dat" using 1:5 t "X Rotate", "6050_1.dat" using 1:6
t "Y Rotate", "6050_1.dat" using 1:7 t "Z Rotate";
```

다운로드 파일에 test.plot 스크립트 파일이 있다. 앞의 명령을 포함하고 있는 이 파일을 이용해서 다음과 같이 명령하면 쉽게 사용할 수 있다.

```
gnuplot test.gplt
```

6.6.7.1 첫 번째 자이로센서 실험

센서를 X축을 중심으로 -90도(1구간), 다시 90도(2구간), Y축을 중심으로 90도(3구간), 다시 -90도(4구간) 기울인 다음 다시 복귀하는 실험을 해본다. 참고로 Z축은 수평 상태에서 중력가속도 g를 항상 받고 있기 때문에 보정을 안 한 상태에서는 90도를 유지한다. 그래프를 분석하기에는 보정을 안 한 상태가 선이 겹치지 않기 때문에 유리하다.

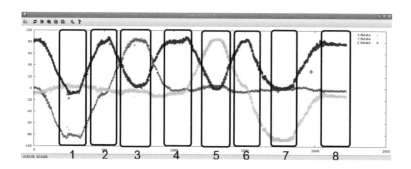

그림 6-44
첫 번째 실험 gnuplot 출력값

전체적인 결과는 무난하다. 한 가지 유의해서 볼 부분은 그래프의 두께이다. 이 두께가 센서의 진동으로 인한 흔들림을 말하는데 대략 3~5도 범위에서 지속적으로 떨리고 있는 것을 알 수 있다.

구간별로 센서의 움직임을 한번 추정해보자.

표 6-11
구간별 데이터 분석

구간	X축 움직임	Y축 움직임	Z축 움직임	해석
1	0 -> -90	0	90 -> 0	X축 방향으로 90도 기울어지는 과정 X 방향으로 90도 기울어지면 Z 방향의 중력은 없어짐
2	-45 -> 45	0	0 -> 90	평형 복구 후 X축 -방향으로 기울어지는 과정
3	45 -> 90	0	90 -> 0	X축 방향으로 -90도 기울어지는 과정 X 방향으로 -90도 기울어지면 Z 방향의 중력은 없어짐
4	0	0	90	평형 상태. 평형 상태에서는 Z 축 중력만 작용
5	0	0 -> 90	90 -> 0	Y축 방향으로 90도 기울어지는 과정 Y 방향으로 90도 기울어지면 Z 방향의 중력은 없어짐
6	0	0	0 -> 90	다시 평형 상태로 돌아옴

7	0	0 -> -90	0	Y축 방향으로 -90도 기울어지는 과정 Y 방향으로 -90도 기울어지면 Z 방향의 중력은 없어짐
8	0	0	0 -> 90	다시 평형 상태

6.6.7.2 두 번째 자이로센서 실험

센서를 X, Y축 중간 방향(45도)으로 90도(1구간), 다시 -90도(2구간), X(-Y)축 중간 방향으로 90도(3구간), 다시 -90도(4구간) 기울인 다음 다시 복귀하는 실험을 해본다.

그림 6-45
두 번째 실험 gnuplot
출력값

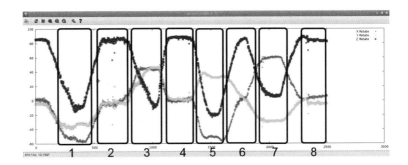

이번 그래프에서는 Z 값이 감소하면서 X, Y 값이 동시에 변하는 것을 알 수 있다. 실제 상황에서는 축을 기준으로 기울어지는 것이 아니라 임의의 방향으로 기울 수 있기 때문에 위와 같이 X, Y, Z 값이 함께 변한다고 보면 되겠다.

표 6-12
구간별 데이터 분석

구간	X축 움직임	Y축 움직임	Z축 움직임	해석
1	0 -> -50	0 -> -40	90 -> 0	X, Y축 중간 방향으로 -90도 기울어지는 과정 중력이 X, Y 방향으로 분산됨
2	0	0	0 -> 90	평형 상태
3	0 -> 45	0 -> 45	90 -> 0	X, Y축 중간 방향으로 90도 기울어지는 과정 중력이 X, Y 방향으로 분산됨
4	0	0	90	평형 상태. 평형 상태에서는 Z 축 중력만 작용
5	0 -> -50	0 -> 40	90 -> 0	-X, Y축 방향으로 90도 기울어지는 과정 중력이 -X, Y 방향으로 분산됨
6	0	0	0 -> 90	다시 평형 상태로 돌아옴
7	0 -> 60	0 -> -30	0	X, -Y축 방향으로 90도 기울어지는 과정 중력이 X, -Y 방향으로 분산됨
8	0	0	0 -> 90	다시 평형 상태

앞의 그래프 내용이 이해된다면 자이로센서의 값을 해석할 수 있다고 볼 수 있다. 만약 위 값들에 대한 해석이 어렵다면 아직 중력이 X, Y, Z축으로 분산되는 물리 법칙에 대한 이해가 부족한 것이니 조금 더 학습이 필요하다.

6.6.8 상보 필터(Complementary Filter) 적용 및 분석

앞에서 가속 센서만으로도 X, Y, Z 방향의 각을 파악할 수 있다. 하지만 흔들림으로 인한 노이즈로 인해 그래프가 톱니 모양으로 미세한 파동을 일으키는 현상이 있다. 이를 제거하기 위해 상보 필터를 적용해보겠다.

아래 코드의 핵심은 센서에서 읽은 값을 상보 필터를 거쳐 보정한 값을 이용한다는 것이다. 그리고 성능 개선을 위해 레지스터에서 한번에 2바이트씩 읽는다. 그리고 마지막으로 연산 횟수를 줄이기 위해 FS_SEL, AFS_SEL 값을 읽은 후 LBS 값을 미리 지정함으로써 불필요한 비교 연산을 줄였다. 코드 양이 많아서 중요한 상보 필터 부분만 싣는다.

```python
#!/usr/bin/python

… 중략 …

#상보 필터
def ComplementaryFilter(acc_X, acc_Y,acc_Z, gyro_X, gyro_Y, gyro_Z, pitch,
roll):
        global g_pitch, g_roll
        npitch = g_pitch + (gyro_X) *(dt)
        nroll = g_roll + (gyro_Y) *(dt)
        Magnitude = abs(acc_X) + abs(acc_Y) + abs(acc_Z)
        PassLow = 0.5
        PassHigh = 2.0

        if (Magnitude > PassLow and Magnitude < PassHigh):
                npitch =  npitch * 0.98 + pitch * 0.02
                nroll =  nroll * 0.98 + roll * 0.02
        else:
                print "Exceed:", Magnitude , "accX:", acc_X, "  accY:",
acc_Y, "accZ:", acc_Z
        return npitch, nroll


… 중략 …

index = 0
try:
  while True:
  s_t = get_msec_tick()
  #자이로 센서값을 읽음
  gyro_xout = adjust_gyro(read_signed_16_2c(0x43))
  gyro_yout = adjust_gyro(read_signed_16_2c(0x45))
  gyro_zout = adjust_gyro(read_signed_16_2c(0x47))

  #가속 센서값을 읽음
  accel_xout = adjust_accel(read_signed_16_2c(0x3b))
  accel_yout = adjust_accel(read_signed_16_2c(0x3d))
  accel_zout = adjust_accel(read_signed_16_2c(0x3f))
```

```
#가속 센서값을 이용해 회전각을 구함
x_rotate = get_x_rotation(accel_xout, accel_yout, accel_zout)
y_rotate = get_y_rotation(accel_xout, accel_yout, accel_zout)
z_rotate = get_z_rotation(accel_xout, accel_yout, accel_zout)

#상보 필터를 적용해 보정값을 구한다.
g_pitch, g_roll = ComplementaryFilter(accel_xout, accel_yout, accel_
zout, gyro_xout, gyro_yout, gyro_zout, x_rotate, y_rotate)

#gnuplot에서 사용하기 위해 센서 측정값 및 필터 보정값을 파일로 출력
print index, "Accel:", accel_xout, accel_yout, accel_zout, "Rotate:", x_
rotate, y_rotate, z_rotate;
data = "{} {} {} {} {} {} {} {} {}\n".format(index, accel_xout, accel_
yout, accel_zout, x_rotate, y_rotate, z_rotate, g_pitch, g_roll )
f.write(data)
index += 1
e_t = get_msec_tick()
print "Work Time:", (e_t - s_t)
sleep_tm = dt - (e_t - s_t)
if(sleep_tm > 0):
    time.sleep(dt - max(0, (e_t - s_t)/ 1000.0))
except KeyboardInterrupt:
print "Now Exit"
f.close()
```

다음은 위 코드를 실행해서 만든 gnuplot 그래프를 출력한 것이다.

그림 6-46
MPU6050 센서 측정값과
상보 필터 적용값

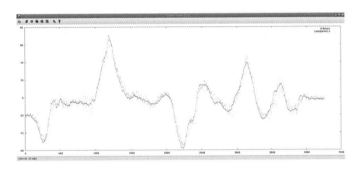

그림에서 노이즈가 많은 부분은 가속 센서를 분석한 회전각이다. 톱니 모양의
작은 진동(고주파)이 많이 발생함을 알 수 있다. 상보 필터를 적용해 노이즈 피
크가 많이 완화된 것을 알 수 있다.

6.6.8.1 gnuplot 사용

위의 소스 코드를 실행하면 실행 디렉터리에 6050_complementary.dat이란 파
일이 생긴다. 이 파일은 파이썬 프로그램에서 남긴 파일이다.

파일의 각 라인은 다음 순서로 채워진다.

```
index accel_xout   accel_yout  accel_zout  x_rotate  y_rotate  z_rotate
보정 pitch  보정 roll
```

이 파일을 gnuplot에서 열어서 보면 되는데, 사용하기 쉽게 스크립트 파일을 만들겠다. gnuplot 설정 방법은 인터넷에 많이 소개되어 있다. lc는 line color의 약자, lw는 line width의 약자, lt는 line type의 약자, t는 title의 약자이다. 아래의 스크립트는 X축 값만 출력했는데, 라인을 추가해서 Y축까지 한번에 출력할 수 있다.

```
vi complementary.gplt        #vi 또는 nano를 이용해 아래 파일을 만들어 저장한다.
set terminal wxt size 1500, 500
plot \
"6050_complementary.dat" using 1:5 lc rgb '#ff0000' lt  -1 lw 2  t "X
Rotate", \
"6050_ complementary..dat" using 1:8 lc rgb '#0000ff' lt  -1 lw 2  t
"Complemnt X"
pause -1 "Hit return to continue"
```

그리고 반드시 LX 터미널에서 다음을 실행한다.

```
root@raspi-spy:/usr/local/src/study/MPU6050#gnuplot complementary.gplt
```

6.6.8.3 칼만 필터 적용 및 분석

칼만 필터의 내용은 난해하며 이 글의 수준을 넘어서기 때문에 필터 코드 적용 및 결과만 비교해보도록 하겠다.

```python
#!/usr/bin/python

… 중략 …

#칼만 필터(X축)
def kalmanFilterX(accAngle, gyroRate):
  global DT, XP_00, XP_01, XP_10, XP_11, Q_gyro, Q_angle, KFangleX
  global R_angle, x_bias
  y = 0.0
  S = 0.0
  K_0 = 0.0
  K_1 = 0.0

  KFangleX += DT * (gyroRate - x_bias)

  XP_00 +=  - DT * (XP_10 + XP_01) + Q_angle * DT
  XP_01 +=  - DT * XP_11
  XP_10 +=  - DT * XP_11
  XP_11 +=  + Q_gyro * DT

  y = accAngle - KFangleX
  S = XP_00 + R_angle
  K_0 = XP_00 / S
  K_1 = XP_10 / S

  KFangleX +=  K_0 * y
  x_bias   +=  K_1 * y
  XP_00 -= K_0 * XP_00
  XP_01 -= K_0 * XP_01
  XP_10 -= K_1 * XP_00
```

```
        XP_11 -= K_1 * XP_01

        return KFangleX


#칼만 필터(Y축)
def kalmanFilterY(accAngle, gyroRate):
    global DT, YP_00, YP_01, YP_10, YP_11, Q_gyro, Q_angle, KFangleY
    global R_angle, y_bias
    y = 0.0
    S = 0.0
    K_0 = 0.0
    K_1 = 0.0

    KFangleY += DT * (gyroRate - y_bias)

    YP_00 +=  - DT * (YP_10 + YP_01) + Q_angle * DT
    YP_01 +=  - DT * YP_11
    YP_10 +=  - DT * YP_11
    YP_11 +=  + Q_gyro * DT

    y = accAngle - KFangleY
    S = YP_00 + R_angle
    K_0 = YP_00 / S
    K_1 = YP_10 / S

    KFangleY +=  K_0 * y
    y_bias   +=  K_1 * y
    YP_00 -= K_0 * YP_00
    YP_01 -= K_0 * YP_01
    YP_10 -= K_1 * YP_00
    YP_11 -= K_1 * YP_01

    return KFangleY

… 중략 …

try:
    while True:
        s_t = get_msec_tick()
        #자이로 센서값을 읽음
        gyrRaw[0] = read_signed_16_2c(0x43)
        gyrRaw[1] = read_signed_16_2c(0x45)
        gyrRaw[2] = read_signed_16_2c(0x47)

        #자이로 센서값을 보정
        gyro_xout = adjust_gyro(gyrRaw[0])
        gyro_yout = adjust_gyro(gyrRaw[1])
        gyro_zout = adjust_gyro(gyrRaw[2])

        #가속 센서값을 읽음
        accRaw[0] = read_signed_16_2c(0x3b)
        accRaw[1] = read_signed_16_2c(0x3d)
        accRaw[2] = read_signed_16_2c(0x3f)

        #가속 센서값을 보정
        accel_xout = adjust_accel(accRaw[0])
        accel_yout = adjust_accel(accRaw[1])
        accel_zout = adjust_accel(accRaw[2])
        #가속 센서값을 이용해 회전 각을 구함
        x_rotate = get_x_rotation(accel_xout, accel_yout, accel_zout)
        y_rotate = get_y_rotation(accel_xout, accel_yout, accel_zout)
        z_rotate = get_z_rotation(accel_xout, accel_yout, accel_zout)

        #자이로 측정값을 초당 회전 각으로 변경
```

```
    rate_gyr_x = (gyrRaw[0]  * G_GAIN) ;
    rate_gyr_y = (gyrRaw[1]  * G_GAIN) ;
    rate_gyr_z = (gyrRaw[2]  * G_GAIN) ;

    #상보 필터 적용
    g_pitch, g_roll = ComplementaryFilter(accel_xout, accel_yout, accel_zout,
                    gyro_xout, gyro_yout, gyro_zout, x_rotate, y_rotate)
    print index, "Accel:", accel_xout, accel_yout, accel_zout, "Rotate:",
        x_rotate, y_rotate, z_rotate

    #칼만 필터 적용
    kalmanX = kalmanFilterX(x_rotate, rate_gyr_x)
    kalmanY = kalmanFilterY(y_rotate, rate_gyr_y)
    print "kalmanX ", kalmanX, "  kalmanY ", kalmanY

    #gnuplot에서 사용하기 위해 센서 측정값 및 필터 보정값을 파일로 출력
    data = "{} {} {} {} {} {} {} {} {} {} {}\n".format(index, accel_xout,
        accel_yout, accel_zout, x_rotate, y_rotate, z_rotate, g_pitch,
        g_roll, kalmanX , kalmanY)
    f.write(data)
    index += 1
    e_t = get_msec_tick()
    print "Work Time:", (e_t - s_t)
    sleep_tm = dt - (e_t - s_t)
    if(sleep_tm > 0):
        time.sleep(dt - max(0, (e_t - s_t)/ 1000.0))
except KeyboardInterrupt:
  print "Now Exit"
  f.close()
```

아래의 그림은 칼만 필터와 상보 필터를 함께 작동시켜 비교한 그래프이다. 거의 같은 그래프를 만들고 있음을 알 수 있다. 두 필터 모두 노이즈를 제거하고 무난한 그래프를 출력한다.

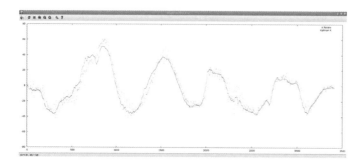

그림 6-47
MPU6050 센서 측정값과
칼만 필터 적용값

마찬가지로 gnuplot 출력을 위해 kalman.gplt 파일을 같이 제공한다. 칼만 필터의 로그 파일은 6050_kalman.dat이다. 파이썬 프로그램을 실행해서 센서를 움직이면 로그 파일이 만들어지며 프로그램 종료 후 LX 터미널에서 gnuplot를 이용해 다음과 같이 명령하면 아래 그래프를 볼 수 있다.

root@raspi-spy:/usr/local/src/study/MPU6050#gnuplot kalman.gplt

많은 분들이 파이나 아두이노를 이용해서 쿼드콥터 만들기에 도전하고 있다. 쿼드콥터를 비롯한 비행체에서 가장 중요한 센서가 MPU6050과 같은 가속 센서, 자이로스코프 센서이다. 이 센서는 온도 센서나 거리 센서와는 달리 높은 수준의 물리 지식을 요구하기 때문에 초보자들이 이용하기에는 상당한 어려움이 있다. 하지만 반드시 극복해야만 하는 센서이기도 하다. 특히 이 분야에 관심을 가지고 있는 청소년이나 대학생들은 반드시 기초 원리를 공부하면서 개발을 병행하기를 부탁한다. 다음은 9축 센서에 도전해 보겠다.

6.7 9축 센서 MPU9150

앞에서 MPU6050이라는 어려운 센서에 대해 알아보았다. MPU9150 칩을 패키징한 GY9150[5] 제품은 MPU6050에 자기 센서(Compass Sensor)를 추가한 제품이다. 3축 방향의 자기 센서(AK8975)가 추가된 제품이라서 9축 센서라고 한다. 여기에서는 자기 센서에 대해서만 집중적으로 살펴보겠다. 나머지는 MPU6050과 동일하다고 보면 된다.

MPU9150은 저전력, 저비용, 고성능을 겸비한 9축(9방향) 모션트래킹 디바이스이며 스마트폰, 태블렛, 웨어러블 센서 등의 소비자 가전에 적합하도록 디자인된 제품이다. 이 칩은 3축 모션트래킹, 3축 가속 센서, 그리고 9축 모션 퓨전 알고리즘을 가능하게 해주는 Digital Motion ProcessorTM(DMPTM)로 이루어진 칩인 MPU6050 칩과 3축 디지털 콤파스 기능을 담당하는 AK8975 칩을 패키징한 제품이다.

그림 6-48
MPU9150 다이어그램

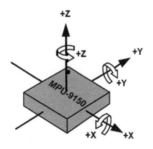

6.7.1 MPU9150
MPU9150 칩의 가장 큰 특징은 9축 자이로스코프(gyroscope) 센서라는 점이다.

5 MPU9150 칩을 패키징한 센서 제품으로 여기에서는 MPU9150은 GY-9150과 같은 의미로 사용한다.

보통 자이로스코프 센서로는 3축 센서인 MPU6050을 많이 이용하는데, 이 칩은 내부에 MPU6050 칩과 함께 AK8975를 내장해 9축까지 감지가 가능하다. 따라서 MPU6050보다 훨씬 정교하게 수평을 잡아 줄 수 있다. 그리고 MPU6050과 마찬가지로 I2C 통신을 지원하기 때문에 여러 개의 센서를 사용해야 할 경우 훨씬 쉽게 연결할 수 있다.

6.7.1.1 주요 특징

- 회전 매트릭스, 쿼터니언(quaternion), 오일러각 또는 원시 데이터 형태의 디지털 출력 9축 MotionFusion 데이터
- 최대 131 LSBs/dps의 감도와 ±250dps, ±500dps, ±1000dps 및 ±2000dps의 범위를 제공하는 3축 각도 비율 센서(자이로)
- ±2g, ±4g, ±8g 및 ±16g 범위의 프로그래밍이 가능한 3축 가속도계
- ±1200μT의 전체 배율 범위를 제공하는 3축 콤파스
- 가속도계, 자이로스코프 및 콤파스 간 보드 레벨 축 교차 정렬 오차를 제거함으로써 정착 효과 및 센서 드리프트 감소
- 2.4V~3.46V의 V_{dd} 공급 전압 범위, 1.8V ±5% 또는 V_{dd}의 V_{logic}
- 자이로 작동 전류: 3.6mA(전체 전력, 모든 속도의 자이로)
- 자이로 + 가속도계 작동 전류: 3.8mA(전체 전력, 모든 속도의 자이로, 1kHz 샘플 속도의 가속도계)
- 자이로 + 가속도계 + 콤파스 + DMP 작동 전류: 4.25mA(전체 전력, 모든 속도의 자이로, 1kHz 샘플 속도의 가속도계, 8Hz 속도의 콤파스)
- 가속도계 저전력 모드 작동 전류: 10μA(1Hz), 20μA(5Hz), 70μA(20Hz), 140μA(40Hz)
- 유휴 모드(Idle Mode) 공급 전류: 8μA
- 400kHz 고속 모드 I2C 직렬 호스트 인터페이스
- 모든 온도 범위에서 ±1% 주파수 변이를 가진 온칩 타이밍 생성기
- 10,000g 충격 허용 내구성

MPU9150 센서의 외관은 MPU6050과 차이가 없다. 가운데 칩만 InvenSense MPU6050에서 MPU9150으로 바뀌었을 뿐이다. MPU6050과 마찬가지로 제조사에 따라 핀 배열이 다르고 축 방향이 다르다는 것만 주의하면 된다. 그림 6-49 오른쪽처럼 핀을 끼운 다음 납땜을 하면 된다.

그림 6-49
MPU9150 모듈

기판을 잘 살펴보면 오른편에 화살표와 X, Y 글씨가 같이 적혀 있다. 센서의 축 방향이다. 그리고 좌측에는 MPU9150 센서와 통신할 수 있는 I2C 통신 단자가 있다.

6.7.1.2 자기 센서
칩 제조사 Invense 공식 문서에 소개된 자기 센서에 대한 내용이다.

- 3축 자기센서
- 저전력 고해상도, 광범위 측정
- 출력값은 13비트(0.3μT/LBS)
- 최대 측정 범위는 ±1200μT
- 제품 오류 체크를 위한 내부 자석을 이용해 자가 테스트 후 출시

6.7.2 MPU9150과 라즈베리 파이 연결
파이와 MPU9150 센서는 I2C 통신을 이용해 데이터를 교환한다. 따라서 전원, 접지, I2C 통신에 필요한 SDA(GPIO 2번), SCL(GPIO 3번) 4개의 핀을 연결한다. MPU9150 모듈 제조사에 따라 핀 배열과 축 방향은 달라질 수 있기 때문에 반드시 기판에 적힌 기호를 참조해서 연결하도록 한다. 회로 연결 방법은 MPU6050과 같기 때문에 그림은 생략한다.

💡 MPU6050 센서와 마찬가지로 센서의 I2C 주소를 변경하려면 모듈의 AD0 핀을 이용한다. 이 핀에 전원을 공급하면 I2C 주소를 0X69로 바꿀 수 있다.

6.7.3 자기 측정에 필요한 기초 물리 시식
여기에서 추가로 필요한 물리 지식은 자석(자기력)과 관련한 내용이다. 먼저 앞에서 자기 센서의 출력값 단위는 T(테슬라)인데 이 값에 대해 알아보자.

자기장 세기 단위로 사용하는 T는 교류 전기를 발명한 천재 니콜라 테슬라의 이름에서 따온 것이다. 테슬라의 고향인 세르비아에서는 테슬라를 기념하기 위

한 지폐도 발행했다. 정작 미국에서는 에디슨의 핍박으로 고생했지만 사후에 고향에서는 대접을 받고 있는 것 같다. 깊게 들어가면 자기는 전기와 불가분의 관계에 있기 때문에 전기, 자기를 함께 전자기학으로 공부해야 한다.

그림 6-50
테슬라 초상화가 들어간
세르비아 화폐

위의 테슬라 초상화가 들어간 세르비아 화폐에 수식이 하나 보인다.

$T = Wb/m^2$

본문에서 이 수식을 한번 찾아보자.

자기장의 크기를 나타내는 방법은 크게 2가지가 있다. 하나는 flux density로 나타내며 B로 표기한다. 그리고 B의 단위가 T(테슬라)이다. flux는 쉽게 설명하면 어떤 흐름의 밀도라고 보면 된다. 아래 그림을 보면 이해하기 쉽다. 자석에는 눈에는 보이지 않지만 그림의 화살표처럼 자기장이 방향을 가지고 흐름을 만들고 있다. 그림에서 2개의 영역을 표시했는데 같은 크기이다. 그런데 그림에서 N극에 가까운 영역을 통과하는 자기력 선은 3개이고 N극에서 멀리 있는 영역은 통과하는 자기력 선이 1개이다. 이처럼 단위 면적을 통과하는 흐름의 양을 Flux Density라고 한다. N극에서 가까울수록 자력이 센 것도 이처럼 Flux Density로 설명할 수 있다. 일반적으로 공간에서 Flux Density는 거리의 제곱에 반비례한다.

$B \propto 1/Distance^2$

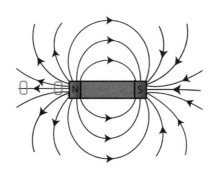

그림 6-51
자기장에서의 Flux 개념

다른 하나는 자기장의 세기(magnetic field strength)를 나타내는 H가 있는데 이 단위는 A/m(암페어/미터)로 표기한다. 전기가 흐르는 도선 주위에 자기장이 만들어지는 원리를 이용해 1A의 전류가 흐르는 도선 1m 거리의 자기장의 크기를 1H라 한다.

그림 6-52
전류가 흐르는 도선 주의의
자기장.[6]
(출처 :위키피디아)

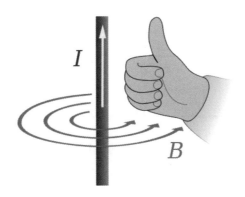

여기에서는 B(Tesla) 중심으로 살펴보겠다. 우선 T의 단위를 알아보자. 테슬라는 아래의 식처럼 다양한 조합으로 표현이 가능하다.

$$T = Vs/m^2 = N/Am = J/Am^2 = HA/m^2 = Wb/m^2 = kg/Cs = Ns/Cm = kg/As^2$$

(A = ampere, C = coulomb, kg = kilogram, m = meter, N = newton, s = second, H = henry, T = tesla, V = volt, J = joule, Wb = weber)

T는 우리 주변에서 보기 힘든 강력한 자기장 밀도의 단위이다. 실생활에서는 자기장의 밀도를 T가 아니라 가우스(G)로 많이 사용한다. 다음은 가우스, 테슬라 비례식이다.

1T = 10,000G (gauss)

6.7.4 MPU9150 센서값 읽기

6.7.4.1 자기 센서값 읽기
자이로스코프 센서, 가속도 센서는 MPU6050에서 다투었기 때문에 여기에서는 자기 센서(AK8975)에서 값을 읽는 방법만 알아보겠다. Invense의 공식 문서 'MPU9150 Register Map and Descriptions Revision 4.2'를 참조했다.

---

6 오른손의 법칙에 따라 자기장의 방향이 정해진다.

표 6-13
자기 센서 레지스터 값
(출처: Invensense
문서 RM-MPU9150A-
00v4_2.pdf)

Addr	Register Name	D7	D6	D5	D4	D3	D2	D1	D0
Read-only Register									
00H	WIA	0	1	0	0	1	0	0	0
01H	INFO	INFO7	INFO6	INFO5	INFO4	INFO3	INFO2	INFO1	INFO0
02H	ST1	0	0	0	0	0	0	0	DRDY
03H	HXL	HX7	HX6	HX5	HX4	HX3	HX2	HX1	HX0
04H	HXH	HX15	HX14	HX13	HX12	HX11	HX10	HX9	HX8
05H	HYL	HY7	HY6	HY5	HY4	HY3	HY2	HY1	HY0
06H	HYH	HY15	HY14	HY13	HY12	HY11	HY10	HY9	HY8
07H	HZL	HZ7	HZ6	HZ5	HZ4	HZ3	HZ2	HZ1	HZ0
08H	HZH	HZ15	HZ14	HZ13	HZ12	HZ11	HZ10	HZ9	HZ8
09H	ST2	0	0	0	0	HOFL	DERR	0	0
Write/read Register									
0AH	CNTL	0	0	0	0	MODE3	MODE2	MODE1	MODE0
0BH	RSV	-	-	-	-	-	-	-	-
0CH	ASTC	-	SELF	-	-	-	-	-	-
0DH	TS1	-	-	-	-	-	-	-	-
0EH	TS2	-	-	-	-	-	-	-	-
0FH	I2CDIS								I2CDIS
Read-only Register									
10H	ASAX	COEFX7	COEFX6	COEFX5	COEFX4	COEFX3	COEFX2	COEFX1	COEFX0
11H	ASAY	COEFY7	COEFY6	COEFY5	COEFY4	COEFY3	COEFY2	COEFY1	COEFY0
12H	ASAZ	COEFZ7	COEFZ6	COEFZ5	COEFZ4	COEFZ3	COEFZ2	COEFZ1	COEFZ0

- 00H: AKM8975 칩의 디바이스 ID이다. D3, D6번 비트가 1로 고정되어 있기 때문에 ID는 0x48(72)의 값을 가진다.
- 01H: AKM8975 칩 정보이다.
- 02H: 상태값으로, D0(DRDY) 값이 중요하다. 이 값이 0이면 Normal, 1이면 Data가 준비된 상태이다. 이 값은 ST2 레지스터 값이나 HXL~HZH을 읽으면 0으로 다시 바뀐다. 레지스터 이름의 마지막 L은 low bit, H는 high bit를 의미한다.
- 03H, 04H: X축 자기 센서 측정값이다.
- 05H, 06H: Y축 자기 센서 측정값이다.
- 07H, 08H: Z축 자기 센서 측정값이다. 여기에서 측정값은 -4096에서 +4095까지이다. 2바이트의 레지스터를 사용하지만 실제 값은 13비트 범위를 사용한다는 것을 다시 한번 기억하기 바란다.

표 6-14
자기 센서값 예제

Measurement data (each axis) [15:0]			Magnetic flux density [μT]
Two's complement	Hex	Decimal	
0000 1111 1111 1111	0FFF	4095	1229(max.)
⎮	⎮	⎮	⎮
0000 0000 0000 0001	0001	1	0.3
0000 0000 0000 0000	0000	0	0
1111 1111 1111 1111	FFFF	-1	-0.3
⎮	⎮	⎮	⎮
1111 0000 0000 0000	F000	-4096	-1229(min.)

- 09H: DERR 값이 0이면 정상, 1이면 읽기 에러 상태이다. 이 레지스터를 한번 읽으면 다시 0으로 복귀한다. HOFL(Magnetic Sensor overflow)는 0이면 정상, 1이면 센서 오버플로가 발생한다는 의미다. 처음으로 센서에서 값을 읽을

경우 1이 발생할 수 있다. 이 값은 다음 번 센서의 감지 시점에 다시 0으로 복귀한 후 감지 결과에 따라 값이 다시 세팅된다. 자기 센서값을 읽었을 때 에러가 발생하면 측정값을 버리고 다음 데이터를 읽으면 된다.

6.7.4.2 CNTL 레지스터

CNTL 레지스터는 작동 모드를 설정한다. 여기서 0001 값의 Single measurement mode를 잘 봐둬야 한다. 자기 센서 값을 읽을 때 CNTL 레지스터를 0001로 세팅해야 값을 읽을 수 있다. 참고로 아래 그림(Invensense 문서)에 Read-only register라 표기되어 있는데 오류이다. 이 레지스터는 R/W 속성을 가지고 있다.

Addr	Register name	D7	D6	D5	D4	D3	D2	D1	D0
					Read-only register				
0AH	CNTL	0	0	0	0	MODE3	MODE2	MODE1	MODE0
	Reset	0	0	0	0	0	0	0	0

- 0DH, 0EH: TS1, TS2 제조사 테스트용 레지스터이다. RSV는 Reserved의 약자이며 현재 사용할 필요 없다.
- 0FH: I2CDIS 값이 1이면 I2C 버스 인터페이스를 사용할 수 없다.
- 10H~12H: 민감도 보정. 민감도 보정 공식은 다음과 같다. H는 측정값, ASA는 레지스터에서 읽은 보정값이다.

Hsdj = H × ((ASA - 128) × 0.5/128 + 1)

6.7.4.3 전원 관리 레지스터

전원 관리뿐 아니라 전체 디바이스를 리셋하거나 온도 센서 사용 여부를 지정할 수 있다.

Register (Hex)	Register (Decimal)	Bit7	Bit6	Bit5	Bit4	Bit3	Bit2	Bit1	Bit0
6B	107	DEVICE_RESET	SLEEP	CYCLE	-	TEMP_DIS		CLKSEL[2:0]	

- DEVICE_RESET: 1로 세팅하면 모든 레지스터를 초깃값으로 되돌린다.
- SLEEP: 1로 세팅하면 MPU9150을 슬립 모드로 들어가게 한다.
- CYCLE: SLEEP이 0인 상태에서 이 값을 1로 세팅하면 MPU9150은 슬립 모드와 작동 모드를 반복(주기는 108번 레지스터에서 정할 수 있다)한다.
- TEMP_DIS: 1로 세팅하면 온도 센서를 중단시킨다.
- CLKSEL: 3비트 Unsigned 값을 가지며 디바이스의 클록의 위치를 지정한다. 클록 위치는 Invense 공식 문서를 참조한다.

6.7.4.4 Bypass 관리 레지스터

MPU9150은 앞에서 설명한 것처럼 MPU6050과 AKM8975 칩을 가지고 있다.
AKM8975 칩을 I2C 디바이스로 보이게 하려면 Bypass 모드로 설정해야 한다.
Bypass 모드에서는 MPU6050과 AKM8975가 마치 따로 있는 것처럼 관리할 수
있다.

Register (Hex)	Register (Decimal)	Bit7	Bit6	Bit5	Bit4	Bit3	Bit2	Bit1	Bit0
37	55	INT_LEVEL	INT_OPEN	LATCH _INT_EN	INT_RD _CLEAR	FSYNC_ INT_LEVEL	FSYNC_ INT_EN	I2C _BYPASS _EN	-

표 6-17
Bypass 레지스터

6.7.5 MPU9150 센서값 읽기 프로그래밍

I2C 통신을 이용해 자기 센서의 값을 읽는 프로그래밍을 해보겠다. 앞에서
MPU6050을 다루어 보았기 때문에 어렵지 않을 것이다. 자이로센서와 가속도 센
서는 MPC6050과 동일하기 때문에 자기 센서 값을 읽는 코드만 추가하면 된다.

6.7.5.1 파이썬 프로그래밍

I2C 통신을 이용해 자기 센서의 값을 읽는 프로그래밍을 해보겠다. 나머지 센서
값은 앞의 MPU6050과 동일하기 때문에 생략한다.

```
#!/usr/bin/python

….중략….

#MPU6050의 MPU6050 주소는 0x68
address = 0x68
#MPU6050의 AK8975 자기 센서 칩의 I2C 주소는 0x0C
compass_addr = 0x0c

..중략..

#자기 센서를 초기화함
def initialize_compass():
        bus.write_byte_data(address, 0x37, 0x02)

initialize_compass()

….중략….

#gnuplot에서 사용하기 위해 파일 만들기
f = open('9150_1.dat', 'w')
index = 0
try:
  while True:
    #CNTL 레지스터에 1을 기록 -> 자기 센서가 값을 읽는다.
    bus.write_byte_data(compass_addr, 0x0A, 0x01)
    time.sleep(0.008)
    WIA  = read_byte(compass_addr, 0x00)
    INFO = read_byte(compass_addr, 0x01)
    #자기 센서가 기록한 값을 읽는다.
```

```
ST1  = read_byte(compass_addr, 0x02)
#Status 1 값이 1이면 정상. 이제 세 방향의 자기 값을 읽는다.
if(ST1 == 1):
  mag_X = read_magnetic_word(compass_addr, 0x03)
  mag_Y = read_magnetic_word(compass_addr, 0x05)
  mag_Z = read_magnetic_word(compass_addr, 0x07)
else:
  mag_X = mag_Y = mag_Z = 0

#Status 2 값을 읽는다. 이 값을 읽고 나면 ST2 레지스터가 초기화된다.
#ST2 레지스터 값을 이용해 추가 에러 검출이 가능하다.
#자세한 내용은 레지스터 맵 파일의 49 페이지를 참조한다.
ST2 = read_byte(compass_addr, 0x09)
CNTL = read_byte(compass_addr, 0x0A)

if (ST1 == 1):
  #측정값에서 0.3을 곱하는 이유는 본문을 참조한다.
  t_X = mag_X * 0.3
  t_Y = mag_Y * 0.3
  t_Z = mag_Z * 0.3
  #length는 자기장의 크기이다.
  length = dist(t_X, t_Y, t_Z)
  print "WIA:", WIA, " INFO:", INFO, " ST1:", ST1, "Magnetic X:", mag_X,
        "Y:", mag_Y, " Z:", mag_Z
  print "Magnetic [Micro Tesla] X:", t_X, " Y:", t_Y, " Z:", t_Z,
        "Length:", length
    data = "{} {} {} {} {}\n".format(index, t_X, t_Y, t_Z, length )
    f.write(data)
else:
  print "WIA:", WIA, " INFO:", INFO, " ST1:", ST1

  print "ST2", ST2, " CNTL:", CNTL

  time.sleep(0.005)
  index += 1
except KeyboardInterrupt:
  print "Now Exit"

f.close()
```

6.7.5.1.1 MPU9150 초기화 과정

시작 부분에서 가장 중요한 것은 Bypass 모드로 바꾸는 것이다. 프로그램을 시
작하기 전에 i2cdetect를 이용해서 디바이스를 찾아보자. 0x68 주소에 한 개가
보인다.

그림 6-53
Bypass 모드가 꺼져 있는
MPU9150 디바이스[7]

7 만약 AD0핀에 전원을 공급한다면 0X69가 될 것이다.

초기화 부분에서 가장 중요한 내용은 Bypass 레지스터를 조작해서 ByPass 모드를 활성화시키는 것이다. 이 과정을 거친 후 자기 센서의 주소를 0x0c로 사용할 수 있다.

```
bus = smbus.SMBus(1)    #bus = smbus.SMBus(1) for Revision 2 boards
bus.write_byte_data(address, power_mgmt_1, 0)
#0x37 레지스터에 0x02값을 입력하면 ByPass 모드로 바뀐다.
#이 시점에 0x0c 주소로 새로운 디바이스가 보인다.
bus.write_byte_data(address, 0x37, 0x02)
```

이 시점에서 다시 i2cdetect를 실행해보면 AKM8975 디바이스가 0x0C에 새롭게 보인다. (AKM8975 칩은 기본 주소를 0x1C를 사용한다.)

그림 6-54
Bypass 모드가 활성화된
MPU9150 디바이스[8]

다음으로 AKM8975 디바이스에서 자기 센서 측정 값을 읽을 차례이다. AKM8975 디바이스에서 값을 읽는 방법은 다음과 같다. 그림 6-55에서 알 수 있듯이 매번 CNTL 레지스터를 업데이트해야 자기 센서 값을 읽을 수 있다. MPU6050과는 전혀 다른 방식이다.

그리고 CNTL 레지스터 업데이트에서 자기 센서 값을 읽고 ST1 레지스터에 읽기 준비를 알리는 1이 기록되기까지 AKM8975 디바이스는 대략 5ms 내외의 시간을 사용한다. 그림에는 10ms를 쉬도록 했으나 테스트를 통해 적절한 값을 택하면 된다. 반드시 10ms를 쉴 필요는 없다. 이 시간을 기다렸다가 ST1 레지스터를 읽어 자기 센서 값이 읽을 준비가 되었을 경우 0X03~0X08 레지스터의 값을 읽는다. 그리고 한 번 값을 읽으면 자동으로 ST1이 다시 0이 된다는 것에 유의하자. 따라서 매번 읽을 때마다 이 CNTL 레지스터를 업데이트해야 한다.

[8] AKM8975의 주소가 새롭게 보인다.

그림 6-55
자기 센서 값 읽기 흐름

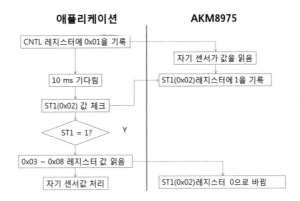

값을 정확하게 읽었으면 다음은 보정 작업을 통해 테슬라 단위로 바꾼다. 측정 값의 범위는 -4096~4095이며 이에 해당하는 자기장의 범위는 -1229~1229μT 이다.

B = 0.3 × 측정값 (단위 μT, 0.3 μT / LBS)

6.7.5.2 측정값 분석

분석을 시작하기 전에 지구 자기장을 먼저 살펴보면 그림 6-56처럼 자기력 선이 존재하며 자북(자석이 가리키는 극점. magnetic pole)은 1년에 40Km 정도씩 계속 변하고 있다.[9] 태평양 해양 지각이 1년에 몇 cm 이동하는 것에 비하면 상당히 빨리 움직인다. 자북에서 자기 센서를 측정한다면 X, Y 방향으로는 0, Z 방향 또는 -Z 방향으로 상당히 큰 값이 측정될 것이다. 자북이 지구 자기력이 가장 큰 지점이며 이곳에서는 방향을 측정하는 나침반은 가치가 없다. 같은 원리로 적도 부근에서는 Z 방향의 자기 센서 측정값이 거의 0에 가까울 것이다. 그리고 그림을 보면 지구는 남극이 N극임을 알 수 있다. 그리고 한반도 근처의 자기력 선은 지구 중심 방향으로 생각보다 큰 값을 가지고 있다.

테스트하는 지역 또는 위치에 따라 테스트 결과는 많이 다를 수 있다는 점을 염두에 두자. 참고로 한반도에서의 자기장 크기는 청양 지구자기 관측소의 기록을 참고로 계산해보면 50μT 근방이다.

---

9 최근 이동 속도가 더 빨라지고 있다고 한다.

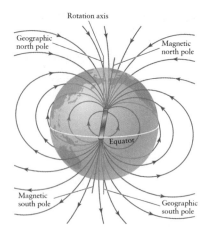

그림 6-56
지구 자기장
(출처: https://
www.patana.ac.th/
secondary/science/
anrophysics/ntopic6/
commentary.htm)>

6.7.5.3 나침반 활용

이제 분석 데이터를 가지고 방위를 계산해보자.

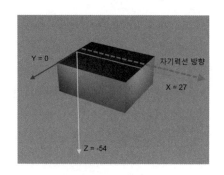

그림 6-57
방위 측정

센서의 수평을 유지한 상태로 회전시켜 Y 값이 0이 되도록 하면 센서의 X축과 지구 자기력 선이 일직선이 된다. 이때 X 측정값이 + 값일 때 X축의 방향이 자북이 되는 것이다.

MPU6050 센서에 자기 센서 기능을 더한 MPU9150 센서를 이용해 주위의 자기장 세기를 조사해보고 자기력 선의 방향이 수직 방향으로 몇 도인지 계산해보자. 앞에서 배운 삼각 함수 역함수를 이용하면 쉽게 구할 수 있다. 이 데이터를 잘 이용하면 자신 위치의 위도를 근사치로 계산할 수도 있을 것이다.

6.8 MQ 센서 시리즈

MQ 센서는 기체 감지 센서다. 이산화탄소부터 다양한 유해 기체에 대한 감지가 가능하다. 다음은 MQ 센서 모델별 감지 기체를 정리한 표이다. 이 센서들을 이용하면 실내 공기 상태 점검, 화재 경보기, 일산화탄소 경보기, 음주 측정기 등 다양한 응용 기기를 제작할 수 있다.

표 6-18
MQ 센서 모델별 감지 기체

모델	감지 기체	입력 전원	측정 범위
MQ2	LPG, Isobutane , propane, methane ,alcohol, Hydrogen, smoke	-	-
MQ3	Alcohol, Benzine, CH4, Hexane, LPG, CO	3~ 5V	0.05 mg/L~10 mg/L
MQ4	Methane	-	-
MQ5	H2, LPG, CH4, CO, Alcoho	-	-
MQ6	Isobutane Propane	-	-
MQ7	CO	-	-
MQ8	H2 gas	-	-
MQ9	LPG, CO, CH4	-	-
MQ135	Hazardous gas (유해 가스)	-	-

> 경찰이 음주 단속에서 사용하는 음주 측정기 제품은 알코올에만 반응하는 백금 센서를 이용한 고가의 제품으로 정밀한 측정이 가능한 제품이다. 하지만 공기 중의 알코올 농도를 주로 측정하는 MQ3 센서는 저렴한 반도체 방식이라 상대적으로 정확도가 떨어지며 온도, 다른 기체 농도 등에 따라 수치가 쉽게 변한다. 절대 MQ3 측정 수치를 과신해서는 안 된다.

MQ 센서들은 출력이 아날로그 방식이다. 파이에서는 아날로그 출력을 직접 받을 수 없기 때문에 AD 컨버터를 사용한다. 여기에서는 MCP3008 칩을 사용하겠다. 이 칩은 GPIO 편에서 자세히 설명하고 있다.

MQ 센서는 전원을 연결하면 약간 뜨거워지는데 이것은 내부의 발열 히터 때문이다. 만약 과하게 가열되지 않고 따뜻한 정도라면 그냥 넘어가도 된다. 센서에 전원을 연결하면 20초 가량 센서 내부에서 예열 과정을 거친다.

6.8.1 MQ 센서 연결

전원은 5V 전원을 사용하면 무난하다. 출력은 AO(Analog Output), DO(Digital Output) 2개의 핀이 있는데 DO는 디지털 출력 핀이다. 임계값 이상이 되면 1이 된다.

> 만약 5V 전원을 사용할 경우에는 파이에서 DO 핀을 사용하면 안 된다. DO 핀의 ON 상태

가 5V의 전원을 공급하기 때문에 GPIO 핀을 통한 과전압으로 기기 손상이 발생한다. 그리고 DO 핀보다는 AO 핀을 이용해야 정확한 측정값을 얻을 수 있다.

중요한 핀은 AO 핀이다. 이 핀에 걸린 전압이 높을수록 알코올이 많이 감지되었다는 뜻이다. 아두이노에서는 아날로그 출력값을 바로 읽을 수 있지만 파이에서는 MCP3008을 비롯한 ADC를 사용한다. 아래 회로에서는 아날로그 출력 핀을 MCU3008의 CH0에 연결했다. MCP3008은 SPI 통신을 사용하기 때문에 파이의 SCLK, MOSI, MISO, SS00 또는 SS01에 연결한다.

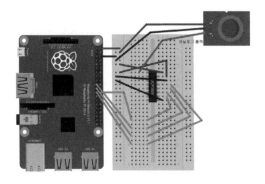

그림 6-58
MCP3008 ADC 칩을
이용한 MQ 센서 연결

6.8.2 MQ 센서 프로그래밍

AD 컨버터인 MCP3008 칩을 공부했다면 MQ 센서 프로그래밍은 전혀 어렵지 않을 것이다. 아날로그 출력 센서들은 모두 ADC 칩에 연결해 1024 단계의 출력값을 받아 원래 입력 전압으로 환산해서 처리하거나 디지털 출력값(0~1023)을 그냥 이용해도 된다.

그림 6-59
MQ3 알코올 센서와
MCP3008 ADC 칩 연결

센서를 이용해서 값을 인식하는 과정은 어렵지 않다. 다만 어느 수준의 값에서 경고를 해야 하는지 경계값을 정하는 것이 좀 까다롭다. 측정값을 기준으로 역으로 경계값을 찾아가는 것도 하나의 방법이지만 가급적 데이터시트를 참조하는 것이 좋다.

다음은 MQ3 센서의 데이터시트에 나와 있는 그래프이다. 농도 변화에 따라 센서가 전 범위에서 선형으로 반응하면 가장 좋은 측정이 가능하다. 그래프에서 가장 측정 효율이 떨어지는 기체는 CH4(메탄)이다. 그래프에서 이 기체는 농도 변화에 대한 센서의 반응이 5% 정도 밖에 되지 않는다. 그림에서 가장 효율이 좋은 기체가 에탄올(알코올)이다.

그림 6-60
MQ3 센서의 기체에 따른 반응 민감도와 온도 습도의 영향
(출처: MQ-3.pdf)

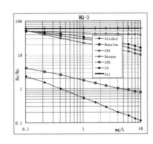
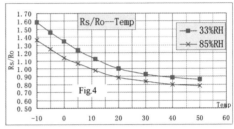

그리고 온도, 습도의 영향을 살펴보면 특히 낮은 온도에서 많은 영향을 받는 것을 알 수 있다. 오른쪽 그래프에서는 수평선에 가까울수록 온도의 영향을 받지 않게 된다. 센서 내부에 히터가 존재하는 이유도 이러한 온도, 습도의 영향을 줄이기 위한 것이다.

MQ 센서의 예제 코드는 MCP3008의 예제로 대신하겠다. 위에서 구성한 회로를 이용해 MCP3008 예제를 실행하면 MQ 센서의 측정값이 나온다. 이 측정값을 어떻게 활용할 것인가는 여러분의 몫이다.

다음은 MQ3 센서를 이용해 알코올 감지 테스트를 한 결과이다. 센서를 작동시키고 잠시 후 뚜껑 열린 술병을 가까이 가져가 알코올 농도를 높인 다음 뚜껑을 닫은 실험이다. 왼쪽은 디지털 출력값, 오른쪽은 복원시킨 아날로그 출력값이다.

그림 6-61
MQ3 센서의 알코올 감지 그래프

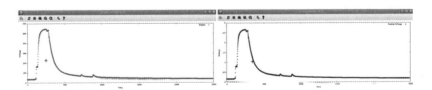

MCP3008의 예제 코드에는 위의 그래프 출력이 가능하도록 측정값을 파일 출력하는 코드를 포함하고 있다. 그리고 그래프 출력을 쉽게 도와주는 plot.gplt 스크립트 파일을 만들어 두었다. 그래프는 gnuplot을 이용해서 출력하면 된다.

ssh 원격 셸에서는 GUI 작업이 불가능하기 때문에 직접 파이에 모니터를 연결

하거나 vncserver를 이용해 LX 터미널을 연 다음, 아래 명령을 통해 앞에서 본 것
과 그래프를 출력할 수 있다.

```
#gnuplot plot.gplt
#gnuplot plot2.gplt
```

대부분의 저렴한 센서들은 아날로그 출력 방식을 사용한다. MCP3004, MCP3008
과 같은 ADC 칩의 사용법을 배워 두면 어떠한 아날로그 센서에도 사용할 수 있
다. 실생활에서는 알코올 센서보다는 각종 유해 가스의 농도를 측정해 임계치를
정한 다음 일정 수준 이상이면 경고를 보내는 실험이 적당할 것 같다. 인터넷 연
동을 통해 스마트폰으로 원격지에서 확인 가능한 화재경보 시스템도 만들 수 있
을 것이다. 단, 센서의 정밀도가 낮기 때문에 중요한 용도로 쓰면 안 된다.

6.9 맥박 센서(Pulse Sensor)

이번에는 재미있는 센서를 한번 다뤄 보겠다. 맥박 센서인데 손가락 끝에 붙여
서 맥박 펄스를 출력할 수 있는 센서이다. 맥박수 측정을 이용한 여러가지 응용
제품 개발이 가능하다.

6.9.1 맥박 센서 개요

이 센서는 3.3V~5V의 입력 전원과 접지, 그리고 아날로그 출력 단자가 있다.
파이에서는 아날로그 입력을 받을 수 있는 단자가 없기 때문에 ADC(Analog
Digital Convert)가 필요하다. 2장 GPIO에 MCP3008 ADC 칩에 대한 설명이 있으
니 참고하자. 파이와 맥박 센서는 SPI 통신을 이용하는데, 이 SPI 통신에 대한 설
명은 3장을 참고하면 된다. 측정 맥박 데이터의 흐름은 다음과 같다.

그림 6-62
맥박 센서의 데이터 흐름

맥박 센서는 맥박의 압력이 아니라 모세 혈관의 혈류량 변화를 빛을 이용해 체
크한다. 이를 위해 센서는 LED 빛을 내보내는데, 이 빛나는 부분을 손가락 끝 또
는 귀와 같이 신체의 끝 부분에 접촉하면 된다.

그림 6-63
센서 부착
(출처:http://
pulsesensor.com/)

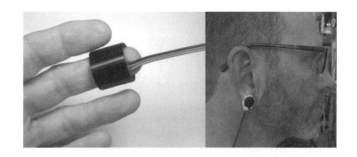

이 센서는 5V 전압에서 약 4mA의 적은 전류를 소모하기 때문에 파이의 GPIO 핀으로 전원을 공급해도 전혀 문제가 없다. 그리고 이 센서는 노이즈 제거 필터를 내장하고 있기 때문에 파형이 부드럽게 나온다. 별도의 노이즈 제거 필터를 구현하지 않아도 되기 때문에 사용이 간단하다.

6.9.2 맥박 센서 연결

센서 연결 방법은 3장에서 다루었던 MCP3008 칩 연결 방법과 거의 유사하다. 센서의 전원은 3.3V, 5V 모두 사용 가능하다. 아래 브레드보드를 이용한 센서 구성에서 센서의 LED가 빛나고 있음을 알 수 있다.

그림 6-64
맥박 센서, MCP3008
ADC를 이용한 브레드보드
구성

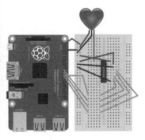

그림 6-65
센서 배선

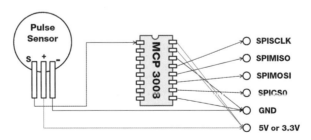

6.9.3 맥박 센서 프로그래밍

MCP3008 칩과 SPI 통신에 대한 기초만 있으면 쉽게 응용 프로그램을 만들 수 있다. 한 가지 유의할 점은 MCP3008 칩과 맥박 센서 모두 3.3V, 5V 전원을 사용할 수 있다는 것이다. 프로그램에서 입력 전원에 따라 LSB(최소 변화 단위) 값이 달라지기 때문에 소스 코드에 입력 전원을 반영해야 한다. 보통 ADC를 사용하는 용도는 원래 센서에서 보낸 아날로그 전압을 디지털 방식으로 측정하는 것이 목적이지만 맥박 측정인 경우에는 펄스의 모양이 중요하기 때문에 SPI 통신을 통해 받은 0~1023 범위의 값을 사용해도 문제없다.

6.9.3.1 파이썬 프로그래밍

출력값을 pulse.dat 파일에 기록한 다음 gnuplot 프로그램을 이용해 그래프를 출력할 수 있다. 만약 실시간으로 맥박 펄스를 출력하고 싶으면 다양한 방법을 생각할 수 있다. 파이의 데스크톱 모드(GUI 모드)에서 다양한 GUI 라이브러리를 이용해서 개발이 가능하며, 별도의 LED, LCD 디스플레이를 파이에 연결해 이용하거나 웹을 통해 보는 것도 가능할 것이다.

```python
#!/usr/bin/python

import spidev
import time
import os

Vref = 3.3
Criteria = 530
pulse_value = [0, 0, 0]
pulse_duration = [0.0, 0.0, 0.0]

spi = spidev.SpiDev()
spi.open(0,0)

def ReadChannel(channel):
  adc = spi.xfer([1,(8+channel)<<4,0])
  data = ((adc[1]&3) << 8) + adc[2]
  return data

def get_msec_tick():
  return int(round(time.time() * 1000))

def Heart_Rate():
  count = 0
  tm = 0.0
  for x in range(0, 3):
    count += pulse_value[x]
    tm += pulse_duration[x]

  tm /= 1000
  if(tm) :
    print "Heart Pulse Rate :", count * 60.0 / tm , " / min"

mcp3008_channel = 0
```

```
delay = 0.01

f = open('pulse.dat', 'w')
index = 0
slot_index = 0
pulse = 0
ditital = 0.0

try:
  st = get_msec_tick()
  while True:
    #Read the pulse sensor data
    analog_level = ReadChannel(mcp3008_channel)
    if(0 == analog_level):
      time.sleep(delay)
      continue

    if((analog_level < Criteria) and (1 == pulse)):
      pulse_value[slot_index] += 1
      print "Pulse!"

    if(analog_level < Criteria):
      pulse = 0
    else:
      pulse = 1

    ditital = analog_level * Vref / 1024.0
    data = "{} {} {} \n".format(index, analog_level, ditital)
    f.write(data)

    time.sleep(delay)
    index += 1
    if(0 == (index %1000)):          #about every 10 sec
      et = get_msec_tick()
      pulse_duration[slot_index] = et - st
      st = et
      Heart_Rate()
      slot_index += 1
      slot_index = slot_index % 3
      pulse_duration[slot_index] = 0.0
      pulse_value[slot_index] = 0

except KeyboardInterrupt:
  print "Now Exit"
  f.close()
```

출력값을 gnuplot로 출력하면 다음 페이지의 그림 6-66과 같다. 위의 소스 코드에서 대략 MCP3008의 입력값 530을 경계로 삼아 맥박을 카운트했다. 이 값들은 센서와 입력 전원, 측정 위치 및 압력 등에 따라 달라질 수 있기 때문에 출력한 데이터를 분석한 후 결정하면 된다.

참고로 C 소스 코드인 pulse_2.c는 조기 데이터 값을 읽어서 맥박 경계값을 결정하도록 개선한 코드이다. 여러 가지 방법으로 여러분이 직접 개선해 보기 바란다.

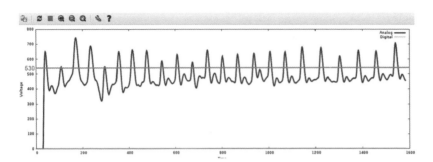

그림 6-66
gnuplot를 이용한 로그값
출력

6.10 습도 센서 DHT11

6.10.1 DHT11 센서 개요

Micropik사의 DHT11 센서는 습도 및 온도를 측정하는 센서이다. 이 센서는 자이로스코프, 가속도 센서에 비해 사용법이 쉬우며 어려운 물리 법칙이 없기 때문에 금방 사용법을 익힐 수 있다. 하지만 센서의 측정값 출력 방식이 독특하기 때문에 정확하게 출력값을 측정하기 위해서는 프로그래밍에서 고려할 요소가 많다. 간단한 구조의 센서이지만 프로그래밍 측면에서는 아주 어려운 센서에 속한다.

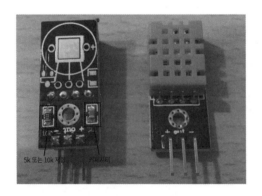

5k 또는 10k 저항   커패시터

그림 6-67
DHT11 센서

입력 전압은 3~5.5V이다. 파이의 3.3V, 5V 전원 모두 연결 가능하다. 그리고 센서에 전원이 공급되고 1초 동안은 센서 내부 상태가 불안정하기 때문에 측정값을 보내지 않는다. 그리고 V_{dd}와 접지 사이에는 100nF 용량의 커패시터를 연결해 전원 필터링을 해도 된다.

우측 회로를 보면 기판 중앙에 총 4개의 연결 단자가 있는데 헤더핀과 연결할 때에는 핀 중에서 3번 핀은 사용하지 않는다. 이 때문에 보통 판매되는 제품의 경우 그림처럼 3개의 핀을 제공한다. 제조사에 따라 핀 배열이 다르기 때문에 기판을 잘 확인하고 연결하기 바란다. 위의 제품은 V$_{CC}$, Data(GPIO 연결), 접지 순으로 핀이 배열되어 있다.

센서	측정 범위	습도 오차	온도 오차	해상도	패키징
DHT11	20~90% RH 0~50°C	±5%RH	±2°C	1	4핀

습도의 경우 상온(25℃)에서 대략 ±4%RH[10]의 오차를 갖고 전체 범위에서는 ±5%RH의 오차범위를 가진다. 센서의 응답 속도가 예상외로 느리지만 온도와 습도가 짧은 시간에 급격하게 변하지 않기 때문에 사용에는 문제 없다.

!　DHT11 센서의 데이터시트에는 다음과 같은 주의 사항이 적혀있다.
- 이슬이 있는 환경에서는 사용하지 말 것
- 인명 구조용 또는 위급 상황 대처용으로 사용하지 말 것
- 센서 고장 시 생명에 위협을 줄 수 있음
- 10~40도, 상대습도 60% 이하에서 센서를 보관할 것

💡　DHT11 데이터시트에는 가운데 출력 단자에 5KΩ 풀 업 저항을 연결해 사용하라고 되어 있다. 하지만 위 그림과 같은 모듈은 이미 5KΩ 또는 10KΩ 풀업 저항 및 커패시터가 이미 연결되어 있다. 따라서 별도의 풀업 저항을 연결할 필요는 없다.

6.10.2 DHT11 센서와 라즈베리 파이의 통신

DHT11 센서와 파이 간의 통신은 단일-버스 포맷(single-bus format)을 이용하고 한 번의 통신에 필요한 시간은 4ms 정도이다. 총 40비트(5바이트)의 데이터를 송신하며 송신 데이터 규격은 다음과 같다.

8bit	8bit	8bit	8bit	8bit
integral RH data	decimal RH data	integral T data	decimal T data	check sum

마지막 체크섬(check sum)은 보내는 데이터가 정상인지 체크하는 값으로, 앞의 32비트 데이터에 대한 체크섬을 계산한 값을 사용한다. 데이터 값을 해석하는 방법과 체크섬 알고리즘은 뒤의 소스 코드에서 설명하겠다.

데이터를 읽기 위한 과정은 다음과 같다. 참고로 DHT11 센서는 비트를 보낼

---

10 RH는 상대습도(Relative Humidity)의 약자이다.

때 먼저 50us 시간 동안 OFF를 먼저 보내고 ON 신호를 보낸다. 만약 ON 신호의
길이가 26~28us이면 이 비트는 0이 되고 70us이면 이 비트 값은 1이 된다.

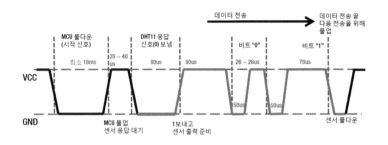

그림 6-68
통신 과정

위의 그림을 보면 다음과 같은 과정을 거치는 것을 알 수 있다.

- 파이에서 GPIO 핀을 OUTPUT 모드로 설정한 다음 OFF(Start Signal)를 유지
  한다. 초기 상태에 해당하며 최소 18ms 이상 지속해야 한다.
- 다시 ON을 보내고 GPIO를 INPUT 모드로 바꾼 다음 센서의 응답을 기다린다.
- DHT 센서가 결과 신호(0→1)를 보낸다.
- DHT 센서가 값을 보낸다. 펄스 폭이 26~28us이면 비트 값이 0이고 70us 근
  처이면 1이다.

DHT11 센서는 하나의 핀을 이용해 데이터를 송수신하기 때문에 파이의 GPIO
핀을 OUTPUT 모드와 INPUT 모드를 수시로 변경하면서 사용해야 한다. 그리고
비트의 1, 0 값을 펄스 폭으로 구분해야 하는 어려움이 있다.

6.10.3 DHT11과 라즈베리 파이의 연결

비교적 연결 방식은 간단하다.

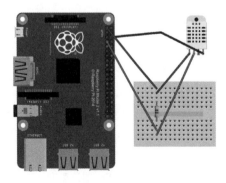

그림 6-69
파이와 DHT11 센서
연결[11]

---

11 만약 DHT11 모듈이 앞에서 소개한 것처럼 풀업 저항을 가지고 있다면 저항은 생략한다.

6.10.4 습도 측정에 필요한 기초 물리 지식

이 센서에 필요한 물리 지식은 습도이다. 습도의 단위에 대해 알아보자. 습도의 단위는 H(Humidity)이고, 절대습도(AH)와 상대습도(RH)가 있다.

6.10.4.1 절대습도(Absolute humidity)

절대습도는 온도에 대한 고려 없이 단위 부피당 수증기량으로 정의한다. 대기 중의 절대습도 범위는 대략 0~30gram/M^2(제곱미터당 0~30그램) 정도이다.

$$AH = m_w/V_a$$

6.10.4.2 상대습도(Relative humidity)

상대습도는 (현재 수증기압/측정 온도의 포화 수증기압)으로 정의한다. 만약 상대습도가 100이라면 대기가 현재 온도에서 가능한 최대한의 수증기를 가지고 있다고 보면 된다.

　포화 수증기량은 온도에 비례해서 늘어난다. 날이 추워지면 이슬이 맺히는 이유는 공기 중의 포화수증기량이 내려가 포화수증기량을 초과하는 수분이 이슬로 바뀌는 것이다. 겨울 날씨가 건조한 이유도 이처럼 포화 수증기량이 낮기 때문에 공기가 많은 수분을 가질 수 없기 때문이다. 반대로 여름에 습한 날이 많은 이유는 포화 수증기량이 높아 비가 오거나 흐리면 대기가 품을 수 있는 수분량이 많아지기 때문이다.

$$RH = (P_{current} (H_2 O))/(P_{max} (H_2 O)) \times 100\%$$

6.10.5 DHT11 센서값 읽기 프로그래밍

DHT11 센서를 동기식으로 제어하려면 상당히 까다롭다. 수십 마이크로초 단위로 변하는 펄스를 정확하게 감지하려면 일반적으로 측정 수치의 1/10 크기(수 마이크로 초) 단위로 체크해야 한다. GPIO 편에서 파이썬 루프문에서 마이크로 초 단위는 적절치 않다고 말한 적이 있다. 과다한 CPU 낭비와 함께 측정 자체가 불가능할 수 있다. 다시 한번 아래 코드를 보자.

```
start_usec  = timer.timer()
timer.sleep(0.000005)
end_usec = timer.timer()
interval = (end_usec - start_usec) * 1000000
```

상식으로 위의 코드에서 interval 값이 5마이크로 초가 나와야 하지만 현실은 그렇지 않다. 위와 비슷한 파이썬 코드를 만들어서 테스트해보면 오차가 많이 난다. 이 오차 범위가 DHT11 센서의 비트 값을 결정하는 시간 단위를 넘어서는 경우가 많다. 따라서 아무리 정확하게 코딩을 하더라도 오류가 발생할 수 있다.

그리고 한 가지 주의할 점이 있다. 마이크로 초 단위의 동기식 제어에서는 print, printf 같은 화면 출력까지도 미세한 성능에 영향을 미친다. 따라서 아주 정밀한 제어에서는 화면 출력도 함부로 사용해서는 안 된다.

이러한 어려움을 해결할 수 있는 좋은 방법이 비동기식 인터럽트를 이용하는 방법이다. 펄스가 ON → OFF, 또는 OFF → ON으로 변할 때 콜백 이벤트를 호출하게끔 하면 불필요한 루프문 반복을 줄일 수 있다.[12]

파이썬에서도 2장 GPIO에서 소개한 것처럼 비동기 인터럽트 사용이 가능하다. 하지만 INPUT, OUTPUT 모드를 수시로 변경하면서 펄스 폭[13]을 정확하게 체크하기에는 pigpio 라이브러리를 이용한 C언어 프로그래밍이 가장 뛰어나다. pigpio의 비동기 인터럽트 방식의 가장 큰 장점은 인터럽트 간격을 파라미터로 전달해 준다는 것이다. 이 값을 이용하면 펄스 폭을 바로 알 수 있기 때문에 비트 값을 쉽게 구할 수 있다.

6.10.5.1 DHT11 제어 프로그래밍

실제 폴링 방식으로 제어해보면 예상외로 에러가 많이 발생한다. 다음은 파이썬 프로그래밍을 이용한 방식과 wiringPi 라이브러리를 이용한 동기식 방식 테스트 결과이다. 소스 코드는 dht11.c을 참조한다.

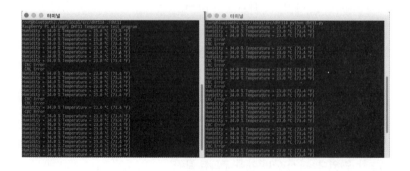

그림 6-70
동기식 프로그램 테스트
결과[14]

DHT11 센서를 다루기 위해서는 비동기 인터럽트 방식을 사용해야 어느 정도 만

---

12 아두이노에서는 이러한 고민을 할 필요가 없다. 아두이노는 싱글 태스킹을 하기 때문에 CPU 자원을 모두 사용하더라도 전혀 문제되지 않는다.

13 비동기 방식에서는 인터럽트 간격과 동일하다.

14 좌측은 wiringPi를 이용한 C언어로 만들었으며 우측은 파이썬으로 만들었다. 두 프로그램 모두 가끔 체크섬 에러가 발생한다.

족할 만한 결과를 얻을 수 있다.

다음은 앞에서 설명한 내용을 wiringPi 라이브러리를 이용해 C 코드로 만든 것이다. 이 프로그램은 앞에서 설명한 것처럼 정확한 타이머를 사용할 수 없는 이유로 인해 가끔씩 읽기 오류가 발생한다. 그림에서 CRC 에러는 값을 비트값을 정확하게 읽지 못했을 경우 발생한다. wiringPi, pigpio 두 라이브러리는 제공하는 기능이나 성능면에서 큰 차이가 없다. 필자의 생각으로는 미세한 제어나 동시에 여러 GPIO를 제어하는 데 pigpio가 좀 더 좋은 구조를 가지고 있는 것 같다.

다음은 pigpio 라이브러리를 이용해 비동기 방식으로 DHT11 센서를 제어한 C 소스 코드이다. 빌드는 소스 코드와 같은 디렉터리에 있는 Makefile을 이용한다.

```c
#include <unistd.h>
#include <time.h>
#include <sys/time.h>
#include <stdio.h>
#include <stdlib.h>
#include <stdint.h>
#include <sys/resource.h>
#include <errno.h>
#include <stdbool.h>
#include <signal.h>
#include <pigpio.h>

#define MAXTIMINGS      85
#define DHTPIN          4
#define HIGH_LOW        8
#define HIGH            1
#define LOW             0
int dht11_dat[5] = { 0, 0, 0, 0, 0 };
int phase = 0;


void my_ctrl_c_handler(int sig){ //can be called asynchronously
        gpioTerminate();
        exit(0);
}

void myInterrupt (int gpio, int level, uint32_t tick)
{
  static int i;
  static uint32_t prev, gap;
  gap = tick - prev;

  if((phase >= 6) && (phase <= 84) && !(phase % 2)){
    //6,8,10... 84, ... 0,2,4...78, 0,1,2, ...39
    i = (phase - 6) / 2;
    dht11_dat[i / 8] <<= 1;
    if ( gap > 50 )
       dht11_dat[i / 8] |= 1;
  }
  if(phase == 84){          //마지막 데이터. 풀업 시켜야 함
    gpioSetMode(DHTPIN, PI_OUTPUT);
    gpioWrite(DHTPIN, HIGH);
  }
  phase++;
```

```
      prev = tick;
}

unsigned long read_dht11_dat()
{
   dht11_dat[0] = dht11_dat[1] = dht11_dat[2] = dht11_dat[3] = dht11_dat[4] = 0;

   gpioSetMode(DHTPIN, PI_OUTPUT);
   gpioWrite(DHTPIN, LOW);
   gpioDelay(18 * 1000);
   gpioWrite(DHTPIN, HIGH);
   gpioSetMode(DHTPIN, PI_INPUT);
   gpioDelay(40);
   return 0;
}

int main( void )
{
   unsigned long ret;
   int loop = 0, i;
   float f;
   printf( "Raspberry Pi pigpio DHT11 Temperature test program\n" );
   setpriority(PRIO_PROCESS, 0, -20);
   gpioCfgClock(2, 1, 1);
   if (gpioInitialise()<0) return 1;
   gpioSetSignalFunc(SIGINT, my_ctrl_c_handler);       //Ctrl + C Handler
   gpioSetMode(DHTPIN, PI_OUTPUT);
   gpioWrite(DHTPIN, HIGH);
   gpioDelay(1000 * 1000);
   i = gpioSetAlertFunc(DHTPIN, myInterrupt);
   while ( 1 )
   {
      phase = 0;
      ret = read_dht11_dat();
      gpioSleep(PI_TIME_RELATIVE,  0,  10000); /* wait 1sec to refresh */
      if(86 != phase){
        printf( "Read Error[%d]\n", phase );
      }
      else{
        if(dht11_dat[4] == (dht11_dat[0] + dht11_dat[1] + dht11_dat[2] +
                          dht11_dat[3]) & 0xFF){
          f = (float)dht11_dat[2] * 9. / 5. + 32;
          printf( "Humidity = %d.%d %% Temperature = %d.%d *C (%.1f *F)\n",
              dht11_dat[0], dht11_dat[1], dht11_dat[2], dht11_dat[3], f );
        }
        else{
          printf( "CRC Error\n" );
        }
      }
      gpioSleep(PI_TIME_RELATIVE,  2,  0); /* wait 1sec to refresh */
      if(loop++ == 100) break;
   }
   return(0);
}
```

그림 6-71
pigpio 라이브러리를
이용한 비동기 방식 테스트
결과[15]

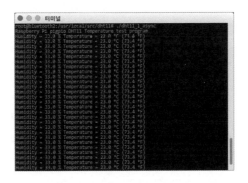

결과가 폴링 방식에 비해 에러가 발생하지 않고 깔끔하게 나온다는 것을 알 수 있다. 이처럼 마이크로 초 단위의 폴링이 필요한 곳에 비동기 방식을 적용하면 훨씬 깔끔하게 작동하는 것을 알 수 있다.

콜백 함수는 GPIO 핀의 상태가 바뀔 때마다 불려지기 때문에 함수 안에서는 불린 시점을 파악하기 힘들다. 그리고 콜백 함수는 별도의 스레드에서 불려진다. 따라서 현재 진행되는 코드와 동시에 불려질 수 있다는 것에 유의하자. 상태 관리를 위해 전역 변수(여기에서는 phase 변수)가 필요하다. phase 변수는 루프 싸이클마다 새롭게 초기화시킨다. 따라서 콜백 함수에서는 이 변수를 이용해 현재 몇 번째 이벤트가 발생하는지 알 수 있다.

앞에서 설명한 통신 과정 그래프를 참조하면서 콜백 함수와 함께 read_dht11_dat() 함수를 살펴보자. DHT11 센서를 작동시키려면 시작 신호를 보내는 것부터 약간의 조작이 필요하다. 이 조작을 담당하는 부분이 read_dht11_dat() 함수이다. 이 함수에서 GPIO 핀을 상태를 변경시키면 콜백 함수에서 이벤트가 발생한다. 0~3까지의 4개 이벤트는 센서 초기화 과정에서 발생한다.

표 6-21
콜백 호출 순서에 따른
이벤트 내용[16]

count	상태	내용	유지 시간
0	1 -> 0	start signal 보낸 직후 발생	
1	0 -> 1	18ms 쉰 다음 ON시킬 때 발생	18ms
2	1 -> 0	DHT11 센서에서 발생시킴	40us
3	0 -> 1	DHT11 센서에서 발생시킴	80us
4	1 -> 0	DHT11 센서에서 발생시킴	80us
5	0 -> 1	bit data comming soon	
6	1 -> 0	bit data	20~70us

15 체크섬 에러 없는 깨끗한 출력이 나타난다.
16 ON-)OFF, OFF-)ON 모두 인터럽트가 발생한다.

7~84		5,6번 과정 반복
85	0 -> 1	84번째 마지막 데이터를 받고 ON 상태로 바꿈. 다음 싸이클을 ON에서 시작하게끔 함.

> 콜백 함수 void myInterrupt (int gpio, int level, uint32_t tick)의 특징은 마지막에 tick 값이 있다는 것이다. 이 값은 이벤트가 불러진 시점을 us 단위로 제공한다. 초기화 이전 gpioCfgClock에서 설정한 해상도로 작동한다. 만약 gpioCfgClock에서 5us로 설정했다면 tick 값은 5의 배수가 될 것이다. 이 값은 상당히 정확하다. 따라서 이 값의 차이를 이용하면 펄스의 유지 시간을 정확하게 계산할 수 있으며 비트값의 1, 0 판단이 정확해진다.

DHT11 센서는 작동 원리가 간단하며 물리 법칙도 쉽기 때문에 사용법이 간단할 것 같지만, us 단위의 정밀한 제어 및 측정이 필요하기 때문에 예상 외의 어려움이 있다. 특히 파이썬과 같은 인터프리터 언어로는 구현이 상당히 까다롭다. 이 책의 대부분의 예제는 파이썬으로 제공하지만 이 예제만큼은 C언어로 만든 예제를 제공한 이유도 실제 제어가 생각보다 쉽지 않기 때문이다.

만약 파이썬으로 도전하고 싶은 독자는 이 책의 소스코드 중에서 dht11.py를 참조한다. sleep 기능 없이 동기식 방식으로 구현하고 있으며 생각보다 좋은 성능을 낸다. 에이다프루트사에서 제공하는 라이브러리도 https://github.com/adafruit/Adafruit_Python_DHT에서 다운받을 수 있다. C로 구현한 라이브러리를 파이썬에서 호출하는 방식이다. 실제 에이다프루트사의 소스 코드를 들여다보면 앞에서 소개한 동기식 C 예제와 같은 구조로 되어 있지만 성능 향상을 위해 여러 가지 튜닝 작업이 되어 있어 체크섬 에러가 거의 발생하지 않는다. 하지만 개인적으로는 에이다프루트사의 라이브러리보다 pigpio를 이용해 작동 원리를 이해하면서 비동기 방식으로 사용하길 권한다.

DHT11 센서보다 좀 더 정밀한 센서를 원한다면 DHT22를 사용할 수도 있다.

6.11 FSR402 힘(Force) 센서

대부분의 아날로그 센서들이 3, 4 단자인데 반해 FSR402 압력 센서는 2 단자로 구성되어 있다. 2 단자 센서는 일종의 가변 저항으로 보면 된다. 입력 전압에 대해 센서의 측정값에 따라 저항 값이 바뀌며 그 결과 출력 전압이 바뀌는 원리이다. Interlink Electronics사의 FSR400 시리즈 센서는 센서에 가해지는 힘을 감지해 저항값을 변경하는 센서이다. 이 센서는 둥근 감지 부분에 힘을 받으면 저항에 약해지는 특성을 지니고 있다.

그림 6-72
FSR 402 센서

❗ 이 센서의 핀 부위는 얇은 플라스틱 재질이다. 납땜을 하다가 조금만 실수해도 얇은 플라스틱 막이 녹아버리는 수가 있다. 납땜을 해야 할 경우에 상당히 조심해야 한다.

6.11.1 FSR402 센서

다음은 FSR402 압력 센서의 압력과 저항의 비례를 나타내는 그래프이다. 오른쪽은 회로도인데 저항(RM)을 사용한다. FSR402 센서의 저항값이 0~100kΩ이기 때문에 저항을 연결한다면 비슷한 저항값인 10kΩ 정도가 적당하다.

힘이 0.2N 이하인 경우에는 급격하게 저항 값이 올라가기 때문에 정확도가 떨어지며 0.17 이하에서는 저항값이 거의 무한대이기 때문에 측정이 의미가 없다.

100N의 압력에서는 대략 0.2 kΩ(250Ω)의 저항이 걸린다.

그림 6-73
FSR402 센서의 특성 및
회로 연결
(출처: fsr402 data sheet)

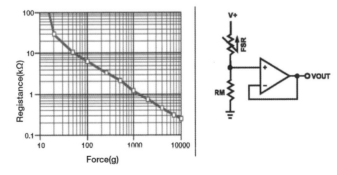

❗ 앞의 그래프는 선형 그래프가 아니다. 눈금을 잘 보면 알 수 있다. 로그를 취하면 선형에 가까워진다.

💡 위 그래프에는 힘의 단위로 g를 사용하고 있다. 힘의 표준 SI 단위는 뉴튼(N)이다. 데이터 시트에서 사용하는 힘의 단위 g는 gram force의 약자이다. gram force는 1g의 물체에 중력 가속도를 받을 때의 힘이다. 즉, 1g의 질량을 가진 물질의 무게라고 생각하면 된다. 무게는 질량의 가진 물체에 중력이 작용할 때의 힘을 의미한다. 일상 생활에서는 질량은 의미가 별로 없기 때문에 대부분 구분 없이 무게의 개념으로 사용하지만 과학 분야에서는 무게를 질량과 혼동하면 안 된다.

이 센서의 중요한 물리적 특성은 다음과 같다.

측정 단위	0.1 Newton		
측정 범위	0.1~100 Newton	실제 50Kg중 이상의 무게 측정 가능 50Kg중 = 50Kg × 9.8m/sec^2 = 490Newton	
최대 저항	10MΩ	힘을 안 받는 상태	
작동 온도	-30 - +70 ℃		
내구성	10,000,000번		

표 6-22
FSR402의 특성

6.11.2 힘 측정에 필요한 물리 지식

우리가 사용하는 미터법 표기(SI Unit)에서는 힘(질량×가속도)의 단위는 뉴튼(Newton)이다.

$$Newton = Kg \times m/sec^2$$

여기에서 앞에서 나온 gram force와 N의 비례 관계를 알아보자.

$$1Newton = 1Kg \times m/sec^2 = 1000g \times m/sec^2 = 1000/9.80665 \times 9.80665m/sec^2$$
$$= 101.97 \ gram \ force$$

즉, 1 Newton의 힘은 101.97 gram force에 해당한다.

또한 옴의 법칙에서 저항을 직렬 연결한 회로에 대한 기초 지식이 필요하다.

$$R = R_1 + R_{fsr}$$
$$V = V_{out} + V_{fsr}$$
$$I = I_1 = I_{fsr}$$

6.11.2.1 힘의 측정

앞의 그래프에서 유효 구간을 0.2N~100N 사이로 하고 이 구간 내에서 거의 로그값에 대해 선형으로 변한다는 가정으로 센서에 가해지는 힘을 구해보자.

FSR402의 출력 전압과 저항의 관계는 앞에서 설명한 옴의 법칙에서 유도하면 다음과 같다.

$V = V_{fsr} + V_{out} = I \times R_1 + I \times R_{fsr}$

$V_{fsr}/R_{fsr} = I$

$V_{out} = (R_1 \times V)/(R1 + R_{fsr})$

$R\_{fsr} = (R1 \times V)/(V_{out} - R1)$

우리가 연결하는 저항값은 10kΩ이고 V_{out}은 측정이 가능하기 때문에 위 식을 이용하면 센서의 저항 값이 계산 가능하다.

또한 출력 전압과 힘의 상관 그래프는 다음과 같으며, 연결한 저항값에 따라서 전압 범위가 달라진다. 3kΩ, 10kΩ 저항은 출력이 양호한 편이다.

그림 6-74
전압-힘 그래프
(출처: fsr402 data sheet)

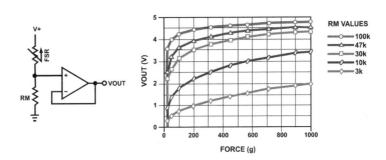

위의 그래프에 대입하면 센서에 가해지는 힘을 알 수 있다. 선형에 가깝게 변할수록 측정 전압을 힘으로 환산하기 쉽기 때문에 저항은 3kΩ, 10kΩ 정도가 적당하다.

> 그림 6-74에서 알 수 있듯이 출력 전압과 힘의 비례 관계를 함수로 만들기가 어렵다. 정확한 값을 수식을 통해 얻기는 어렵기 때문에 구간을 나누어 힘의 크기를 근사치로 측정하는 것이 좋다.

6.11.3 FSR402와 파이 연결

다른 아날로그 센서와 마찬가지로 이 센서의 출력값을 측정하려면 ADC가 필요하다. 여기에서도 MCP3008 ADC를 사용한다. 저항을 한 개 연결하는 것을 제외하면 다른 아날로그 센서와 차이가 없다. 저항은 10kΩ을 사용한다. 그리고 전원은 5V 전원을 사용하면 된다.

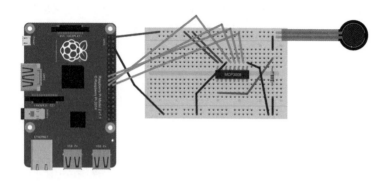

그림 6-75
FSR402 힘 센서,
MCP3008 ADC, 그리고
파이

6.11.4 FSR402 프로그래밍

2장 GPIO의 MCP3008 예제를 기본으로 하여 일부만 수정하면 된다.

```python
#!/usr/bin/env python
import spidev
import time
import os

Vcc = 5.0
R1 = 1000
#SPI 버스를 초기화한다.
spi = spidev.SpiDev()
spi.open(0,0)

#fsr402 출력값을 계산한다.
def fsr420_Registor(voltage):
  R = (R1 * Vcc)/voltage - R1
  return R

#MCP3008에서 fsr402 저항 값을 읽는다.
def ReadChannel(channel):
  adc = spi.xfer([1,(8 + channel)<<4,0])
  data = ((adc[1]&3) << 8) + adc[2]
  return data

#우리는 MCP3008 디지털 출력 0번 채널을 이용할 것이다.
mcp3008_channel = 0

#측정 주기를 설정한다.
delay = 0.01

#gnuplot에서 분석할 수 있는 파일을 생성한다.
f = open('fsr402.dat', 'w')
index = 0

try:
  while True:
    #mcp3008에서 FSR402의 저항 값을 읽는다.
    analog_level = ReadChannel(mcp3008_channel)
    Vout = analog_level * Vcc / 1024.0
    if(Vout == 0.0):
```

```
    Vout = 0.001
    #FSR402의 저항 값을 계산한다.
    Rfsr = fsr420_Registor(Vout)
    print "Digital:", analog_level, " Voltage:", Vout, " R(K Ohm):",
Rfsr / 1000.0
    data = "{} {} {} {}\n".format(index, analog_level, Vout, Rfsr / 1000.0)
    f.write(data)
    time.sleep(delay)
    index += 1

except KeyboardInterrupt:
  print "Now Exit"
  f.close()
```

파이썬 예제의 출력값을 CSV 포맷의 fsr402.dat 파일로 저장한다. 이 파일을 gnuplot으로 열어보면 아래와 같다.

그림 6-76
센서 출력 결과

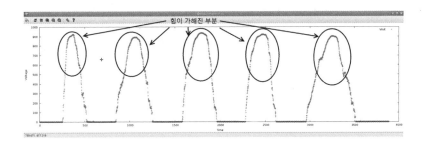

그림에서 솟아 오른 곡선이 출력 전압의 디지털 값이다. 전압의 선이 깨끗하게 나오지 않는다. 선이 깨끗하게 나오지 않는다는 것은 그만큼 노이즈가 심하다는 뜻이다. 앞의 '전압-힘 그래프'를 다시 한번 살펴보면 힘이 가해지지 않은 상태에서 약간의 힘만 가해도 그래프가 거의 수직으로 증가한다. 10kΩ 저항을 사용한다면 전압 2.2V(디지털 출력 410) 이하는 신뢰할 수 없는 구간이기 때문에 측정값을 버려야 한다.

FSR402 센서를 이용해서 힘을 정확하게 측정하는 것은 거의 불가능하다. 특히 힘이 가해지지 않은 상태에서 너무 급격하게 반응하며 이로 인해 노이즈가 많이 발생한다. 몇 개의 구간으로 나누어 어떤 힘이 가해지는지 분석하는 정도의 용도가 적당하다.

참고 자료
• http://www.micropik.com/PDF/HCSR04.pdf
• http://www.elecfreaks.com/store/download/product/Sensor/HC-SR04/HC-SR04_Ultrasonic_Module_User_Guide.pdf
• https://www.sparkfun.com/search/results?term=6050

- http://invensense.com/
- http://www.chrismarion.net/index.php?option=com_content&view=article&id=122:the-segway-theory&catid=44:robotics
- http://theboredengineers.com/2012/05/the-quadcopter-basics/
- http://ozzmaker.com/2015/01/27/guide-interfacing-gyro-accelerometer-raspberry-pi-kalman-filter/
- https://www.sparkfun.com/products/11486
- http://www.invensense.com/
- http://www.invensense.com/mems/gyro/documents/RM-MPU9150A-00v4_2.pdf
- https://www.patana.ac.th/secondary/science/anrophysics/ntopic6/commentary.htm
- Wrox사 Professional Android Sense Programming
- http://www.adafruit.com/datasheets/BST-BMP180-DS000-09.pdf
- http://en.wikipedia.org/wiki/Pressure
- http://www.micropik.com/PDF/dht11.pdf
- http://www.uugear.com/portfolio/dht11-humidity-temperature-sensor-module/
- http://abyz.co.uk/rpi/pigpio/index.html
- http://web.eng.gla.ac.uk/rpi/2014/10/

## 7장

카메라

당신은 절대 늙지 않았다. 어머니가 하신 말처럼,
당신이 원하면 무엇이든 이룰 수 있다. 단, 당신이 그 일을 한다는 조건하에.
"You're never too old, and if you want to, as my mother said,
you can do anything you want to, but you have to work at it"
- Annie Easley(애니 이슬리)

센서와 마찬가지로 파이와 외부 세계가 접촉하는 중요한 도구는 바로 카메라이다. 단순히 사진을 찍거나 비디오를 녹화하는 용도가 아니라 동물의 눈과 마찬가지로 파이에게 카메라는 외부 세계를 인식할 수 있는 중요한 감각기관 역할을 한다. 파이가 처음 나왔을 때에는 공식적인 카메라 모듈이 없었다. 카메라 기능이 필요한 경우 대부분 USB 웹캠을 사용해야만 했다. 하지만 2013년 5월 파이 전용의 카메라 모듈이 라즈베리 파이 재단에서 공식 출시되었다. USB 방식과 달리 CSI(Camera Serial Interface) 카메라 전용 인터페이스를 이용하기 때문에 성능이 상당히 뛰어나며, 드론용 카메라, 무인 감시 카메라 등 다양한 용도로 활용 가능하다.

그리고 뒷부분에서 설명할 OpenCV를 이용한 사물 인식에서도 파이 카메라를 사용한다. OpenCV는 다양한 용도로 사용할 수 있는 좋은 기능이다. 아두이노에서도 OpenCV를 이용할 수 있지만 파이에서 훨씬 강력한 기능을 발휘한다. 또한 사물 인식 기능은 로봇에 도전하기 위한 중요한 발걸음이다. 창의적인 아이디어와 결합한다면 활용 범위가 무궁무진하다.

7.1 카메라 모듈 연결

파이용 카메라 모듈은 RS Component, Element 14 등의 공식 판매처에서 구입할 수 있다. 국내에서도 쉽게 구할 수 있으며 Aliexpress와 같은 사이트에서 직접 구매하는 것도 가능하다. 기존의 카메라 모듈 모델은 OmniVision OV5647 센서를 탑재하고 2592×1944 해상도, 1080p, 30f의 동영상 녹화를 지원하고, 2016년에 새로 발표된 모델은 소니의 IMX219 8-megapixel 센서를 탑재하고 3280×2464의 정지 해상도, 8M 픽셀을 지원한다.

그림 7-1
CSI 방식의 파이 전용
카메라[1]

7.1.1 Camera 기능 활성화

파이에서 CSI를 이용하는 전용 카메라를 사용하려면 raspi-config에서 카메라 기능을 반드시 활성화해야 한다. 다음 명령으로 파이 설정 화면을 불러올 수 있다.

```
sudo raspi-config
```

초기 설정 화면에서 5번 'Interfacing Options Configure connections to peripherals'를 선택하면 카메라 설정 부분으로 들어갈 수 있다.

그림 7-2
CSI 카메라 활성화를 위한
raspi-confg 설정 화면

설정값을 바꾸었다면 sudo reboot 명령으로 리부팅한다. CSI 버스를 작동시키려면 재시작이 필요하다

7.1.2 카메라 모듈 연결

이제 카메라 모듈을 파이에 연결하자. 카메라는 파이의 카메라 단자(CSI 단자)에 직접 연결할 수 있다. 다음 그림은 파이 2는 아니지만 카메라 연결 CSI 버스의 위치는 랜 포트와 HDMI 포트 사이로 동일하기 때문에 같은 방식으로 연결하면 된다. 연결 단자 위치는 같은데 모듈을 끼운 방식이 약간 다르다. 구형은 보드 슬롯의 양 끝을 당겨 모듈을 삽입 후 다시 닫는 방식이지만 파이 2, 3에서는 슬롯 양 끝에 이런 장치가 없다. 그냥 밀어 넣으면 된다.

---

1 좌측부터 구형 V 1.3 버전, 소니 센서를 사용한 신형 V. 2.1 그리고 적외선 감지용 NoIR 카메라. NoIR은 No+IR의 약자이며 IR 필터가 없다는 의미이다. 일반 카메라가 IR 필터를 가지고 있으며 IR 필터는 적외선을 차단하는 역할을 한다.

그림 7-3
파이 카메라 모듈 연결

! 파이 슬롯에 카메라 모듈을 끼울 때 주의할 점이 있다. 처음 밀어 넣을 때 잘 안 들어 갈 수 있는데 이때 무리하게 밀어 넣지 말고 선 아래쪽 파란 부분을 잡고 넣는다. 아래 파란 색 부분은 만져 보면 딱딱하게 처리되어 있지만 그 윗부분은 잘 휘어진다. 휘어지는 부분을 잡고 밀어 넣으면 케이블이 꺾이는 수가 있다.

7.1.3 카메라 스펙

라즈베리 파이 홈페이지에 소개된 카메라의 성능은 다음 표와 같다. 스틸 이미지의 해상도가 최고 2592×1944~3280×2464이니 결코 나쁜 성능이 아니다.

표 7-1
파이 카메라 V1, V2
스펙 비교

	V1	V2
가격	25$	25$
사이즈	25 x 20 x 9mm	23.86 x 25 x 9mm
무게	3g	3g
스틸 사진 해상도	5메가 픽셀	8메가 픽셀
센서	OmniVision OV5647	Sony IMX219
센서 해상도	2592 x 1944 픽셀	3280 x 2464 픽셀
S/N 비율	36 dB	

7.1.4 연결 확인

카메라 연결 확인은 원격 셸 작업이 아닌 파이에서 직접 하거나 vnc를 이용한 GUI 원격 제어를 통해 작업한다. 원격 셸은 텍스트 모드만 지원하기 때문에 GUI 환경에서 실행할 수 없다. 파이에 vncserver를 설치하고 사용자의 PC에 vnc client를 설치해서 작업한다.

7.1.4.1 이미지 촬영

카메라 연결 여부는 사진을 한 장 찍어 보면 알 수 있다. 파이에서 카메라를 이용해 스틸 사진을 찍는 명령은 raspistill 명령이다. 리눅스에서 대부분의 애플리케이션은 --help 옵션을 제공한다. 프로그램의 사용법을 알고 싶으면 raspistill --help를 입력한다. 참고로 -o 옵션은 output(출력 파일)을 지정한다.

```
root@raspi-spy:/boot# raspistill -o /tmp/test.jpg
root@raspi-spy:/boot# cd /tmp
root@raspi-spy:/tmp# ls -l
total 2440
-rw-r--r-- 1 root root 2498223 Jul  6 23:47 test.jpg
```

> **!** raspistill 명령을 이용한 사진 촬영은 GUI 환경이 아닌 SSH 원격 콘솔에서도 가능하다. 다만 미리보기 창 기능을 이용할 수 없다.

콘솔에서 명령을 내리면 파이에 연결된 카메라 모듈에 빨간 불이 들어오며 5초 후[2] 찰칵 소리와 함께 스틸 사진이 찍힌다. 찍은 이미지는 /tmp/tets.jpg로 생성된다.

> **♀** raspistill는 대부분 출력 파일만 지정하면 무난하게 사용할 수 있지만 섬세한 조절을 가능케 하는 다양한 옵션 값이 있다. --help 옵션으로 다양한 옵션값 확인이 가능하다.

7.1.4.2 동영상 촬영
이번에는 동영상 촬영을 해보겠다. 파이에서는 h264 포맷을 기본적으로 지원한다. h264는 압축률과 성능이 좋은 코덱이다. 동영상의 촬영 시간은 -t 옵션을 이용하며 단위는 ms이다.

```
root@raspi-spy:/boot# raspivid -o /tmp/test.h264 -t 5000
```

위의 샘플을 직접 파이에서 테스트해서 어떤 결과가 나오는지 한번 확인해 보자. 실행은 SSH에서의 명령으로 가능하지만 카메라가 작동하는 것을 확인하려면 HDMI를 연결한 파이에서 직접 하거나 VNC에서 하는 것이 좋다. 실행 직후 jpg 파일과 h264 동영상 파일이 생긴 것을 알 수 있다. 이 예제는 미리 보기 기능을 포함하고 있기 때문에 파이의 카메라에 불이 들어오면서 HDMI로 연결한 모니터 또는 VNC에 카메라 화면이 나타난다. SSH에서 이 프로그램을 실행하면 동영상은 생기지만 미리 보기 창을 이용할 수 없다.

---

2 이 시간은 -t 옵션으로, ms 단위로 조절 가능하다.

⚠️ 동영상 촬영 시에는 파일 사이즈가 SD 카드의 여유 공간을 넘지 않도록 조심한다. 긴 시간을 촬영할 경우에는 비디오 옵션(해상도, 프레임 수)을 조절해 파일 사이즈를 줄이는 것이 좋다.

녹화된 동영상을 파이에서 가장 쉽게 플레이하는 방법은 omxplayer를 이용하는 것이다. omxplayer는 파이 전용 비디오 플레이어이며 파이의 GPU를 이용한 하드웨어 가속 기능을 이용하기 때문에 성능이 뛰어나다. 원격 콘솔 화면에서는 동영상 플레이를 할 수 없고, 파이 데스크톱 모드에서 플레이하거나 다운로드 후 PC에서 플레이해야 한다.

```
root@raspi-spy:/boot# omxplayer /tmp/test.h264
```

💡 omxplayer는 라즈비안 데스크톱 버전에는 미리 설치되어 있으며 만약 설치되어 있지 않다면 apt-get install omxplayer 명령으로 설치 가능하다.

여기까지 카메라 연결이 끝났다. 이제 본격적으로 카메라를 다루는 프로그래밍을 해보겠다.

7.2 파이용 카메라 제어 파이썬 패키지: python-picamera

파이의 카메라 제어 모듈 중에 Dave Jones이 이미 만들어 둔 것이 있다. 파이 공식 홈페이지에서 소개하고 있기 때문에 python-picamera 모듈을 이용하도록 한다.

7.2.1 파이썬용 picamera 패키지 설치

picamera 패키지는 현재 파이썬 2.X를 이용하고 있기 때문에 python-picamera 패키지 명을 이용해 설치한다.

```
sudo apt-get install python-picamera
```

7.2.1.1 picamera 패키지 사용법

파이썬에서 이 모듈을 사용하는 것은 아주 간단하다. 다음의 예제는 파이 홈페이지에 소개되어 있는 예제이다. 이 예제를 약간 변형해서 사용하면 될 것이다. 예제는 스틸컷 1개와 5초 간의 동영상의 h264 코덱으로 녹화한 후 video.h264 파일로 저장한다.

```
#!/usr/bin/env python
# -*- coding: utf-8 -*-
import picamera #카메라 패키지를 사용하겠다고 알림
from time import sleep
camera = picamera.PiCamera() #camera라는 객체가 picamera 모듈의 PiCamera임을 알림
camera.capture('./image.jpg') #카메라를 이용해 image.jpg 스틸컷을 저장함
camera.start_preview() #미리보기 창을 시작함

#촬영할 비디오 속성 지정
camera.vflip = True
camera.hflip = True
camera.brightness = 60
#동영상 촬영을 시작함. 파이는 h264 코덱을 기본 지원한다.
camera.start_recording('./video.h264')
#5초 간 쉰다. 프로그램은 쉬지만 이 시간 동안 녹화는 진행된다.
sleep(5)
#녹화를 종료한다. 동영상은 video.h264로 저장됨
camera.stop_recording()
#카메라 리소스를 반납한다.
camera.close()
```

코드 내용은 아주 쉽다. camera 객체에는 많은 설정 옵션이 있다. 위의 예제에서
는 플립 옵션(수평, 수직 대칭 화면)과 밝기만 지정했다. 나중에 옵션 값들을 조
정하면서 사진 촬영에 적합한 옵션 값들을 찾아보도록 하겠다. 사용한 카메라
리소스는 마지막 camera.close()로 반납하는 습관을 가지는 것이 좋다.

7.2.1.2 picamera 지원 파일 포맷

picamera를 이용해 스틸컷을 촬영할 때 저장 가능한 포맷은 다음과 같다.

· jpeg, png, gif, bmp, yuv, rgb, rgba, bgr, bgra

익숙한 포맷은 jpeg(jpg), png, bmp 정도일 것이다. yuv, rgb, rgba, bgr, bgra는
raw 파일[3]이며 동영상에서도 사용 가능한 포맷이다.

동영상 녹화 저장 가능한 포맷은 다음과 같다. h264 포맷이 가장 압축률이
높다.

· h264, mjpeg, yuv, rgb, rgba, bgr, bgra

7.2.2 picamera camera 객체 속성(property)

앞의 예제에서 알 수 있듯이 picamera 객체가 카메라 제어에서 가장 중요한 역
할을 한다. 이 객체에 대한 좀 더 자세한 사용법을 알아 두면 파이 카메라의 기
능을 풍부하게 사용할 수 있다. 다음에 소개하는 모든 속성을 이해할 필요는 없

---

3 파일 정보를 포함하는 헤더가 존재하지 않는 파일

다. 필요한 몇 개의 기능만 익혀도 대체로 사용할 수 있고, 대부분의 값들은 최적화되어서 제공된다. 상세한 내용은 picamera 매뉴얼 페이지인 https://picamera.readthedocs.org/en/release-1.12/에서 확인할 수 있다.

iso [IN, OUT]

카메라의 ISO 값을 가져온다. ISO는 원래 필름 카메라에서 사용하던 용어이며 필름의 빛에 대한 민감도를 나타낸다. 고감도는 빛에 대해 민감하게 반응하기 때문에 적은 양의 빛으로도 촬영이 가능하다. 대신 입자가 크고 거칠다. 반대로 저감도는 빛에 민감하지 않기 때문에 많은 양의 빛이 필요하지만 대신 입자가 작고 곱다. 주로 실내에서 조명을 이용거나 밝은 야외에서 촬영할 경우에 많이 사용한다. picamera에서 지원하는 ISO 값의 범위는 100, 200, 320, 400, 500, 640, 800이며 세팅할 경우에는 입력값과 가장 가까운 위의 값이 세팅된다.

preview

카메라의 미리보기를 가져온다. 만약 현재 작동 중인 미리보기 창이 없으면 None이 리턴된다. 이 preview는 다음과 같은 많은 서브 속성값을 가진다.

preview.alpha	IN,OUT	미리보기 창의 불투명도(알파값)를 설정한다. 0~255까지의 값을 가진다.
preview.fullscreen	IN,OUT	전체 화면 미리보기 창을 설정한다.
preview.layer	IN,OUT	미리보기 창이 여러 개인 경우에 사용한다. 기본값은 2이다. 이 값이 0이면 가장 뒤편에 위치한다. 높은 값이면 화면의 앞쪽에 위치한다.
preview.window	IN,OUT	미리보기 창의 크기를 지정한다. camera.preview.window = (x, y, width, height)

recording [OUT]

현재 녹화 여부를 알려준다. start_recording()과 stop_recording() 사이이면 True가 리턴된다.

resolution [IN, OUT]

카메라 촬영에 사용할 해상도를 결정하거나 값을 가져온다. capture(), start_recording() 함수를 실행할 때 적용된다.

```
camera.resolution = (1024, 768)
```

rotation [IN, OUT]

카메라 이미지의 회전 각도를 결정하거나 가져온다. 가능한 값은 0, 90, 180, 270 이다.

saturation [IN, OUT]

컬러 채도(색 선명도)를 결정하거나 가져온다. 가능한 값은 -100~100이며 기본값은 0이다.

contrast [IN, OUT]

카메라의 콘트라스트를 결정하거나 가져온다. 가능한 값은 -100~100이며 기본값은 0이다. 콘트라스트는 미리보기 도중 또는 동영상 촬영 중에도 변경이 가능하다.

sharpness [IN, OUT]

이미지의 샤프니스를 결정하거나 가져온다. 샤프니스는 우리말로 선명도 또는 날카로움에 해당한다. 샤프니스가 높으면 사진이 선명한 느낌이 강해지는 대신 부드러운 느낌이 감소한다. 가능한 값은 -100~100이며 기본값은 0이다. 샤프니스는 미리보기 도중 또는 동영상 촬영 도중에도 변경할 수 있다.

shutter_speed [IN, OUT]

카메라의 셔터 속도를 결정한다. 단위는 백만 분의 1초이다. 기본값은 0이며, 0인 경우 카메라가 자동으로 노출을 측정해 셔터 속도를 결정한다. 셔터 속도를 짧게 하면 상대적으로 많은 양의 광원을 필요로 한다. 즉, 셔터 속도를 1/2로 줄이면 반대로 광원의 양을 두 배로 늘려야 같은 밝기의 이미지를 찍을 수 있다. 대신 셔터 속도가 짧으면 빠르게 움직이는 피사체를 선명하게 찍을 수 있는 장점이 있다. 셔터 속도는 미리보기 도중 또는 동영상 촬영 도중에도 변경할 수 있다.

> 🔋 셔터 속도를 수동으로 지정하려면 exposure_speed 속성값을 조회해서 적정한 셔터 속도를 구한 다음 보정을 하면 된다.

vflip [IN, OUT]

수직 대칭을 하거나 대칭 여부 값을 가져온다. 기본값은 False이다.

closed [OUT]

close() 함수가 호출되었는지 여부를 알려 준다. 리턴값은 True 또는 False이다. 이 값이 중요한 이유는 카메라 리소스를 두 곳에서 동시에 사용할 수 없기 때문에 자신이 close() 함수를 통해 카메라 리소스를 반환했는지 확인 후 다시 사용하기 위해서이다.

hflip [IN, OUT]

수평 대칭을 하거나 대칭 여부 값을 가져온다. 기본값은 False이다.

video_denoise [IN, OUT]

비디오 녹화에 노이즈 제거 기능을 적용하거나 또는 현재 값을 가져온다. 기본값은 True이다. 비디오 노이즈 제거는 미리보기 도중 또는 동영상 촬영 도중에도 변경할 수 있다.

7video_stabilazation [IN, OUT]

카메라 흔들림 방지 기능을 적용하거나 또는 현재 값을 가져온다. 기본값은 False이다. 비디오 노이즈 제거는 미리보기 도중 또는 동영상 촬영 도중에도 변경할 수 있다. 카메라 흔들림 방지 기능은 미리보기 도중 또는 동영상 촬영 도중에도 변경할 수 있다. 수직, 수평 방향의 움직임에 대한 보정만 가능하다.

annotate_text [IN, OUT]

모든 출력에 적용할 주석 문장을 가져오거나 세팅한다. 새로운 문장을 적용하면 즉시 적용된다. 문장은 반드시 ASCII 문자 255자 이내만 허용된다. 아니면 PiCameraValueError 예외 처리가 발생한다.

frame [OUT]

현재 녹화 중인 비디오의 프레임 정보를 PiVideoFrame 튜플로 리턴한다. PiVideoFrame 튜플은 다음과 같은 속성을 가진다.

index	현재 프레임 번호. 프레임이 만들어 질 때마다 1씩 증가함.
frame_type	PiVideoFrameType을 리턴. 다음과 같은 값이 가능함. · frame: P-frame을 의미 · key_frame: I-frame을 의미 · sps_header: SPS/PPS 헤더를 의미 · motion_data: 이미시 네이터가 아닌 모션 벡디 데이디 ※ 동영상에 대한 기본 지식이 필요함.
frame_size	현재 프레임 사이즈를 바이트 크기로 리턴함.
video_size	현재 프레임까지의 동영상 사이즈를 바이트 크기로 리턴함.
split_size	start_recording() 또는 split_recording() 호출 이후로부터의 비디오 사이즈를 리턴함. split_recording()를 호출하지 않았다면 video_size와 동일함.

timestamp	비디오 녹화 시작 시점부터의 백만 분의 1초 단위의 누적 시간을 기록함. N(one을 리턴하는 경우가 있기 때문에 반드시 값을 확인한 후 사용할 것)
complete	현재 프레임의 처리 완료 여부를 리턴함.
position	비디오 스트림에서 현재 프레임의 위치를 리턴함.

zoom [IN, OUT]

줌 기능을 적용하거나 또는 현재 값을 가져온다. 값을 가져올 때에는 float 형식의 (x, y, w, h) 튜플 값을 리턴한다. 4개의 값은 0.1~1까지 가능하다. 기본값은 (0.0, 0.0, 1.0, 1.0)이다. 줌 기능은 미리보기 도중 또는 동영상 촬영 도중에도 변경할 수 있다.

image_denoise [IN, OUT]

스틸 사진 촬영에 노이즈 제거 기능을 적용하거나 또는 현재 값을 가져온다. 기본값은 True이다. 비디오 노이즈 제거는 미리보기 도중 또는 동영상 촬영 도중에도 변경할 수 있다.

image_effect [IN, OUT]

현재 이미지에 이미지 프로세싱 필터 기능을 적용하거나 또는 현재 값을 가져온다. 다음과 같은 값이 가능하다. 포토샵과 같은 전문 이미지 프로세싱 프로그램처럼 강력한 필터 효과를 내지는 않는다. 다음과 같은 다양한 효과를 낼 수 있다.

```
none, negative, solarize, sketch, denoise, emboss, oilpaint, hatch,
gpen, pastel, watercolor, film, blur, saturation, colorswap, washedout,
posterise, colorpoint, colorbalance, cartoon, deinterlace1, deinterlace2
```

사용법은 위의 문자열을 그냥 대입하면 된다.

```
camera.image_effect = 'washedout'
```

7.2.3 picamera camera 객체 함수(method)

이번에는 중요한 함수들을 살펴보겠다.

capture(output, format=None, use_video_port=False, resize=None, splitter_port=0, **options)

스틸 사진을 촬영한다. 가장 간단한 포맷은 파일 이름(output)만 지정하는 것이다. 나머지 파라미터는 필요에 따라 사용한다. 파일 확장자는 보통 jpeg, jpg, png, bmp, gif를 많이 사용한다. 나머지 옵션 중에 quality가 있다. 사진의 품질을 정하는 파라미터인데 0~100까지 가능하며 기본값은 85이다.

```
camera.capture('./image.jpg')
```

capture_continuous(output, format=None, use_video_port=False, resize=None, splitter_port=0, burst=False, **options)
스틸 사진을 연속으로 촬영한다. outout은 다음과 같은 형식이 가능하다.

포맷	생성 파일
image{counter}.jpg	image1.jpg, image2.jpg, image3.jpg, …
image{counter:02d}.jpg	image01.jpg, image02.jpg, image03.jpg, …
image{timestamp}.jpg	image2013-10-05 12:07:12.346743.jpg, image2013-10-05 12:07:32.498539, …
image{timestamp:%H-%M-%S-%f}.jpg	image12-10-02-561527.jpg, image12-10-14-905398.jpg
{timestamp:%H%M%S}-{counter:03d}.jpg	121002-001.jpg, 121013-002.jpg, 121014-003.jpg, …

다음은 image01.jpg~image60.jpg까지 1초 간격으로 촬영하는 예제이다.

```
for i, filename in enumerate(camera.capture_
    continuous('image{counter:02d}.jpg')):
    print(filename)
    time.sleep(1)
    if i == 59:
        break
```

capture_sequence (outputs, format='jpeg', use_video_port=False, resize=None, splitter_port=0, burst=False, bayer=False, **options)
연속으로 스틸 사진을 촬영한다. capture_continuous() 함수와는 달리 촬영 사이에 sleep 시간이 없다. 다음은 image00.jpg~image99.jpg까지의 연속 촬영이다.

```
camera.capture_sequence(['image%02d.jpg' % i for i in range(100)])
```

close()
카메라 리소스 사용을 끝내고 반납한다. 이 함수를 호출하면 미리보기 창이 종료되며, 진행 중인 녹화도 중단된다.
record_sequence(outputs, format='h264', resize=None, splitter_port=1, **options)

동영상을 나누어 촬영한다. 다음은 10초짜리 동영상을 3개 연속 촬영하는 예제이다.

```
for filename in camera.record_sequence('clip%02d.h264' % i for i in range(3)):
    print('Recording to %s' % filename)
    camera.wait_recording(10)
```

start_preview(**options)

미리보기 창을 띄운다.

> ❗ SSH 원격 콘솔에서는 작동하지 않는다.

start_recording(output, format=None, resize=None, splitter_port=1, **options)

동영상 녹화를 시작한다. 많이 사용하는 동영상 확장자는 h264, mjpeg이다.

stop_preview()

미리보기 창을 닫는다.

stop_recording(splitter_port=1)

동영상 녹화를 종료한다.

7.3 OpenCV를 이용한 이미지 인식

파이 카메라를 이용해서 간단하게 사진을 찍고 동영상을 촬영하는 API는 앞에서 소개했다. 여기에서는 파이 카메라를 이용해 사물 인식을 진행해 보겠다. 사람의 얼굴에서 코, 눈, 입 등 특정 부위를 감지하고 미리 입력한 이미지 데이터를 이용해 주위에서 물건을 찾아낼 수 있다. 영상 처리를 위한 패키지는 인텔에서 만든 OpenCV가 유명하다. OpenCV는 C/C++, Android Java, Python 등 다양한 언어를 지원하는 방대한 패키지이며 소스 코드 빌드에도 많은 시간이 필요하다. OpenCV를 이용하려면 GUI 모드를 이용하는 것이 편리하다. 테스트 과정에 필요한 이미지 또는 출력물을 쉽게 확인하려면 GUI 모드를 이용하길 권한다.

7.3.1 OpenCV 개요
OpenCV는 이미지 프로세싱, 영상 처리, 사물 인식 기능 등 다양한 기능을 포함하고 있다. 사물 인식 기능을 이용해 대상 이미지가 무엇인지 또는 누구인지 판별이 가능하고 심지어 바코드 읽기, 숫자 읽기 기능도 가능하다.

7.3.1.1 OpenCV 설치

OpenCV는 소스 코드를 다운 받아 설치할 수도 있지만 과정이 복잡하다. 우선 간단하게 apt-get을 이용해 필요한 패키지만 설치하도록 한다.

```
apt-get install python-opencv libopencv-dev
```

7.3.1.2 OpenCV 테스트

OpenCV 패키지 빌드 또는 설치가 끝났으면 패키지가 정상적으로 설치되었는지 확인할 겸 간단한 OpenCV 예제를 만들어 이미지 파일을 출력해보자. OpenCV 를 이용해 이미지 파일을 화면에 보여줄 것이기 때문에 당연히 GUI 모드가 필요하다. 파이에 직접 모니터를 연결해 startx 명령으로 GUI 모드로 변경하거나 vnc 를 이용해 원격 접속한 다음 테스트하도록 한다.

```python
#!/usr/bin/python2.7
import numpy as np
import cv2

# Load an color image in grayscale
img = cv2.imread('small_ball.png',cv2.IMREAD_COLOR)
cv2.imshow('image',img)
cv2.waitKey(0)
cv2.destroyAllWindows()
```

만약 아래와 같이 이미지 파일이 정상으로 보인다면 OpenCV 패키지가 정상으로 설치된 것이다.

그림 7-4
OpenCV 설치 테스트

7.3.2 OpenCV를 이용한 사물 인식

7.3.2.1 Haar – like Features

조금 이상한 제목이다. 하지만 이것은 오타가 아니고 사물 인식과 관련한 중요한 단어이다. Haar는 독일어로 머리털(hair)이란 뜻도 있지만 Haar sequence라는 알고리즘을 만든 Alfréd Haar의 이름에서 따온 것이다.

Wikipedia에 소개된 Haar-like Features 내용을 요약하면 다음과 같다.

"Haar-like Features는 사물 인식에 사용하는 디지털 이미지 기능이다. 초기에는 이미지 픽셀의 RGB 농도를 이용한 사물 인식 알고리즘을 사용했는데 상당히 많은 연산을 요구해 비효율적이었다. Viola와 Jones는 Haar sequence에 기반한 Haar wavelet을 이용해 Haar-like Features를 고안했다."

Haar-like Features의 가장 큰 장점은 다른 알고리즘에 비해 속도가 상당히 빠르다는 것이다. 전체 이미지를 대상으로 연산을 하는 것이 아니라 다양한 모양의 작은 크기의 사각형 단위에 대해 연산을 시도하면서 이미지의 여러 지점으로 사각형을 이동시키며 특징을 추출한다. 그리고 각 영역별로 이 추출 값들의 차이를 가지고 있는 데이터베이스와 비교한다. 따라서 데이터베이스 값을 얼마나 잘 만드느냐가 인식 성능에 큰 영향을 미친다.

자세한 내용은 구글에서 "Haar", "Haar like Feature" 또는 "Haar Face detection"로 검색하면 많은 내용을 확인할 수 있다.

OpenCV를 설치하면 얼굴과 관련한 데이터베이스가 기본으로 설치된다.

소스 파일은 컴파일한 디렉터리의 하위 디렉터리 중 data/haarcascades, data/haarcascades_cuda를 찾으면 된다. 이 디렉터리에 신체 부위를 의미하는 xml 파일이 여러 개 있다. 이 파일들이 위에서 설명한 데이터베이스이다. 우선은 기본 제공되는 안면 데이터베이스를 이용해 여러 부위(눈, 코)를 인식하는 예제를 만들어 보자.

기본 제공되는 데이터베이스에는 코와 관련한 데이터베이스가 보이지 않는다. 신체 부위와 같이 많이 사용하는 데이터베이스는 이미 많은 샘플 이미지를 이용해서 만들어 둔 것들이 많다.

7.3.2.2 안면 인식 프로그래밍

OpenCV를 이용해 간단한 테스트 프로그램을 만들어 보도록 하겠다. 이 과정에서 카메라가 필요하지는 않다. 이미 가지고 있는 이미지를 활용하면 된다. 다음 예제는 이미지에서 눈과 코를 찾아주는 예제이다. 예제에서 사용하는 xml 파일은 OpenCV를 설치하면 자동으로 복사된다. 만약 패키지를 설치했다면 /usr/share/opencv 디렉터리가 만들어졌을 것이다. 소스 코드를 빌드했다면 해당 디렉터리를 찾아서 경로를 바꿔주면 된다.

```
#!/usr/bin/python2.7
# -*- coding: utf-8 -*-

import numpy as np
import cv2


#테스트에 사용할 이미지 파일. 테스트에 사용할 적당한 이름으로 바꾸어준다.
file = ["" for x in range(2)]
file[0] = "stockvault-boho"
file[1] = "stockvault-smile"

nose_cascade = cv2.CascadeClassifier('/usr/share/haarcascades_cuda/
haarcascade_mcs_nose.xml')
eye_cascade = cv2.CascadeClassifier('/usr/share/haarcascades/haarcascade_
eye.xml')


for x in range(0, 2):
print "Open File:", file[x]
  #이미지 파일을 연다.
  img = cv2.imread(file[x] + ".jpg", cv2.IMREAD_COLOR)
  #그레이 스케일 이미지 파일을 준비.
  gray = cv2.cvtColor(img, cv2.COLOR_BGR2GRAY)

  #발견한 대상이 있으면 정보를 출력하고 발견 부위를 박스로 표시한다.
  eyes = eye_cascade.detectMultiScale(gray, scaleFactor=1.3,
minNeighbors=5)
  for (ex,ey,ew,eh) in eyes:
    cv2.rectangle(img,(ex,ey),(ex+ew,ey+eh),(0,255,0),2)

noses = nose_cascade.detectMultiScale(gray, scaleFactor=1.1,
minNeighbors=5)
  for (ex,ey,ew,eh) in noses:
    cv2.rectangle(img,(ex,ey),(ex+ew,ey+eh),(255,255,0),2)

  cv2.imshow('img',img)
  cv2.waitKey(0)
  cv2.destroyAllWindows()
  #인식 부위를 표시한 이미지를 새롭게 저장한다.
  cv2.imwrite(file[x] + "1.jpg", img)
```

그림 7-5
출력 1 이미지
(출처: http://
www.stockvault.net/)

xml 파일에는 눈뿐 아니라 다양한 안면 부위의 데이터가 있다. 다른 부위도 위
와 같은 방식으로 검출해보기 바란다.

OpenCV와 함께 제공되는 신체 부위뿐 아니라 자신이 직접 학습을 통해 새로운 사물 인식 기능을 추가할 수도 있다. 하지만 최근에는 머신 러닝 전용 툴을 이용하는 것이 일반적이므로, 다음 장에서 파이에서 머신 러닝을 이용해 이미지 인식 기능을 구현하는 방법을 살펴볼 것이다.

7.4 웹 브라우저를 이용한 카메라 보기 기능 구현

이번에는 웹 브라우저를 이용한 보기 기능을 구현해 보도록 하겠다. 요즘 이동통신사에서 사물 인터넷이라는 이름으로 원격지에서 집안을 볼 수 있는 CCTV 기능을 월정액으로 서비스하고 있는데, 아마 비슷한 내용일 것이다. 메이커의 DNA를 가지고 있다면 이런 서비스를 이용할 것이 아니라 원격 CCTV를 직접 만들어 보고 싶을 것이다.

이 부분은 http://wolfpaulus.com/jounal/embedded/raspberrypi_webcam/ 사이트에서 많은 내용을 참조했다. 웹 브라우저가 반드시 PC용일 필요는 없다. 스마트폰을 이용해서도 모니터링이 가능하다.

웹을 통한 미리 보기는 조금 내용을 수정하면 네트워크 대역이 다른 곳에서 웹으로 원격지의 CCTV를 모니터링하는 기능을 구현할 수 있다. 예제를 통해서 원격지에서 사용하는 방법을 다루어 보겠다.

7.4.1 mjpg-streamer 패키지

mjpg streamer는 http 프로토콜을 이용해 스트리밍할 수 있는 패키지다. 이 패키지는 파이 카메라를 이용해 CCTV를 만드는 데 많이 이용한다. 리눅스에서는 필요로 하는 모듈을 패키지 형태뿐 아니라 소스 코드 형태로 제공되는 경우가 많다. 라즈비안을 비롯한 대부분의 리눅스 배포판은 gcc, g++라는 GNU 컴파일러를 기본으로 제공한다. 따라서 소스 파일을 다운로드 받아서 컴파일, 설치 작업만 하면 된다. 소스 코드 내용을 알지 못해도 설치 작업에는 큰 무리가 없다.

7.4.1.1 필요한 패키지 설치

mjpg-streamer를 빌드하기 전에 필요한 패키지들을 미리 설치한다.

```
apt-get install subversion libjpeg8-dev cmake git
```

7.4.1.2 mjpg-streamer 빌드

다음과 같이 git를 이용해 mjpg-streamer 소스 코드를 다운 받는다.

```
root@raspberrypi:/usr/local/src/mjpeg# git clone https://github.com/
liamfraser/mjpg-streamer
root@raspberrypi:/usr/local/src/mjpeg# cd mjpg-streamer/
root@raspberrypi:/usr/local/src/mjpeg/mjpg-streamer# cd mjpg-streamer-
experimental/
root@raspberrypi:/usr/local/src/mjpeg/mjpg-streamer/mjpg-streamer-
experimental#make &&make install
```

mjpg-streamer/mjpg-streamer-experimental이라는 디렉터리가 생긴 것을 알 수 있다. 이 디렉터리로 이동해서 빌드 작업을 해준다. 소스 코드 전체를 새롭게 빌드할 경우에는 make clean && make all을 해주면 된다.

7.4.1.3 mjpg-streamer의 중요한 파일들

빌드가 성공적으로 끝나면 중요한 파일이 몇 개 생긴다.

그림 7-6
빌드 성공 후 생성된
중요한 파일들

- input_raspicam.so: 내장 라즈베리 카메라를 비디오 소스로 이용하는 공유 라이브러리
- input_uvc.so: USB 웹캠을 비디오 소스로 이용하는 공유 라이브러리
- output_file.so: 파일로 출력하는 공유 라이브러리
- output_http.so: http로 출력하는 공유 라이브러리. 이 모듈이 웹 서버의 역할을 하기 때문에 별도의 웹 서버가 필요치 않다. 다른 웹 서버와의 충돌을 방지하기 위해 기본 접속 포트를 8080을 이용한다. -p 옵션을 이용해 접속 포트 값을 변경할 수 있다.
- mjpg_streamer: mpeg 스트리밍 실행 모듈

7.4.1.4 mjpg-streamer의 실행

기본 실행 문장은 다음과 같다.

```
mjpg_streamer -i "input_raspicam.so -o "output_http.so -w ******/www"
```

mjpg_streamer는 다음과 같은 파라미터를 입력 받는다.

- -i : 입력 비디오로 내장 라즈베리 파이 카메라를 이용할 것을 지정
- -o : 출력은 http를 통해 할 것을 명령
- -w : http 파일이 있는 위치를 지정(소스 코드 아래에 www 파일로 존재한다)

이제 실행 경로 및 파일 위치를 정확하게 넣어서 명령을 완성해 보자. 참고로 필자의 소스 코드 위치는 /usr/local/src/mjpeg/mjpg-streamer/mjpg-streamer-experimental이다. 여러분들의 소스 코드 빌드 위치에 따라 다음 명령 경로가 약간 바뀔 것이다.

```
/usr/local/src/mjpeg/mjpg-streamer/mjpg-streamer-experimental #export LD_
LIBRARY_PATH="$(pwd)"
/usr/local/src/mjpeg/mjpg-streamer/mjpg-streamer-experimental #./mjpg_
streamer -i "/usr/local/src/mjpg-streamer/mjpg-streamer-experimental/
input_raspicam.so -d 200" -o "/usr/local/src/mjpg-streamer/mjpg-streamer-
experimental/output_http.so -w /usr/local/src/mjpg-streamer/mjpg-streamer-
experimental/www"
```

셀 스크립트를 이용해서 간단하게 정리할 수도 있다. 디렉터리를 검색해보면 start.sh라는 셀 스크립트 파일이 있다. 이 파일을 수정해서 실행 스크립트 파일을 만들면 된다.

```
#!/bin/sh
export LD_LIBRARY_PATH=$(pwd): LD_LIBRARY_PATH
$(pwd)/mjpg_streamer -i "input_raspicam.so -x 320 -y 240" -o "output_http.
so -w $(pwd)/www"
```

첫 번째 줄은 이 파일이 스크립트 파일임을 알려준다. 두 번째 줄은 현재 소스 코드 디렉터리(pwd) 값을 LD_LIBRARY_PATH 환경 변수에 추가한다. 그리고 마지막 줄은 앞의 실행 명령을 추가한 것이다.

그림 7-7
mjpg-streamer 셸
스크립트 실행 화면

mjpg_streamer의 입력 플러그인 input_raspicam.so에는 다음과 같은 옵션이 있다. 우리는 이 옵션들 중에서 -x, -y만 사용했다.

- -d: ms 단위의 사진 캡쳐 간격(기본 1000)
- -x: 캡쳐 이미지 가로(기본값 640픽셀)
- -y: 캡쳐 이미지 세로(기본값 480픽셀)

여기서부터의 내용은 앞에서 설명한 파이썬 picamera의 설명을 참조해서 사용한다.

- -sh: 이미지 샤프니스(sharpness) 설정(-100~100)
- -co: 이미지 콘트라스트(contrast) 설정(-100~100)
- -br: 이미지 밝기(brightness) 설정(0~100)
- -sa: 이미지 채도(saturation) 설정(-100~100)
- -ISO: 카메라 ISO 설정
- -vs: 비디오 흔들림 방지 기능 사용
- -ev: EV 보정 설정
- -ex: 노출 모드 설정
- -awb: AWB 모드 설정
- -ifx: 이미지 효과 설정
- -cfx: 컬러 효과 설정
- -rot: 이미지 회전 설정(0~359)
- -hf: 수평 대칭
- -vf: 수직 대칭

mjpg_streamer의 출력 플러그인 output_http.so는 다음과 같은 옵션을 가질 수 있다.

- -w: 웹페이지가 있는 폴더 경로
- -p: 접속 포트 번호. 8080이 기본값이며 다른 값으로 변경하려면 이 옵션을 사용한나.
- -c: 접속 시 ID/PW를 물어본다. 사용법은 -c userid:pw이다. 파라미터로 입력한 값과 일치할 경우에만 접속을 허용한다.

7.4.1.5 mjpg-streamer의 동영상 저장

만약 동영상을 파일로 저장하고 싶으면 output_file.so 플러그인을 함께 사용한
다. 이 파일은 소스 코드 빌드 시점에 output_http.so 파일과 함께 만들어 진다.

```
mjpg_streamer   …… " -o "output_file.so  옵션…."
```

mjpg_streamer의 출력 플러그인 output_ file.so는 다음과 같은 옵션을 가질 수
있다.

- -f: 캡처 사진을 저장할 디렉터리
- -m: mjpg 파일로 저장
- -d: 사진 저장 간격(단위는 ms)
- -i: input이 여러 개일 경우 input 플러그 인 선택(보통은 사용할 일이 없다)

만약 http 출력과 파일 출력을 같이 하려면 다음과 같이 -o 옵션을 중복으로 사
용할 수 있다.

```
$(pwd)/mjpg_streamer -i "input_raspicam.so -x 320 -y 240"  -o "output_
http.so -w $(pwd)/www" -o "output_file.so -f $(pwd)/down -d 10000"
```

약 10초 간격으로 이미지 파일이 저장되는 것을 알 수 있다.

그림 7-8
mjpg-streamer 출력
이미지 저장 결과

> **!** 출력 파일을 저장할 경우엔 SD 카드의 저장 용량을 항상 주의해야 한다. 만약 저장 용량이 클
> 경우엔 외장 저장 장치를 마운트해서 –f 옵션을 마운트한 디렉터리로 지정하는 것이 좋다.

7.4.2 웹페이지를 이용한 파이 카메라 접속

mjpg-streamer가 제대로 실행되면 이제 브라우저에서 접속이 가능하다. 접속은
파이 IP 주소:8080으로 한다.

> **!** mjpg-streamer에는 아주 간단한 웹 서버가 내장되어 있으며 아파치와 같은 범용 웹 서버와
> 충돌을 방지하기 위해 8080 포트를 사용한다.

그림 7-9
브라우저로 접속한
초기 화면

좌측 메뉴에서 Static을 누르면 정지 화면, Stream을 누르면 동영상으로 카메라에서 현재 촬영 중인 화면을 볼 수 있다. 자신만의 페이지를 만들고자 한다면 웹페이지 스크립트 파일을 수정하면 된다.

그림 7-10
동영상 확인

💡 jpg_streamer에는 초당 프레임 수, 화면 사이즈 등 다양한 옵션 조절이 가능하다. 만약 외부에서 모니터링이 필요하다면 원활한 스트리밍을 위해 프레임 수와 해상도를 너무 높지 않게 설정하는 것이 좋다.

모양이 마음에 안 든다면 위의 웹페이지를 여러분이 직접 고칠 수 있다. 다운 받은 디렉터리 아래 www 폴더에 html 파일들이 있다. 마이크로소프트 인터넷 익스플로러에서는 비디오가 잘 보이지 않는다. 가급적 크롬 또는 파이어폭스 브라우저를 이용하기 바란다.

7.4.3 원격지에서 카메라 보기 기능 구현

이 기능은 파이를 CCTV로 이용했을 경우 원격지에서 영상을 확인하는 방법이다. 앞의 예제와 차이점은 네트워크에 있다. 앞에서는 동일 네트워크 영역에 파이와 웹 브라우저가 있는 경우에만 가능하다. 즉, 집 밖에서 스마트폰의

LTE 네트워크를 이용했을 경우에는 이용이 불가능하다. NAT(Network Address Translation) 문제가 발생한다. 보통 가정 또는 사무실에서는 유, 무선 공유기를 이용해 파이를 연결하는데, 이 경우에는 사설 영역(일반적으로 192.168.*.*)인 IP 주소를 사용한다. 그리고 공유기가 공인 IP 주소를 가지고 사설 영역과 공인 영역을 연결시킨다. 공유기에 공유기를 연결하는 경우에도 원리는 동일하다. 즉, 최종 공인망에 연결되는 공유기(NAT 장비)가 있기 마련이다.

이 경우 외부에서 가정 또는 사무실의 파이에 접근하기 위해서 최종 NAT 장비가 가지고 있는 공인 IP 주소 및 포트를 확인해야 한다. 이런 과정을 NAT Traversal이라 한다.

7.4.3.1 NAT 처리를 위한 공유기 설정

가장 쉽게 NAT를 처리하는 방법은 공유기에서 포트 포워딩을 이용하는 방법이다. 공유기의 공인 IP로 들어오는 접속에 대해 내부 특정 IP로 패킷을 포워딩 시키는 것이다. 가령 공유기 공인 IP의 8080 포트로 들어오는 패킷은 무조건 파이의 사설 IP(가령 192.168.*.*)의 8080 포트로 넘기는 것이다. 공유기의 포트 포워딩 관련한 내용은 인터넷에 수없이 많기 때문에 자세한 내용은 생략하고 여기에서는 필자가 가지고 있는 NETIS 모델에 대한 간단한 설정 작업만 해보도록 하겠다.

7.4.3.1.1 공유기 접속

공유기 모델에 따라 접속 방법이 다르기 때문에 공유기 매뉴얼을 참조하면서 작업한다. 아래 그림에서 WAN IP 주소의 값이 외부에서 접속 가능한 공인 IP 주소이다. 외부에서 파이에 접속하기 위해서는 이 주소를 이용해야 한다.

그림 7-11
공유기 설정 화면에서
자신의 WAN IP를 확인

7.4.3.1.2 공유기 포트 포워딩 설정

이제 위에서 확인한 공인 IP의 8080 포트로 들어오는 데이터를 파이에게 전달하도록 포트 포워딩 설정을 한다.

그림 7-12
공유기 포트 포워딩 설정

> 공유기의 공인 IP 확인 및 포트 포워딩 설정 화면은 대부분의 제품에서 지원하는 기능이다.
> 자신이 사용하는 제품의 매뉴얼을 참조해서 설정하면 된다. 다만 공유기가 통신사에 직접
> 연결되지 않고 또 다른 공유기에 연결된 경우에는 포트 포워딩 작업을 모든 공유기에 대해
> 작업을 해주어야 한다.

다음은 LTE 네트워크를 사용한 스마트폰에서 앞에서 확인한 공유기의 공인 IP를 이용해 공유기 내부망 사설 IP를 사용하는 파이에 접속한 화면이다.

```
http://공인IP:8080
```

그림 7-13
스마트폰으로 외부에서
접속한 화면

> 공유기의 공인 IP는 재부팅하거나 재접속 시 값이 바뀔 수 있다. 이때는 위의 설정이 무의
> 미해진다. 그리고 유선 네트워크가 무선 네트워크보다 안정적이다. 원격으로 집안을 모니
> 터링하려면 가급적 무선 랜보다 유선 랜으로 파이를 연결하는 것이 좋다. 그리고 원격으로
> 포트 포워딩을 사용할 땐 가급적 -c 옵션을 이용해 ID, PW를 입력 받는 것이 안전하다.

7.5 구글 드라이브를 활용한 사진 백업

카메라를 이용한 동영상, 이미지 파일은 용량도 클 뿐 아니라 안전하게 보관하기 위해 백업이 필요할 수 있다. NAS 등을 이용해 백업할 수도 있지만 여기서는 구글 드라이브를 이용해 클라우드 백업하는 방법을 알아보겠다.

파이에서 구글 드라이브에 접속 가능한 툴은 여러 가지가 있으며 여기에서는 gdrive를 이용한 백업을 이용한다.

7.5.1 gdrive 설치

https://github.com/prasmussen/gdrive 페이지를 살펴보면 Download 메뉴 중 라즈베리 파이용 gdrive가 있다. 이 파일을 다운 받아 /usr/bin 디렉터리에 복사한다.

```
sudo mv ./gdrive-linux-rpi /usr/bin/gdrive
sudo chmod 755 /usr/bin/gdrive
```

7.5.2 gdrive 사용법

gdrive를 사용해서 파이와 구글 드라이브 간에 파일을 송수신하려면 구글 계정이 필요하다.[4]

구글 계정을 만든 다음 gdrive를 실행한다. 다음과 같이 처음 gdrive를 실행하면 다음과 같이 보안 코드를 입력하라고 나온다.

```
root@bluetooth2:~# ./gdrive list
Authentication needed
Go to the following url in your browser:
https://accounts.google.com/o/oauth2/auth?access_type=offline&client_
id=********-****************_uri=urn%3Aietf%3Awg%3Aoauth%3A2.0%3Aoob&respo
nse_type=code&scope=https%3A%2F%2Fwww.googleapis.com%2Fauth%2Fdr

Enter verification code:
```

https로 시작하는 주소를 브라우저에 입력하면 다음과 같은 구글 로그인 창이 나타난다.[5] 로그인 후 허용 버튼을 누른다.

---

[4] 보안 문제 등을 고려해 가급적 본인이 사용하는 계정이 아닌 보조 계정을 만들어 사용하길 추천한다.
[5] 만약 창이 나타나지 않고 허용 여부를 묻는 창이 나타난다면 이미 구글 로그인이 되어 있는 상태이다.

그림 7-14
gdrive 접근 허용 여부
확인

다음과 같은 gdrive 접근 허용 코드 값을 얻을 수 있다.

그림 7-15
gdrive 접근 허용 코드 값
확인

Enter verification code에 위의 코드 값을 입력하면 로그인한 구글 계정의 구글 드라이브 목록이 나타난다.

그림 7-16
gdrive를 이용한 구글
드라이브 접속 성공

```
root@bluetooth2:~# ./gdrive list
Authentication needed
Go to the following url in your browser:
https://accounts.google.com/o/oauth2/auth?access_type=offline&client_id=          apps.googleusercontent.com&redirec
t_uri=urn%3Aietf%3Awg%3Aoauth%3A2.0%3Aoob&response_type=code&scope=https%3A%2F%2Fwww.googleapis.com%2Fauth%2Fdrive&state=state

Enter verification code: 4/49YD0zpic6UIqYR5_CiM7UYxMKTCnbEZdJ76Nma_ZF4
Id                                 Name                    Type   Size      Created
0B6lx_w6dM33FRNozemFXaEIkd0A       Raspberry Pi for Maker  dir              2015-09-29 14:23:35
0B6lx_w6dM33FTW0wR25nd1RqRlk       led matrix.fzz          bin    28.6 KB   2015-09-29 14:24:12
0B6lx_w6dM33FZyltUzFJZGJCUFU                               dir              2015-09-29 13:19:51
root@bluetooth2:~#
```

이제 파이의 로컬 파일을 업로드해 보겠다. mkdir 명령을 이용해 구글 드라이브에 업로드할 디렉터리 rpi-photo를 만든다. 그리고 upload 명령을 이용해 time.py 파일을 업로드한다.

그림 7-17
gdrive를 이용한 구글
드라이브 파일 업로드

> ⓘ gdrive를 이용해서 파일을 취급할 때에는 파일 이름이 아닌 ID를 이용한다. 위 그림에서 rpi-photo 디렉터리 역시 0B6lx_w6dM33FZU91NVFDQmg4TEE 값의 ID로 접근하고 있음을 유의한다. 그리고 위 그림에서는 업로드한 파일 time.py와 rpi-photo디렉터리의 계

층 구조가 나타나지 않지만 실제 구글 드라이브에 접속해보면 rpi-photo 디렉터리 안에 time.py 파일이 존재한다.

7.5.3 파이썬을 이용한 gdrive 사용법

파이썬에서는 subprocess 모듈을 이용해 프로세스 호출을 이용하면 쉽게 외부 명령을 호출할 수 있다. 다음은 구글 드라이브에 파일을 업로드한 후 목록을 조회하는 파이썬 코드이다.[6]

```
from subprocess import call
call(["gdrive", "upload", "--parent", "0B6lx_w6dM33FZU91NVFDQmg4TEE",
"test.back"])
call(["gdrive", "list"])
```

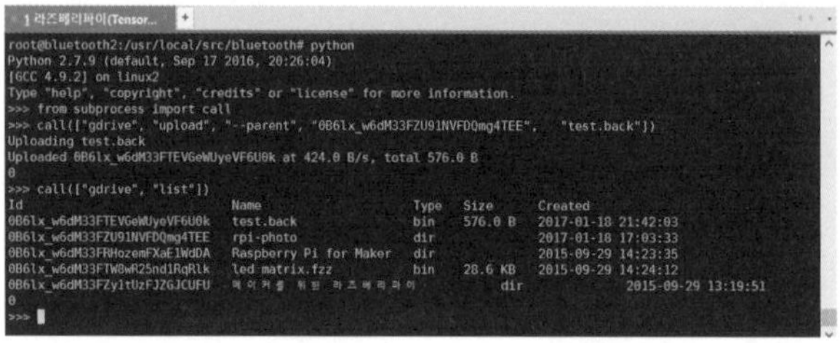

그림 7-18
파이썬을 이용한 구글
드라이브 조회

💡 만약 출력값을 문자열로 받고 싶다면 call 함수 대신 check_output을 이용한다.

참고 자료
- https://picamera.readthedocs.org/en/release-1.10/
- https://opencv-python-tutroals.readthedocs.org/en/latest/index.html
- http://www.open-electronics.org/raspberry-pi-and-the-camera-pi-module-face-recognition-tutorial/
- http://docs.opencv.org/doc/tutorials/introduction/linux_install/linux_install.html#linux-installation
- http://note.sonots.com/SciSoftware/haartraining.html
- http://coding-robin.de/2013/07/22/train-your-own-opencv-haar-classifier.html
- https://flickr.com
- http://www.stockvault.net

---

6 실행 파라미터가 모두 나뉘어 있는 것에 유의한다.

## 8장

라즈베리 파이와 머신 러닝

로봇은 인간에게 해를 입혀서는 안 된다.
그리고 위험에 처한 인간을 모른 척해서도 안 된다.
제1원칙에 위배되지 않는 한, 로봇은 인간의 명령에 복종해야 한다.
제1원칙과 제2원칙에 위배되지 않는 한, 로봇은 자신을 지켜야 한다.
A robot may not injure a human being or, through inaction,
allow a human being to come to harm.
A robot must obey the orders given it by human beings except
where such orders would conflict with the First Law.
A robot must protect its own existence as long as
such protection does not conflict with the First or Second Laws
- 아이작 아시모프(Isaac Asimov)

최근 IT 분야의 가장 뜨거운 이슈 중 하나가 인공지능(Artificial Intelligence)일 것이다. 인공지능과 관련한 머신 러닝(Machine Learning) 툴은 구글, 마이크로 소프트, 바이두 등 많은 글로벌 회사에서 제공하고 있다. 머신 러닝을 제대로 구현하기 위해서는 상당한 컴퓨터 연산 능력을 필요로 한다. CPU 이외에 그래픽 카드 GPU의 부동 소수점 연산 기능을 이용하는 경우가 많다. 하지만 이런 고성능 장비가 아닌 파이에서도 구현은 가능하다. 그리고 고성능의 연산은 대부분의 학습 과정에 필요하다. 즉, 별도의 고성능 장비에서 학습을 진행하고 그 결과[1]를 파이에 적용해서 머신 러닝을 구현할 수 있다. 또는 클라우드 환경을 고려해 파이에서는 입력 데이터만 처리하고 클라우드의 머신 러닝 서버에 전달해 결과를 내려받는 구조도 가능할 것이다. 여기에서는 간단하게 파이에서 직접 머신 러닝을 구현해보도록 한다.

💡 Jessie-lite 버전을 설치하더라도 텐서플로 설치와 예제 테스트에 많은 이미지 파일이 필요하기 때문에 텐서플로를 설치 이용하려면 16G 이상의 SD카드를 준비하도록 한다.
머신 러닝 예제 코드들은 지금까지의 예제들보다 높은 프로그래밍 테크닉과 통계, 머신 러

---

[1] 사실 학습의 결과물은 대부분 다차원 매트릭스이다.

닝 용어에 대한 이해를 필요로 한다. 한번에 모든 내용을 파악하려 하지 말고 예제를 실행해 결과를 보면서 코드들을 분석하도록 한다.

8.1 텐서플로

머신 러닝을 위한 개발 도구들은 마이크로소프트 Cognitive Toolkit(이전 CNTK), 구글 텐서플로, 바이두의 WARP-CTC 등이 있다. 이외에도 Theano, Caffe, Torch 등 다양한 오픈 소스 도구들도 있다. 어떤 툴을 사용해도 관계 없지만 여기에서는 개발 환경이 잘 갖추어진 구글의 텐서플로를 사용하도록 하겠다. 다행히 텐서플로에서는 파이썬 위주의 예제들이 풍부하기 때문에 접근하기 쉽다.

계속 새로운 기능이 추가되고 있기 때문에 상단의 Version 정보는 수시로 업데이트된다.

그림 8-1
텐서플로 홈페이지

8.1.1 텐서플로 설치

텐서플로 홈페이지(Ver 0.12)에서 제공하는 방법으로 빌드하면 파이에서는 파이썬에서 텐서플로 호출이 되지 않는다. C 코드 예제를 이용하여 static library를 링크해서 사용해야 한다. 아마 앞으로 버전이 업데이트되면서 이런 문제점들이 해결될 것이지만 현재는 조금 다른 방법을 사용하는 것이 좋다.

샘 아브라함의 github(https://github.com/samjabrahams/tensorflow-on-raspberry-pi)에는 자신이 만들어 둔 whl 파일을 다운 받아 설치하는 아주 쉬운 방법을 소개하고 있으며, 직접 빌드를 원하는 독자를 위해 소스 코드 빌드 방법도 설명하고 있다.

필자가 직접 소스 코드를 빌드해 본 결과 너무 많은 패키지 설치와 난해한 과정을 거치기 때문에 권하고 싶지는 않다. 설치에 필요한 Protobuf, gRPC, Bazel

등의 패키지들이 파이용으로 최적화되어 있지 않아서 과정이 난해하다. 텐서플로에서 파이용 설치 패키지를 정식으로 제공하기 전까지는 샘 아브라함이 만들어 둔 설치 파일을 이용하는 것이 간편할 것이다. 다음의 방법으로 간단하게 설치할 수 있다.

```
sudo apt-get update
sudo apt-get install python-pip python-dev python-numpy
wget https://github.com/samjabrahams/tensorflow-on-raspberry-pi/releases/
download/v0.11.0/tensorflow-0.11.0-cp27-none-linux_armv7l.whl
sudo pip install tensorflow-0.11.0-cp27-none-linux_armv7l.whl
```

> 여기서는 버전 0.11을 설치했는데, 이 장 끝에서 텐서플로 정식 버전 1.X 설치 방법과 포팅에 대해 설명하고 있으니 해당 부분을 참고해 1.X 버전을 사용하기 바란다.

8.2 라즈베리 파이에서 텐서플로 예제 만들기

텐서플로 예제는 주로 파이썬, C 언어를 이용해서 만드는데, 파이썬에 대한 선호도가 높은 편이다. 다행히 우리는 이제까지 파이썬 예제를 많이 다루어 보았기 때문에 파이썬을 이용하는 것이 어렵지 않을 것이다.

텐서플로를 비롯한 많은 머신 러닝 툴들은 수많은 매트릭스 연산을 사용한다. 앞으로 소개할 예제들에서도 다차원 매트릭스가 많이 나오는데 파이썬에서는 이러한 행렬을 쉽게 연산할 수 있도록 numpy 모듈을 제공한다. 행렬과 numpy에 대한 기초 지식이 있으면 다음 예제들을 이해하는 데 큰 도움이 된다.

8.2.1 Hello World 머신 러닝

가장 쉬운 예제로부터 시작한다. 이 예제는 https://www.tensorflow.org/versions/r0.12/get_started/index.html에 소개된 입문 예제이다. 하지만 머신 러닝에 대한 기초가 없는 개발자 입장에서는 상당히 당혹스러운 부분이 많다.

선형 회귀식(linear regression) 예제이며 입력값 x 에 대하여 출력 값 y를 알려주는 일종의 supervised learning이다. 입력값을 독립 변수, 출력 값을 종속 변수라고도 한다.

y = 0.1x + 0.3라는 선형 함수를 미리 만들어 두고 x에 값을 대입해 y 값을 구한 (x, y) 좌표들을 이용해 원래 함수 y = 0.1x + 0.3를 다시 찾아내는 예제이다. 아마도 처음 머신 러닝을 접하는 분들은 예제가 너무 시시하다고 느낄 것이지만 머신 러닝에서 가장 중요한 수식을 하나 적으라면, y = Wx + b, W(weight), b(bias)일 것이다. 단순한 일차 함수로 보이지만 입력값 x는 하나의 숫자에서부터 다차원 행렬까지 확장할 수 있다. 절편 b 역시 x의 형식에 따라 행렬식으로 표현된다.

다음 예제의 x_data, y_data를 그래프로 찍어보면 y = 0.1x + 0.3인 것을 직관적으로 알 수 있지만, 텐서플로에서 자동으로 이 수식을 찾아내는 것이 이 예제의 목적이다. 정확하게는 근사식을 찾는 것이다. 머신 러닝, 수치해석, 회귀식 등에서는 정답 개념보다는 입력 데이터를 가장 잘 설명하는 식을 구하는 것을 목표로 한다.

```
import tensorflow as tf
import numpy as np

x_data = np.random.rand(100).astype(np.float32)
y_data = x_data * 0.1 + 0.3

W = tf.Variable(tf.random_uniform([1], -1.0, 1.0))
b = tf.Variable(tf.zeros([1]))
y = W * x_data + b

loss = tf.reduce_mean(tf.square(y - y_data))
optimizer = tf.train.GradientDescentOptimizer(0.5)
train = optimizer.minimize(loss)

init = tf.global_variables_initializer()

sess = tf.Session()
sess.run(init)

for step in range(201):
  sess.run(train)
  if step % 20 == 0:
    print(step, sess.run(W), sess.run(b))
```

소스 코드는 상당히 짧지만 낯선 표현이 많기 때문에 살펴보자. 텐서플로와 numpy 모듈을 가져온다. 거의 모든 예제에서 공통으로 들어간다.

```
import tensorflow as tf
import numpy as np
```

테스트에 사용할 임의의 데이터를 만든다. 100개의 임의의 float 값을 만들어 x_data에 저장한다. 그리고 y = 0.1x + 0.3에 대입해 y_data 값도 만든다. y_data는 정답에 해당하며 라벨이라고 한다. 단 두 줄의 코드로 위의 작업을 할 수 있다는 것도 사실 대단하다. 머신 러닝 툴들은 이와 같은 확률, 통계 처리를 위한 수많은 함수들을 제공한다. 이 값들을 이용해서 앞에서 설명한 W(weight), b(bias) 값을 찾아낼 것이다.

```
x_data = np.random.rand(100).astype(np.float32)
```

```
y_data = x_data * 0.1 + 0.3
```

W는 -1~1 사이의 값을 갖는 임의의 초깃값을 갖는다. 훈련 과정을 거치면서 이 값이 정교해질 것이다. 이 값이 반드시 -1~1 사이의 값일 이유는 없다. 그냥 W = tf.Variable(tf.random_uniform([1]))로 설정해도 상관없다. 그리고 초깃값을 -1~1 사이로 설정했다고 결과값이 반드시 이 사이일 이유도 없다. b 값은 초깃값 0으로 설정했다. 역시 반드시 0일 이유는 없다. 그리고 선형회귀식 y = Wx + b를 만든다. 한 가지 주의할 것은 텐서플로를 이용해 만든 변수들은 Tensor 객체인데, 값들이 아직 설정되지 않았다는 것이다. 조금 이상하겠지만 잠시 후 변수를 초기화하는 과정을 거쳐야 값이 생성된다. 이렇게 하는 이유는 처리 속도와 관련이 있다. 자세한 내용은 텐서플로 관련 전문 서적이나 웹페이지를 참조한다.

```
W = tf.Variable(tf.random_uniform([1], -1.0, 1.0))
b = tf.Variable(tf.zeros([1]))
y = W * x_data + b
```

이제 가장 중요한 부분이다. loss 함수(비용 함수)를 만든다. 앞에서 우리는 W, b 값을 임의로 설정했다. 따라서 y = W × x_data + b 수식을 거친 y 값은 정답(y_data)과 상당한 오차가 있을 것이다. 이 오차를 계산한 함수를 비용 함수라고 한다. 아래에서는 최소 제곱법을 사용해서 정답과의 차이를 제곱하여 합한 값을 계산하는 비용 함수를 만들었다. 이 값(비용 함수)이 최솟값 0이 되면 W=0.1, b = 0.3이 될 것이다. 비용 함수를 최소화하는 작업을 훈련이라고 한다. 비용 함수를 최소화하기 위한 방법 중 하나가 GradientDescent[2]이다. 머신 러닝에서 빈번하게 사용하는 비용 함수를 최소화하는 기법이다. 텐서플로에서는 GradientDescent를 이용한 Optimizer를 기본으로 제공한다. 파라미터 0.5는 learning factor인데 이 값이 작으면 안전하게 수렴하지만 수렴 속도가 느리며, 너무 크면 overshoot가 발생해 비용 함수를 수렴시키지 못할 수 있다. 이제 마지막으로 앞에서 만든 옵티마이저를 이용해서 비용 함수를 최소화하는 train Tensor를 만든다.

처음 머신 러닝을 접하는 독자들은 조금 생소한 내용일 수 있지만 계속 접하다 보면 익숙해질 것이다. 텐서플로에서 만든 변수를 Tensor라 하는데 Tensor를 다른 텐서플로 함수에 대입해 새로운 Tensor를 만드는 방식을 많이 사용한다. 이

---

2 우리말로 번역하면 '경사 하강법'이지만 현재는 영어를 사용하는 것이 더 익숙하다.

방식의 장점은 전체 흐름을 하나의 그래프로 표현할 수 있으며 그래프를 만든 다음 데이터를 입력하면 한번에 처리함으로써 빠른 처리 속도를 낼 수 있다는 것이다.

```
loss = tf.reduce_mean(tf.square(y - y_data))
optimizer = tf.train.GradientDescentOptimizer(0.5)
train = optimizer.minimize(loss)
```

본격적인 훈련을 시작하기 전에 앞에서 만든 텐서플로 객체들을 초기화한다. 이 과정을 거쳐야 전체 Tensor들이 서로 연결되며 그래프가 만들어진다. 텐서플로의 모든 연산은 session을 통해 수행하고, 세션을 만들어 변수를 초기화한다. 이제 이 세션을 이용해 훈련을 할 것이다.

```
init = tf.global_variables_initializer()
sess = tf.Session()
sess.run(init)
```

💡 0.11 버전부터는 global_variables_initializer 대신 initialize_all_variables 함수를 사용한다.

이제 앞에서 만든 100개의 변수 값을 대입해서 y 값을 만들고 정답 y_data와의 오차를 최소화하는 훈련을 시작한다. sess.run(train)을 한 번 거치면 100개의 데이터에 대해 한 번 훈련을 하게 된다. 아래 예제에서는 200번을 루프를 돌게 되며 20번마다 최적화되고 있는 W, b 값을 출력하게 했다.

```
for step in range(201):
    sess.run(train)
    if step % 20 == 0:
        print(step, sess.run(W), sess.run(b))
```

위의 예제를 intro.py로 저장하고 실행한 결과이다. W, b 값이 0.1과 0.3에 수렴해가는 것을 알 수 있다. 머신 러닝의 기본은 W, b 값을 찾아가는 훈련 과정으로 이해하면 된다.

그림 8-2
첫 번째 머신 러닝 예제 결과

그림 8-2에서 W, b가 빠른 속도로 0.1, 0.3에 수렴해가는 것을 알 수 있다.

8.2.2 MNIST 이미지 확인 예제

숫자, 문자, 이미지 인식은 전통적으로 머신 러닝의 성능을 평가하는 척도로 사용되었다. 수많은 머신 러닝 툴들 역시 동일한 샘플을 이용해 인식률을 계산해 서로의 성능을 다툰다. 텐서플로에서도 이미지 및 숫자 관련 예제가 많이 있다. 앞의 예제는 입문용 예제이지만 뭔가 허전한 느낌을 준다. 아마도 기계가 뭔가 눈에 띄는 기능을 보여주지 못했기 때문일 것이다.

이번에는 이미지 인식에 많이 사용하는 MNIST 데이터의 내용을 확인하는 예제를 만들어 보겠다. 머신 러닝과는 관련이 없지만 이후 많은 MNIST 데이터를 이용한 학습을 진행할 경우 MNIST 데이터를 직접 확인하고 싶은 충동이 가끔 생길 것이다 이 예제를 이용하면 MNIST 데이터에 포함된 특정 순서의 이미지와 라벨(숫자 값)을 png 그림 파일로 출력해준다.

8.2.2.1 MNIST 이미지 데이터

MNIST(Mixed National Institute of Standards and Technology)는 머신 러닝 중에서 이미지 프로세싱에 사용 가능한 방대한 손글씨 숫자 파일 데이터베이스를 보유하고 있다. 이 디지털 손글씨들은 미국 고등학생들과 미국 인구 조사국(Census) 직원들이 쓴 것들이라고 알려져 있다. 텐서플로뿐 아니라 수많은 머신 러닝 시스템에서 이 데이터베이스를 이용해 필기체 숫자 인식을 테스트, 훈련한다. http://yann.lecun.com/exdb/mnist/에서 테스트에 필요한 이미지 파일들을 다운 받을 수 있다. 뒤에서 살펴볼 텐서플로 예제에서 온라인 다운로드 기능을 제공하지만 미리 파일을 받아서 살펴보는 것도 괜찮다. 참고로 이 홈페이지를 만든 Yann LeCun은 머신 러닝 전문가이며 페이스북 AI 연구소의 수석 임원이기도 하다.

작업 디렉터리를 미리 정한 후 다음 명령으로 테스트에 사용할 손글씨 데이터를 다운 받는다.

```
sudo wget http://yann.lecun.com/exdb/mnist/train-images-idx3-ubyte.gz
sudo wget http://yann.lecun.com/exdb/mnist/train-labels-idx1-ubyte.gz
sudo wget http://yann.lecun.com/exdb/mnist/t10k-images-idx3-ubyte.gz
sudo wget http://yann.lecun.com/exdb/mnist/t10k-labels-idx1-ubyte.gz
```

파일 다운로드가 끝나면 gzip (-d 옵션) 명령을 이용해 압축을 푼다. 압축을 풀면 다음과 같은 파일들이 생성된다. 뒷부분의 예제에서는 압축 파일을 그냥 사용한다. 메모리에서 파일 압축을 풀어서 바로 사용한다. 여기에서는 파일 내부 구조를 살피기 위해 압축을 풀어본 것이다.

```
-rw-r--r-- 1 root root  7840016 Mar 12 05:36 t10k-images-idx3-ubyte
-rw-r--r-- 1 root root    10008 Mar 12 05:36 t10k-labels-idx1-ubyte
-rw-r--r-- 1 root root 47040016 Mar 12 05:36 train-images-idx3-ubyte
-rw-r--r-- 1 root root    60008 Mar 12 05:36 train-labels-idx1-ubyte
```

가장 큰 train-images-idx3-ubyt 파일이 60,000개의 손글씨 숫자가 들어 있는 훈련용 이미지 파일이다. 그리고 train-labels-idx1-ubyte 파일은 이 훈련용 이미지에 대한 정답(0~9) 파일이다. 입력용 독립 변수와 함께 종속 변수 정답을 함께 제공하는 supervised learning이라고 보면 된다. 그리고 t10k로 시작하는 파일은 훈련 결과를 테스트하기 위한 테스트 셋(set)이다.

8.2.2.2 MNIST 다운로드 파일 구조

YannLeCun의 사이트 아래에 파일의 구조에 대한 설명이 있다. 이미지 파일이 우리가 흔히 접하는 비트맵 파일 포맷과는 다르다는 점에 유의 바란다.

이미지 파일(t10k-images-idx3-ubyte, train-images-idx3-ubyte)은 다음과 같은 구조를 가지고 있다. 하나의 파일에 수많은 그림을 저장하기 위한 이미지 파일의 포맷으로 생각하면 된다.

이미지 파일의 구조

```
[offset] [type]          [value]          [description]
0000     32 bit integer  0x00000803(2051) magic number
0004     32 bit integer  60000            number of images
0008     32 bit integer  28               number of rows
0012     32 bit integer  28               number of columns
0016     unsigned byte   ??               pixel
0017     unsigned byte   ??               pixel
........
xxxx     unsigned byte   ??               pixel
```

이미지 파일은 앞부분 16바이트에 헤더에 해당하는 파일 정보가 들어 있고 이어서 픽셀 정보가 들어간다. 하나의 손글씨 정보는 28×28 = 784바이트 크기이다. 따라서 파일 사이즈가 4,7040,016이기 때문에 16바이트의 헤더를 제외하고 784로 나누면 정확하게 60,000이 나온다. 이 값은 헤더의 이미지 개수와 동일한 값이다.

라벨 파일의 구조
```
[offset] [type]          [value]          [description]
0000     32 bit integer  0x00000801(2049) magic number (MSB first)
0004     32 bit integer  60000            number of items
0008     unsigned byte   ??               label
```

```
0009    unsigned byte    ??                    label
........
xxxx    unsigned byte    ??                    label
```

라벨 파일(t10k-labels-idx1-ubyte, train-labels-idx1-ubyte) 역시 비슷한 구조인데 앞의 8바이트가 헤더에 해당한다. 파일 사이즈 60,008에서 8을 제외하면 정확하게 60,000이 나온다. 역시 헤더에서 읽은 아이템 개수와 동일한 값이다. 라벨 값은 0~9까지이다. 60,000개의 이미지(개별 사이즈는 784)는 https://www.tensorflow.org/versions/r0.12/tutorials/mnist/beginners/index.html#mnist-for-ml-beginners의 다음 그림처럼 이해하면 된다.

그림 8-3
개별 이미지의 픽셀 구성

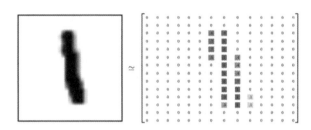

0~1까지의 0.1 간격의 농도에 따라 값을 부여한다. 위의 그림에서는 농도에 따라 0~1 사이의 값이지만 파일에는 usigned byte 값(0~255)이 들어 있다.

8.2.2.3 MNIST 이미지 내용 확인 프로그램 구현하기

이번 예제는 OpenCV 등의 패키지를 필요로 하기 때문에 필요할 경우 추가 설치하도록 한다. 텐서플로 예제를 일부 수정했는데 이미지 index를 파라미터로 제공하면 해당 인덱스의 손글씨를 png 파일로 저장해주면서 인식 결과를 함께 출력해준다. 따라서 결과값을 이해하는 데 훨씬 도움이 된다.

OpenCV 설치는 다음 명령으로 할 수 있다.

```
apt-get install python-opencv libopencv-dev
```

예제 코드는 다음과 같다.

```python
# -*- coding: utf-8 -*-
from __future__ import print_function
import cv2
import numpy as np
from tensorflow.examples.tutorials.mnist import input_data
import tensorflow as tf

flags = tf.app.flags
FLAGS = flags.FLAGS
flags.DEFINE_integer('image_index', 0,'0 based index of image file')
```

```
flags.DEFINE_string('image_file', 'train', 'train or test')

mnist = input_data.read_data_sets("../MNIST_data/", one_hot=True)
image = np.array([28,28, 1])
label = 0
if FLAGS.image_file == 'train':
  image = np.copy(np.reshape(mnist.train._images[FLAGS.image_index], (28,28,1)))
  label = np.argmax(mnist.train._labels[FLAGS.image_index])
  print('image is in the train set')
else:
  image = np.copy(np.reshape(mnist.test._images[FLAGS.image_index], (28,28,1)))
  label = np.argmax(mnist.test._labels[FLAGS.image_index])
  print('image is in the test set')

#0~1 사이의 값을 이미지에 적합한 255~0으로 역순으로 바꾼다. (흑백이 바뀌게 된다)
image = 255 - image * 255
image = cv2.resize(image, (0,0), fx=4, fy=4) #4배 확대

#이미지를 화면에 출력한다. 데스크톱 모드에서만 보여진다. 셸에서는 볼 수 없으며 주석 처리해야 에러가 안 난다.
cv2.imshow(image)
cv2.waitKey(0)
#이미지를 파일로 저장한다.
cv2.imwrite("../MNIST_data/%s_index_%d_label_%d.png"%( FLAGS.image_file,
FLAGS.image_index, label), image)
```

print를 파이썬 3.X에서처럼 함수 형식으로 사용하기 위해 필요한 라인이다. 텐서플로 예제에서는 대부분 이 기능을 사용한다.

```
from __future__ import print_function
```

그리고 이미지 확대, 저장을 위해 OpenCV를 사용한다.

```
import cv2
```

MNIST 데이터의 다운로드, 압축 해제 등의 기능을 모아 둔 input_data.py를 인터넷에서 다운로드 받는다. 만약 인터넷이 연결되어 있지 않다면 input_data.py 파일을 미리 다운로드 받아 두고 from 부분을 생략하면 된다. input_data.py는 https://github.com/tensorflow/tensorflow/tree/e6dfe5bc83b8fe386b81b4beb67faa008a7b51e0/tensorflow/examples/tutorials/mnist(github tensorflow/tensorflow/examples/tutorials/mnist/)에서 다운로드 받을 수 있다.

```
from tensorflow.examples.tutorials.mnist import input_data
```

다음은 실행 파라미터 변수의 초깃값을 설정한다. image_index, image_file 변수의 초깃값 0, 'train'을 지정해준다. 셸에서 입력할 때에는 −image_index = 10 --image_file = "image name" 같이 처리한다. 아래에서는 파라미터가 없을 경우 기본값을 0, "train"으로 정해두었다.

```
flags = tf.app.flags
FLAGS = flags.FLAGS
flags.DEFINE_integer('image_index', 0,'0 based index of image file')
flags.DEFINE_string('image_file', 'train', 'train or test')
```

MNIST 데이터를 가져온다. 만약 로컬 디렉터리(../MNIST_data)에서 발견하지 못하면 인터넷에서 가져오게 된다. 1개 이미지 파일의 크기로 numpy 변수 image를 만들어 둔다. 이 값은 나중에 png 이미지 파일로 저장한다.

```
mnist = input_data.read_data_sets("../MNIST_data/", one_hot=True)
image = np.array([28,28, 1])
```

검증에 사용할 그림 및 라벨을 train 또는 test 셋에서 가져온다.

```
if FLAGS.image_file == 'train':
  image = np.copy(np.reshape(mnist.train._images[FLAGS.image_index],
        (28,28,1)))
  label = np.argmax(mnist.train._labels[FLAGS.image_index])
  print('image is in the train set')
else:
  image = np.copy(np.reshape(mnist.test._images[FLAGS.image_index],
        (28,28,1)))
  label = np.argmax(mnist.test._labels[FLAGS.image_index])
  print('image is in the test set')
```

이제 위의 소스 코드를 mnist_view.py로 저장하고 실행해보자. MNIST_data는 상위 디렉터리에 만들어 질 것이다.

```
python mnist_view.py --image_index=0 --image_file=train
```

상위 디렉터리에 4개의 MNIST 데이터 파일과 train 셋의 첫 번째 이미지를 저장한 tmp_0_label_7.png 파일을 확인할 수 있다.

```
root@Jessie-lite:~/tensorflow/exam/MNIST_data# ls -l
합계 11340
-rw-r--r-- 1 root root 1648877 12월 14 01:13 t10k-images-idx3-ubyte.gz
-rw-r--r-- 1 root root    4542 12월 14 01:13 t10k-labels-idx1-ubyte.gz
-rw-r--r-- 1 root root    3198 12월 14 01:15 train_index_0_label_7.png
-rw-r--r-- 1 root root 9912422 12월 14 01:13 train-images-idx3-ubyte.gz
-rw-r--r-- 1 root root   28881 12월 14 01:13 train-labels-idx1-ubyte.gz
```

train_index_0_label_7.png 파일을 열어보면 다음과 같다. 같은 방법으로 image_index 값과 image_file 값을 조절하거나 소스 코드를 수정하면 MNIST 데이터에 포함된 손글씨를 찾아볼 수 있다. 참고로 원본 이미지는 검은 바탕에 흰 글씨지만 위의 예제에서는 우리 눈에 익숙하도록 흑백을 바꿔서 출력했다.

그림 8-4
0번째 훈련용 이미지 4배
확대 그림

8.2.3 MNIST 숫자 인식 예제

앞에서 우리는 MNIST 데이터의 구조에 대해 살펴보았다. 이제 본격적으로 숫자 인식 프로그램을 만들어보자. 참고로 여기에서 텐서플로 예제를 직접 사용하지 않고, http://opensourc.es/blog/tensorflow-mnist의 예제를 사용했다. 수준 높은 내용의 예제들이 몇 개 있으니 관심 있는 독자들은 방문해 보길 권한다.

이번 예제는 다음처럼 하나의 이미지에 여러 개의 숫자가 있을 경우 인식하는 상당히 실용적인 내용이다. 텐서플로와 함께 OpenCV를 함께 사용하고 있으며 알고리즘을 잘 알아 두면 유용하게 사용할 수 있는 아주 좋은 예제이다.

예제를 구현하기 전에 소프트맥스에 대해 살펴보도록 한다.

8.2.3.1 소프트맥스(SoftMax)

이번 예제의 이미지들은 모두 0~9 사이의 숫자들이다. 즉, 특정 이미지 하나에 대해 0~9 사이 숫자 중 한 개며 각각의 숫자일 확률을 합하면 1로 생각할 수 있다.[3] 만약 아래와 같이 인식했다면 가장 확률이 높은 5를 정답으로 제시할 것이다.

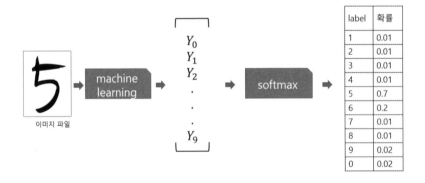

그림 8-5
손글씨 숫자 인식의 확률

이처럼 0~1사이의 확률 분포로 인식 결과를 출력해주는 기능이 소프트맥스 회귀(Softmax regression)이다. 머신 러닝의 결과값을 소프트맥스에 입력하면 그 출력값은 다음 그림처럼 확률로 나오게 된다. 아래 그림에서 y1, y2, y3의 합은 1이다. 예제에서는 y_0~y_9까지 10개의 값이다.

---

3 하나의 사건에 대한 모든 확률 값의 합은 1이다.

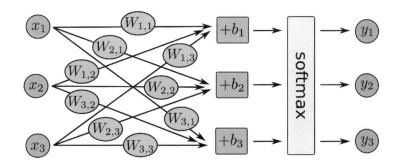

그림 8-6
텐서플로 페이지의
소프트맥스 설명

softmax라고 표시한 수식은 정확하게 표현하면 다음과 같다. exp는 exponential(지수)의 약자이며 자연 대수 e의 지수 함수이다.

$$y_i = \frac{\exp(x_i)}{\sum_{j=1}^{10} \exp(x_j)},\ 1 \le i \le 10$$

결국 우리가 원하는 확률은 다음과 같다. 이제 입력 이미지에 대해 0~9의 숫자가 될 확률을 모두 알 수 있다.

$$P(y = i) =\ y_i \ / \ \sum_{i=0}^{9}(y_i)$$

8.2.3.2 숫자 인식 소프트웨어 구현

이번 예제는 코드 길이가 꽤 길기 때문에 주의해서 볼 필요가 있다. 인식률을 높이기 위한 선처리 과정인 이미지 보정 작업이 있다. 또한 학습에는 많은 시간이 필요하기 때문에 프로그램 실행 시마다 매번 학습을 반복하는 것이 아니라 한번 학습이 끝나면 프로그램 실행 시 학습 진행 여부를 지정할 수도 있다. 재학습은 일반적으로 학습할 데이터 셋이 변경, 추가되었거나 학습 알고리즘이 바뀌었을 경우에 진행한다.

　예제에서 사용하는 scipy 패키지를 먼저 설치한다.

```
apt-get install python-scipy
```

소스 코드는 다음과 같다.

```
-*- coding: utf-8 -*-
from __future__ import print_function
from __future__ import absolute_import
from __future__ import division
import tensorflow as tf
from tensorflow.examples.tutorials.mnist import input_data
import cv2
```

```python
import numpy as np
import math
from scipy import ndimage
import sys

#이미지의 중심이 가운데 오도록 이동할 픽셀 이동 거리 계산
def getBestShift(img):
  cy,cx = ndimage.measurements.center_of_mass(img)
  rows,cols = img.shape
  shiftx = np.round(cols/2.0-cx).astype(int)
  shifty = np.round(rows/2.0-cy).astype(int)

  return shiftx,shifty

#새롭게 이동한 이미지를 생성
def shift(img,sx,sy):
  rows,cols = img.shape
  M = np.float32([[1,0,sx],[0,1,sy]])
  shifted = cv2.warpAffine(img,M,(cols,rows))
  return shifted


flags = tf.app.flags
FLAGS = flags.FLAGS
flags.DEFINE_string('image_file', '', 'test image file name')
tf.app.flags.DEFINE_boolean('train', False, 'Whether to train.')

x = tf.placeholder("float", [None, 784])
W = tf.Variable(tf.zeros([784,10]))
b = tf.Variable(tf.zeros([10]))
y = tf.nn.softmax(tf.matmul(x,W) + b)
y_ = tf.placeholder("float", [None,10])

cross_entropy = -tf.reduce_sum(y_*tf.log(y))
train_step = tf.train.GradientDescentOptimizer(0.01).minimize(cross_
              entropy)

if tf.gfile.Exists("cps/") == False:
  tf.gfile.MakeDirs("cps/")

image = FLAGS.image_file
train = FLAGS.train
checkpoint_dir = "cps/"
print('Train:', train)
saver = tf.train.Saver()
sess = tf.Session()
sess.run(tf.initialize_all_variables())
if train:
  mnist = input_data.read_data_sets("../MNIST_data/", one_hot=True)
  for i in range(1000):
    batch_xs, batch_ys = mnist.train.next_batch(100)
    sess.run(train_step, feed_dict={x: batch_xs, y_: batch_ys})

  saver.save(sess, checkpoint_dir+'model.ckpt')
  correct_prediction = tf.equal(tf.argmax(y,1), tf.argmax(y_,1))
  accuracy = tf.reduce_mean(tf.cast(correct_prediction, "float"))
  print (sess.run(accuracy, feed_dict={x: mnist.test.images, y_: mnist.test.
        labels}))
else:
  ckpt = tf.train.get_checkpoint_state(checkpoint_dir)
  if ckpt and ckpt.model_checkpoint_path:
    saver.restore(sess, ckpt.model_checkpoint_path)
  else:
    print ('No checkpoint found')
    exit(1)
```

```
color_complete = cv2.imread("../image_sample/" + image + ".png")
gray_ complete = cv2.cvtColor(color_complete, cv2.COLOR_BGR2GRAY)
(thresh, gray_complete) = cv2.threshold(gray_complete, 128, 255, cv2.
THRESH_BINARY_INV | cv2.THRESH_OTSU)
cv2.imwrite("../image_sample/compl.png", gray_complete)
digit_image = -np.ones(gray_complete.shape)
height, width = gray_complete.shape


for cropped_width in range(100, 300, 20):
  for cropped_height in range(100, 300, 20):
    for shift_x in range(0, width-cropped_width, int(cropped_width/4)):
      for shift_y in range(0, height-cropped_height, int(cropped_height/4)):
        gray = gray_complete[shift_y:shift_y+cropped_height,shift_x:shift_x
            + cropped_width]
        if np.count_nonzero(gray) <= 20:
          continue

        if (np.sum(gray[0]) != 0) or (np.sum(gray[:,0]) != 0) or (np.
            sum(gray[-1]) != 0) or (np.sum(gray[:, -1]) != 0):
          continue

        top_left = np.array([shift_y, shift_x])
        bottom_right = np.array([shift_y+cropped_height, shift_x +
                    cropped_width])

        while np.sum(gray[0]) == 0:
          top_left[0] += 1
          gray = gray[1:]

        while np.sum(gray[:,0]) == 0:
          top_left[1] += 1
          gray = np.delete(gray,0,1)

        while np.sum(gray[-1]) == 0:
          bottom_right[0] -= 1
          gray = gray[:-1]

        while np.sum(gray[:,-1]) == 0:
          bottom_right[1] -= 1
          gray = np.delete(gray,-1,1)

        actual_w_h = bottom_right-top_left
        if (np.count_nonzero(digit_image[top_left[0]:bottom_right[0],top_
            left[1]:bottom_right[1]]+1) > 0.2*actual_w_h[0]*actual_w_h[1]):
          continue

        print ("------------------")

        rows,cols = gray.shape
        compl_dif = abs(rows-cols)
        half_Sm = int(compl_dif/2)
        half_Big = half_Sm if half_Sm*2 == compl_dif else half_Sm+1
        if rows > cols:
          gray = np.lib.pad(gray,((0,0),(half_Sm,half_Big)),'constant')
        else:
          gray = np.lib.pad(gray,((half_Sm,half_Big),(0,0)),'constant')

        gray = cv2.resize(gray, (20, 20))
        gray = np.lib.pad(gray,((4,4),(4,4)),'constant')
        shiftx,shifty = getBestShift(gray)
        shifted = shift(gray,shiftx,shifty)
        gray = shifted

        cv2.imwrite("../image_sample/"+image+"_"+str(shift_x)+"_"+
```

```
                                  str(shift_y)+".png", gray)
          flatten = gray.flatten() / 255.0

          print ("Prediction for ",(shift_x, shift_y, cropped_width))
          print ("topleft:", top_left, "bottom_right:", bottom_right,
                 "actual_w_h:", actual_w_h)
          prediction = [tf.reduce_max(y),tf.argmax(y,1)[0]]
          pred = sess.run(prediction, feed_dict={x: [flatten]})
          print (pred)


          digit_image[top_left[0]:bottom_right[0],top_left[1]:bottom_
          right[1]] = pred[1]

          cv2.rectangle(color_complete,tuple(top_left[::-1]),tuple(bottom_
          right[::-1]),color=(0,255,0),thickness=5)

          font = cv2.FONT_HERSHEY_SIMPLEX
          cv2.putText(color_complete,str(pred[1]),(top_left[1],bottom_
          right[0]+50), font,fontScale=1.4,color=(0,255,0),thickness=4)
          cv2.putText(color_complete,format(pred[0]*100,".1f")+"%",(top_
          left[1]+30,bottom_right[0]+60), font,fontScale=0.8,color=(0,255,0),
          thickness=2)

cv2.imwrite("../image_sample/" +image+"_digitized_image.png", color_
          complete)
```

이제 차근차근 코드를 분석해 보도록 하겠다.

   파이썬 3.X 호환 코드를 만들기 위해 추가한다. 2.X 파이썬에서 사용하면 3.X
포팅 시 도움이 된다.

```
from __future__ import print_function
from __future__ import absolute_import
from __future__ import division
```

다음은 추출한 숫자가 이미지의 중심에 오도록 새롭게 이미지를 만드는 함수들
이다. 숫자 인식을 위한 이미지 전처리 과정에 필요한 함수들이다.

```
def getBestShift(img)
def shift(img,sx,sy)
```

텐서플로 변수를 만든다. X는 float 타입 784개를 저장하는 변수이다. 784는 28×
28 픽셀인 MNIST 데이터의 개별 이미지 크기이다.

   W(weight)는 784 × 10 크기이다. 결과값이 0~9의 10개이기 때문에 크기는
7840이다. 다음의 수식을 보면 이해하기 쉬울 것이다. 결과값 y는 [10, 1] 행렬로
출력될 것이며 소프트맥스를 거쳐 확률값으로 바뀔 것이다.

$$y = \begin{bmatrix} y_1 \\ y_{...} \\ y_{10} \end{bmatrix} = \begin{bmatrix} W_{1,1} & W_{...} & W_{1,784} \\ W_{...} & W_{...} & W_{...} \\ W_{10,1} & W_{...} & W_{10,784} \end{bmatrix} \begin{bmatrix} pixel_1 \\ pixel_{...} \\ pixel_{784} \end{bmatrix} + \begin{bmatrix} b_1 \\ b_{...} \\ b_{10} \end{bmatrix} = Wx + b$$

```
x = tf.placeholder("float", [None, 784])
W = tf.Variable(tf.zeros([784,10]))
b = tf.Variable(tf.zeros([10]))
```

이제 위의 값들을 이용해 만든 수식 $y = W \cdot x + b$를 소프트맥스를 거쳐 확률값으로 변경한다. 아래 그림을 보면 이해하기 쉽다. 위에서 구한 y 값을 확률로 바꾸어 주는 작업이다.

그림 8-7
y값을 확률로 바꾸어 주는
작업의 도식화

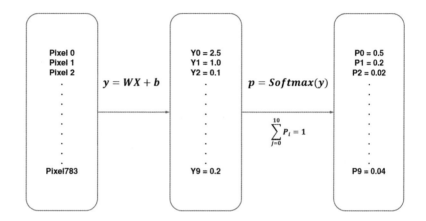

```
y = tf.nn.softmax(tf.matmul(x,W) + b)
```

y_ 변수는 MNIST 라벨 값(0~9사이의 정답)을 저장하는 공간이다. 정답을 제외한 나머지 9개는 0이 될 것이다.

```
y_ = tf.placeholder("float", [None,10])
```

앞에서 비용 함수를 최소 제곱법을 사용했는데 이번에는 크로스엔트로피를 이용한다. 소프트맥스와 함께 자주 사용하는 비용 함수다. 옵티마이저는 앞의 예제와 동일하다. 비용 함수 앞에 -1이 곱해져 있음에 유의하기 바란다. 크로스엔트로피 함수는 다음과 같이 정의한다.

$$CrossEntropy = -\sum L_i \log(S_i) , \text{L: label(y\_), S: Y}$$

```
cross_entropy = -tf.reduce_sum(y_*tf.log(y))
train_step = tf.train.GradientDescentOptimizer(0.01).minimize(cross_
            entropy)
```

앞에서 설명한 것처럼 학습 여부를 파라미터로 받아서 처리한다. 만약 학습 옵션이 있으면 100개씩 이미지와 라벨을 가져와서 학습을 시킨다. 이 값이 크면 학습 속도가 빨라지지만 메모리 사용량이 증가한다. 예제에서는 train 셋에서 총

100,000번 이미지를 반복 사용하면서 훈련한다. 이 값들을 바꾸어 가면서 인식률의 변화와 학습 시간을 관찰하는 것도 필요하다. 총 100,000개 이미지를 학습시킨 결과를 checkpoint_dir 디렉터리의 model.ckpt에 저장한 다음 test 셋의 이미지를 가져와 인식을 한 다음 정확도를 계산해본다. test 셋을 이용한 정확도를 마지막에 print 문으로 출력하고 있다.

만약 학습을 건너뛰고 바로 이미지 인식으로 넘어가려면 train 옵션을 생략(기본값이 False)하거나 False를 지정해주면 된다. 반대로 학습을 하려면 이 옵션에 True 값을 넣어줘야 한다. 학습을 생략하면 checkpoint_dir 디렉터리의 model.ckpt 값을 읽어 세션에 적용시킨다. model.ckpt 파일의 구조는 중요하지 않다. 텐서플로에서 제공하는 API를 이용하면 훈련 결과를 저장하고 읽는 데 아무 지장이 없다.

```python
if train:
  mnist = input_data.read_data_sets("../MNIST_data/", one_hot=True)
  for i in range(1000):
    batch_xs, batch_ys = mnist.train.next_batch(100)
    sess.run(train_step, feed_dict={x: batch_xs, y_: batch_ys})

  saver.save(sess, checkpoint_dir+'model.ckpt')
  correct_prediction = tf.equal(tf.argmax(y,1), tf.argmax(y_,1))
  accuracy = tf.reduce_mean(tf.cast(correct_prediction, "float"))
  print (sess.run(accuracy, feed_dict={x: mnist.test.images, y_: mnist.
test.labels}))
else:
  ckpt = tf.train.get_checkpoint_state(checkpoint_dir)
  if ckpt and ckpt.model_checkpoint_path:
    saver.restore(sess, ckpt.model_checkpoint_path)
  else:
    print ('No checkpoint found')
    exit(1)
```

💡 학습을 반드시 파이에서 할 필요는 없다. 이 책에서 제공하는 예제는 Windows 또는 리눅스를 설치한 PC에서도 실행 가능하다. GPU 이용이 가능한 고성능 그래픽 카드까지 있는 PC라면 더욱 좋다. 학습을 고성능 PC에서 한 다음 그 결과물만 복사한 후 인식 작업만 파이에서 진행하는 것이 효율적이다. 학습 결과물(W와 b 값)은 checkpoint_dir에 model.ckpt란 이름으로 저장된다. 위의 예제에서 saver 객체가 이 작업을 담당한다.

이제 위에서 학습한 결과 값 (W, b)를 이용해서 우리가 제공하는 이미지에 포함된 숫자를 찾아내는 작업을 본격적으로 해보자. 다음 코드에서 이미지 처리를 위한 기법이 약간 필요하며 미리 image_sample 디렉터리에 숫자 이미지 파일을 저장해둔다.

예제는 컬러 png 파일을 연 다음 회색톤 이미지로 바꾼다. 그리고 다시 특정 밝기 값(예제에서는 128로 중간 밝기)을 기준으로 흑백 이미지로 다시 바꾼다. 이런 전처리 과정은 인식률을 높이는 데 상당한 도움을 준다. 만약 중간 과정의 이미지들이 궁금하다면 cv2.imwrite 함수를 이용해 이미지 파일로 저장한 다음 나중에 확인해볼 수 있다. 참고로 cv2의 imread로 오픈한 image 객체는 numpy 행렬로 바로 사용이 가능하다.

```
color_complete = cv2.imread("../image_sample/" + image + ".png")
gray_ complete = cv2.cvtColor(color_complete, cv2.COLOR_BGR2GRAY)
(thresh, gray_complete) = cv2.threshold(gray_complete, 128, 255, cv2.
THRESH_BINARY_INV | cv2.THRESH_OTSU)
cv2.imwrite("../image_sample/compl.png", gray_complete)
digit_image = -np.ones(gray_complete.shape)
height, width = gray_complete.shape
```

이미지를 분할해서 숫자를 찾는 부분인데, numpy 행렬을 다루는 함수 및 연산에 대한 이해가 필요하다. 중요한 부분만 설명하겠다.

임의의 입력 이미지(MNIST 이미지가 아님)를 $100 \times 100 \sim 300 \times 300$ 픽셀 사이즈 크기로 이미지 전 영역을 조사하면서 채취한 샘플 이미지에 숫자(정보)가 있는지 확인한다. 이 과정은 머신 러닝의 CNN(Convolutional Neural Network) 학습 과정과 유사한 부분이 있다.

채취한 영역에 숫자가 있는지 여부는 다음과 같이 판단한다.

```
if np.count_nonzero(gray) <= 20:
continue
```

이미지가 흑백이기 때문에 0 아닌 값은 숫자의 일부분일 것이다. 따라서 숫자를 구성하는 픽셀의 숫자가 너무 작으면 다음 샘플을 채취한다.

채취한 이미지의 테두리에 값이 있으면 완전한 숫자가 아니기 때문에 다음 샘플을 채취한다.

```
if (np.sum(gray[0]) != 0) or (np.sum(gray[:,0]) != 0) or (np.sum(gray[-1])
   != 0) or (np.sum(gray[:, -1]) != 0):
continue
```

나중에 출력 이미지에 녹색 테두리를 만들기 위해 현재 샘플의 원본 이미지 좌측 상단, 우측 하단 좌표를 저장해 둔다.

```
top_left = np.array([shift_y, shift_x])
bottom_right = np.array([shift_y+cropped_height, shift_x + cropped_width])
```

만약 현재 샘플 영역에 다른 숫자가 있으면 포기한다. 원저자 블로그에 자세한 설명이 있다.

```
if (np.count_nonzero(digit_image[top_left[0]:bottom_right[0],top_
   left[1]:bottom_right[1]]+1) > 0.2*actual_w_h[0]*actual_w_h[1])
continue
```

이제 위의 과정을 거쳐 숫자를 포함하고 있는 샘플 영역을 찾았으면 앞에서 학습을 통해 만든 코드에 대입하면 된다. 우선 현재 채취한 샘플 이미지를 MNIST에서 사용한 이미지 크기(28×28) 사이즈로 변경해야 한다.

28×28 사이즈 이미지를 만드는 방법은 약간 다르다. 그 이유는 1과 같은 숫자는 긴 사각형으로 포착되기 때문에 가로, 세로 비율을 유지시키기 위해 공백(검은색) 라인을 추가해야 하기 때문이다. 즉, 이미지 사이즈를 무조건 변경시키기 보다는 패딩을 통해 정사각형을 먼저 만든 후 사이즈를 변경시켜야 왜곡이 없다.

이미지를 28×28로 만드는 것이 아니라 20×20으로 만든 다음 주위에 0 값(검은색)을 패딩한다. MNIST 이미지를 보면 테두리에 공백이 있기 때문에 이 방법을 사용해야 인식률이 높아진다.

```
gray = cv2.resize(gray, (20, 20))
gray = np.lib.pad(gray,((4,4),(4,4)),'constant')
```

그리고 이미지를 중앙에 정렬한다.

```
shiftx,shifty = getBestShift(gray)
shifted = shift(gray,shiftx,shifty)
gray = shifted
```

이제 MNIST 인식에 사용할 수 있게 1차원 배열로 바꾼 다음 0~255의 값을 0.0~1.0으로 바꾼다. 이제 이 값을 머신 러닝에 사용할 수 있다.

```
flatten = gray.flatten() / 255.0
```

수많은 어려운 과정을 거쳐 드디어 마지막 숫자 인식을 할 수 있는 데이터를 만들었다. 출력 값 pred는 튜플 형식의 값이며 2개의 값이 리턴된다. pred[0]는 소프트맥스를 거친 확률 값이며 pred[1]은 이 확률 값이 가리키는 숫자(라벨)이다. 이 출력 값들을 이미지 파일에 표시한 다음 루프문을 반복하면서 계속 작업을 진행한다.

```
prediction = [tf.reduce_max(y),tf.argmax(y,1)[0]]
pred = sess.run(prediction, feed_dict={x: [flatten]})
```

마지막 작업이 끝나면 최종으로 만들어진 이미지 파일을 저장한다. 우리는 이제

이 이미지 파일을 통해 예측 정확도를 확인할 수 있다.

```
cv2.imwrite("../image_sample/" +image+"_digitized_image.png", color_complete)
```

8.2.3.3 숫자 인식 소프트웨어 테스트

앞에서 만든 텐서플로 샘플을 직접 테스트해보겠다. 이미지 파일의 위치는 "../image_sample" 디렉터리이다.

```
python detect_num -image_file=hand_written_number
```

다음 테스트에 사용할 원본 이미지이다.

그림 8-8
테스트용 원본 이미지

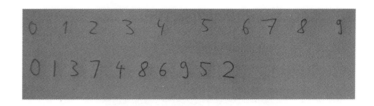

그리고 아래는 이미지 중간 과정에서 변환한 흑백 이미지이다. 임계값 128이 적당한지 확인하기 위해서라도 파일로 저장해서 확인하는 것이 나쁘지 않다. 흑백 이미지가 이상하면 임계값을 조절하면서 최적화된 흑백 이미지를 만들도록 한다.

그림 8-9
흑백 모드로 바꾼 테스트용
이미지

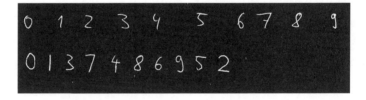

다음은 출력 이미지이다. 인식 결과를 기록한 컬러 이미지도 같이 만들어진다. 1, 2, 4를 잘못 인식했다. 테스트 결과는 각자 조금씩 다를 수 있다. 그 이유는 훈련을 통해 만들어지는 W, b 값이 매번 미세하게 다를 수 있기 때문이다.

그림 8-10
결과를 표시한 컬러 이미지

참고로 앞의 소스 코드에서 확인 가능하듯이 너무 큰 사이즈(300×300 이상)의 숫자는 인식하지 않는다.

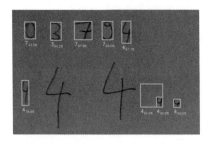

그리고 소프트맥스 분류에서 0~9 사이의 숫자로 판별하기 때문에 다음과 같이 알파벳이 포함되어도 숫자 중 하나로 인식한다. 이것은 당연한 결과이다.

8.2.3.4 인식률 향상

간단한 텐서플로 코드를 이용해 꽤 괜찮은 인식률이 나왔다. 하지만 좀 더 높은 인식률을 만들고 싶은 독자는 훈련 알고리즘을 단일 계층(Single Layer)에서 다계층 신경망(Multi Layer Neural Network), CNN(Convolutional Neural Network)으로 바꾸어 보길 바란다. 특히 CNN은 이미지 인식률을 획기적으로 향상시킨 알고리즘이다. https://www.tensorflow.org/tutorials/mnist/pros/에는 다계층 CNN(Multilayer Convolutional Network)을 이용한 MNIST 예제가 있다. 이 예제에서 사용한 훈련 방법을 적용해서 위 예제를 고쳐보는 것도 좋은 공부가 될 것이다.

8.2.4 한글 인식 도전하기

영어는 대소문자 합해도 52자 밖에 되지 않고 글꼴이 단순하기 때문에 인식이 상당히 쉬운 편이다. 하지만 한글은 자음과 모음이 합쳐 하나의 글자를 만들기 때문에 폰트 이미지의 밀도가 상당히 높을 뿐 아니라 개수도 영어 알파벳과 비교할 수 없을 정도로 많다. 만약 한글을 영어처럼 풀어서 썼다면 IT 환경에서는 훨씬 사용하기 편했을 것이다. 아무튼 이런 이유로 한글과 중국의 한자는 컴퓨터 인식이 상당히 어려우며 인식률이 영어에 비해 현저히 떨어질 수밖에 없다.

그렇지만 특수한 몇 가지 환경에서는 인식률을 어느 정도 올릴 수 있다. 가령 자동차 번호판의 경우, 사용하는 문자는 숫자 0 ~9 그리고 한글 가~마, 거~저, 고 ~조, 구~주, 하, 호(자가용), 바, 사, 아, 자(사업자용), 배(택배운송용)이다. 숫자 10개와 한글 39자를 합하면 총 49자이다.

그리고 특정 글꼴로 만들어진 이미지를 인식하기 위해 해당 글꼴 중심으로 기계 학습을 진행하면 인식률을 올릴 수 있다.

이번에는 나눔 글꼴을 이용해 기계 학습을 시킨 다음 한글이 포함된 이미지를 인식해보는 작업을 진행하겠다. 학습은 인식률 비교를 위해 번호판 인식용 49자로 구성한 데이터 셋, 나눔 글꼴의 한글, 숫자, 영어로 구성된 데이터 셋, 그리고 마지막으로 나눔 글꼴 한글에서 자주 사용하는 문자만 임의로 추출해 숫자와 영어를 포함해 7,732자로 만든 데이터 셋을 준비한다.

8.2.4.1 학습용 한글 이미지 준비

학습용 한글 이미지는 폰트 파일에서 추출한다. 폰트에서 비트맵 이미지를 추출하는 프로그램으로는 BMFont(http://www.angelcode.com/products/bmfont/)가 있다. 이 프로그램을 이용하면 폰트 파일에 포함된 글자 중에서 원하는 글자만 이미지로 추출할 수 있다.

다음은 번호판 인식용으로 만든 49자 이미지이다. 폰트의 크기, 이미지 파일의 가로, 세로 크기 등은 지정 가능하다. 참고로 게임 업계에서는 게임에서 사용하는 비트맵 폰트를 만들기 위해 이 프로그램을 애용하고 있다.

그림 8-13
BMFont 실행 화면

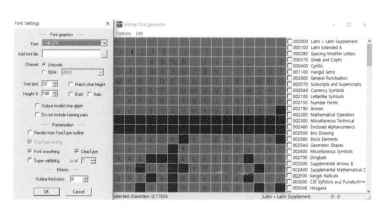

다음은 BMFont를 이용해 자동차 번호판에 사용하는 글자만 이미지 파일로 출력한 것이다.

그림 8-14
자동차 번호판 인식용
49자 이미지

위 그림 파일에 대한 정보를 포함한 텍스트 파일(확장자 fnt)이 다음과 같이 만들어 진다.

```xml
<?xml version="1.0"?>
<font>
  <info face="나눔고딕" size="28" bold="0" italic="0" charset="" unicode="1"
  stretchH="100" smooth="1" aa="1" padding="1,1,1,1" spacing="1,1"
  outline="0"/>
  <common lineHeight="28" base="22" scaleW="300" scaleH="170" pages="1"
  packed="0" alphaChnl="4" redChnl="0" greenChnl="0" blueChnl="0"/>
  <pages>
    <page id="0" file="nanum-car_0.png" />
  </pages>
  <chars count="49">
    <char id="48" x="193" y="50" width="15" height="20" xoffset="0"
     yoffset="4" xadvance="15" page="0" chnl="15" />
    <char id="49" x="239" y="50" width="9" height="20" xoffset="2"
     yoffset="4" xadvance="15" page="0" chnl="15" />
    <char id="50" x="285" y="0" width="14" height="20" xoffset="0"
     yoffset="4" xadvance="15" page="0" chnl="15" />
    <char id="51" x="224" y="50" width="14" height="20" xoffset="0"
     yoffset="4" xadvance="15" page="0" chnl="15" />
    <char id="52" x="127" y="50" width="17" height="20" xoffset="-1"
     yoffset="4" xadvance="15" page="0" chnl="15" />
    <char id="53" x="209" y="50" width="14" height="20" xoffset="1"
     yoffset="4" xadvance="15" page="0" chnl="15" />
    <char id="54" x="177" y="50" width="15" height="20" xoffset="0"
     yoffset="4" xadvance="15" page="0" chnl="15" />

     … 중략 …

<char id="54616" x="234" y="0" width="25" height="24" xoffset="-1"
 yoffset="2" xadvance="23" page="0" chnl="15" />
    <char id="54728" x="196" y="25" width="22" height="24" xoffset="-1"
     yoffset="2" xadvance="23" page="0" chnl="15" />
    <char id="54840" x="208" y="71" width="25" height="19" xoffset="-1"
     yoffset="4" xadvance="23" page="0" chnl="15" />
  </chars>
</font>
```

위 파일을 보면 원본 이미지에서 글자의 좌표 및 위치 그리고 글자를 나타내는 코드 값(id)이 있다. 이 정보를 이용해 폰트 이미지에서 글자들을 분리해 개별 이미지를 만들 수 있다. MNIST처럼 이 이미지를 바로 사용할 수 있을 것 같지만 위 폰트 이미지들은 전처리 과정(preprocessing)을 거치지 않았기 때문에 개별 이미지로 만들어 전처리 과정을 거친 다음 사용하는 것이 좋다. 위의 그림 파일과

fnt 파일을 이용해 개별 글자 이미지를 추출하는 파이썬 코드(Korean_font.py)는 소스 코드를 다운로드하면 포함되어 있다.

💡 추출에 사용한 파이썬 프로그램(korean_font.py)은 다음 과정을 거쳐 훈련용 이미지를 만든다.

그림 8-15
글자 이미지 생성 과정

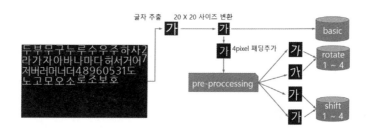

이미지 파일의 모든 글자에 대해 추출을 진행하며 원본 이미지를 포함해 변형시킨 이미지 8개를 포함해 전부 9 종류의 개별 이미지를 만든다. 이 프로그램을 BMFont와 함께 사용하면 다양한 폰트를 개별 이미지로 만들 수 있기 때문에 문자 훈련용으로 유용하게 사용할 수 있다.

원본 폰트 이미지를 저장한 basic, 이미지를 상하좌우로 2픽셀 이동시키면서 밝기를 조절한 shift 4종류, 좌우로 2, 4도 회전시킨 rotate 4종류 총 9종류의 이미지를 준비했다. 정리하면 다음과 같다.

데이터 셋	내용	총 글자수
Korean	한글, 영어, 숫자	11,235
simple	자주 사용하는 한글, 영어, 숫자	7,732
car	한글 39자, 숫자	49

그리고 모든 데이터 셋은 1 종류의 이미지를 만드는 것이 아니라 다음의 9 종류의 이미지 셋를 만든다.

이미지 셋	내용
basic	폰트 이미지를 추출해 20 X 20 사이즈의 이미지로 만든 다음 테두리에 4픽셀의 패딩을 추가
shift1, shift2, shift3, shift4	basic 이미지를 상하좌우로 2픽셀씩 이동하며 밝기를 개선
rotate1, rotate2, rotate3, rotate4	basic 이미지를 좌우로 2도, 4도 회전하며 밝기를 개선

따라서 Korean 셋의 경우 총 11235 × 9 = 101,115개의 이미지 파일이 만들어진다. 학습용 데이터가 부족할 경우에는 이처럼 확보한 이미지에 약간의 변형을 가해 학습에 사용하면 효과를 얻을 수 있다.

MNIST의 훈련용 샘플은 숫자당 6,000개 테스트 이미지가 준비된 것에 비해, 우리가 준비한 한글 인식용 폰트 샘플 이미지는 많이 부족하다. 나머지 부족한 부분들은 여러분이 직접 소스 코드를 수정해 새로운 이미지 셋을 추가해 학습량을 늘려보길 바란다.

다음은 자동차 번호 인식용으로 추출한 basic 이미지 셋이다. 파일 이름은 그림 속 글자에 해당하는 코드 값이다.

0	1	2	3	4	5	6	7	8
48.jpg	49.jpg	50.jpg	51.jpg	52.jpg	53.jpg	54.jpg	55.jpg	56.jpg
9	가	고	구	구	나	너	노	누
57.jpg	44032.jpg	44144.jpg	44256.jpg	44396.jpg	45208.jpg	45320.jpg	45432.jpg	45572.jpg
더	도	도	두	라	러	로	루	마
45796.jpg	45908.jpg	46020.jpg	46160.jpg	46972.jpg	47084.jpg	47196.jpg	47336.jpg	47560.jpg
머	모	무	바	배	보	부	사	서
47672.jpg	47784.jpg	47924.jpg	48148.jpg	48260.jpg	48372.jpg	48512.jpg	49324.jpg	49436.jpg
소	수	아	어	오	우	자	저	조
49548.jpg	49688.jpg	50500.jpg	50612.jpg	50724.jpg	50864.jpg	51088.jpg	51200.jpg	51312.jpg
주	하	허	호					
51452.jpg	54616.jpg	54728.jpg	54840.jpg					

그림 8-16
추출한 글자 이미지

다음은 9개 이미지 셋의 그림을 확대해서 비교하도록 하겠다. 좌측의 basic 이미지에 비해 나머지 이미지들이 조금 밝아졌다. 그리고 약간씩 회전하거나 이동한 것을 확인할 수 있다.

그림 8-17
basic, rotate1~4, shift1~4

8.2.4.2 학습 모델 만들기

앞에서 우리는 MNIST를 학습시켜 우리가 쓴 손글씨를 인식하는 프로그램을 단일 계층 신경망을 이용해 만들어 보았다. 이번에는 다계층 신경망을 이용한 딥러닝을 적용해 보겠다. 딥러닝을 적용한다고 코드가 어려워지는 것은 아니지만 딥러닝에 대한 이해가 필요하다. 한글 인식은 숫자 인식보다 상당히 인식률이 떨어지기 때문에 CNN을 적용한 모델을 만들도록 하겠다. 다계층 신경망은 다음 그림처럼 $y = W \cdot x + b$ 연산 결과를 바로 소프트맥스를 통해 가져오는 것이 아니라 또 다른 $y = W \cdot x + b$에 입력값으로 사용하는 것이다.

그림 8-18
단일 계층 신경망과 다
계층 신경망

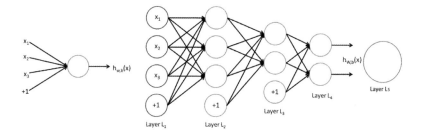

그림에서 알 수 있듯이 여러 계층을 거치기 때문에 연산이 훨씬 복잡하고 많아진다. 따라서 기존 단일 계층에 비해 훈련에 필요한 시간도 늘어난다.

여기에서는 CNN에 대한 자세한 설명은 생략하겠다. 뒤에서 소개하는 사이트들의 자료들을 통해 CNN의 데이터 흐름, 용어들에 익숙해져야 소스 코드를 쉽게 이해할 수 있다.

8.2.4.3 학습모델 구현

소스 코드가 본문에 모두 싣기는 양이 꽤 많기 때문에 중요한 부분만 설명하도록 하겠다. 코드는 3개의 파이썬 파일로 만들었으며 MNIST와 마찬가지로 훈련용 데이터를 가져오고 관리하는 부분은 input_korean.py, 텐서플로 관련 기능은 tf_model.py 그리고 전체를 관리하는 부분은 detect_korean.py로 만들었다.

8.2.4.3.1 폰트 데이터 읽기

MNIST에서는 라벨의 종류가 10개였다. 따라서 60,000개의 이미지에 대한 라벨 값을 메모리에서 관리하더라도 60,000 × 10바이트, 총 0.6M에서 관리가 가능했다. 하지만 이번 예제는 경우가 달라진다. Korean 모델의 경우 라벨의 종류가 11,235이며 이미지 숫자는 101,115개이다. MNIST 방식으로 라벨을 관리하려면 11,235 × 101,115 > 1GB, 즉 1GB 이상의 메모리가 필요하다. 좀 더 효율적으로 라벨의 관리할 방법이 필요하다.

다음은 input_data.py를 대신하는 input_korean.py이다. next_batch 함수에서 실시간으로 라벨을 만들고 있다. 보통 batch 크기를 50 정도로 관리하기 때문에 50 × 11235 크기의 메모리는 큰 부담이 없다. 그리고 MNIST에서는 남은 데이터가 batch 사이즈에 못 미치면 셔플 기능을 이용해 데이터를 무작위로 섞은 다음 다시 시작했지만 여기에서는 그렇게 하지 않고 마지막 남은 데이터까지만 읽는다. 따라서 데이터 셋의 마지막 부분에서는 batch 사이즈보다 작은 사이즈의 데이터를 읽고 다시 처음부터 읽기 시작한다. 그리고 이미지 파일에서 데이터를 읽기 위해 opencv를 사용하는 점도 유의한다.

input_korean.py

훈련에 필요한 데이터를 읽어 온다. 폰트 개수, 폰트 이미지 위치를 파라미터로
받아 하위 디렉터리까지 읽어서 이미지 파일을 모두 읽는다(총 9개의 이미지 셋
을 읽는다).

```
def read_data_sets(train_dir, font_cnt)
```

class DataSet(object)는 MNIST의 DataSet과 상당히 유사하다. 역시 가장 중요한
메서드는 def next_batch(self, batch_size)이다. 실시간으로 라벨을 만들고 있음
에 유의한다.

8.2.4.3.2 텐서플로 처리
숫자 인식에서는 하나의 코드에서 텐서플로 관련 코드를 한번에 관리했지만 이
제는 텐서플로 관련 기능을 따로 모아 모듈을 분리하겠다. tf_model.py에는 2개
의 중요한 함수가 있다.

tf_model.py

CNN 훈련 모델을 만든다. 데이터 셋에 따라 달라지는 훈련 값은 파라미터로 넘
겨 받는다.

이 함수 안에는 CNN 관련 내용들이 많이 있기 때문에 CNN 용어에 대한 이해를
필요로 한다.

```
def make_tf_model(FONT_COUNT, adam_learning_rate, fully_connected_layer_
neuron)
```

훈련을 진행한다. 훈련에 필요한 데이터셋, 훈련 횟수, batch 값, 훈련 결과를 저
장할 디렉터리 이름 등을 파라미터로 받는다.

```
def do_train(dataset, train_cnt, batch_cnt, checkpoint_dir)
```

8.2.4.3.3 이미지 및 전체 프로세스 관리
메인 소스 코드인 detect_korean.py에서 중요한 부분을 살펴보겠다.

detect_korean.py

폰트 이미지를 읽어 훈련 자료를 만든다. MNIST에서 이미지 파일을 읽는 것과 유사하다. 함수 앞부분의 input_korean은 앞에서 만든 파이썬 모듈의 이름이다.

실행 옵션(--model=korean or simple or car)에 따라 해당 이미지를 가져온다. korean의 경우 이미지 숫자가 많기 때문에 약간의 시간이 걸린다.

```
korean = input_korean.read_data_sets(font_dir, FONT_COUNT)
```

실행 옵션(--train=true or -train=false)에 따라 훈련 진행 여부 또는 이미 저장된 결과를 읽어 올 지를 정한다. 파이에서는 반드시 false를 사용한다. 훈련 결과를 checkpoint_dir에 복사해두고 테스트만 진행하도록 한다.

```
if FLAGS.train:
  tf_model.do_train(korean, train_cnt, batch_cnt,  checkpoint_dir)
else:
  tf_model.check_point_restore(checkpoint_dir)
```

다음은 테스트 이미지를 이용해 훈련 결과를 확인할 순서이다. 훈련 결과를 확인하려면 소프트맥스 함수를 직접 호출해 소프트맥스 리턴 값을 받아 직접 확인한다.

아래에서 입력값 x에 대입한 flatten은 테스트에 사용할 이미지에서 추출한 문자 영역이다.

리턴값 pred[0]는 소프트맥스 출력값을 가지고 있다. 아래 코드는 소프트맥스 리턴값으로부터 최고 확률을 얻은 값을 이용해 해당 문자를 찾는 내용을 보여준다.

이제 남은 것은 해당 문자 또는 문자 코드를 화면에 표시해주면 된다. 이 과정은 앞에서 해본 숫자 인식과 완전히 동일하다.

```
pred = tf_model.sess.run(tf_model.y_conv, feed_dict={tf_model.x:
[flatten]})
hot_index = np.argmax(pred[0]) #가장 높은 확률을 가진 인덱스
hot_value = pred[0][hot_index] #가장 높은 확률 값
detect_char = korean.basic.labels[hot_index]
```

8.2.4.4 학습하기

이제 앞에서 만든 코드를 이용해서 학습을 진행하고 그 결과를 확인해보겠다. 한 가지 유의할 점은 학습 과정에 화면에 표시되는 accuracy는 테스트에 사용한 데이터를 이용해 정확도를 체크하기 때문에 외부의 글자 이미지를 대입했을 때와는 결과가 전혀 다를 수 있다. 훈련 과정에서는 100% 정확도였는데 이미지를

대입하면 전혀 엉뚱한 결과가 나올 수 있다. 이 원인은 현재 입력한 이미지 패턴에 대한 학습이 부족하기 때문이다. 인식하지 못한 자료를 모아서 다시 학습 자료로 활용하면 인식률이 좋아질 수 있다.

학습은 Korean, simple, car 데이터 셋에 대해 모두 진행하겠다. 먼저 가장 사이즈가 큰 korean 데이터 셋을 훈련하고 마지막에 plate.jpg 파일을 이용해 결과를 확인해본다.

```
python detect_korean -model=korean -train=true -image_file=plate
```

다음은 simple 데이터 셋을 훈련하고 마지막에 plate.jpg 파일을 이용해 결과를 확인해본다.

```
python detect_korean -model=korean -train=true -image_file=plate
```

마지막으로 car 데이터 셋을 훈련하고 마지막에 plate.jpg 파일을 이용해 결과를 확인해본다.

```
python detect_korean -model=korean -train=true -image_file=plate
```

다음은 테스트에 사용한 plate 이미지이다. 이미지 파일의 폰트는 학습에 사용한 나눔 글꼴을 사용했다.

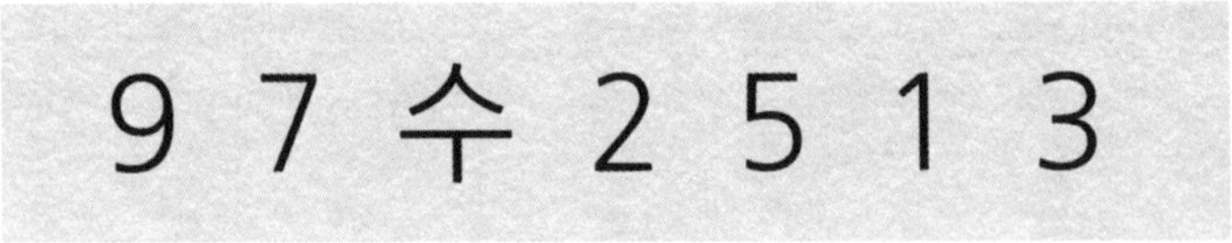

그림 8-19
테스트에 사용한 글씨
이미지

다음은 위에서 훈련한 3가지 데이터 셋에 대한 결과이다. 먼저 korean 데이터 셋에 대한 결과 파일이다. 숫자는 정확하게 인식했고 한글 '수'는 '슈'로 인식했다.

그림 8-20
korean 데이터 셋을
이용한 테스트 결과 이미지
및 출력 화면

다음은 simple 데이터 셋을 이용한 테스트 결과이다. 숫자 9를 알파벳 'g'로 인식한 반면 한글 '수'는 정확하게 인식했다.

그림 8-21
simple 데이터 셋을
이용한 테스트 결과 이미지
및 출력 화면

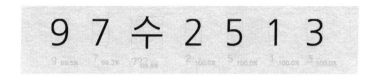

이제 마지막으로 car 데이터 셋을 이용한 테스트 결과이다. 아주 훌륭한 결과가 나왔다. 이 데이터 셋에는 영어가 없기 때문에 숫자 부분이 정확하게 인식되었고 한글 역시 39자 범위에서 검색하기 때문에 정확하게 인식했다.

그림 8-22
car 데이터 셋을 이용한
테스트 결과 이미지 및
출력 화면

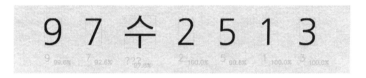

참고로 OpenCV는 폰트를 자유롭게 이용하지 못하는 단점이 있다. 이 때문에 위 그림에서 한글을 제대로 표현하지 못한다. 만약 이 부분을 고치려면 소형 OLED 디스플레이에서 설명한 PIL을 이용하면 원하는 한글 폰트를 선택해 이미지 화면에 표현할 수 있다.

💡 학습을 진행하기 전에 앞에서 만든 폰트 이미지 파일이 다음과 같이 정확한 위치에 있는지 다시 한번 확인한다. 현재 파이썬 코드가 있는 디렉터리를 기준으로 디렉터리 구성은 다음과 같다.

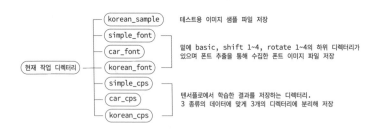

그림 8-23
디렉터리 구성

그리고 소프트맥스 확률분포 편차가 크지 않은 경우에 비슷한 확률 값을 가진 서로 다른 라벨들이 1등을 차지하는 경우도 있다. 이 경우에는 위의 결과값들이 테스트마다 다르게 나타날 수 있다. 같은 이유로 여러분의 파이에서 테스트 결과는 조금씩 다를 수 있다.

> **훈련은 고성능 장비에서**
>
> 텐서플로는 리눅스, 윈도우에서도 잘 실행되며 고성능 GPU를 장착한 그래픽 카드가 있는 워크스테이션 급 서버일수록 빠르게 학습할 수 있다. 그리고 훈련 모델에 따라 상당한 메모리를 필요로 한다. 따라서 파이에서는 훈련시키지 않도록 한다.
>
> 다음은 PC(Ububtu Linux 16.06, Intel i7-6700 3.4GHz, 32GB 메모리, NVidia GTX 980 그래픽 카드)에서 위 이미지들을 훈련하는 데 걸린 시간이다. 파이에서는 절대 이런 훈련을 하면 안 된다. 훈련 결과를 PC에서 파이로 복사해서 사용하도록 한다.

데이터 셋	훈련 횟수(같은 이미지 반복 적용)	이미지 종류	훈련 시간
Korean	100,000 X 50 = 5,000,000	11235 X 9 = 101,115	5시간 이상
simple	50,000 X 50 = 2,500,000	7732 X 9 = 69,588	2시간 45분
car	20,000 X 10 = 200,000	49 X 9 = 441	12분

8.2.4.5 학습 결과를 파이에 옮겨 테스트하기

고성능 장비에서 학습이 끝나면 korean_cps, simple_cps, car_cps 디렉터리에는 학습 결과가 저장된다. 현재 작업 디렉터리 기준으로 하위 디렉터리를 포함한 모든 파일 및 디렉터리를 파이에 복사한다. 그리고 파이에서는 이제 더 이상의 훈련이 필요치 않기 때문에 실행 옵션 --train=False를 설정하거나 생략한다. 이 옵션의 기본값이 False이기 때문에 옵션을 생략해도 결과는 같다. 이제 파이에서 다음과 같이 명령해보자.

```
python detect_korean -model=korean -train=False -image_file=plate
python detect_korean -model=korean -train=False -image_file=plate
python detect_korean -model=korean -train=False -image_file=plate
```

세 가지 명령 모두 데이터 셋과 학습 결과를 로딩한 다음 image_file에서 지정한 파일을 대상으로 테스트를 수행한다. simple, Korean 데이터 셋은 이미지 숫자가 상당히 많기 때문에 데이터 셋 로딩에 시간이 많이 필요하다.

💡 16GB 이상의 SD 카드를 사용하는 것도 중요하지만, 많은 파일을 읽어야 하기 때문에 빠른 속도의 SD 카드를 사용하면 로딩 속도가 빨라진다.

실수가 없다면 앞의 고성능 장비와 거의 유사한 결과를 얻을 수 있을 것이다.

3가지 데이터 셋에 따라 인식률에서 많은 차이가 난다. 아직까지는 머신 러닝에서 좋은 결과를 얻으려면 사람의 손이 많이 필요하다. 그리고 인식하지 못한 데이터를 정답과 함께 다시 훈련 데이터로 반복 사용하면 인식률을 지속적으로 올릴 수 있다. 앞에서 폰트 이미지를 MNIST처럼 28×28 사이즈로 했는데, 이 사이즈를 조금 더 키워서 테스트해보는 것도 의미가 있다. 그 이유는 한글이 숫자에 비해 폰트 밀도가 많이 높기 때문이다. 좀 더 많은 정보를 담을 수 있는 큰 사이즈의 폰트 테스트를 해보거나 예제에서 사용한 나눔 고딕체 대신 나눔 고딕 볼드체를 사용한 테스트도 해 볼 만하다.

사람이나 기계나 공부는 한 번에 끝나는 것이 아니고 평생 계속해야 하는 것은 같은 이치다.

앞에서 소개한 예제들에서 느꼈겠지만, 텐서플로를 비롯한 머신 러닝 툴을 이용한 코드들은 상당히 추상화되어 있다. 함수 하나에 많은 내용과 연산이 압축되어 있다. 이 때문에 머신 러닝을 위한 코드는 몇 줄에 불과하더라도 그 속에 포함된 내용은 상당하다. 따라서 처음에는 코드를 이해하기가 상당히 난해하고 당혹스러울 수 있다. 하지만 계속해서 여러 번 접하다 보면 자연스럽게 익숙해진다. 머신 러닝 전문가가 아니더라도 머신 러닝에 대한 이해와 중요한 용어들의 의미들을 알고 있으면 큰 도움이 된다. 초보자라면 다음에 소개하는 페이지와 동영상 등을 통해 용어 및 머신 러닝 작동 원리에 대한 개념을 파악한다면 빨리 익힐 수 있을 것이다.

이제 여러분은 앞에서 학습한 각종 센서, 카메라에 머신 러닝을 연결하는 작업을 직접 해볼 수 있다. 남은 것은 여러분의 창의력이다.

이 책은 머신 러닝을 전문적으로 다루는 것이 목적이 아니기 때문에 마지막으로 머신 러닝에 관심이 있는 분들을 위해 유익한 사이트 몇 곳을 소개하겠다.

• https://www.tensorflow.org: 구글 텐서플로의 홈페이지. 텐서플로를 이용

한 다양한 예제를 소개하고 있다. 수시로 페이지가 업데이트되기 때문에 자주 방문하길 권한다.

- https://www.udacity.com/course/deep-learning--ud730: 머신 러닝에 대한 무료 강의를 수강할 수 있는 곳. 구글 강사가 진행하지만 머신 러닝에 대한 일반적인 내용을 다루기 때문에 텐서플로가 아닌 다른 머신 러닝 툴을 이용하는 분들에게도 큰 도움이 된다.

- http://openclassroom.stanford.edu/MainFolder/CoursePage.php?course=MachineLearning: 바이두에서 머신 러닝을 이끌고 있는 Andrew Ng. 교수가 강의한 내용을 모아 둔 사이트. 비록 옛날 강의이지만 기초부터 쉽게 설명하고 있다.

- https://www.youtube.com/channel/UCML9R2ol-l0Ab9OXoNnr7Lw: 홍콩 과기대 김성훈 교수님이 유튜브에 개설한 강의 페이지. 한국어라 듣기 편하고 친절한 강의가 일품이다. 동영상 강좌 중에서는 가장 권하고 싶다.

- http://hunkim.github.io/ml/: 역시 김성훈님이 개설한 머신 러닝 관련 학습 페이지

- https://www.youtube.com/channel/UCPk8m_r6fkUSYmvgCBwq-sw/playlists: 스탠포드 대학교 Andrej Karpathy 교수의 동영상 강의. 재생 목록에 가면 2016년 머신 러닝 강의를 모두 볼 수 있다. 함께 강의하던 고참 교수 Fei-Fei Li는 구글로 자리를 옮겼는데 이분도 어디로 가실지?

텐서플로가 드디어 정식 버전 1.X이 나왔다.

앞에서 설명한 샘 아브라함의 텐서플로 설치 사이트 https://github.com/samjabrahams/tensorflow-on-raspberry-pi도 1.1 버전 기준으로 업그레이드 되었다. 최신 버전을 설치해서 사용하려면 예제 코드의 일부를 수정할 필요가 있다.

0.12 버전에서 1.X 버전으로 텐서플로 코드를 포팅하려면 https://www.tensorflow.org/install/migration 페이지의 가이드를 참조한다.

이제 1.X 정식 버전이 나왔기 때문에 앞으로는 버전 업그레이드에 따른 소스 코드 포팅은 없을 것으로 기대한다.

참고 자료 및 페이지
- https://www.tensorflow.org/
- http://opensourc.es/
- https://www.udacity.com/course/deep-learning--ud730
- http://colah.github.io/
- http://hunkim.github.io/ml/

라즈베리 파이 관제 시스템 프로젝트

과학의 빛이 있어, 이 한줄기 빛은 어디서든 밝게 비치니, 온 세상을 밝게 비추리.
There is a single light of science, and to brighten it anywhere is to brighten it everywhere.

- 아이작 아시모프(Isaac Asimov)

앞에서 우리는 많은 센서, 모터, 디스플레이 그리고 여러 가지 칩들에 대해서 배웠다. 이제 마지막으로 앞에서 배운 내용을 응용해 생활에 도움이 되는 물건을 만들어 보겠다. 가급적 앞에서 배운 부품을 주로 사용할 것이며 새롭게 사용하는 부품들은 간략하게 설명하도록 하겠다.

시스템의 외형은 전문적인 디자인을 거친 제품을 따라가지 못하겠지만 내가 직접 만든 시스템에는 돈을 지불하고 구매한 제품에서는 절대로 느낄 수 없는 무엇인가를 느낄 수 있다. 소박하지만 직접 만들어 사용하는 즐거움은 경험하지 않고는 알 수 없는 소중한 경험이기도 한다. 또한 직접 만들어 사용하면 내가 원하는 대로 만들 수 있는 장점이 있다. 기성품은 사용자가 물건에 모든 것을 맞춰야 하지만 직접 만들어 사용면 물건을 나에게 맞출 수 있다.

나만을 위한, 세상에 하나밖에 없는 물건을 가격으로만 따지는 것은 어리석은 짓이다.

요즈음 사물 통신, IoT(Internet of Things) 등의 용어들이 유행하고 있다. 정부에서도 미래 유망 IT 분야로 선정해서 차세대 먹거리로 키우겠다는 계획을 발표하고 이동 통신사에서도 사물 통신 관련 제품과 서비스를 일부 출시하고 있다. 통신사에서 출시한 대부분의 제품은 원격에서 집 또는 사무실을 제어 또는 모니터링할 수 있는 제품들이다. 하지만 우리는 이런 통신사 서비스를 이용하지 않고도 앞에서 공부한 내용만 가지고 충분히 우리 집을 지킬 수 있는 원격 관제 시스템을 훌륭하게 만들 수 있다.

9.1 Node RED

원격 관제 시스템에서 중요한 부분은 정확한 센서 측정과 함께 측정값을 저장하고 원격지의 시스템[1]에 전달하는 것이다. 관제 시스템에서 침입자를 발견하거나 유해 가스 농도 증가 등의 긴급 상황이 발생했을 경우, 원격지의 시스템 사용자에게 상황을 전달해야 한다. 이처럼 센서에서 수집한 데이터를 수집하고 전달, 모니터링하는 시스템을 IoT 플랫폼이라고 한다. 아마존, 마이크로소프트, 오라클, IBM, 애플, 구글 등 세계적인 IT 기업의 제품뿐 아니라 수많은 오픈 소스 IoT 플랫폼이 존재한다.

수많은 회사 및 오픈 소스 진영에서 IoT 플랫폼을 제공하는 상황에서 애플, 구글 등은 독자적인 플랫폼을 제공하지만 많은 회사들은 연합해서 하나의 표준 플랫폼을 만들어 제공하고 있다. IoT 플랫폼은 수백만 개 이상의 센서로부터 데이터를 수집, 처리하는 것을 목표로 하는 사업자용 플랫폼이기 때문에 가정에서 몇 개의 센서를 관리하는 플랫폼으로 사용하기에는 과한 느낌이 있지만 인공 지능, 음성 인식 등 쉽게 구현하기 힘든 고급 서비스를 클라우드 API로 제공하기 때문에 관심을 가질 필요는 있다.[2]

여기서는 Node RED를 이용해 일정 주기로 최신 자료를 읽어서 웹을 이용해 원격지에서 볼 수 있도록 하겠다. 또한 비정상적인 상황이 발생했을 경우 이메일을 이용해 송신하도록 하겠다. 파이어베이스 클라우드 메시징(Firebase Cloud Messaging)[3]을 이용하면 실시간으로 메시지를 사용자의 안드로이드 스마트폰에 전달할 수 있지만 이 책에서는 안드로이드 스마트폰 프로그래밍을 다루지 않기 때문에 이메일을 사용할 것이다. 조금 더 완전한 관제 시스템을 원한다면 FCM을 이용한 스마트폰 실시간 메시지 전달도 같이 구현하는 것이 좋다.

Node RED는 시각화 개발 도구이다. 이제까지 우리는 파이썬 코드를 이용해 다양한 센서 및 GPIO 핀을 제어했는데, Node RED는 드래그 앤 드롭으로 이러한 기능을 구현해 준다. 그렇다면 이제까지 우리가 배운 센서 제어를 위한 프로그래밍은 필요가 없는 것일까? 절대 그렇지 않다. 시각화 개발 도구에서 제공하는 기능으로는 처리하기 힘든 것들이 많다. 서로 다른 센서의 다양한 작동 방식을 모두 Node RED에서 제공할 수 없기 때문에 아두이노, 파이 등을 이용해서 수집한 센서 데이터를 다양한 노드를 이용해 처리해야 한다. 아마 미래의 센서들은 MQTT 프로토콜 등을 내장해서 직접 Node RED 또는 IoT 플랫폼에서 직접 처리할 수 있겠지만 현재 우리 주위의 센서들은 대부분 직접 Node RED나 IoT 플랫폼에 연결시킬 수 없다.

---

1 스마트폰 또는 사무실 PC처럼 외부에서 인터넷 접속이 가능한 장비
2 글로벌 IT 기업들이 이 서비스들을 공짜로 제공할 리 없다. 개발 단계를 넘어서 API 사용량이 많아지면 비용이 발생한다.
3 구글이 파이어베이스를 인수한 후 구글 클라우드 서비스(GCM)가 FCM에 통합되었다.

Node RED를 사용하려면 자바스크립트에 대한 약간의 지식이 필요하지만 부담을 느낄 필요는 없다. Node RED에서 사용할 자바스크립트는 초보적인 수준이기 때문에 쉽게 따라할 수 있다.

2015년 11월 이후 Jessie 풀 버전은 Node RED가 기본 설치되어 있다. 최소 버전은 http://nodered.org/docs/hardware/raspberrypi.html 페이지의 설명을 참조해 설치하면 된다.[4] 그리고 Node RED에서 새로운 노드를 추가 설치하려면 npm 툴이 필요하다. npm은 Node JS로 만들어진 패키지 관리 툴이다.

다음 명령으로 npm을 미리 설치한 다음 최신 버전으로 업데이트해 둔다.

```
$sudo apt-get update
$sudo apt-get upgrade
$sudo apt-get install npm
$update-nodejs-and-nodered4[5]
```

9.1.1 Node RED의 실행 및 대시보드 설치

Node RED는 다음 두 가지 방법으로 실행할 수 있다. 만약 데스크톱 모드라면 'Menu → Programming → Node-RED'를 선택한다. 만약 셸에서 작업한다면 node-red-start 명령으로 실행한다.[6]

그림 9-1
Node RED 실행 화면[7]

브라우저에서 화면에서 확인한 http 주소와 접속 포트로 접속하면 다음과 같이
실제 작업이 가능한 시각화 개발 도구 창이 열린다. 열린 페이지의 우측 상단,
Deploy 버튼 아래 메뉴를 선택한 다음 Manage Pallete을 선택한다. 그러면 우측
에 Manage palette 메뉴가 나타난다. Install 탭에서 node-red-dashboard를 검색
한 후 node-red-dashboard를 설치한다. 설치한 대시보드는 센서에서 수집한 데
이터를 웹에서 쉽게 볼 수 있는 용도이다. Node RED는 수많은 기능이 있는데,
이 책에서는 원격 관제에 꼭 필요한 몇 가지만 살펴볼 것이며 Node RED의 사용
법은 설명하지 않는다. 자세한 사용법은 Node RED 홈페이지를 참조한다.

그림 9-2
Node RED 실행 화면 및
node-red-dashboard
설치

대시보드 설치가 끝나면 페이지를 새롭게 갱신한다. 그러면 다음 그림처럼 우측
에 대시보드 관련 노드와 대시보드 탭이 새롭게 추가된다. 대시보드는 나중에
원격에서 센서 측정값을 모니터링하는 데 사용한다.

그림 9-3
node-red-dashboard
설치 후 Node RED 초기
화면[8]

9.1.2 Node RED의 간단한 사용법

Node RED는 그림 9-3 좌측에 보이는 노드를 드래그 앤 드롭해서 노드 간의 연
결을 이용해 시각화 프로그래밍을 진행한다. 중요한 노드 팔레트를 살펴보겠다.

---

8 대시보드가 보이지 않으면 콘솔에서 node-red-stop, node-red-start 명령으로 Node RED를 재시작한 후 다시 브라우저 접
  속을 해본다.

모든 노드들은 좌측, 우측 또는 양쪽에 조그만 사각형이 있다. 이 사각형을 이용해 다른 노드와 연결한다.

그림 9-4
Node RED의 노드 모음

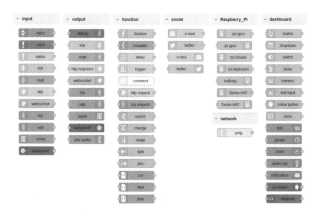

- Input: 대부분 노드 연결의 시작 부분에 위치하며 우측에 노드 연결점이 있다. 즉, 출력 노드만 존재한다.
- Output: 좌측에만 노드 연결점이 있다. 즉, 노드 연결의 최종 결과를 출력한다.
- Function: 대부분 양쪽에 노드 연결점이 있다. 입력 노드로부터 받은 데이터를 조작해서 다시 다음 노드로 전달한다.
- Social: Social은 입력 또는 출력 노드가 있으며 이메일, 트위터 또는 트위터 같은 SNS로 데이터를 보내거나 받을 때 사용한다.
- Raspberry_Pi: 라즈베리 파이의 GPIO 핀 제어를 지원한다. 입출력 노드를 선택해 GPIO 핀으로부터 데이터를 읽거나 출력할 수 있다. Sense HAT는 파이의 시스템 정보를 입출력한다.
- Dashboard: 우리가 앞에서 추가한 노드 팔레트이며 웹 화면에서 다양한 값을 보기 좋게 출력할 수 있게 도와준다.

다음은 3개의 노드를 이용한 간단한 예제이다. Input에서 injection, Function에서 delay, output에서 debug 3개의 노드를 가져와 연결한다. 그리고 injection 노드를 더블 클릭한 후 Payload 속성을 string으로 바꾸고, Topic에 원하는 문자열을 입력한다. delay 함수의 For 속성은 1초로 지정한다. 그리고 우측 상단의 Deploy 버튼을 눌러 노드 연결을 적용한다. 이제 injection 노드의 왼편 네모 버튼을 누르면 문자열 "안녕 라즈베리파이"가 delay 함수로 전달되며 1초를 쉰 다음 debug 노드로 전달된다. debug 노드에서 전달 받은 값은 debug 탭을 통해 출력된다.

그림 9-5
3개의 노드를 이용해 만든
간단한 Node RED 테스트 [9]

9.1.3 Node RED 작업 백업 및 복구

Node RED 작업 결과를 저장하려면 Ctrl+A 또는 마우스를 이용해 작업 창 전체를 선택한 다음, 우측 상단 메뉴에서 Export의 Clipboard를 선택한다.[10] 아래 창이 나타나면 Export to clipboard를 눌러 클립보드로 복사하거나 테스트 창에서 선택한 다음 Ctrl+C로 복사하면 된다. 그리고 텍스트 편집기에 붙여넣기를 한 다음 확장자 json 파일로 저장한다. 그림에서 formatted를 선택하면 보기에 편한 포맷으로 정렬해준다.

그림 9-6
Node RED 작업 결과를
저장하기 위한 클립보드
복사하기

그리고 저장한 json 파일을 다시 작업창에 복구하는 과정은 메뉴에서 Import의 clipboard를 선택한 후 백업해 둔 json 파일을 텍스트 편집기에서 연다. 그리고 내용을 복사한 다음, 아래 작업 창에 붙여넣기를 하고 Import 버튼을 누르면 된다.[11]

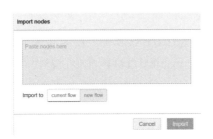

그림 9-7
Node RED 작업 복구창

---

9 우측 debug 탭에 출력값이 보인다.
10 만약 전체 노드를 선택하지 않고 하나의 노드만 선택했다면 해당 노드의 정보만 저장된다. 그리고 노드를 선택하지 않았다면 Export 메뉴가 활성화되지 않는다.
11 중요한 작업 순간마다 형상 관리 차원에서 백업을 해두면 불의의 사고로 작업 결과를 잃어버리는 낭패를 피할 수 있다.

9.1.4 Node RED 보안 설정

뒷부분에서 원격으로 Node RED 페이지에 접속할 것이다. 따라서 외부에서 안전하게 접속하기 위해 사용자 확인이 필요할 수 있다. 아래 Node RED의 settings.js[12] 파일의 주석을 해제하고 자신에게 필요한 내용으로 수정한다.

```
adminAuth: {
    type: "credentials",
    users: [{
        username: "사용자 ID",
        password: "패스워드",
        permissions: "*"
    }]
}
```

패스워드는 해시 암호화된 값이다. 따라서 눈으로 인식 가능한 값이 아니라 다음 명령으로 원하는 패스워드를 입력한 다음 만들어진 해시 값을 위의 password에 넣어준다.

먼저 해시 암호 생성 툴을 설치한다.

```
sudo npm install -g node-red-admin
```

다음은 설치한 툴을 이용해 해시 값을 만든다. 패스워드 값을 입력하면 해시 값을 출력한다. 이 값을 복사해 위의 setting.js 파일의 password에 넣어주면 된다.

```
pi@raspberrypi:~/.node-red $ node-red-admin hash-pw
Password:
$2a$08$mAjtIzoXMQ/ilE1bCZj0r.1XC3vAbg2ImpFvAsHALSpC9vqKFx5V6
```

9.2 관제 시스템 범위 및 구성

휴가나 여행을 떠나 며칠 집을 비워야 하는 경우에 필요한 기능을 정리해보자.

- 빈집에 누가 들어 오지는 않는가?
- 혹시 화재가 발생하지는 않는가?
- 어항의 물고기 밥은 어떻게 줄 것인가? (필자의 집에는 애완동물 대신 어항이 있음)
- 그리고 위에서 체크한 내용을 멀리 있는 내가 어떻게 실시간으로 확인할 것인가?

---

12 pi 사용자에서 작업을 진행해왔다면 이 파일은 /home/pi/.node-red 디렉터리에 있을 것이다.

대략 위와 같은 기능들이 필요할 것이다. 이제 위의 요구 사항에 맞는 부품을 선정하고 개략적인 구성도를 그려보자.

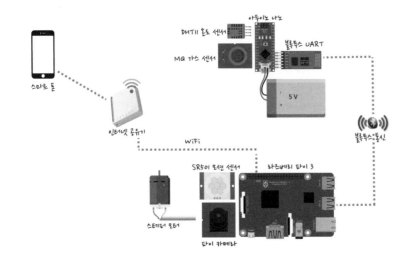

그림 9-8
파이 관제 시스템의 구성

위의 구성도를 구현하기 위해 필요한 부품들이다.

표 9-1
관제 시스템에 필요한 부품 목록

부품	수량	용도
라즈베리 파이 3 또는 2	1	관제 시스템을 관리하는 핵심 부품
파이용 블루투스 동글	1	아두이노와 통신을 위한 파이에 설치할 블루투스 모듈. 파이 2를 사용할 경우에만 필요함
파이용 WiFi 동글	1	인터넷 연결용. 파이 2를 사용할 경우에만 필요함
파이용 카메라	1	집 또는 사무실을 일정 주기 또는 침입자 발견 시 촬영해서 저장하는 장치
DHT11 온도 습도 센서	1	집안의 온도와 습도를 측정할 센서
HC-SR501 모션 감지 센서	1	파이에 연결할 침입자 감시 센서
아두이노 나노	1	파이와 떨어진 곳에서 화재 감지를 위해 유해 가스를 측정하는 용도로 사용. 측정 데이터는 블루투스를 이용해 파이에 송신함
MQ 센서	1	아두이노에 연결해 유해 가스를 측정하는 센서
블루투스-UART 모듈	1	아두이노에 연결해 파이와 블루투스 통신을 하는 모듈
건전지 전원(보조 배터리) 또는 USB 전원 공급 어댑터	1	원격지의 아두이노 및 MQ 센서에 전원 공급
28BYJ-48 스테퍼 모터	1	물고기 사료 공급 장치에 사용할 모터
NAS(옵션)	1	파이에서 모니터링한 각종 센서 값 및 촬영 이미지를 저장할 저장 장치

| 인터넷 공유기 | 1 | NAS 및 파이를 연결하며 외부에서 스마트폰을 이용해 자료를 확인하기 위한 장치 |
| 사용하지 않는 CD 및 재활용 스티로폼 약간 | 1 | 물고기 사료 공급 장치 구조물 재료 |

파이 관제 시스템에서 가장 중요한 기능은 모션 센서를 이용한 침입 탐지 및 카메라를 이용해 침입 감지 시 자동으로 녹화를 하는 것이다. 그리고 집안의 유해 가스를 모니터링해 화재 여부도 파악한다. 마지막으로 원격 제어를 이용해 어항의 물고기 사료를 투입할 수 있으면 더욱 좋다.

다음과 같이 작동을 제어하려 한다.

- HC-SR501 적외선 모션 감지 센서에 움직임이 감지되면 카메라를 작동시켜 촬영을 시작한다. 촬영한 이미지는 파이 SD 카드 또는 NAS에 저장한다.
- 모션 센서와 유해 가스 센서를 아두이노에 연결한 다음 출입문 근처에 설치해 침입을 탐지한다. 아누이노와 파이는 떨어져 있기 때문에 블루투스 무선 통신을 이용한다.
- 파이에서 수집한 정보는 모두 UDP 통신을 이용해 Node RED로 전달해 원격에서 모니터링이 가능하게 구성한다.
- 침입 탐지 시에는 현재 상황을 나에게 즉시 통보한다.

9.2.1 HC-SR501 모션 감지 센서

HC-SR501 모션 감지 센서는 파이에 직접 연결한다. 모션 센서는 가장 중요한 센서이며 연속으로 작동해야 하는 센서이기 때문에 파이 관제 시스템의 메인 프로세스에서 직접 관리하도록 하겠다. 앞에서 다루어 본 센서이기 때문에 내용은 어렵지 않을 것이다.

- 모션 센서의 전원은 파이의 5V 전원과 접지 핀을 이용한다.
- 모션 센서의 결과값은 GPIO 23번으로 받는다. 프로그램에서 23번 핀을 입력으로 설정할 것이다.

9.2.2 카메라 제어

파이에 연결할 카메라는 CSI 방식의 파이 전용 카메라를 이용한다. 카메라 제어는 모션 감지 센서의 결과에 따라 진행할 수도 있고 카메라 예제와 같이 원격에서 상시 모니터링이 가능하게도 구축이 가능하다. 만약 NAS를 사용한다면 충분한 저장 공간이 확보되기 때문에 상시 모니터링이 가능하지만 파이의 SD 카드만 사용한다면 저장 공간에 한계가 있으므로, 저장하는 이미지 파일의 사이즈를 신경써야 한다.

🔊 실시간 모니터링
실시간으로 원격에서 카메라를 이용해 모니터링하려면 7장 카메라 설명을 참고하면 된다.

9.2.2.1 사진 자료만 저장하기

움직임을 포착하면 자동으로 카메라를 작동해 사진을 찍도록 할 것이다. NAS에 저장할 경우에는 언제든지 외부에서 확인할 수는 있다.

모션 감지와 함께 촬영한 사진의 해상도는 값들은 조절이 가능하다. 각자 이용하는 저장 장치에 따라 해상도를 조절하도록 한다.

다음은 카메라를 제어하는 코드이며 나중에 import를 이용해 사용할 것이다. 카메라 초기화, 녹화 시작, 녹화 종료 등의 기능을 모아 두었다. 만약 사진 촬영 대신 비디오 녹화를 하려면 Start_Camera, Stop_Camera 함수를 사용한다.

```python
#!/usr/bin/env python

#-*- coding: utf-8 -*-
#카메라 패키지를 사용하겠다고 알림
import picamera , datetime
camera = None

#파일 경로명
FILE_PATH = '/home/pi/Pictures/'

############### 카메라 제어 함수 #########################
def take_picture():
  picture_path = FILE_PATH + datetime.datetime.now().strftime("%Y-%m-%d
                  %H:%M:%S") + ".jpg"
  camera.capture(picture_path)
  print 'Picture:', picture_path
  return

#카메라 녹화 시작
def Start_Camera():
  global camera
  if(True == MJPG_STREAMER):
    print "mjpg-streamer를 사용하기 때문에 카메라를 사용하지 않음"
    return
  #촬영할 비디오 속성 지정
  print "카메라 작동 시작"
  camera.vflip = True
  camera.hflip = True
  camera.brightness = 60
  camera.resolution = (640, 480)

  #비디오 사이즈를 감안하면 가급적 NAS를 사용하길 권장한다. 현재는 작업 디렉터리에 저장한다.
  video_path = FILE_PATH + datetime.datetime.now().strftime("%Y-%m-%d
              %H:%M:%S")
```

```
    video_path += ".h264"
    camera.start_recording(video_path)
    return
#카메라 중지
def Stop_Camera():
  if(True == MJPG_STREAMER):
    print "mjpg-streamer를 사용하기 때문에 카메라를 사용하지 않음"
    return
  #녹화를 종료한다. 동영상은 확장자 h264로 저장됨
  print "카메라 작동 종료"
  camera.stop_recording()
  return
def init_camera():
  global camera
  camera = picamera.PiCamera()
  camera.resolution = (320, 240)

def close_camera():
  camera.close()

#아래 코드는 import 문을 이용해 다른 파이썬 코드에 포함될 경우에는 실행되지 않음.
if __name__ == "__main__":
  init_camera()
  take_picture()
  close_camera()
```

9.2.3 아두이노를 이용한 유해 가스, 온도 습도 측정

파이에 유해 가스 측정을 위한 MQ 센서를 연결할 수도 있다. 하지만 멀리 떨어진 센서의 데이터 수신을 위해서는 파이보다는 아두이노와 같은 MCU를 이용하는 것이 편리하다. 그 이유는 다음과 같다.

- 파이보다 아두이노가 저렴하다. 국외 사이트에서 아두이노 나노와 같은 제품은 4\$ 이내에 배송료 포함 구매가 가능하다. 파이는 약 40\$ 근처이다. 아두이노는 파이와 달리 공개된 규격에 따라 누구든 복제품을 만들 수 있다. 따라서 정품 ATMega 칩과 규격만 지킨 제품만 사용하면 된다. AliExpress에서 복제 제품을 아주 저렴하게 구매할 수 있다.
- 모듈 크기가 작다. 파이의 크기는 명함 크기만 하지만 아두이노 나노는 파이의 1/8 사이즈 밖에 되지 않는다. 작은 USB 메모리 정도의 크기 밖에 되지 않기 때문에 원격지에 휴대용으로 설치하기 편리하다. 아두이노 나노 크기의 라즈베리 파이 제로가 5\$의 저렴한 가격으로 출시되었지만 국내에서 구하기는 상당히 어렵다.

그림 9-9
아누이노 나노와 우노

💡 이 책에서는 아두이노 개발과 관련한 자세한 내용은 다루지 않는다. 아두이노를 이용한 개발과 관련해서는 인사이트 출판사의 『재잘재잘 피지컬 컴퓨팅 DIY』와 한빛미디어의 『익스플로링 아두이노』를 추천한다.

만약 아두이노 사용이 부담스럽다면 파이에 직접 연결하거나 또 다른 파이에 시스템을 구축해서 블루투스 통신으로 연결시킬 수도 있다. 아두이노 정품은 USB 통신을 위해 FTDI 사의 칩을 사용한다. FTDI 칩을 사용하는 제품은 아두이노 IDE와 함께 설치되는 드라이버를 이용해서 설정이 가능하다. 하지만 아두이노 클론 제품 중 중국 제품들에는 USB 통신을 위한 칩으로 CH340 계열 칩을 사용한 것들이 가끔 있다. 리눅스 시스템에서는 큰 문제 없지만 Windows에서는 이 칩을 사용한 아두이노 제품은 USB 설정이 잘 되지 않는다. http://0xcf.com/2015/03/13/chinese-arduinos-with-ch340-ch341-serial-usb-chip-on-os-x-yosemite/를 참조해 USB 드라이버를 CH340용을 새로 설치하면 해결할 수 있다. 이 문제는 제품의 하자가 아니다. 다만 제조 단가를 낮추기 위해 저렴한 칩을 사용하는 과정에서 생긴 문제이며 저렴한 제품을 사용하는 대가로 생각하면 된다. USB 통신 칩은 아두이노 나노의 뒷면, 우노의 경우에는 앞면의 USB 단자 근처에 있다. 자세히 들여다보면 모델 번호를 알 수 있다.

그림 9-10
CH340 USB 드라이버
설치 성공 후의 아두이노
IDE. 화면에서 COM5
포트가 활성화되어 있는
것을 알 수 있다.

9.2.3.1 MQ 센서 선택하기

가정에서 일반적으로 사용하는 연료용 가스는 LNG(액화 천연 가스)[13]와 LPG 가스이다. LNG의 주성분은 메탄(CH_4) 가스이며 LPG의 주성분은 프로판(C_3H_8) 가스이다. 이 외에도 휴대용 가스버너에 많이 사용하는 가스는 주성분이 부탄(C_4H_{10}) 가스이다. MQ 센서들 중 이들 기체에 대한 반응이 좋은 모델을 고르면 된다. MQ2~MQ6, MQ9, MQ135 모두 사용 가능한 센서들이지만 이들 기체에 가장 반응이 좋은 센서는 2번, 5번, 6번 정도이다. 여기에서는 MQ2 센서를 사용하도록 하겠다.

9.2.3.2 아두이노 나노와 MQ 센서, DHT11 온도 습도 센서, 블루투스-UART 모듈의 연결

파이에서는 아날로그 출력값(가변 전압)을 읽을 수 있는 GPIO 핀이 없어서 ADC 칩인 MCP3008을 이용했지만 아두이노는 아날로그 출력값을 바로 읽을 수 있기 때문에 회로 구성이 더 쉽다.

- 5V 외부 전원(건전지 또는 충전기) 및 GND를 아두이노 나노의 VIN과 GND에 연결한다.
- 아두이노 나노의 5V 출력 전원 및 GND를 MQ2 센서의 VCC와 GND에 연결한다.
- MQ2 센서의 출력 값을 아두이노 나노의 아나로그 단자 중 하나(A0)에 연결한다.
- 블루투스-UART 모듈(HC-05)의 Rx, Tx를 아두이노 나노의 D11, D10에 연결한다.
- 아두이노 나노의 5V 출력 전원 및 GND를 블루투스-UART 모듈(HC-05)의 VCC와 GND에 연결한다.
- 아두이노 나노의 5V 출력 전원을 DHT11 센서의 VCC와 GND에 연결한다.
- DHT11 센서의 출력 값을 아두이노 나노의 아나로그 단자 중 하나(A1)에 연결한다.

> 💡 DHT11의 전원은 3.3V, 5V 모두 가능하다. 파이에서는 3.3V에 연결하고 아두이노에서는 5V 전원에 연결하면 된다.

---

13 pi 사용자에서 작업을 진행해왔다면 이 파일은 /home/pi/.node-red 디렉터리에 있을 것이다.

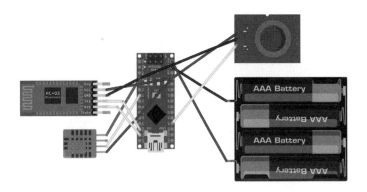

그림 9-11
아두이노 나노와 MQ 2
센서, DHT11 온도 습도
센서, 블루투스 모듈의
연결

9.2.3.3 아두이노 나노 프로그래밍

파이의 wiringPi는 아두이노의 wiring 라이브러리를 참조해서 만든 것이기 때문에, wiringPi 라이브러리를 이용해 C 프로그래밍을 해본 경험이 있으면 아두이노 프로그래밍은 어렵지 않다.

> 블루투스-UART 통신 모듈은 3장의 3.6절에서 자세히 설명하고 있다.
>
> 파이와 달리 아두이노 프로그래밍에서는 폴링에 의한 CPU(MPU)의 과부하에 대한 걱정을 할 필요가 없다. 파이가 여러 프로세스를 동시에 실행하는 운용체제인 반면 아두이노는 현재 작동 중인 프로세스의 loop 함수만 계속 호출하기 때문에 배려해야 할 다른 프로세스가 존재하지 않는다.
>
> 파이에서 다룬 C 소스 코드의 함수를 거의 변경 없이 사용할 수 있다는 점은 아두이노 용으로 코드를 포팅할 때 큰 장점이 된다. 만약 아두이노와 파이 모두를 프로그래밍하려면 파이에서도 wiringPi 라이브러리를 사용하는 것이 좋다.

다음은 MQ2 센서, DHT11 센서의 측정값을 UART-블루투스 모듈을 이용해 송신하는 아누이노용 소스 코드이다. MQ2와 DHT11 센서 제어는 파이 예제에서 구현한 것과 거의 동일하게 구현했다.

파이에서와 마찬가지로 아누이노는 센서가 측정한 값을 UART 통신으로 송신하기만 하면 된다. 블루투스 통신은 UART-블루투스 모듈이 알아서 변경 송수신해준다. 측정 주기는 각자 조절하면 된다. 만약 측정 주기를 늘리고 싶다면 아두이노 코드를 수정하는 것도 가능하지만 데이터를 수신하는 파이에서 처리하는 것이 더 좋을 수도 있다.

아두이노 코딩의 핵심은 setup() 함수와 loop() 함수이다. setup은 부팅 시 한 번 실행되기 때문에 통신에 필요한 시리얼, 블루투스 네트워크 속도를 세팅한다.

loop에서는 MQ, DHT11 센서의 값을 읽은 후 시리얼 통신을 이용해 파이로 전송한다. 블루투스 모듈의 설정은 이 책의 블루투스 통신 편을 참조해서 미리 작업을 해 둔다.[14]

파이는 블루투스 통신에서 배운 내용을 응용하면 된다. rfcomm을 이용해 가상 파일을 개방한 다음 파일 입출력을 하면 블루투스 통신이 이루어진다. 파이 2에서 사용할 블루투스 동글을 이용하며 파이 3에서는 블루투스 통신 칩이 내장되어 있기 때문에 바로 블루투스 통신을 사용할 수 있다. 파이에서 아두이노와 통신하는 부분은 뒤에서 다시 다루겠다.

아두이노 프로그램 개발이 끝났으면 PC와 USB 케이블 연결을 끝내고 파이와 떨어진 곳에 설치하기 위해 아두이노의 전원을 외부 전원으로 교체하고 테스트를 해본다. 외부 전원은 건전지를 이용해 4.8V 전원을 공급하거나 휴대폰 보조 배터리 또는 220V AC 전원에 연결 가능한 USB 충전기를 이용할 수 있다. 이전에는 주로 건전지를 이용했지만 요즈음은 5V 전원 공급이 가능한 휴대폰 보조 배터리를 사용하는 것이 유리하다. 배터리 용량도 클 뿐 아니라 USB로 전원을 공급하기 때문에 아두이노 나노에 USB 케이블을 꽂기만 하면 된다. 만약 건전지를 이용한다면 아두이노 나노의 전원 공급용 핀과 접지핀에 건전지 +, -를 연결하면 된다.

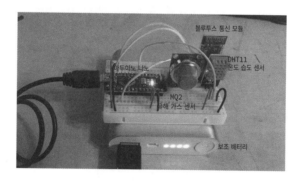

그림 9-12
휴대폰 보조 배터리를 연결한 아두이노 나노와 MQ2 센서, DHT11 센서 그리고 블루투스 통신 모듈

휴대용 전원을 연결한다면 한 가지 주의할 점이 있다. MQ 시리즈 센서는 내부에 히터를 내장하고 있기 때문에 전류 소모량이 상당히 크다. 만약 휴대용 전원을 사용한다면 관제 시스템을 작동 시킬 시간과 외부 배터리의 용량을 잘 계산해야 한다. 가급적 미리 테스트를 통해 전류 소모량과 자신이 가지고 있는 배터리가 버틸 수 있는 시간을 테스트해보길 바란다. 집을 비우는 기간이 길다면 AC USB 충전기 전원을 사용하도록 한다.

---

14 아두이노 코드는 다운로드 파일에서 확인할 수 있다.

9.2.4 물고기 사료 공급 장치

여행을 떠나면서 가장 미안한 대상은 아마도 집안에 남아 있는 동물들일 것이다. 강아지, 고양이 같은 동물들은 데려갈 수도 있지만 물고기들은 데려갈 수도 없고 며칠 간 집을 비우면 밥을 굶게 된다. 굶어 죽지는 않겠지만 미안하기 짝이 없다. 앞에서 배운 스테퍼 모터를 응용해 물고기의 밥을 주는 장치를 만들어 외부에서 원격 제어로 사료를 어항에 투입할 수 있도록 해보자. 28BYJ-48 스테퍼 모터는 32개의 펄스를 공급하면 5.625도 회전한다. 즉, 2,048개의 펄스를 공급하면 한 바퀴 회전하게 된다. 한 바퀴를 8등분해서 45도 간격으로 하루에 한 번 또는 두 번 회전하게 스테퍼 모터를 프로그래밍하고 스테퍼 모터 위에 간단한 구조물을 만들어 물고기 사료를 공급할 수 있도록 한다.

> ❗ 28BYJ-48 모터는 토크 값이 크지 않기 때문에 무거운 구조물을 회전시키기에는 적당하지 않다. 토크 값을 최대한 높이기 위해 외부 전원을 사용하며 모터 구동 방식 역시 full drive 방식을 이용할 것이다.

9.2.4.1 구조물 만들기

가장 먼저 모터에 설치할 구조물을 만들도록 한다. 이 책에서 소개하는 방식 이외에도 다양한 방식으로 만들 수 있을 것이다. 아이디어를 떠올려 더 좋은 구조물을 만들어보기 바란다.

- 사용하지 않는 CD를 8 등분해서 표시하고 그중 한 곳에 홈을 만든다. 나중에 이곳으로 사료가 투입될 것이다. CD의 중앙 홈에 모터의 회전축이 위치하게 할 것이며 CD는 스테퍼 모터의 면에 글루건을 이용해 붙인다. 따라서 CD는 회전하지 않는다.
- 재활용 스티로폼을 이용해 두께 1.5cm의 원형 구조물을 만든다. 구조물의 반경은 앞에서 만든CD의 홈이 시작하는 위치로 한다. 그리고 원 주위를 역시 8 등분해서 네모난 구조물을 8개 부착한다. 접착은 글루건을 이용하면 쉽게 할수 있다. 밑면을 평평하게 만들어야 한다. 밑면이 울퉁불퉁하면 사료가 새어 나올 수 있다.

그림 9-13
조립을 끝낸 구조물 앞면

그림 9-14
조립을 끝낸 구조물 뒷면

9.2.4.2 사료 투입 프로그래밍

모터 구동은 가장 큰 토크를 만드는 full drive 방식을 이용한다. 물고기 사료 투입을 위한 스테퍼 모터 제어는 회전 각을 정확하게 유지해야 한다. 구조물이 정밀하지 않으면 바닥에 마찰이 발생할 수 있기 때문에 강한 토크를 만들어 회전 각을 유지하기 위해 full step 방식을 사용한다. 파이의 5V 전원보다는 안정적인 5V 외부 전원을 이용하는 것이 좋다. 아래의 fish_meal.py 코드는 Node RED를 이용해 원격에서 직접 호출될 수 있게 구성할 것이다.

```python
#!/usr/bin/env python
#-*- coding: utf-8 -*-

import RPi.GPIO as GPIO
import time

#스테퍼 모터 제어를 위한 GPIO 핀
STEPPER_PINS = [4,17,27,22]
#full drive 모드용 전원 공급 순서
STEPPER_SEQA = [(4,17),(17,27),(27,22),(22,4)]
#모터 속도 제어용 슬립 타임(물고기 사료 공급용으로는 속도를 높일 이유는 없다)
STEPPER_DELAY = 0.05


#풀 드라이브 모드에서 스테퍼 모터 코일에 전류 공급
def full_drive_stepper(seq):
  for pin in PINS:
    if pin in SEQA[seq]:
      gpio.output(pin, gpio.HIGH)
    else:
```

```
      gpio.output(pin, gpio.LOW)
    time.sleep(DELAY)

#32번 ->5.625도. 따라서 256번 작동하면 45도 회전
def rotate_stepper():
  index = 0
  while index < 256:
    wave_drive_stepper(index % 4)
    index += 1

#핀 넘버링을 BCM 방식을 사용한다.
GPIO.setmode(GPIO.BCM)
#스테퍼모터 제어용 4, 17, 27, 22 번 핀을 출력 모드로 설정
for pin in STEPPER_PINS:
  GPIO.setup(pin, GPIO.OUT)
rotate_stepper()
```

💡 파이에서 사용하는 USB 전원 공급기(5V, 2A) 중에 2포트 또는 5포트 제품들이 있다. 이 제품들을 이용하면 손쉽게 외부 전원을 공급할 수 있다. 본문 4.2.1에 마이크로 USB 케이블을 개조해 브레드보드 핀용 전원 공급 케이블로 사용한 것을 참조한다.

그림 9-15
어항에 설치한 사료 투입기

이제 7개의 칸에 들어 있는 사료를 하루에 한 번씩 45도 회전하면서 어항에 투입할 수 있게 되었다.

9.3 장치 연결하기

이제 앞에서 만든 아두이노 장치, 모션 센서, 물고기 사료 투입 장치를 서로 연결해 연동해보겠다. 모션 센서는 센서 편에서 설명한 내용을 큰 변경 없이 사용하면 된다. 물체의 움직임을 포착하면 사용자에게 즉시 Node RED를 통해 이메일을 전달한다.

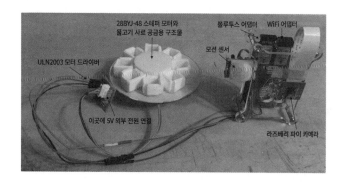

그림 9-16
파이와 디바이스들을 연결

어항 근처에 앞서 조립한 파이를 설치한다. 카메라 및 모션 센서의 방향은 사람의 움직임이 많은 곳을 향하도록 하면 된다. 아두이노와는 무선으로 블루투스 통신을 할 것이기 때문에 실내에서 떨어진 거리라도 문제 없다.

9.3.1 라즈베리 파이 프로그래밍

이제 마지막 마무리 작업으로 파이에서 작동하는 프로그램을 살펴보겠다. 파이에서 작동하는 프로그램은 다음과 같은 일을 해야 한다.

- 아두이노로부터 DHT11 센서, MQ2 센서의 측정값을 블루투스를 이용해 전달 받는다. 전달 받은 측정값은 Node RED에 전달한다.
- Node RED는 이상 징후(유해 가스 농도)가 발견되면 즉시 주인에게 이메일을 발송한다.
- Node RED는 이상 징후가 없더라도 일정 시간 간격으로 온도, 습도, 모션 감지 결과를 이메일로 발송한다.
- 모션 감지 센서와 카메라를 이용해 집안 또는 사무실의 경비를 진행한다. 실시간 스트리밍을 원할 경우 mjpg-streamer를 이용한다. mjpg-streamer를 이용하지 않을 경우에는 모션 센서가 움직임을 감지하면 카메라를 작동시켜 동영상을 촬영한다. 이 경우에는 NAS를 사용하는 것이 효율적이다.

파이썬 코드에서는 파이 자신이 관리하는 모션 센서의 제어 및 아두이노로부터 받은 MQ, DHT11 센서의 값을 Node RED에 전달하면 나머지는 Node RED에서 알아서 처리할 것이다.

```
#!/usr/bin/env python
#-*- coding: utf-8 -*-

import time, threading, datetime, os, signal, subprocess, serial, sys
import RPi.GPIO as GPIO
import udp_job, camera_job
```

```
#센서 종류 지정
SR_501 = 1
MQ2 = 2
DHT_11_1 = 3
DHT_11_2 = 4

#HC-SR501 센서용 GPIO 핀 23 사용
GPIOIN = 23
#모든 thread 종료 FLAG
G_EXIT = False

############### SR501 모션 센서 ########################
def HC_SR501_thread():
  #17번 핀을 입력용으로 설정한다.
  global Motion
  GPIO.setup(GPIOIN, GPIO.IN)
  while G_EXIT == False:
    #HC-SR501 센서의 출력 값을 읽는다.
    state =  GPIO.input(GPIOIN)
    if(state == True):
      print "state: Motion detected"
      udp_job.notify(SR_501, "1")
      camera_job.take_picture()
    else:
      udp_job.notify(SR_501, "0")
    time.sleep(1)
  print "HC_SR501_thread Exit"

############### 아두이노 통신 데이터 처리####################
#아두이노로부터 받은 데이터를 SQLite에 넣는다.
#DHT11은 습도 온도 2개의 데이터를 송신한다.
########################################################
def process_arduino(buf):
  buf = buf.replace("\n", "")
  words = buf.split()
  count = len(words)
  if(count != 2 and  count != 3 ):
    print "Invalid format count from Arduino:", words
    return
  if(words[0] == "DHT11"):
    print "DHT11 Data from Arduino:", words[1], words[2]
    udp_job.notify(DHT_11_1, words[0])
    udp_job.notify(DHT_11_2, words[1])
  elif(words[0] == "MQ2"):
    print "MQ2 Data from Arduino:", words[1]
    udp_job.notify(MQ2, words[1])
  else:
    print "Invalid format from Arduino:", words[0]
    return

############### 블루투스 통신  ##########################
#아두이노와 블루투스 통신을 시작한다.
def Bluetooth_thread():
  #입력 버퍼를 비우고 새롭게 시작한다.
  bluetoothSerial.flushInput()
  while G_EXIT == False:
    try:
      buf = ""
      while G_EXIT == False:
        #블루투스에서 데이터를 읽는다.
        #아두이노에서 보내는 데이터는 \n이 마지막에 붙어서 오기 때문에 라인 단위로 읽으면 된다.
        buf = bluetoothSerial.readline()
        if(len(buf) != 0):
          #읽은 값이 있으면 출력하고 OK를 보낸다.
          print "RCV:", buf
          print "SEND:", "OK"
```

```
                #아두이노에게 응답 (OK)를 보낸다.
                bluetoothSerial.write("OK" +"\r\n")
                process_arduino(buf)
            else:
                time.sleep(0.1)
    except serial.SerialException:
        #수신 데이터가 없음
        time.sleep(0.01)
    except:
        time.sleep(0.01)
  print "Bluetooth_thread Exit"

#핀 넘버링을 BCM 방식을 사용한다.
GPIO.setmode(GPIO.BCM)
print "Raspberry Pi Monitoring System "

udp_job.init()
camera_job.init_camera()

#sr501센서를 작동시킴
th = threading.Thread(target=HC_SR501_thread)
th.start()

#블루투스용 가상파일(rfcomm0)를 개방한다. 이 가상 파일을 아두이노와 통신용으로 사용한다.
bluetoothSerial = serial.Serial("/dev/rfcomm0", baudrate=9600, timeout = 0.1)

#블루투스 통신을 독립 스레드에서 실행함
th2 = threading.Thread(target=Bluetooth_thread)
th2.start()

try:
  while (G_EXIT == False):
    for i in range(0,3600):
      time.sleep(1)
      if(G_EXIT == True):
        break
except KeyboardInterrupt:
  #다른 스레드가 종료되길 기다린다.
  G_EXIT = True
finally:
  camera_job.close_camera()
  time.sleep(2)
  GPIO.cleanup()
```

9.3.2 Node RED 작업하기

센서 데이터를 수집하는 작업을 끝냈다. 이제 수집한 데이터를 Node RED를 이용해 원격에서 확인할 수 있는 작업을 해보겠다. 이 작업은 전문적으로 웹페이지를 만들지 않아도 Node RED에서 대부분의 작업을 해주기 때문에 쉽게 할 수있다. 또한 Node RED의 Social 팔레트를 이용하면 이메일 또는 트위터로 데이터를 전송할 수 있기 때문에 더욱 유용하다.

Node RED의 일반적인 사용법은 노드를 드래그 앤 드롭을 이용해 작업 창에만든 다음 더블 클릭을 하면 우측에 속성 창이 나타난다. 여기에서 노드에 필요한 설정을 한 다음 Done 버튼으로 노드의 속성 변경을 저장한다. 그리고 마지막으로 우측 상단의 Deploy 버튼을 누르면 전체 노드가 새롭게 적용된다.

다음은 Node RED로 만든 관제 시스템의 전체 흐름이다. 전체 흐름을 한눈에 알 수 있는 것이 시각화 개발 도구인 Node RED의 장점이다. 그리고 시작 Inject 노드(노드명 Trigger)의 왼편 네모 버튼을 누르면 실제 작동이 된다.[15]

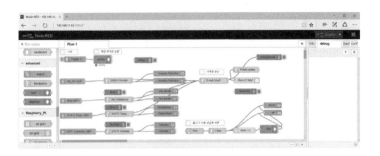

그림 9-17
Node RED로 만든 전체
관제 시스템[16]

9.3.2.1 외부 명령 호출을 이용해 파이썬 프로세스 확인 및 호출하기

위 그래프에서 가장 먼저 하는 작업은 파이썬 프로세스를 체크하는 것이다. 앞에서 아두이노와 블루투스 통신 및 카메라, 모션 센서, 모터 제어를 위해 만들어 둔 파이썬 코드의 실행 여부를 확인 후 프로세스가 없을 경우에 자동으로 실행시키는 부분이다. 외부 프로세스를 호출하는 기능은 Node RED의 exec 노드 또는 daemon 노드를 이용한다. exec 노드는 실행 후 결괏값을 바로 리턴하는 프로세스를 실행할 때 사용하며 종료하지 않는 프로세스를 실행할 경우에는 daemon 노드를 이용한다.

main_control.py는 일종의 데몬과 같이 작동해야 한다. exec 노드는 프로세스가 종료할 때까지 대기하기 때문에 main_control.py를 실행하기에는 적합치 않다. node-red-node-daemon을 설치하도록 한다. 설치 방법은 팔레트 관리 메뉴의 install 탭에서 검색 후 설치하면 된다. 정상으로 설치가 끝나면 우측 Advanced 팔레트에 daemon 노드가 새롭게 나타난다.

그림 9-18
처음 시작 위치의 input
노드와 daemon 노드의
설정[17]

---

15 개발이 끝나면 Trigger Input 노드의 속성을 반복으로 바꾸어 일정 시간 간격으로 자동 실행되게 바꿀 것이다.

16 위 그림의 json 소스 코드를 다운 받아서 메뉴의 Import 기능을 이용하면 그림처럼 작업 환경이 만들어진다. Import를 이용한 작업 환경 복구 방법은 앞에서 설명했다.

9.3.2.2 main_control.py로부터 데이터 받기

앞에서 daemon 노드를 이용해 main_control.py를 자동 실행시키는 방법을 알아보았다. 이제 main_control.py에서 수집한 센서 데이터를 Node RED에서 받는 방법을 알아보겠다. 여러 방법이 가능하겠지만 여기에서는 쉽게 구현할 수 있는 UDP 통신을 이용해보겠다.[18] Node RED에서는 UDP 통신을 위한 UDP노드를 입출력 모두 지원한다. 우리는 파이썬으로부터 데이터를 수신할 것이기 때문에 입력 노드를 사용할 것이며 3개의 센서에서 4 종류의 값을 받을 것이기 때문에 서로 다른 4개의 udp 소켓을 만들어 사용할 것이다.

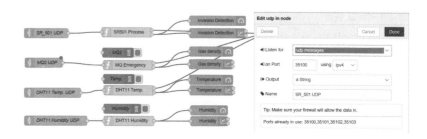

그림 9-19
UDP 노드와 센서 값 전달을 위한 function 노드 그리고 대시보드 노드의 연결

위 그림에서 4개의 UDP 노드에서 받은 센서 데이터는 function 노드로 연결된다. DHT11을 제외한 function 노드에서는 임계값 이상의 센서값이 측정된 경우 두 번째 출력을 이용해 이메일 송신을 위한 function 노드로 연결된다. 그리고 모든 센서값을 대시보드 노드에 연결해 화면에 보여준다.

9.3.2.3 대시보드 노드 연결하기

앞에서 3개의 센서 값을 분석하는 function 노드에서 첫 번째 출력은 이메일 발송용이며 나머지는 센서값을 내보내는 용도였다. 이제 센서값을 받아서 화면에 출력하는 작업을 할 순서이다. 이 작업은 Node RED를 설치하면서 추가로 설치한 대시보드의 기능을 이용한다. 웹 디자이너가 아니더라도 훌륭한 화면을 만들 수 있다. 출력에는 gauge, chart 노드를 사용할 것이다. gauge는 현재 값을 보여주며 chart는 일정 시간의 누적 데이터를 보여준다. 항상 화면을 바라보고 있지 않을 것이기 때문에 chart 노드는 꼭 필요하다. 다음 그림은 센서에서 읽은 값을 대시보드의 chart, gauge로 출력한 화면이다.

---

17 exec 노드와 달리 전체 명령을 command에 입력하는 것이 아니라 python 명령만 입력하고 나머지 파라미터는 Arguments에 넣는 것에 유의한다. Relaunch command on exit or error를 체크해 두면 프로세스 종료 시 자동으로 재시작시킨다. 위 그림에서는 daemon 노드는 자동 재시작은 하지 않지만 Trigger가 일정 시간 단위로 반복하기 때문에 같은 효과를 낸다.

18 만약 조금 더 IoT 표준에 가까운 방법을 구현하고 싶다면 MQTT를 사용하는 것도 좋은 방법이다.

그림 9-20
대시보드 출력 화면[19]

9.3.2.4 이메일 발송

Node RED는 이메일 발송을 위한 노드를 이용해 쉽게 이메일을 발송할 수 있다. 센서에서 이상한 값을 감지하면 이메일을 발송하도록 설계할 것이다. 하지만 센서에서 지속적으로 이상 감지 시 매번 이메일을 발송할 수는 없다. 일정 시간 내에는 메일 발송이 안 되도록 설정하는 작업이 필요하다. 이 작업은 메일 발송 시간을 저장해 두었다가 일정 시간 이내에는 재발송을 하지 않도록 설정한다. 자바스크립트를 이용해 함수로 만들어 사용하면 된다.

그림 9-21
이메일 발송 여부를
체크하는 노드와 이메일
발송 체크 함수 노드[20]

만약 구글 gmail을 이용한다면 실제 이메일을 발송하는 Alarm E-Mail 노드에서 메일 값을 설정할 때 gmail 포트는 465번 포트(SSL), 587번 포트(TLS)이다. 잘 작동하는 포트를 이용하도록 한다.

그리고 gmail 계정의 다음과 같이 보안 수준을 내려준다. 구글 계정에 로그인한 다음 https://www.google.com/settings/security/lesssecureapps로 이동한다. 다음 화면처럼 보안 수준이 낮은 앱의 액세스를 사용으로 바꾸어 준다.

---

19 Node RED 작업 URL에 ui를 추가하면 볼 수 있다.
20 위 함수 노드에서는 300초 이내에서는 메일을 재발송하지 않는다.

그림 9-22
메일 송신을 위해 구글
메일 보안 설정 변경

9.3.2.5 외부에서 라즈베리 파이 제어하기

이제 마지막으로 외부에서 파이에 연결된 모터를 제어해 물고기 사료를 공급할 수 있도록 해보겠다. 모터 제어는 이미 파이썬 코드로 만들어 두었기 때문에 exec 노드를 이용해 호출하면 된다. 남은 것은 이 작업이 가능한 UI를 만드는 것이다. 대시보드에서 버튼 노드를 만든 다음 exec 노드를 연결한다. 그리고 실행 결과를 대시보드 텍스트 노드에 연결해 파이썬 코드 실행 결과를 직접 확인할 수 있게 구성한다.

그림 9-23
대시보드 버튼 노드를
트리거로 이용해 exec 노드
및 텍스트 노드 연결[21]

UI 화면에서 사료 투입 버튼을 누르면 다음과 같이 파이썬 출력 결과를 확인할 수 있다.

그림 9-24
버튼 노드를 이용한 외부
명령 실행[22]

---

21 exec 노드에서 파이썬 코드를 호출할 때 발생할 수 있는 에러 메시지도 확인이 가능하도록 exec 노드의 1, 2번 출력을 모두 대시보드 텍스트 노드에 연결해 두었다.

22 Node RED는 모바일 환경을 고려해 만들어졌기 때문에 스마트폰으로 접속해도 깔끔한 화면을 볼 수 있다. 아래쪽 사료 투입 버튼을 누르면 result에 파이썬 코드 실행 결과가 나타난다.

9.3.3 테스트하기

카메라 편에서 설명한 방법을 이용해 공유기 포트 포워딩을 설정해 두면 외부에서 인터넷을 이용해 Node RED 페이지에 접속이 가능하다. 그리고 Node RED도 자동 실행으로 설정해 두면 예기치 못한 정전 등으로 인한 파이의 재시작에도 대비할 수 있다.

다음 명령으로 Node RED가 부팅 시 자동으로 실행되도록 설정한다.

```
sudo systemctl enable nodered.service
```

시스템을 리부팅한 다음 node-red 프로세스가 있는지 확인해본다. 그리고 모든 것이 정상이라면 main_control.py를 파라미터로 가진 파이썬 프로세스도 보여야 한다. 그리고 이미 관제 시스템이 작동하고 있기 때문에 UI를 볼 수 있는 URL에 접속하면 대시보드 화면 역시 정상으로 작동하고 있어야 한다.

파이 관제 시스템을 적용하기 전에 반드시 다음과 같은 부분에 주의해서 미리 테스트를 진행해야 한다.

- MQ 센서의 임계값 설정을 위해 유해 가스 테스트를 미리 진행한다. 유해 가스 테스트는 환기가 잘 되는 환경을 만든 후 조심해서 해야 한다. 임계값이 적절하지 않으면 위험 상황이 아님에도 불필요한 메일이 계속 발송되거나 위험 상황에서 메일이 발송되지 않는 상황이 벌어질 수도 있다.
- 모션 센서 및 카메라는 집 또는 사무실에서 출입자가 반드시 지나야 하는 길목에 위치시킨다. 카메라 미리 보기 기능을 이용해 카메라의 위치를 조정한다.
- 측정 범위를 고려해 모션 센서의 가변 저항을 조절해 측정 민감도를 세팅한다. MQ 센서와 마찬가지로 엉뚱한 메일이 오거나 와야 할 메일이 안 오는 오작동을 예방한다.
- 모션 센서에서 움직임을 감지했을 때 카메라의 작동 시작 여부를 확인한다. 그리고 동영상 녹화 여부도 확인한다. 만약 실시간 스트리밍을 이용한다면 원격지 스마트폰에서 카메라 모니터링 가능 여부를 확인한다.
- 이상 징후가 발견되었을 때 이메일이 정상적으로 보내지고 받아지는지 테스트한다.
- NAS를 사용한다면 원격지에서 NAS에 저장된 이미지와 동영상에 접근이 가능한지 테스트한다.
- 파이의 전원을 OFF, ON시켰을 경우에도 정상 작동하는지 확인한다. 아두이노는 프로그램을 한 번 로딩시켜두면 전원이 리셋되더라도 마지막에 로딩한

프로그램이 항상 실행되기 때문에 확인이 쉽다.

미리 충분히 테스트해야만 운영 과정에서 발생할 수 있는 여러 가지 예외 상황을 발견해서 조치할 수 있다. 그렇지 않으면 결정적인 순간에 작동하지 않는 낭패를 볼 수 있다.

전체 소스 코드는 다운로드 파일을 참조하면 된다. 만약 여러분이 파이 또는 아두이노에 관심이 많고 이 책의 앞부분을 읽어 보았다면 파이 관제 시스템을 만드는 것은 전혀 어려운 일이 아니다. 조금은 투박하지만 내 집, 내 사무실은 내가 지킨다는 생각으로 직접 한번 도전하기 바란다. 만약 안드로이드 프로그래밍이 가능한 독자라면 FCM[23]을 이용해 이메일 대신 실시간 메시지 푸시 기능을 구현하는 것도 도전할 만하다. Node RED는 GCM 지원을 위한 팔레트도 제공한다.

반드시 이 책에서 소개한 내용으로 할 필요는 없다. 만약 아두이노를 다루기 어렵다면 파이 2대로도 가능하다. 그리고 Node RED의 대시보드 노드를 이용해 다양한 기능을 추가할 수 있다. 가령 스피커를 이용해 모션 감지 센서가 작동하면 경고 방송 또는 경고등을 작동시킬 수도 있을 것이다. 그리고 AC 전원을 제어해 집안의 전등을 밤 시간에 잠깐 켜는 기능도 추가할 수도 있을 것이다. 여러분의 아이디어를 추가해 자신만의 완벽한 관제 시스템에 도전해보자.

참고 자료
- https://www.youtube.com/watch?v=M0Mjo0J1X_Q
- https://nodered.org/
- https://www.youtube.com/watch?v=WxUTYzxIDns&t=378s
- https://www.arduino.cc/
- https://firebase.google.com/?hl=ko

---

23 Firebase Cloud Messaging의 약자. FCM은 이전에는 GCM(Google Cloud Messaging)이라 불렸으며 아직도 구글링으로는 GCM으로 검색해야 많은 자료를 찾을 수 있다.

부품 정보

부록에서는 이 책의 프로젝트에서 사용하는 하드웨어의 목록을 정리하고, 해당 하드웨어를 구할 수 있는 판매자 목록을 수록했다.

A.1 책에 나오는 부품들

이 책에서 주로 사용하는 보드는 라즈베리 파이 3다. 각 장에서 다루는 부품은 다음과 같다.

2장 GPIO

부품	페이지
브레드 보드	47쪽 참고
단색 LED, RGB LED	50쪽 참고, 70~77쪽 참고
저항	47쪽 참고
푸시 버튼	51쪽 참고
ULN2803A 달링턴 트랜지스터 어레이	54쪽 참고
74HC595 시프트 레지스터	82쪽 참고
MCP23008 칩	88쪽 참고
MCP3004/3008 칩	104쪽 참고

3장 통신

부품	페이지
MAX232 모듈	121쪽 참고

GY521(MCU6050)	132쪽 참고(데이터를 읽는 법),
시리즈 1 XBee 모듈	153쪽 참고
HC-05 블루투스	181쪽 참고

4장 모터

부품	페이지
DC 모터	194쪽 참고
SN754410 H 브릿지	196쪽 참고
SG90 서보 모터	200쪽 참고
28BYJ-48 스테퍼 모터	207쪽 참고
PCA9685 칩	213쪽 참고

5장 디스플레이

부품	페이지
HD44780 LCD	226쪽 참고
128X64 픽셀 OLED 디스플레이	233쪽 참고
OLED 디스플레이	242쪽 참고
8X8 LED 매트릭스	248쪽 참고
16X16 LED 매트릭스	264쪽 참고

6장 센서

부품	페이지
BMP180 센서	276쪽 참고
HC-SR04 초음파 거리 센서	282쪽 참고
HC-SR501 적외선 모션 감지 센서	288쪽 참고
MPU6050 센서	132쪽 참고, 291쪽 참고
센서 MPU9150 센서	321쪽 참고
MQ 센서	332쪽 참고
맥박 센서	336쪽 참고

DHT11 습도 센서		340쪽 참고
FSR402 힘 센서		348쪽 참고

9장 관제 시스템 프로젝트

부품	개수	설명
라즈베리 파이 3 또는 2	1개	관제 시스템을 관리하는 핵심 부품
파이용 블루투스 동글	1개	아두이노와 통신을 위한 파이에 설치할 블루투스 모듈. 파이 2를 사용할 경우에만 필요함
파이용 WiFi 동글	1개	인터넷 연결용. 파이 2를 사용할 경우에만 필요함
파이용 카메라	1개	집 또는 사무실을 일정 주기 또는 침입자 발견 시 촬영해서 저장하는 장치
DHT11 온습도 센서	1개	집안의 온도와 습도를 측정할 센서
HC-SR501 모션 감지 센서	1개	파이에 연결할 침입자 감시 센서
아두이노 나노	1개	파이와 떨어진 곳에서 화재 감지를 위해 유해 가스를 측정하는 용도로 사용. 측정 데이터는 블루투스를 이용해 파이에 송신함
MQ 센서	1개	아두이노에 연결해 유해 가스를 측정하는 센서
블루투스-UART 모듈	1개	아두이노에 연결해 파이와 블루투스 통신을 하는 모듈
건전지 전원(보조 배터리) 또는 USB 전원 공급 어댑터	1개	원격지의 아두이노 및 MQ 센서에 전원 공급
28BYJ-48 스테퍼 모터	1개	물고기 사료 공급 장치에 사용할 모터
NAS(옵션)	1개	파이에서 모니터링한 각종 센서 값 및 촬영 이미지를 저장할 장치

A.2 판매처

해외 사이트

- 알리익스프레스(http://www.aliexpress.com): 한마디로 없는 게 없는 사이트이다. 전자 부품뿐 아니라 패션 액세서리부터 TV, 냉장고 등의 가전 제품, 공장 설비까지 다양하다. 사이트가 상당히 잘 만들어져 있으며, Active X 같은 귀찮은 설치 없이 간단히 신용 카드를 통해 날러로 결제할 수 있다. 판매자의 신용 및 구매 후기 등을 참조해 믿을 만하다고 판단이 서는 판매자를 이용하길 권한다. 10$ 이내의 제품들 중에서도 한국까지 무료 배송하는 상품도 많이 있다. 알리익스프레스에서 키워드 검색을 한 후 조금 품을 팔면 상당히 저렴

하게 제품을 구매할 수 있는 기회가 많다. 이 사이트의 자세한 이용 방법은 인터넷에 수없이 많이 소개되어 있다. 무료 배송의 경우 배송 시간이 많이 걸리지만 미리 계획을 세워 주문한다면 저렴한 가격에 부품을 구매할 수 있다. 필자의 경우에는 알리익스프레스를 상당히 애용한다.

- 에이다프루트(http://www.adafruit.com): 이 사이트는 꼭 물건을 사러 가지 않더라도 자주 방문하길 권한다. 아주 창의적인 제품들이 수시로 올라오며 유튜브 동영상으로도 소개된다. 구매 대행으로는 구매할 수 없으며 국내 주소지를 정확하게 입력해야 배송이 된다. 국제 특송으로 1주일 정도면 배송이 가능하지만 특송료 부담이 있으며 일정 금액 이상이면 관세가 부과되기 때문에 유의해야 한다. 필자는 꼭 필요한 부품이 있을 경우 가끔 이용하는 편이다.
- 엘리먼트 14 미국 판매점(http://www.newark.com): 라즈베리 파이의 공식 유통사인 엘리먼트 14의 미국 판매 사이트이다. 최근에는 국내에 지사가 생겼지만 직판을 하지 않기 때문에 사이트 이용이 편리하지는 않다.

국내 사이트

- 메카솔루션 http://mechasolution.com
- 아두이노스토리 http://arduinostory.com/
- 툴파츠 http://toolparts.co.kr/index.html
- 디바이스마트 http://www.devicemart.co.kr/
- 엘레파츠 http://www.eleparts.co.kr/
- 0xff http://www.0xff.co.kr/
- 아이씨뱅큐 http://www.icbanq.com/